建筑工程法律法规

主　编　唐　勇
副主编　喻中俊　陈奕红
主　审　孙智慧

黄河水利出版社
·郑州·

内 容 提 要

本书依据我国房屋建筑行业适用的相关法律法规进行编写,内容涉及《中华人民共和国民法典》《中华人民共和国建筑法》《中华人民共和国招标投标法》《中华人民共和国安全生产法》《中华人民共和国劳动合同法》《中华人民共和国节约能源法》《中华人民共和国环境保护法》《中华人民共和国特种设备安全法》《中华人民共和国民事诉讼法》《中华人民共和国仲裁法》《建设工程安全生产管理条例》《安全生产许可证条例》《建设工程质量管理条例》等与工程建设相关的法律法规,叙述了与房屋建筑相关的法律法规的内涵,并考虑到工程实际的要求,列举了一些常见的法律风险进行阐述和分析,介绍了针对这些风险的防范方法,使本书更具有实用性和现实性。本书既可作为工程建设相关专业的教材,也可作为相关专业技术人员的参考书。

图书在版编目(CIP)数据

建筑工程法律法规/唐勇主编. —郑州:黄河水利出版社,2021.8

ISBN 978-7-5509-3075-9

Ⅰ. ①建… Ⅱ. ①唐… Ⅲ. ①建筑法-汇编-中国 Ⅳ. ①D922.297.9

中国版本图书馆 CIP 数据核字(2021)第 167230 号

出 版 社:黄河水利出版社　　网址:www.yrcp.com

地址:河南省郑州市顺河路黄委会综合楼 14 层　邮政编码:450003

发行单位:黄河水利出版社

发行部电话:0371-66026940、66020550、66028024、66022620(传真)

E-mail:hhslcbs@126.com

承印单位:河南新华印刷集团有限公司

开本:787 mm×1 092 mm　1/16

印张:15.75

字数:374 千字

版次:2021 年 8 月第 1 版　　印次:2021 年 8 月第 1 次印刷

定价:88.00 元

前 言

房屋建筑行业是工程建设行业中一个重要组成部分。其责任重大、任务艰巨，并关系社会和人民群众的切身利益。从事这一专业技术工作，要求每个从业人员必须坚守原则，事事以法律为准绳要求自己，做法律法规的忠实执行者和捍卫者。特别是对于相关专业学习的职业院校学生，对法律法规的学习显得尤为重要。为此，参考目前我国房屋建筑行业相关的法律法规，经过认真准备和研究，组织编写了本书，希望广大读者通过对房屋建筑行业相关法律法规的学习，能够深刻领会这些法律法规的内涵和要求，懂得法律法规的重要性，识别建设工程中法律方面的风险，并能够很好地防范这类风险的发生，在以后的工程实际中，能切实运用法律的武器保护自己和企业的合法权益。

本书内容涉及《中华人民共和国民法典》《中华人民共和国建筑法》《中华人民共和国招标投标法》《中华人民共和国安全生产法》《中华人民共和国劳动合同法》《中华人民共和国节约能源法》《中华人民共和国环境保护法》《中华人民共和国特种设备安全法》《中华人民共和国民事诉讼法》《中华人民共和国仲裁法》《建设工程安全生产管理条例》《安全生产许可证条例》《建设工程质量管理条例》等与工程建设行业相关的法律法规，叙述了与房屋建筑工程相关的法律法规的内涵，并考虑到工程实际的要求，对一些常见的法律风险进行了阐述和分析，介绍了针对这些风险的防范方法，使本书更具有实用性和现实性。

本书通俗易懂，内容全面，每一单元都确立了学习的目标，其后附有典型的相关案例和复习思考题，更加便于学生的学习和复习。本书也可以作为建设工程相关专业技术人员的参考书籍。

考虑到本书篇幅字数的问题，本书中的法律名称均采用简称，特此说明。

本书各章编写分工如下：第一章、第二章、第五章、第七章和第八章由四川省内江职业技术学院唐勇编写，第三章、第四章由四川省兴旺建设工程项目管理有限公司喻中俊编写，第六章由四川省内江生态环境监测中心站陈奕红编写。本书由唐勇担任主编，喻中俊和陈奕红担任副主编，孙智慧担任主审。本书在编写中也参考了相关教材和资料的内容，在此，对这些教材和资料的编者表示衷心感谢！

由于编者水平及时间和条件的限制，本书难免有疏漏之处，敬请各位读者给予批评和指正，在此表示衷心感谢。

编 者

2021 年 3 月

目　录

第 1 章　建设工程基本的法律法规

【学习目标】

1. 在各种民事活动中,能够正确选择适用的法律法规,并且正确地解读和领会其内涵。

2. 懂得法律关系成立的要件、诉讼时效、债权、代理制度、建筑工程许可制度、建筑工程发承包制度和工程监理制度的具体规定和要求,并能够正确识别其风险和防范。

3. 在工程实际中,正确运用相关的法律规定,切实保护自己和企业的合法权益。

建设工程行业是我国国民经济中一个支柱型的产业。它涉及的范围较广、部门较多、人员繁杂、矛盾特殊,如果没有一定的规则约束,势必会给我国的经济建设、社会和谐稳定等带来较大的影响。为此,在中华人民共和国成立初期,特别是改革开放后,国家相关机关就一直特别重视我国工程建设行业的法律体系建设,目前我国已经建立了较为完善的工程建设领域的法律法规,这为规范我国的建设工程市场体系,保障国家、集体和个人的合法权益都起着决定性的作用。所以,作为一名从事工程建设行业的专业技术人员,必须要认真领会相关法律法规的内涵,并在生活和工程实际中能够用法律的武器保护国家、集体和个人的合法权益。

1.1　建设工程法律体系概述

法律体系,法学中有时也称为"法的体系",是指由一国现行的全部法律规范按照不同的法律部门分类组合而形成的一个呈体系化的有机联系的统一整体。简单地说,法律体系就是部门法体系。部门法,又称法律部门,是根据一定标准、原则所制定的同类规范的总称。

中国特色社会主义法律体系,是指适应我国社会主义初级阶段的基本国情,与社会主义的根本任务相一致,以《宪法》为统帅和根本依据,由部门齐全、结构严谨、内部协调、体例科学、调整有效的法律及其配套法规所构成,是保障我国沿着中国特色社会主义道路前进的各项法律制度的有机统一整体。

建设工程法律体系是指根据《立法法》的规定,制定和公布施行的旨在调整国家及其有关机构、企事业单位、社会团体、公民之间,有关建设工程活动和建设行政管理活动中所发生的各种社会关系的各项法律、行政法规、地方性法规、自治条例、单行条例、部门规章和地方政府规章的统称。

1.1.1　法的形式

法的形式,指法的具体的外部表现形态,主要是法由何种国家机关制定或认可,具有何种表现形式或效力等级。我国建设工程法律体系主要由建设工程法律、建设工程行政法规、地方性法规、建设工程规章、技术法规，以及国际公约、国际惯例、国际标准等组成，其中建设工程规章又包括部门规章和地方政府规章。

1.1.1.1 建设工程法律

广义的建设工程法律是涵盖各种建设工程法律法规的规范性文件，而狭义的建设工程法律是指由全国人民代表大会及其常务委员会通过的规范工程建设活动的法律规范，由国家主席签署主席令予以公布。如《建筑法》《招标投标法》等。

1.1.1.2 建设工程行政法规

建设工程行政法规是指由国务院根据宪法和法律制定的规范工程建设活动的各项法规，由国家总理签署国务院令予以公布。如《建设工程质量管理条例》《生产安全事故报告和调查处理条例》等。

1.1.1.3 建设工程部门规章

建设工程部门规章是指住房和城乡建设部按照国务院规定的职权范围，独立或同国务院有关部门联合根据法律和国务院的行政法规、决定、命令，制定的规范工程建设活动的各项规章。属于住房和城乡建设部制定的由部长签署住建设部令予以公布，如《注册监理工程师管理规定》等。

法律的效力高于行政法规；行政法规的效力高于部门规章。

1.1.1.4 地方性法规

地方性法规，即地方立法机关制定或认可的，其效力不能及于全国，而只能在地方区域内发生法律效力的规范性法律文件。在当代中国，地方性法规是一种数量最大的法律渊源，包括一般地方性法规与特殊地方性法规。省、自治区、直辖市的人民代表大会及其常务委员会根据本行政区域的具体情况和实际需要，在不同宪法、法律、行政法规相抵触的前提下，可以制定地方性法规，如《江苏省劳动保护条例》等。

较大的市的人民代表大会及其常务委员会根据本市的具体情况和实际需要，在不同宪法、法律、行政法规和本省、自治区、直辖市的地方性法规相抵触的前提下，可以制定地方性法规，报省、自治区、直辖市的人民代表大会常务委员会批准后施行。省、自治区、直辖市的人民代表大会常务委员会对报请批准的地方性法规，应当对其合法性进行审查，同宪法、法律、行政法规和本省、自治区、直辖市的地方性法规不抵触的，应当在4个月内予以批准。

1.1.1.5 地方政府规章

地方政府规章是指由省、自治区、直辖市，以及省级人民政府所在地的市和经国务院批准的较大的市人民地方政府制定的规范性文件。根据宪法和地方组织法的规定，地方政府规章的内容不得与法律法规相违背，其效力不仅从属于宪法与法律，还从属于行政法规与地方性法规，其任务主要是将中央立法与地方权力机关的立法具体化、细则化。因此，地方政府规章是最直接面对社会关系，最详细规定行政法律主体的权利与义务，它是法律体系中最贴近实践、最便于操作的规范性文件。

地方性法规与部门规章的法律效力低于宪法、法律、行政法规。地方性法规与部门规章之间对同一事项的规定不一致，不能确定如何适用时，由国务院提出意见，国务院认为应当适用地方性法规的，应当决定在该地方适用地方性法规；认为应当适用部门规章的，应当提请全国人民代表大会常务委员会裁决；部门规章之间、部门规章与地方政府规章之间对同一事项的规定不一致时，由国务院裁决。地方政府规章可以规定的事项包括：为执行法律、行政法规、地方性法规的规定需要制定规章的事项；属于本行政区域具体行政管理的事项。

1.1.1.6　技术法规

技术法规是国家制定或认可的，在全国范围内有效的技术规程、规范、标准、定额、方法等技术文件。它们是建筑业工程技术人员从事经济技术作业、建筑管理的依据。如预算定额、设计规范、施工规范、验收规范等。

1.1.1.7　国际公约、国际惯例、国际标准

我国参加或与外国签订的调整经济关系的国际公约和双边条约，还有国际惯例、国际上通用的建筑技术规程都属于建设法规的范畴，都应当遵守与实施，如《建筑业安全卫生公约》等。

1.1.2　法律部门

我国的法律体系由宪法及宪法相关法、民法和商法、经济法、行政法、社会法、刑法、诉讼与非诉讼程序法七个法律部门组成。

1.1.2.1　宪法

现代国家的法律体系以宪法为基石，中国特色社会主义法律体系亦不例外。宪法是国家政权合法存在的基础，是凝聚国家的意识形态、体现国民的价值和利益追求、塑造经济制度和社会制度等各项法律制度的基础，是整个法律体系赖以建立的基础。

宪法规范一般由一部成文化的法典表达出来。由于宪法规范的内容极为根本，宪法典的条款较为原则、抽象，而且因社会发展、变迁，宪法的内容需要更新、调整，因此在宪法典之外，与宪法制度相关而由法律细化或补充的事项就形成了宪法性法律，例如政府组织法、选举法、代表法、立法法、人大议事规则、特区基本法等。宪法性法律具有宪法的意义和重要性，以法律的形式而存在，其价值与立法原则必须符合宪法。

1.1.2.2　民法和商法

民法是调整平等民事主体的自然人、法人及其他非法人组织之间人身关系和财产关系的法律规范的总称。民法既包括形式上的《民法典》，也包括单行的民事法律和其他法律、法规中的民事法律规范。

商法，又称为商事法，是指以商事关系或商事行为为调整对象的法律规范的总称。调整商事关系或商事行为，实际上就是调整基于商事关系产生的权利和义务。如《公司法》《保险法》《票据法》等。我国实行的是“民商合一”的原则，商法虽然是一个独立的法律部门，但民法的许多规定也通用于商法。

民法和商法是相联系的，两者调整的都是平等主体之间关系。民法是调整一切平等主体关系的一般性规则，而商法则是调整某些平等主体关系的特殊性规则。例如，民法的民事主体制度是关于公民、法人的权利能力和行为能力的规定，民法的法律行为制度、物权制度、债权制度和民事责任制度，对商事组织（公司、合伙、独资企业）、商事交易都具有一般的规范作用。关系都是比较而言，在这里民法是关于民事法律的基本法，商法是民事法律的特别法。特别法优先，对于商事法律关系，商法有规定的，优先适用商法规定；商法

无规定的,适用民法的规定。

1.1.2.3 经济法

经济法是指调整国家在管理与协调经济运行过程中发生经济关系的法律规范的总称。如《建筑法》《招标投标法》《反不正当竞争法》《税法》等。

商法本质上属于私法的范畴,十分重视主体平等和当事人意思自治,所以有别于以国家意志和政府职能为主导的经济法。但是,也不能忽视商法与经济法的联系。这主要表现在某些情况下国家意志和政府职能对商事关系的调整作用,以及体现这种作用的制度和规则。经济法是公法,体现国家的主动干预。商法是商事主体之间追求利润的活动,主要是商事主体自己的意思表示起作用,是私法。可以说,公法就是国家以国家的意志为核心,就是命令与服从的关系,没有讨价还价的余地,比如处罚措施,我们不能商量给我们什么处罚。私法,就是平等协商的关系,当事人可以讨价还价的,比如民法、商法,你要100元,我还价60元。这就是商法和经济法的关系。

1.1.2.4 行政法

行政法是调整国家行政管理活动中各种社会关系的法律规范的总称。如《行政处罚法》《治安管理处罚法》《行政复议法》等。

1.1.2.5 社会法

社会法是泛指关于社会福利、社会保障或社会安全的法律总称。社会法是我国目前所独有的一种法律部门,社会法是以保护社会弱势群体的利益为目标,以保护公民生存的基本人权为自己的价值追求。一般包括劳动法、社会保障法和自然资源与环境保护法等。如《安全生产法》《消防法》《土地管理法》《环境保护法》等。

1.1.2.6 刑法

刑法是规定犯罪及其法律后果(主要是刑罚)的法律规范的总和。如《中华人民共和国刑法》,一些单行法律、法规的条款也会规定刑法规范。

1.1.2.7 诉讼与非诉讼程序法

诉讼法(又称诉讼程序法),是有关各种诉讼活动的法律,其作用在于从程序上保证实体法的正确实施。诉讼法主要包括《民事诉讼法》《刑事诉讼法》《行政诉讼法》等。

非诉讼程序法是指各种非诉讼活动的法律。如《仲裁法》《律师法》《法官法》《检察官法》等。

1.1.3 相关法律风险及防范

1.1.3.1 建设工程中社会关系的风险及防范

建设法规所调整的对象是在建设活动中所发生的各种社会关系。一般情况下,这些社会关系包括工程建设中所发生的行政管理关系、经济关系和相关的民事关系,这也就意味着可能会面临各类法律风险。

1. 工程建设中的行政管理关系

工程建设由于与国家的经济建设、人民的生命财产安全、社会的文明进步等息息相关,国家必须对其整个建设过程进行全面严格的管理。而所涉及的工程建设单位、施工单位、勘察和设计单位、监理单位、原材料生产和供应商及中介服务等单位在其经营活动中必然与国家相关行政主管部门发生关系，即产生了被管理和管理的关系。在法制社会中，这种关系必然要由相应的建设法规来加以规范和调整。诸如《建筑法》《招标投标法》《建设工程安全生产管理条例》《安全生产许可证条例》等，而违背了这些相关法规的规定，就有可能面临着行政处罚、行政处分，甚至是刑法的处理。

2. 工程建设中的经济关系

在工程建设中，由于所涉及的相关单位都是以一定的经济利益为前提的，为了切实保护相关单位的合法权益，这些相关单位在经济活动中的权利和义务也必须由建设工程相关法律法规来加以规范和调整，这就要涉及民法和商法、经济法、诉讼与非诉讼程序法等。而违背了这些法律法规的要求，也就必然面临着相应的法律风险，承担相应的法律责任，诸如民事赔偿责任、违约责任、行政责任和刑事责任等。

3. 工程建设中的民事关系

在工程建设活动中，会涉及土地使用权的转变、房屋的拆迁、相关单位的债权和债务的清偿与转让、从业人员的人身和财产权利的保障、相关单位财产权利的保障等问题，由此也就有可能产生国家、企业和个人之间的民事权利和义务关系，这些关系的解决必然需要民法和商法、诉讼与非诉讼程序法，必要时还会涉及刑法的规范和调整，而违背了这些法律法规的规定，就会面临承担相应的法律责任的风险。

以上三种社会关系都是在工程建设活动中所形成的，它们与其他活动中所形成的社会关系既有相同的方面，又有其自身的特点。所以，不能完全用一般的法律来规范和调整这些社会关系，还需要由建设工程的法律法规加以规范和调整。由此可见，在工程建设的整个过程中，除可能涉及一般法律法规的法律责任和风险外，还有可能涉及建设工程法规的法律责任与风险。所有这些法律风险最终会表现为承担相应的法律责任，诸如民事责任、行政责任、刑事责任等。

防范上述法律风险的方法就是认真领会建设工程相关法律法规的要求，并且在工程建设过程中坚决贯彻和执行。即使遇到上述风险时，也要按照相关法律法规的规定处理，时刻牢记"法大于天"的警言，切实成为法律的维护者和坚强的执行者，并用法律的武器保护国家、集体和个人的合法权益。

1.1.3.2　法律适用性选择错误的风险及防范

由于工程建设的范围很广，所涉及的行业和专业也较多，诸如铁路、公路、桥梁、隧道、机电、通信和房屋建筑等。所以，要求工程建设人员在从事相关建设活动前，除掌握一般性的法律法规外，还应当对相关行业不同部门的法律法规都有深入的了解，并且选择适用的法律法规作为指导建设活动的基本依据。但是，由于工程建设的相关单位和人员在市场经济的环境中，总是把企业和个人自身的利益放在比较重要的地位，往往在具体的工作中忽视了相关法律法规的约束，从而承担了相应的风险，有时甚至是严重的法律风险。比如，在房屋建筑施工时，有些工程技术人员为了保证工程建设的工期，在安全设施不具备的条件下，指挥工人加班加点地违章作业，从而引发的安全事故，不但违背了《建设工程安全生产管理条例》的相关规定，后果严重的还可能违背了《刑法》中的规定，可能具备了危害公共安全罪的成立要件，而承担相应的刑事责任。

要防范此类法律风险，就要求所有从事工程建设的相关单位和人员除了经常性地学习相关建设工程法律法规、认真领会其内涵，还要在工程建设前，有针对性地对建设活动中可能面临的法律方面的风险进行分析和识别，制定相应的防范和应对策略，并依此指导工程建设的整个过程。当然，更重要的是参与工程建设的相关人员能够有较强的法律意识，处处事事以法律为准绳要求自己、约束自己、规范自己，做遵规守法的楷模。

1.1.3.3　法律时效性选择错误的风险及防范

任何一个国家的法律法规都不是一成不变的，都是随着社会和经济的发展不断改进和完善的。所以，在不同的社会阶段和时期都有相应的法律法规，我们一般把它称之为现行的法律法规。作为我国国民经济的支柱型产业，工程建设行业的法律法规也是不断地修订和完善，在不同的时期，就要选择特定的法律法规作为我们从事各项专业技术工作的依据。例如，《建筑法》最早是在1993年颁布实施，而2011年又做了相应的修订。再如，2009年中华人民共和国城乡建设部（简称国家住建部）颁布的《危险性较大的分部分项工程安全管理办法》，就是对原有的行政规章做了相应的修订。如果还是按照失效的法律法规为依据而从事工程建设活动，势必会违背现行的法律法规而承担相应的法律责任，甚至发生不必要的损失。

防范此类法律风险，最有效的方法就是及时了解国家所颁布和修订的法律法规，并组织有关人员进行讨论和研究，认真领会和解读这些法律法规的内涵和实质，在工程建设中正确地应用，切实用法律的武器保护企业和个人的合法权益。

1.2　建设工程的法律关系

工程建设的过程是一个符合建设工程法律要求的过程，实现这一要求就必须明确哪些是合法的关系，哪些是非法的关系。对于合法的关系，法律法规给予维系和保护，而非法的关系得不到法律的保护，并且还有可能受到法律法规的惩处。

1.2.1　建设工程法律关系概述

建设工程法律关系是由建设法规所调整的，在建设活动中形成的权利、义务关系。建设工程法律关系是建设法律规范在建设活动中实施的结果，只有建设活动的参与者按照建设法律规范进行建设活动，形成具体的权利、义务关系时，才构成建设法律关系。

任何法律关系都是由法律关系主体、法律关系客体和法律关系内容三个要素构成，缺少其中一个要素就不能构成法律关系。由于三个要素的内涵不同，则组成不同的法律关系，诸如民事法律关系、行政法律关系、劳动法律关系、经济法律关系等。建设工程的法律关系也是由主体、客体和内容三个要素所组成。

1.2.1.1　法律关系主体

法律关系主体，主要是指参加或管理、监督建设活动，受建设工程法律规范调整，在法律上享有权利、承担义务的自然人、法人或其他组织。民事法律关系是人与人之间的关系，所以必须要有人的参加。民法上的“人”是指民事主体，包括自然人、法人及其他某些可以参加民事法律关系的组织（称为非法人团体）。国家在特殊场合也可以参加民事活动（如发行国库券等），国家在民事活动领域被视为“公法人”。

在具体的民事法律关系中,根据主体享受权利、承担义务的情况,可将主体分为权利主体和义务主体,享受权利的人称为权利主体,承担义务的人称为义务主体。由于民法所调整的财产关系大都具有财产交换的性质,所以在大多数民事法律关系中,双方当事人既是权利主体,又是义务主体。如工程承包合同法律关系中,就建设工程而言,建设单位既是权利主体,又是义务主体;施工单位既是义务主体,又是权利主体。

1. 国家机关

国家机关可以作为法律关系的主体。国家机关包括国家权力机关、检察机关、审判机关、行政机关和军事机关等。

国家权力机关,是指全国人民代表大会及其常务委员会和地方各级人民代表大会及其常务委员会。

检察机关是指人民检察院。人民检察院分为最高人民检察院、地方各级人民检察院和专门人民检察院。

我国的审判机关是最高人民法院、地方各级人民法院和军事法院等专门人民法院。各级人民法院由本级人民代表大会产生,对本级人民代表大会及其常委会负责并报告工作。人民法院依照法律规定独立行使审判权,不受行政机关、社会团体和个人的干涉。人民法院的任务是审判刑事案件、民事案件和行政案件,通过审判活动,惩办犯罪分子,解决民间纠纷,维护社会主义法制和社会主义秩序,保护公民权利,保障国家社会主义事业的顺利进行。最高人民法院是国家最高审判机关,它监督地方各级人民法院和专门人民法院的审判工作;上级人民法院监督下级人民法院的审判工作。

行政机关,是依照国家宪法和法律设立的依法行使国家行政职权、组织管理国家行政事务的机关。它是按照国家宪法和有关组织法的规定而设立的,代表国家依法行使行政权,组织和管理国家行政事务的国家机关,是国家权力机关的执行机关,也是国家机构的重要组成部分。它执行代议机关制定的法律和决定,管理国家内政、外交、军事等方面的行政事务。

关于行政机关与行政机构的区分,一般表现为内设机构、派出机构、办公机构和办事机构,它们通常不具有独立的行政主体资格,除非获得了法律、法规和规章的特别授权,才具有行政主体资格,不然只能以其所代表的机关名义进行行政行为。而行政机关是一定行政机构的整体,具有行政主体资格,能独立以自己的名义进行行政活动并独立承担由此产生的法律后果。

按照管辖范围,行政机关分为中央行政机关和地方行政机关,地方行政机关又可分为若干层次。国家行政机关是国家权力机关的执行机关,有权制定行政法规,发布决定和命令等,指导所属各部门、下级国家行政机关、企事业单位、社会团体的行政活动。国家行政机关实行首长负责制与集体领导相结合的原则。国家行政机关:国务院,及其组成部门包括中华人民共和国外交部、国防部、国家发展和改革委员会、教育部、科学技术部、工业和信息化部、国家民族事务委员会、公安部、国家安全部、民政部、司法部、财政部、人力资源和社会保障部、自然资源部、生态环境部、住房和城乡建设部、交通运输部、水利部、农业农村部、商务部、文化和旅游部、国家卫生健康委员会、退役军人事务部、应急管理部、中国人民银行、审计署共 26 个。地方行政机关:地方各级人民政府及其所属的各工作部门,民族自治地方行政机关(包括自治区、自治州、自治旗和自治县的人民政府及其工作部门和民族乡政府),特别行政区行政机关(包括特别行政区政府及其工作部门,香港特区政府工作部门有政务司、财政司、律政司,以及各局、处、署;澳门特区政府工作部门有各司、局、厅、处);地方上还有地方各级人民政府的派出机关,如行政公署(省级人民政府派出机关)、区公所(县级人民政府的派出机关)、街道办事处(不设区的市或市辖区人民政府的派出机关);关于公安机关,其内设机构有公安消防大队和公安交警大队,派出机构有派出所,都是行政机构,只有经法律法规和规章的特别授权,才有行政主体资格,才能以自己的名义做出行政行为。

我国军事机关是指由中国共产党领导的中华人民共和国的武装力量,它包括中国人民解放军现役部队和预备役部队、中国人民武装警察部队、民兵。中华人民共和国中央军事委员会领导并统一指挥全国武装力量。

中央军委的总部机关包括总参谋部、总政治部、总后勤部、总装备部。它们既是中央军委的工作机关,又是掌管全军军事、政治、后勤、装备工作的领导机关。其基本任务是:保障中央军委关于作战和建军的战略决策和各项方针、政策的实现。

2. 自然人

自然人可以成为建设工程法律关系的主体。法律意义上的自然人是指基于自然规律出生而取得民事主体资格的人。本来法律上只有人的概念,亦即自然人,后来团体的法律地位被民法确认,产生了法人。为了区分人与法律拟制的“人”,逐渐出现了“自然人”这一称谓。所以,自然人是与法人相对应的概念。自然人包括公民、外国人和无国籍人。

公民是指具有一国国籍并按该国宪法和法律享有权利和承担义务的自然人。我国《宪法》规定,具有中华人民共和国国籍的人都是中华人民共和国公民。

外国人和无国籍人不具有我国国籍,不属于我国公民,但这并不妨碍其成为我国的民事主体,享受民事权利,承担民事义务。

按照《民法典》的规定,能否通过自己的行为取得民事权利、承担民事义务,取决于其是否具有民事行为能力。所谓民事行为能力,是指民事主体通过自己的行为取得民事权利、承担民事义务的资格。民事行为能力分为完全民事行为能力人、限制民事行为能力人和无民事行为能力人三种。

(1)完全民事行为能力人。18周岁以上的公民是成年人,具有完全民事行为能力,可以独立进行民事活动,是完全民事行为能力人。

16周岁以上不满18周岁的公民,以自己的劳动收入为主要生活来源的,视为完全民事行为能力人。

(2)限制民事行为能力人。10周岁以上的未成年人是限制民事行为能力人,可以进行与他的年龄、智力相适应的民事活动;其他民事活动由他的法定代理人代理,或者征得他的法定代理人的同意。

不能完全辨认自己行为的精神病人是限制民事行为能力人,可以进行与他的精神健康状况相适应的民事活动;其他民事活动由他的法定代理人代理,或者征得他的法定代理人的同意。

(3)无民事行为能力人。不满10周岁的未成年人是无民事行为能力人,这种人由他的法定代理人代理民事活动。

不能辨认自己行为的精神病人是无民事行为能力人，这种人由他的法定代理人代理民事活动。

3. 法人

法人是具有民事权利能力和民事行为能力，依法独立享有民事权利和承担民事义务的组织。简单地说，法人就是在法律上人性化的组织。法人的民事权利能力和民事行为能力，从法人成立时产生，到法人终止时消灭。

按照《民法典》的规定，法人应当同时具备下列条件：

(1)依法成立；

(2)有必要的财产或者经费；

(3)有自己的名称、组织机构和场所；

(4)能够独立承担民事责任。

依照法律或者法人组织章程规定，代表法人行使职权的负责人，是法人的法定代表人。法人以它的主要办事机构所在地为住所。

企业法人按其性质分为全民所有制企业、集体所有制企业、私有企业。

在中华人民共和国领域内设立的中外合资经营企业、中外合作经营企业和外资企业，具备法人条件的，依法经工商行政管理机关核准登记，取得中国法人资格。

法人具有行为能力，法人的民事行为能力是法律赋予法人独立进行民事活动的能力，其行为能力总是有限的，企业法人应当在核准登记的经营范围内从事生产和经营活动。

全民所有制企业法人以国家授予它经营管理的财产承担民事责任。集体所有制企业法人以企业所有的财产承担民事责任。中外合资经营企业法人、中外合作经营企业法人和外资企业法人以企业所有的财产承担民事责任，法律另有规定的除外。

4. 其他组织

根据相关法律规定，法人以外的其他组织也可以成为民事法律关系的主体，称为非法人组织。

1.2.1.2　法律关系客体

法律关系客体，是指参加法律关系的主体享有的权利和承担的义务所共同指向的对象。在通常情况下，主体都是为了某一客体，彼此才设立一定的权利、义务，从而产生法律关系，这里的权利、义务所指向的事物，即法律关系的客体。法学理论上，一般客体分为财、物、行为和非物质财富。法律关系客体也不外乎这四类。

1. 表现为财的客体

财一般指资金及各种有价证券。在法律关系中表现为财的客体主要是建设资金，如基本建设贷款合同的标的，即一定数量的货币。

2. 表现为物的客体

法律意义上的物是指主体可支配的、并具有经济价值的生产资料和消费资料。例如，施工中使用的各种建筑材料、施工机具等都属于物的范围。

3. 表现为行为的客体

法律意义上的行为是指义务人为满足权利人要求所完成的结果。这种结果表现为两种:物化的结果和非物化的结果。

物化的结果指的是义务人的行为凝结于一定的物体,产生一定的物化产品。例如,房屋、市政道路等工程建设项目。

非物化的结果指的是义务人的行为没有转化为物化实体,而仅表现为一定的行为过程,最终产生了权利人所希望的法律结果。例如,企业对员工的相关培训。

4. 表现为非物质财富的客体

法律意义上的非物质财富是指人们脑力劳动的成果或智力方面的创作,也称智力成果。例如,工程建设中使用的施工图纸。

1.2.1.3 法律关系的内容

法律关系的内容是指法律关系主体之间的法律权利、义务。这种法律权利和法律义务的来源可分为法定的权利、义务和约定的权利、义务。

1. 权利

权利是指法律关系主体在法定范围内有权进行的各种活动。权利主体可要求其他主体做出一定的行为或抑制一定的行为,以实现自己的权利,因其他主体的行为而使权利不能实现时,有权要求国家机关加以保护并予以制裁。

2. 义务

义务是指法律关系主体必须按法律规定或约定承担应负的责任。义务和权利是相互对应的,相应主体应自觉履行建设义务,义务主体如果不履行或不适当履行,就要承担相应的法律责任。

1.2.1.4 民事法律行为的构成要件

民事法律行为是指公民或者法人设立、变更、终止民事权利和民事义务的合法行为。民事法律行为应当同时具备下列条件:

(1)行为人具有相应的民事行为能力。法律行为主体具有相应的民事权利能力和行为能力。民事权利能力是法律确认的自然人享有民事权利、承担民事义务的资格。自然人只有具备了民事权利能力,才能参加民事活动。《民法典》第十三条规定:“公民从出生时起到死亡时止,具有民事权利能力,依法享有民事权利,承担民事义务。”具有民事权利能力,是自然人获得参与民事活动的资格,但能不能运用这一资格,还受自然人的理智、认识能力等主观条件制约。有民事权利能力者,不一定具有民事行为能力。

(2)行为人意思表示真实。意思表示真实指的是行为人内心的效果意思与表示意思一致,也即不存在认识错误、欺诈、胁迫等外在因素而使得表示意思与效果意思不一致。但是,意思表示不真实的行为也不是必然的无效行为,因其导致意思不真实的原因不同,可能会发生无效或者被撤销的法律后果。

(3)不违反法律、社会公共利益和社会公德。首先,行为内容合法是指不得与法律、行政法规的强制性或禁止性规范相抵触。其次,行为内容合法还包括行为人实施的民事行为不得违背社会公德,不得损害社会公共利益。

(4)行为形式合法。民事法律行为的形式也就是行为人进行意思表示的形式。凡属要式的民事法律行为,必须采用法律规定的特定形式才为合法,而不要式民事法律行为,则当事人在法律允许范围选择口头形式、书面形式或其他形式作为民事法律行为的形式皆为合法。法律规定用特定形式的,应当依照法律规定。

民事法律行为从成立时起具有法律约束力。行为人非依法律规定或者取得对方同意,不得擅自变更或者解除。

下列民事行为无效:

(1)无民事行为能力人实施的;

(2)限制民事行为能力人依法不能独立实施的;

(3)一方以欺诈、胁迫的手段或者乘人之危,使对方在违背真实意思的情况下所为的;

(4)恶意串通,损害国家、集体或者第三人利益的;

(5)违反法律或者社会公共利益的;

(6)以合法形式掩盖非法目的的。

无效的民事行为,从行为开始起就没有法律约束力。

下列民事行为,一方有权请求人民法院或者仲裁机关予以变更或者撤销:

(1)行为人对行为内容有重大误解的;

(2)显失公平的。

被撤销的民事行为从行为开始起无效。民事行为部分无效,不影响其他部分的效力的,其他部分仍然有效。民事行为被确认为无效或者被撤销后,当事人因该行为取得的财产,应当返还给受损失的一方。有过错的一方应当赔偿对方因此所受的损失,双方都有过错的,应当各自承担相应的责任。

1.2.2　法律关系中的风险及防范

1.2.2.1　法律关系主体方面的法律风险及防范

工程建设领域的各种关系,究其根源都是主体之间的相互关系。但是,由于工程建设行业的特殊性,并不是任何主体都可以作为工程建设的法律关系主体。在签订工程合同时,首先就要审核对方的主体资格是否合格,如果对方不能合法地作为法律关系的主体,在合同签订前,就决定了所签订的合同是无效合同,由此发生的损失不一定受到法律的保护。劳动者在签订劳动合同前,也要审核用人单位的主体资格是否合格,否则也不会得到法律的有效保护。

防范此类法律风险的方法,就是要求每个从业人员都要了解法律及相关部门对我国企业和个人作为法律关系主体的相关规定。例如,能够合法地作为建筑施工的企业必须具有营业执照、相应的企业资质证书和安全生产许可证等法律要求,否则就不能承担工程建设任务,劳动者所签订的劳动合同也必须满足法律对主体资格的要求。

1.2.2.2　法律关系客体方面的法律风险及防范

按照法律规定,在工程建设中可以作为法律关系客体的只能是财、物、行为和非物质财富(或智力成果)。但是,并不是所有的财、物、行为和非物质财富都能作为法律关系的客体,符合法律要求的财、物、行为和非物质财富都是有条件的。如作为法律关系的物是指主体可支配的并具有经济价值的生产资料和消费资料,也就是说,这里所说的物首先应当由法律关系中的主体能够支配,并不仅仅是指占有,其次要看对社会和人是否有使用价值。几年前，就有人利用人们的不良心理，出售美国或月球的土地，试想这些土地根本不能由他们（或某些人或团体）所支配，而且月球上的土地目前对我们没有任何实用价值，但是还是有人上当受骗。

防范此类风险，首先要求我们在生活和工程实际中，认清哪些是法律意义上的客体，它是否满足法律的要求。其次，要明确只要是符合法律要求的客体，并且履行了法律规定的相关手续，都是受法律保护的。最后，要时刻牢记我们所进行的一切活动都要严格遵守法律法规的要求，永远做法律法规的遵守者和捍卫者。

1.2.2.3 法律关系内容方面的法律风险及防范

法律关系内容简单地说就是权利和义务。我国是一个法治国家，所谓法治国家首先就是所有公民都能够明确自己在社会中的权利和义务，并且切实合法行使自己的权利，同时应尽到各自的义务。在社会活动中，往往人们不能够明确法律所赋予自己和企业的权利，以及应当履行的义务，从而导致权利的丧失或不履行应尽的义务，其结果势必会导致整个行业管理混乱，有规不依，有法不遵。例如，在《安全生产法》中，明确了从业人员有知情权、检举和控告权、紧急避险权和获得符合国家和行业要求的劳动防护权等，并且有自觉遵规守章的义务、自觉学习安全知识的义务和危险报告的义务，但是很多从业人员都不能够明确自己的权利和义务，往往违心地服从违章指挥和强令冒险作业，却不知如何保护自己的合法权益，更不知道自己有哪些应尽的安全义务，从而导致安全事故的发生。

防范这类法律风险，首先，要求每个从业人员要明确各自在社会各项活动中法律所赋予的权利和义务；其次，严格要求自己履行其应尽的义务，即所谓正人先正己，时刻关注自己的合法权益是否被侵犯，如果其合法权益被侵犯，就应当用法律规定的方法及时、有效地保护其权益，切忌以暴制暴，而走上违法的道路；最后，还应当要求我们每个公民发现社会上有侵害他人权益的现象，应当勇敢地站出来伸张正义，树立整个社会讲正气、讲原则、讲法制的氛围，做法制社会的执行者和守护者。

1.3 建设工程代理制度

1.3.1 代理制度概述

1.3.1.1 代理的含义

代理是代理人在代理权限内，以被代理人的名义，在其授权范围内向第三人做出意思表示，所产生的权利和义务直接由被代理人享有和承担的法律行为。

公民、法人可以通过代理人实施民事法律行为。代理人在代理权限内，以被代理人名义实施民事法律行为，被代理人对代理人的代理行为承担民事责任。

依照法律规定或者按照双方当事人约定，应当由本人实施的民事法律行为，不得代理。

代理涉及三方当事人，分别是被代理人、代理人和代理关系的第三人。

1.3.1.2 代理的类型

根据《民法典》的规定，代理包括委托代理、法定代理。

(1) 委托代理。委托代理是指代理人根据被代理人授权而进行的代理。

民事法律行为的委托代理,可以用书面形式,也可以用口头形式。法律规定用书面形式的,应当用书面形式。书面委托代理的授权委托书应当载明下列事项:①代理人的姓名或者名称;②代理事项、权限和期间;③委托人签名或者盖章。

(2)法定代理。法定代理是指根据法律的直接规定而产生的代理。法定代理主要是为了维护限制民事行为能力人或者无民事行为能力人的合法权益而设计的。法定代理不同于委托代理,属于全权代理,法定代理人原则上应代理被代理人的有关财产方面的一切民事法律行为和其他允许代理的行为。

1.3.1.3 代理的终止

(1)委托代理的终止。有下列情形之一的,委托代理终止:①代理期间届满或者代理事务完成;②被代理人取消委托或者代理人辞去委托;③代理人死亡;④代理人丧失民事行为能力;⑤作为被代理人或者代理人的法人终止。

(2)法定代理或指定代理的终止。有下列情形之一的,法定代理或者指定代理终止:①被代理人取得或者恢复民事行为能力;②被代理人或代理人死亡;③代理人丧失民事行为能力;④指定代理的人民法院或者指定单位取消指定;⑤由其他原因引起的被代理人和代理人之间的监护关系消灭。

1.3.2 委托代理中的风险及防范

1.3.2.1 授权不明的法律风险及防范

《民法典》规定,委托书授权不明的,被代理人应当向第三人承担民事责任,代理人负连带责任。这就说明,在委托代理中,当被代理人授权不明时,代理人和被代理人所承担的责任是相同的。如果被代理人授权不明,就有可能使代理人由于不明确自己的权限,而不能正常行使自己的代理行为,给被代理人或第三人带来损失。究起根源,这是被代理人的主要责任,但是代理人既然承担了代理的义务,就应当明确自己的权利和义务,所以法律规定,委托书授权不明的,被代理人应当向第三人承担民事责任,代理人负连带责任。

防范这种风险,就要求代理人和被代理人在行使代理之前,都应当约定代理的权限。这里不仅仅是指委托书,也包括口头代理。作为代理人在被代理人授权不明的情况下,也有确认代理权限的义务,否则也会因授权不明的代理事项而承担责任。

1.3.2.2 无权代理的法律风险及防范

《民法典》规定,没有代理权、超越代理权或者代理权终止后的行为,只有经过被代理人的追认,被代理人才承担民事责任。未经追认的行为,由行为人承担民事责任。本人知道他人以本人名义实施民事行为而不作否认表示的,视为同意。

在工程建设中,无权代理的行为时有发生。针对这些无权代理行为,首先侵害的是被代理人的形象和权益;其次,对第三人也是一种欺骗和权益的侵害,并且往往这些权益被侵害后,还得不到法律的保护。另外,无权代理人也面临承担法律责任的风险。

防范这类风险,应当首先要建立公开的社会诚信平台,并建立完善的惩处机制,让无权代理人由于行使了无权代理行为而面临终身的惩罚;其次,就是要让无权代理人明白,行使了无权代理行为所付出的代价是巨大的,甚至是终身的。另外,对于第三人,在从事相应的民事活动中,认清对方是否属于无权代理、是否具有法律所赋予的相应权益,这不仅仅是切实保护了自己的合法权益，也是对其他第三人权益的保护，对社会正常秩序的维护。当然，对于工程建设行业，政府监管部门也应当对无权代理行为人加大监管力度，因为这种行为损人利己，同时对社会的危害也较大。

1.3.2.3 代理人不履行职责的法律风险及防范

《民法典》规定，代理人不履行或者不完全履行职责，造成被代理人损害的，应当承担民事责任。代理人和相对人恶意串通，损害被代理人合法权益的，代理人和相对人应当承担连带责任。

这类法律的风险主要是会给被代理人带来利益的损失。例如，某些监理单位不履行监理职责，甚至与施工单位串通，损害建设单位的利益，就会给建设单位带来巨大的利益损失。

防范这类风险，主要是被代理人在选择代理人时应当慎重。既要考察代理人的能力和水平，更重要的应当考察代理人的诚信信息。同时，在签订代理授权合同时，应当包括由于代理人不履行职责的责任承担条款。在代理过程中，被代理人应当及时审核代理人的代理行为是否符合被代理人的要求，是否严格履行了代理的职责，如果发现问题应当及时处理。

1.3.2.4 代理事项违法的法律风险及防范

《民法典》规定，代理人知道被委托代理的事项违法仍然进行代理活动的，或者被代理人知道代理人的代理行为违法不表示反对的，由被代理人和代理人负连带责任。

代理事项违法主要是指代理人所代理事项违反法律法规的规定，如雇凶杀人等。这类风险往往会给社会和个人带来极大的危害，是国家明令禁行的。

防范这类风险，主要是被代理人和代理人应当明确这样的行为是违法的，是不可为的，否则必然会受到法律的制裁，应当通过合法的方法解决相应的问题。

1.3.2.5 转托他人代理的法律风险及防范

《民法典》规定，委托代理人为被代理人的利益需要转托他人代理的，应当事先取得被代理人的同意。事先没有取得被代理人同意的，应当在事后及时告诉被代理人，如果被代理人不同意，由代理人对自己所转托的人的行为负民事责任。但在紧急情况下，为了保护被代理人的利益而转托他人代理的除外。

在社会生活和工程实际中，由于相应的事由需要转托他人代理的情况时有发生。这类风险主要是行为人没有合法的代理身份，并且没有限定其职责，其结果并不一定满足被代理人的要求，还可能给被代理人带来不必要的利益或其他损失。

防范这类风险，主要是要求委托代理人为被代理人的利益需要转托他人代理的，应当事先取得被代理人的同意，或者由被代理人另外委托其他代理人，代理相关事宜。

1.4 诉讼时效制度

1.4.1 诉讼时效制度概述

诉讼时效，是指权利人在法定期间，未向人民法院提起诉讼请求保护其权利时，法律规定消灭其胜诉权的制度。

1.4.1.1　超过诉讼时效期间的法律后果

(1)胜诉权消灭。胜诉权是指向人民法院请求保护民事权利的权利。胜诉权的存在,可以使得当事人的民事权利得到保护,而超过了诉讼时效期间,法律消灭了当事人的胜诉权,就意味着当事人的民事权利已经得不到法律的保护了。

(2)实体权利不消灭。《民法典》第一百九十二条规定:诉讼时效期间届满后,义务人同意履行的,不得以诉讼时效期间届满为由抗辩;义务人已经自愿履行的,不得请求返还。实体权利并不因超过了诉讼时效而消灭,如果债务人在超过了诉讼时效的前提下自愿履行,债权人依然可以受领。债务人履行义务后,不得要求返还。

1.4.1.2　诉讼时效期间的种类

根据我国《民法典》及有关法律的规定,诉讼时效期间通常可划分为4类。

(1)普通诉讼时效。向人民法院请求保护民事权利的普通诉讼时效期间通常为2年。普通诉讼时效是相对于不普通的诉讼时效而言的,去除短期诉讼时效和特殊诉讼时效,余下的就都是普通诉讼时效了。

(2)短期诉讼时效。下列诉讼时效期间为1年:身体受到伤害要求赔偿的;延付或拒付租金的;出售质量不合格的商品未声明的;寄存财物被丢失或损毁的。

(3)特殊诉讼时效。特殊诉讼时效不是由民法规定的,而是由特别法规定的诉讼时效。例如,《海商法》第二百五十七条规定,就海上货物运输向承运人要求赔偿的请求权,诉讼时效期间为1年。

(4)权利的最长保护期限。诉讼时效期间从知道或应当知道权利被侵害时起计算。但是,从权利被侵害之日起超过20年的,人民法院不予保护。

1.4.1.3　诉讼时效的中止和中断

(1)诉讼时效中止。《民法典》第一百九十四条规定,在诉讼时效期间的最后6个月内,因不可抗力或者其他障碍不能行使请求权的,诉讼时效中止。从中止时效的原因消除之日起,诉讼时效期间继续计算。

中止诉讼时效的法定事由必须是发生在诉讼时效期间的最后6个月才能导致诉讼时效中止,法定事由如果发生在诉讼时效期间的最后6个月之前,只有该事件持续到最后6个月内才产生中止时效的效果。

(2)诉讼时效中断。《民法典》第一百九十五条规定,诉讼时效因提起诉讼、当事人一方提出要求或者同意履行义务而中断。从中断时起,诉讼时效期间重新计算。

1.4.2　诉讼时效中的风险及防范

1.4.2.1　诉讼时效选择错误的风险及防范

所谓的诉讼时效就是俗称的“有权不用,过期作废”。对于不同的事项,法律所规定的诉讼时效是不同的。例如,拖欠工程款的诉讼时效是2年,而买到假冒伪劣产品,需要伸张权益的诉讼时效是1年等。在处理任何纠纷时,应当明确该类纠纷属于哪种诉讼时效,法定的诉讼时效是多长时间,而且应当在法定的诉讼期间伸张自己的合法权益。如果选择错误的诉讼时效,就有可能得不到法律的保护,导致自己的切身利益受到损失。

防范这类风险,主要是要区分所纠纷的事宜属于何种诉讼时效,并且在法定的期间内,利用合法的方法,及时保护自己和企业的合法权益。

1.4.2.2 诉讼时效超过法定期限的风险及防范

超过了诉讼时效期间,法律就消灭了当事人的胜诉权,这意味着当事人的民事权利已经得不到法律的保护了。

防范这类风险,除了正确确定诉讼时效,按照法律规定的时限伸张自己的合法权益外,还要合理利用法律所赋予的诉讼时效中止和中断的规定。因为有些诉讼不一定在法律规定的时限内就能解决,所以合理地利用诉讼时效的中止和中断就显得非常重要。但是,也要注意法律所赋予的权益最长的保护期限是 20 年,也就是说,任何诉讼争议必须在 20 年内解决,否则当事人的合法权益也得不到法律的保护。

1.5 债权制度

1.5.1 债权制度概述

1.5.1.1 债的概念

债是按照合同的约定或者依照法律的规定,在当事人之间产生的特定的权利和义务关系。享有权利的人是债权人,负有义务的人是债务人。

1.5.1.2 债的产生根据

债发生的原因在《民法典》中主要可分为合同、侵权行为、不当得利和无因管理。

(1)合同。合同是指民事主体之间关于设立、变更和终止民事关系的协议。合同是引起债权债务关系发生的最主要、最普通的根据。

(2)侵权行为。侵权行为可分为一般侵权行为和特殊侵权行为。在一般侵权行为中,当事人一方只有因自己的过错给他人造成人身和财产损失时,才负赔偿的责任,如果没有过错,就不需负赔偿责任。而在特殊侵权行为中,只要造成了他人的损失,就算你没有过错,仍要负赔偿责任。

(3)不当得利。不当得利是指既没有法律上的原因,也没有合同上的原因,取得了不当利益,而使他人受到损失的行为。在不当得利的情况下,不当得利人负有返还的义务。因而,这是一种债权债务关系。

(4)无因管理。无因管理是指没有法定或者约定的义务,为避免他人的利益受损失而为他人管理事务和进行服务的行为。无因管理行为一经发生,便会在管理人和其事务被管理人之间产生债权债务关系,其事务被管理者负有偿还管理者在管理过程中所支付的合理费用的义务。

(5)债的其他发生根据。债的发生根据除上述的几种外,还会存在如遗赠、抚养、发现埋藏物等,也是债的发生根据。

1.5.1.3 债的消灭

债的消灭,也称债的终止,是指债权人和债务人之间的权利义务关系不复存在的法律现象。债的消灭的原因主要有:

(1)清偿。清偿亦即履行,是指债务人按照法律的规定或者合同约定向债权人履行义务。债务人清偿了债务,债权人的权利实现,债的目的达到,债就自然消灭。

(2)抵销。抵销是指二人互负债务时,各以其债权充当债务之清偿,而使其债务与对方的债务在对等额内相互消灭。抵销依其产生根据的不同,可分为法定抵销和合意抵销。

(3)提存。提存是指债务人于债务已届履行期时,将无法给付的标的物交提存机关,以消灭债务的行为。

(4)免除。免除是指债权人放弃债权,从而解除债务人所承担的义务的单方行为。

(5)混同。混同是指债权与债务同归于一人,而使债的关系消灭的事实。

(6)债务更新。债务更新又称为债务更改或债务更替,是指当事人双方以成立新债务而使旧债务消灭的法律行为。

(7)当事人死亡。债因当事人死亡而解除仅指具有人身性质的合同之债,因为人身关系是不可继承和转让的。所以,凡属委托合同的受托人、出版合同的约稿人等死亡时,其所签订的合同也随之解除。

(8)其他原因。债权债务关系还可能由于其他原因而消灭,如合同的解除、行政命令、仲裁机关或法院的裁决、意外事故等使履行成为不可能。

1.5.2　债权中的法律风险及防范

1.5.2.1　侵权之债的法律风险及防范

侵权是指不法侵害他人的合法民事权益的行为。侵权的当事人应当依法承担侵权责任。这里的民事权益,包括生命权、健康权、姓名权、名誉权、荣誉权、肖像权、隐私权、婚姻自主权、监护权、所有权、用益物权、担保物权、著作权、专利权、商标专用权、发现权、股权、继承权等人身、财产权益。需要注意的是,根据法律规定推定行为人有过错,行为人不能证明自己没有过错的,应当承担侵权责任。

行为人损害他人民事权益,不论行为人有无过错,法律规定应当承担侵权责任的,依照其规定。二人以上共同实施侵权行为,造成他人损害的,应当承担连带责任;教唆、帮助他人实施侵权行为的,应当与行为人承担连带责任。教唆、帮助无民事行为能力人,限制民事行为能力人实施侵权行为的,应当承担侵权责任;该无民事行为能力人、限制民事行为能力人的监护人未尽到监护责任的,应当承担相应的责任。

二人以上实施危及他人人身、财产安全的行为,其中一人或者数人的行为造成他人损害,能够确定具体侵权人的,由侵权人承担责任;不能确定具体侵权人的,行为人承担连带责任。

二人以上分别实施侵权行为造成同一损害,每个人的侵权行为都足以造成全部损害的,行为人承担连带责任。

二人以上分别实施侵权行为造成同一损害,能够确定责任大小的,各自承担相应的责任;难以确定责任大小的,平均承担赔偿责任。

法律规定承担连带责任的,被侵权人有权请求部分或者全部连带责任人承担责任。

连带责任人根据各自责任大小确定相应的赔偿数额;难以确定责任大小的,平均承担赔偿责任。支付超出自己赔偿数额的连带责任人,有权向其他连带责任人追偿。

承担侵权责任的方式主要有：停止侵害、排除妨碍、消除危险、返还财产、恢复原状、赔偿损失、赔礼道歉、消除影响、恢复名誉。

以上承担侵权责任的方式，可以单独适用，也可以合并适用。

侵害他人，造成人身损害的，应当赔偿医疗费、护理费、交通费等为治疗和康复支出的合理费用，以及因误工减少的收入；造成残疾的，还应当赔偿残疾生活辅助具费和残疾赔偿金；造成死亡的，还应当赔偿丧葬费和死亡赔偿金。

因同一侵权行为造成多人死亡的，可以以相同数额确定死亡赔偿金。

被侵权人死亡的，其近亲属有权请求侵权人承担侵权责任。被侵权人为单位，该单位分立、合并的，承继权利的单位有权请求侵权人承担侵权责任。

被侵权人死亡的，支付被侵权人医疗费、丧葬费等合理费用的人有权请求侵权人赔偿费用，但侵权人已支付该费用的除外。

侵害他人财产的，财产损失按照损失发生时的市场价格或者其他方式计算。

侵害他人人身权益造成财产损失的，按照被侵权人因此受到的损失赔偿；被侵权人的损失难以确定，侵权人因此获得利益的，按照其获得的利益赔偿；侵权人因此获得的利益难以确定，被侵权人和侵权人就赔偿数额协商不一致，向人民法院提起诉讼的，由人民法院根据实际情况确定赔偿数额。

侵权行为危及他人人身、财产安全的，被侵权人可以请求侵权人承担停止侵害、排除妨碍、消除危险等侵权责任。

侵害他人人身权益，造成他人严重精神损害的，被侵权人可以请求精神损害赔偿。

因防止、制止他人民事权益被侵害而使自己受到损害的，由侵权人承担责任。侵权人逃逸或者无力承担责任，被侵权人请求补偿的，受益人应当给予适当补偿。

受害人和行为人对损害的发生都没有过错的，可以根据实际情况，由双方分担损失。

损害发生后，当事人可以协商赔偿费用的支付方式。协商不一致的，赔偿费用应当一次性支付；一次性支付确有困难的，可以分期支付，但应当提供相应的担保。

另外，需要注意的是侵权事件发生后，还存在不承担责任和减轻责任的情形。被侵权人对损害的发生也有过错的，可以减轻侵权人的责任。损害是因受害人故意造成的，行为人不承担责任。损害是因第三人造成的，第三人应当承担侵权责任。因不可抗力造成他人损害的，不承担责任。法律另有规定的，依照其规定。因正当防卫造成损害的，不承担责任。正当防卫超过必要的限度，造成不应有的损害的，正当防卫人应当承担适当的责任。因紧急避险造成损害的，由引起险情发生的人承担责任。如果危险是由自然原因引起的，紧急避险人不承担责任或者给予适当补偿。紧急避险采取措施不当或者超过必要的限度，造成不应有的损害的，紧急避险人应当承担适当的责任。

1.5.2.2　不当得利之债的法律风险及防范

不当得利是指没有合法根据取得利益而使他人利益受损的事实，取得不当利益的一方称为受益人，损失利益的一方称为受害人或者受损人。法律规定，没有合法根据，取得不当利益，造成他人损失的，应当将取得的不当利益返还受损失的人。

《民法典》规定，所有权人或者其他权利人有权追回遗失物。该遗失物通过转让被他人占有的，权利人有权向无处分权人请求损害赔偿，或者自知道或者应当知道受让人之日起 2 年内向受让人请求返还原物,但受让人通过拍卖或者向具有经营资格的经营者购得该遗失物的,权利人请求返还原物时应当支付受让人所付的费用。权利人向受让人支付所付费用后,有权向无处分权人追偿。

1.5.2.3　无因管理之债的法律风险及防范

无因管理他人事务中,所谓"事务",是指为足以满足人们生活需要的一切事项。行为人即管理他人事务或提供服务的一方叫管理人,其事务受管理的一方叫本人。无因管理一经发生,就会在相关的人之间产生相应的债权债务关系,即管理人是债权人,有请求偿还因管理事务所支出的必要费用;本人是债务人,负有偿还该项费用的义务。

管理人与本人之间,原来并不存在权利义务关系,只是因为发生无因管理事实行为,才在两者之间产生了债权债务关系。可见,无因管理也是债的发生根据之一。由于这种债的关系是因无因管理行为直接引起的,因而称无因管理之债,或称"因无因管理所生之债"。

我国《民法典》第二十八章对无因管理做了明确的规定,承认无因管理是债的独立发生根据之一。

确定是否属于无因管理,需要满足以下构成要件:

(1)必须是管理他人的事务。这是无因管理之债成立的首要条件。凡是管理人将自己的事务误认为他人事务而加以管理,凡是管理人对其与他人共有事务的管理,或者是管理自己事务的同时为他人带来了利益,但没有为他人管理事务的意思的,都不可能产生无因管理之债权债务的关系。

他人事务,是指与他人生活有关的事项。它可能是纯财产意义上的事项,也可能是与财产利益毫无相干的事项。是否与财产利益相干并不重要,重要的是:①"事务"必须是他人的,且必须是非人身性的他人事务。②"事务"应以能够发生债权债务关系为限;单纯的不作为或纯粹为宗教或道德的事项,不是我们所说的"事务"。③"事务"不得是非法事项。

管理,是指实现事务的内容的行为。这种行为,不仅有一般管理行为所包含的看管、保管、保养等意,也含有提供服务甚至处分之意。换言之,无因管理的"管理"一词,较之一般管理含义要广泛得多。

(2)必须有为他人谋利益的意思。指管理人所为行为,确有为他人图利益、避免其损失的意思:从动机上看,管理人应出于为他人利益的目的而为管理行为;从效果上,由管理行为所取得的利益应最终归本人所有。

(3)必须是没有法定或约定义务。无因管理之债的"无因",指的是"没有法定的或者约定的义务"。"无因"是无因管理之债的重要条件。如果管理人是在有法定或约定义务的情况下实施管理,则这种管理不能成立无因管理之债。

在无因管理中,作为管理人应当明确自己的义务。管理人的义务包括管理义务、通知及返还义务。

首先是管理的义务。履行这一义务,应该注意两个问题,即管理方法和注意程度。

管理方法,是指管理人于他人遇到困难时以什么方法进行救助。管理人采取什么方式管理,大多取决于其意志,但其应依照本人即其事务被管理者显而易见或可推定而知的意愿(利于本人的方法)进行。

注意程度,是指管理人在管理过程中,为避免给本人造成损失所应注意的程度。多数国家法律规定,管理人的管理义务原则上应与一般债务人负同等的注意义务。

管理人违反上述适当管理的义务,造成事务被管理者损失的,应负赔偿责任。

其次,管理人有通知及返还的义务。管理人的通知,以能通知为限。管理人履行其通知义务后,一旦本人有回音,并要求移交其事务的,应及时移交所管理事务。一时难以移交的,应积极创造条件,以便尽快移交。在无因管理结束时,管理人应向本人报告管理情况,提供有关单据和证明。管理人处理事务所收取的金钱、财物及孳息等,均应返还本人。管理人以自己的名义为事务被管理者所取得的权利,亦应返还。

1.5.2.4 债权消灭的法律风险及防范

债权经一定程序消灭,就失去了法律上的效力,从而终止了原来的债权债务关系。除法律另有规定者外,原债权人不得再主张债权,原债务人也不再负有法律义务。同时,债的关系消灭后,其债权担保以及其他从属权利,亦随之消灭。

此外,债消灭时,还应办理一切有关债消灭之后的手续。如果债的履行仅是一部分,或者负债字据上载有债权人其他权利的,债务人仅得请求将消灭事由记入字据。如果负债字据遗失或被盗,则返还或注销已不可能,债务人可以请求给出债务消灭的公证书,以证明债的关系已经消灭。

1.6 建筑工程许可

1.6.1 建筑工程许可制度的基本要求

许可制度是指国家有关行政机关根据个人、组织的申请,依法准许个人、组织从事某种活动的行政行为。

建筑许可制度是建设行政主管部门或其他有关行政主管部门准许、变更和终止公民、法人和其他组织从事建筑活动的具体行政行为。表现形式为:施工许可证、批准证件(开工报告)、企业资质证书、从业人员执业资格证书等。

根据《建筑法》的规定,建筑许可包括三种制度:建筑工程施工许可制度、从事建筑活动企业资质等级制度、从业人员执业资格制度。

1.6.1.1 建筑工程施工许可制度

建设单位必须在建设工程立项批准后、工程发包前,向建设行政主管部门或其授权的部门办理报建登记手续。未办理报建登记手续的工程,不得发包,不得签订工程合同。新建、扩建、改建的建设工程,建设单位必须在开工前向建设行政主管部门或其授权的部门申请领取工程施工许可证。未领取施工许可证的,不得开工。《建筑法》规定:建筑工程开工前,建设范围应当按照国家有关规定向工程所在地县级以上人民政府建设行政主管部门申请领取施工许可证。但是,国务院建设行政主管部门确定的限额以下的小型工程除外。

(1)申请领取施工许可证的条件。根据《建筑法》第八条的规定,申请领取施工许可证应当具备以下条件：

①已经办理该建筑工程用地批准手续；

②在城市规划区的建筑工程，已经取得规划许可证；

③需要拆迁的，其拆迁进度符合施工要求；

④已经确定建筑施工企业；

⑤有满足施工需要的施工图纸及技术资料；

⑥有保证工程质量和安全的具体措施；

⑦建设资金已经落实；

⑧法律、行政法规规定的其他条件。

(2)不需要领取施工许可证的建筑工程。根据相关法律法规规定，并不是所有的建筑工程都需要在开工前领取施工许可证，其中有以下 7 类建筑工程不需要领取施工许可证：

①工程投资额在 30 万元以下或者建筑面积在 300 平方米以下的建筑工程；

②按照国务院规定的权限和程序批准开工报告的建筑工程；

③作为文物保护的建筑工程；

④抢险救灾工程；

⑤临时性建筑工程；

⑥农民自建房两层(含两层)以下的；

⑦军用房屋工程。

(3)施工许可证的颁发程序及管理，如下所述：

①建设行政主管部门应当自收到申请之日起 15 日内，对符合条件的申请单位颁发施工许可证。

②建设单位应当自领取施工许可证之日起 3 个月内开工。因故不能按期开工的，应当向发证机关申请延期；延期以两次为限，每次不超过 3 个月。既不开工又不申请延期或者超过延期时限的，施工许可证自行废止。

③在建的建筑工程因故中止施工的，建设单位应当自中止施工之日起 1 个月内，向发证机关报告，并按照规定做好建筑工程的维护管理工作。建筑工程恢复施工时，应当向发证机关报告；中止施工满 1 年的工程恢复施工之前，建设单位应当报发证机关核验施工许可证。

④按照国务院有关规定批准开工报告的建筑工程，因故不能按期开工或者中止施工的，应当及时向批准机关报告情况。因故不能按期开工超过 6 个月的，应当重新办理开工报告的批准手续。

1.6.1.2　企业资质等级制度

《建筑法》第十三条规定：从事建筑活动的建筑施工企业、勘察单位、设计单位和工程监理单位，按照其拥有的注册资本、专业技术人员、技术装备和已完成的建筑工程业绩等资质条件，划分为不同的资质等级，经资质审查合格，取得相应等级的资质证书后，方可在其资质等级许可的范围内从事建筑活动。

从事建筑活动的建筑施工企业、勘察单位、设计单位和工程监理单位，应当具备下列条件：

(1)有符合国家规定的注册资本；

(2)有与其从事的建筑活动相适应的具有法定执业资格的专业技术人员；

(3)有从事相关建筑活动所应有的技术装备；

(4)法律、行政法规规定的其他条件。

1. 建筑施工企业的资质管理

根据《建筑业企业资质管理规定》，建筑业企业资质分为施工总承包、专业承包和劳务分包三个序列：

(1)施工总承包企业。取得施工总承包资质的企业，可以承接施工总承包工程。施工总承包企业可以对所承接的施工总承包工程内各专业工程全部自行施工，也可以将专业工程或劳务作业依法分包给具有相应资质的专业承包企业或劳务分包企业。

(2)专业承包企业。取得专业承包资质的企业，可以承接施工总承包企业分包的专业工程和建设单位依法发包的专业工程。专业承包企业可以对所承接的专业工程全部自行施工，也可以将劳务作业依法分包给具有相应资质的劳务分包企业。

(3)劳务分包企业。取得劳务分包资质的企业，可以承接施工总承包企业或专业承包企业分包的劳务作业。

施工总承包资质、专业承包资质、劳务分包资质序列按照工程性质和技术特点分别划分为若干资质类别。各资质类别按照规定的条件划分为若干资质等级。

下列建筑业企业资质的许可，由国务院建设主管部门实施：

(1)施工总承包序列特级资质、一级资质；

(2)国务院国有资产管理部门直接监管的企业及其下属一层级的企业的施工总承包二级资质、三级资质；

(3)水利、交通、信息产业方面的专业承包序列一级资质；

(4)铁路、民航方面的专业承包序列一级、二级资质；

(5)公路交通工程专业承包不分等级资质、城市轨道交通专业承包不分等级资质。

下列建筑业企业资质许可，由企业工商注册所在地省、自治区、直辖市人民政府建设主管部门实施：

(1)施工总承包序列二级资质(不含国务院国有资产管理部门直接监管的企业及其下属一层级的企业的施工总承包序列二级资质)；

(2)专业承包序列一级资质(不含铁路、交通、水利、信息产业、民航方面的专业承包序列一级资质)；

(3)专业承包序列二级资质(不含民航、铁路方面的专业承包序列二级资质)；

(4)专业承包序列不分等级资质(不含公路交通工程专业承包序列和城市轨道交通专业承包序列的不分等级资质)。

下列建筑业企业资质许可，由企业工商注册所在地设区的市人民政府建设主管部门实施：

(1)施工总承包序列三级资质(不含国务院国有资产管理部门直接监管的企业及其下属一层级的企业的施工总承包三级资质)；

(2)专业承包序列三级资质;

(3)劳务分包序列资质。

建筑业企业资质证书分为正本和副本,正本一份,副本若干份,由国务院建设主管部门统一印制,正、副本具备同等法律效力。资质证书有效期为 5 年。

建筑业企业可以申请一项或多项建筑业企业资质;申请多项建筑业企业资质的,应当选择等级最高的一项资质为企业主项资质。

资质有效期届满,企业需要延续资质证书有效期的,应当在资质证书有效期届满 60 日前,申请办理资质延续手续。

对在资质有效期内遵守有关法律、法规、规章、技术标准,信用档案中无不良行为记录,且注册资本、专业技术人员满足资质标准要求的企业,经资质许可机关同意,有效期延续 5 年。

2. 建设工程勘察企业资质管理

根据《建设工程勘察设计资质管理规定》,工程勘察资质分为工程勘察综合资质、工程勘察专业资质、工程勘察劳务资质。

工程勘察综合资质只设甲级;工程勘察专业资质设甲级、乙级,根据工程性质和技术特点,部分专业可以设丙级;工程勘察劳务资质不分等级。

取得工程勘察综合资质的企业,可以承接各专业(海洋工程勘察除外)、各等级工程勘察业务;取得工程勘察专业资质的企业,可以承接相应等级相应专业的工程勘察业务;取得工程勘察劳务资质的企业,可以承接岩土工程治理、工程钻探、凿井等工程勘察劳务业务。

3. 建设工程设计企业资质的管理

根据《建设工程勘察设计资质管理规定》,工程设计资质分为工程设计综合资质、工程设计行业资质、工程设计专业资质和工程设计专项资质。

工程设计综合资质只设甲级;工程设计行业资质、工程设计专业资质、工程设计专项资质设甲级、乙级。

根据工程性质和技术特点,个别行业、专业、专项资质可以设丙级,建筑工程专业资质可以设丁级。

取得工程设计综合资质的企业,可以承接各行业、各等级的建设工程设计业务;取得工程设计行业资质的企业,可以承接相应行业相应等级的工程设计业务及本行业范围内同级别的相应专业、专项(设计施工一体化资质除外)工程设计业务;取得工程设计专业资质的企业,可以承接本专业相应等级的专业工程设计业务及同级别的相应专项工程设计业务(设计施工一体化资质除外);取得工程设计专项资质的企业,可以承接本专项相应等级的专项工程设计业务。

4. 建筑工程监理企业资质管理

依据《工程监理企业资质管理规定》,工程监理企业资质分为综合资质、专业资质和事务所资质。其中,专业资质按照工程性质和技术特点划分为若干工程类别。

综合资质、事务所资质不分级别。专业资质分为甲级、乙级,其中房屋建筑、水利水电、公路和市政公用专业资质可设立丙级。

工程监理企业资质相应许可的业务范围如下:

(1)综合资质。可以承担所有专业工程类别建设工程项目的工程监理业务。

(2)专业资质。专业甲级资质,可承担相应专业工程类别建设工程项目的工程监理业务;专业乙级资质,可承担相应专业工程类别二级以下(含二级)建设工程项目的工程监理业务;专业丙级资质,可承担相应专业工程类别三级建设工程项目的工程监理业务;事务所资质,可承担三级建设工程项目的工程监理业务,但是国家规定必须实行强制监理的工程除外。

工程监理企业可以开展相应类别建设工程的项目管理、技术咨询等业务。

5. 工程造价咨询企业资质管理

根据《工程造价咨询单位管理办法》,工程造价咨询企业资质等级分为甲级、乙级。工程造价咨询企业依法从事工程造价咨询活动,不受行政区域限制。

甲级工程造价咨询企业可以从事各类建设项目的工程造价咨询业务。

乙级工程造价咨询企业可以从事工程造价 5000 万元人民币以下的各类建设项目的工程造价咨询业务。

工程造价咨询业务范围包括:

(1)建设项目建议书及可行性研究投资估算、项目经济评价报告的编制和审核。

(2)建设项目概预算的编制与审核,并配合设计方案比选、优化设计、限额设计等工作进行工程造价分析与控制。

(3)建设项目合同价款的确定(包括招标工程工程量清单和标底、投标报价的编制和审核);合同价款的签订与调整(包括工程变更、工程洽商和索赔费用的计算)及工程款支付,工程结算及竣工结(决)算报告的编制与审核等。

(4)工程造价经济纠纷的鉴定和仲裁的咨询。

(5)提供工程造价信息服务等。

工程造价咨询企业可以对建设项目的组织实施进行全过程或者若干阶段的管理和服务。

工程造价咨询企业在承接各类建设项目的工程造价咨询业务时,应当与委托人订立书面工程造价咨询合同。工程造价咨询企业与委托人可以参照《建设工程造价咨询合同》(示范文本)订立合同。

工程造价咨询企业从事工程造价咨询业务,应当按照有关规定的要求出具工程造价成果文件。工程造价成果文件应当由工程造价咨询企业加盖有企业名称、资质等级及证书编号的执业印章,并由执行咨询业务的注册造价工程师签字、加盖执业印章。

工程造价咨询企业设立分支机构的,应当自领取分支机构营业执照之日起 30 日内,到分支机构工商注册所在地省、自治区、直辖市人民政府建设主管部门备案。省、自治区、直辖市人民政府建设主管部门应当在接受备案之日起 20 日内,报国务院建设主管部门备案。

分支机构从事工程造价咨询业务,应当由设立该分支机构的工程造价咨询企业负责承接工程造价咨询业务、订立工程造价咨询合同、出具工程造价成果文件。

分支机构不得以自己名义承接工程造价咨询业务、订立工程造价咨询合同、出具工程造价成果文件。

工程造价咨询企业跨省、自治区、直辖市承接工程造价咨询业务的，应当自承接业务之日起30日内到建设工程所在地省、自治区、直辖市人民政府建设主管部门备案。

6. 工程招标代理机构的资质管理

依据《工程建设项目招标代理机构资格认定办法》，工程招标代理机构资格分为甲级、乙级和暂定级。甲级工程招标代理机构可以承担各类工程的招标代理业务；乙级工程招标代理机构只能承担工程总投资1亿元人民币以下的工程招标代理业务；暂定级工程招标代理机构，只能承担工程总投资6000万元人民币以下的工程招标代理业务。

工程招标代理机构可以跨省、自治区、直辖市承担工程招标代理业务。任何单位和个人不得限制或者排斥工程招标代理机构依法开展工程招标代理业务。

甲级工程招标代理机构资格由国务院建设主管部门认定。乙级、暂定级工程招标代理机构资格由工商注册所在地的省、自治区、直辖市人民政府建设主管部门认定。

1.6.1.3 从业人员的执业资格制度

从事建筑活动的从业资格制度是指建设行政主管部门对从事建筑活动的建设施工企业、勘察设计企业和工程监理企业等的人员素质、管理水平、资金数量、业务能力等进行审查，以确定其承担相关业务的能力和范围，并发给相应的资质证书的一种管理制度。

建筑工程执业人员主要有注册建筑工程师、注册结构工程师、注册监理工程师、注册工程造价工程师、注册建造师，以及法律、法规规定的其他人员。

对于建筑施工项目的管理人员，国家住建部规定的从业资格还包括：施工员、材料员、质检员、安全员、资料员、造价员、监理员等。

(1)注册建筑师执业资格的报考条件和执业范围。

符合下列条件之一者，可以申请参加一级注册建筑师考试：

①取得建筑学硕士以上学位或者相近专业工学博士学位，并从事建筑设计或者相关业务2年以上的；

②取得建筑学学士学位或者相近专业工学硕士学位，并从事建筑设计或者相关业务3年以上的；

③具有建筑学专业大学本科毕业学历并从事建筑设计或者相关业务5年以上的，或者具有建筑学相近专业大学本科毕业学历并从事建筑设计或者相关业务7年以上的；

④取得高级工程师技术职称并从事建筑设计或者相关业务3年以上的，或者取得工程师技术职称并从事建筑设计或者相关业务5年以上的；

⑤不具有前四项规定的条件，但设计成绩突出，经全国注册建筑师管理委员会认定达到前四项规定的专业水平的。

符合下列条件之一的，可以申请参加二级注册建筑师考试：

①具有建筑学或者相近专业大学本科毕业以上学历，从事建筑设计或者相关业务2年以上的；

②具有建筑设计技术专业或者相近专业大专毕业以上学历，并从事建筑设计或者相关业务3年以上的；

③具有建筑设计技术专业4年制中专毕业学历，并从事建筑设计或者相关业务5年以上的；

④具有建筑设计技术相近专业中专毕业学历,并从事建筑设计或者相关业务7年以上的;

⑤取得助理工程师以上技术职称,并从事建筑设计或者相关业务3年以上的。

注册建筑师的执业范围:建造师经过聘用和注册后,可以从事建设工程项目总承包管理或施工管理,建设工程项目管理服务,建设工程技术经济咨询,以及法律、行政法规和国务院建设主管部门规定的其他业务。

在行使项目经理职责时,一级注册建造师应注册在其适应专业的特级或一级总承包企业,可以担任特大型工程项目施工的项目经理;二级注册建造师应注册在二级及其以下施工总承包企业,可以担任大中型以下的建设工程项目施工的项目经理。大中型工程项目的项目经理必须逐步由取得建造师执业资格的人员担任,但取得建造师执业资格的人员能否担任大中型工程项目的项目经理,应由建筑业企业自主决定。

(2)注册土木工程师(岩土)的报考条件和执业范围。

符合《注册土木工程师(岩土)执业资格制度暂行规定》要求,并具备以下条件之一者,可申请参加基础考试:

①取得本专业(指勘查技术与工程、土木工程、水利水电工程、港口航道与海岸工程专业,下同)或相近专业(指地质勘探、环境工程、工程力学专业,下同)大学本科及以上学历或学位;

②取得本专业或相近专业大学专科学历,从事岩土工程专业工作满1年;

③取得其他工科专业大学本科及以上学历或学位,从事岩土工程专业工作满1年。

基础考试合格,并具备以下条件之一者,可申请参加专业考试:

①取得本专业博士学位,累计从事岩土工程专业工作满2年;或取得相近专业博士学位,累计从事岩土工程专业工作满3年。

②取得本专业硕士学位,累计从事岩土工程专业工作满3年;或取得相近专业硕士学位,累计从事岩土工程专业工作满4年。

③取得本专业双学士学位或研究生班毕业,累计从事岩土工程专业工作满4年;或取得相近专业双学士学位或研究生班毕业,累计从事岩土工程专业工作满5年。

④取得本专业大学本科学历,累计从事岩土工程专业工作满5年;或取得相近专业大学本科学历,累计从事岩土工程专业工作满6年。

⑤取得本专业大学专科学历,累计从事岩土工程专业工作满6年;或取得相近专业大学专科学历,累计从事岩土工程专业工作满7年。

⑥取得其他工科专业大学本科及以上学历或学位,累计从事岩土工程专业工作满8年。

注册土木工程师(岩土)的执业范围:岩土工程勘察,岩土工程设计,岩土工程咨询与监理,岩土工程治理、检测与监测,环境岩土工程和与岩土工程有关的水文地质工程业务,国务院有关部门规定的其他业务。

(3)注册监理工程师报考条件及执业范围。

参加监理工程师资格考试者,必须具备以下条件:

①具有高级专业技术职称,或取得中级专业技术职称后具有3年以上工程设计或施

工管理实践经验;

②在全国监理工程师注册管理机关认定的培训单位经过监理业务培训,并取得培训结业证书。

注册监理工程师可以在其注册专业的业务范围内,以监理工程师的身份从事工程监理或工程咨询活动。具体的职责有:技术上的核定权,组织协调的主持权,材料、设备和工程质量的确认权和否决权,进度与工期的确认权和否决权,施工安全和环境保护的确认权和否决权,工程款支付与结算的确认权和否决权等。

(4)注册造价工程师的报考条件及执业范围。

凡中华人民共和国公民,遵纪守法并具备以下条件之一者,均可参加造价工程师执业资格考试:

①工程造价专业大专毕业后,从事工程造价业务工作满 5 年;工程或工程经济类大专毕业后,从事工程造价业务工作满 6 年。

②工程造价专业本科毕业后,从事工程造价业务工作满 4 年;工程或工程经济类本科毕业后,从事工程造价业务工作满 5 年。

③获上述专业第二学士学位或研究生班毕业和取得硕士学位后,从事工程造价业务工作满 3 年。

④获上述专业博士学位后,从事工程造价业务工作满 2 年。

取得注册造价工程师并经注册的,可从事的工作范围包括:

①建设项目投资估算的编制、审核及项目经济评价;

②工程概算、工程预算、工程结算、竣工决算、工程招标标底价、投标报价的编制、审核;

③工程变更及合同价款的调整和索赔费用的计算;

④建设项目各阶段的工程造价控制;

⑤工程经济纠纷的鉴定;

⑥工程造价计价依据的编制、审核;

⑦与工程造价业务有关的其他事项。

以上专业技术人员执业资格的共同特点是:均需参加统一考试,均需要注册,均有各自的执业范围,均需接受继续教育。

1.6.2　建筑工程许可制度中的法律风险及防范

1.6.2.1　违反建筑施工许可证制度的法律风险及防范

《建筑法》第六十四条规定,未取得施工许可证或者开工报告未经批准擅自施工的,责令改正,对不符合开工条件的责令停止施工,可以处以罚款。

《建筑工程施工许可管理办法》中进一步规定,对于未取得施工许可证或者为规避办理施工许可证将工程项目分解后擅自施工的,由有管辖权的发证机关责令改正,对于不符合开工条件的,责令停止施工,并对建设单位和施工单位分别处以罚款。

对于采用虚假证明文件骗取施工许可证的，由原发证机关收回施工许可证，责令停止施工，并对责任单位处以罚款；构成犯罪的，依法追究刑事责任。

对于伪造施工许可证的，该施工许可证无效，由发证机关责令停止施工，并对责任单位处以罚款；构成犯罪的，依法追究刑事责任。

对于涂改施工许可证的，由原发证机关责令改正，并对责任单位处以罚款；构成犯罪的，依法追究刑事责任。

《建筑工程施工许可管理办法》的罚款，法律、法规有制度规定的从其规定。无制度规定的，有违法所得的处 5000 元以上 30000 元以下的罚款，没有违法所得的处 5000 元以上 10000 元以下的罚款。

对于采用虚假证明文件骗取施工许可证的，由原发证机关收回施工许可证，责令停止施工，并对责任单位处以罚款；构成犯罪的，依法追究刑事责任。

对于伪造施工许可证的，该施工许可证无效，由发证机关责令停止施工，并对责任单位处以罚款；构成犯罪的，依法追究刑事责任。

对于涂改施工许可证的，由原发证机关责令改正，并对责任单位处以罚款；构成犯罪的，依法追究刑事责任。

总之，违反建筑施工许可制度，都将被责令改正，必须领取施工许可证；对不符合开工条件的，都要停工。但《建筑法》中是可以罚款，而《建筑工程施工许可管理办法》中是对建设单位和施工单位分包罚款。编者认为：《建筑工程施工许可管理办法》有其适用的范围，是在其限定的范围内的建筑工程项目而言，并不是泛指。

防范上述风险，最简便的做法就是严格按照《建筑法》等相关法规规定，在开工前办理假施工许可证。因为办理了施工许可证，就说明拟建的施工现场符合开工的条件，能够保证施工的质量和安全等既定建设目标的实现。施工许可制度是我国多年工程实际经验和教训的总结，是保证房屋建筑施工能够正常进行的先决条件。

1.6.2.2　违反企业资质管理制度的法律风险及防范

首先，从事建筑活动的建筑施工企业、勘察单位、设计单位和工程监理单位，依法取得相应等级的资质证书后，方可在其资质等级许可的范围内从事建筑活动。

违反这一法律制度的形式一般有：没有企业资质证书，从事房屋建筑行业活动；转让、出租或借用他人的资质证书，从事房屋建筑活动；伪造企业资质证书，从事房屋建筑活动；骗取一资质证书，从事房屋建筑活动。

对与以上违法行为，《建筑法》中做了明确限制和处罚，具体规定如下：

(1)未取得资质证书承揽工程的，予以取缔，并处罚款；有违法所得的，予以没收。

(2)以欺骗手段取得资质证书的，吊销资质证书，处以罚款；构成犯罪的，依法追究刑事责任。

(3)建筑施工企业转让、出借资质证书或者以其他方式允许他人以本企业的名义承揽工程的，责令改正，没收违法所得，并处罚款，可以责令停业整顿，降低资质等级；情节严重的，吊销资质证书。对因该项承揽工程不符合规定的质量标准造成的损失，建筑施工企业与使用本企业名义的单位或者个人承担连带赔偿责任。

其次,《建设工程质量管理条例》规定,勘察、设计、施工、工程监理单位允许其他单位或者个人以本单位名义承揽工程的,责令改正,没收违法所得,对勘察、设计单位和工程监理单位处合同约定的勘察费、设计费和监理酬金1倍以上2倍以下的罚款;对施工单位处工程合同价款2%以上4%以下的罚款;可以责令停业整顿,降低资质等级;情节严重的,吊销资质证书。

再次,未取得建筑施工企业资质签订的施工合同,属于无效合同。超越资质等级签订工程承包合同,如在工程竣工前未取得与承揽的工程相适应的资质,建设工程施工合同仍属于无效合同。由此,会面临被建设行政主管部门进行行政处罚的风险,包括罚款、没收违法所得。有资质的建筑施工企业可能同时面临着被降低资质、吊销资质证书的风险。

最后,在合同无效的情形下,发包人是否支付工程价款与工程质量紧密相连。工程经竣工验收不合格并经修复后仍不合格的,对承包人请求支付工程价款不予支持。对建设工程不合格造成的损失,由承包人承担。发包人对此有过错的,也应当承担相应的民事责任。防范这类法律风险,就要严格按照《建筑法》的规定从事房屋建筑活动,及时办理企业资质的相关手续,这是建筑类企业从事生产经营活动的前提条件,没有任何条件或借口可以规避。具体要求如下:

(1)发包人应严格依法审查承包人资质,杜绝将工程发包给不具备相应资质的单位。

(2)承包人无论是无资质,还是超越资质施工,均应当严把工程质量关,保证工程质量合格。如工程经竣工验收后不合格,承包人应当珍惜最后的工程修复机会。

(3)如承包人超越资质施工,应当力争在工程竣工前取得相应资质,以防合同无效。承包人可以权衡利弊,利用法律的规定控制竣工日期,防止合同无效后果的出现。

1.6.2.3　违反从业人员执业资格制度的法律风险及防范

从业人员资格认证和管理制度,是工程建设的一项重要制度。既是常说的持证上岗制度,也就是要求所有参与工程建设的企业人员,在所从事的工作岗位上,必须先取得相应的任职资格。取得了相应的职业任职资格,说明本人具备了相关专业的技术能力和水平,就能够保证工程的安全和质量,就能够真正为企业做好本职工作。否则,根本谈不上是一名合乎要求的工程技术人员,从而引发安全或质量事故。不但工程技术人员需要具备相应的任职资格,操作工人也需要具备相应的资格条件。这也就是俗话所说的:“人尽其才,物尽其用。”而且,我国在工程建设中的工资制度也在很大程度上与劳动者的任职资格相对应。不具备相应任职资格的企业职工,在法律上是禁止从事相关工程建设活动的,否则就像《交通法》中对无证驾驶人员的处罚。

防范这类风险,要求每个从事工程建设人员要认真学习相关的专业技术和管理知识,满足本专业和岗位的执业要求,按规定取得相应的任职资格,并经过规定的注册程序,真正做到持证上岗。而且,在工程实际中要不断提高自己的业务能力和水平,及时参加继续教育,不断努力进取,在社会实践的大舞台上,实现自己人生的社会价值,为社会和人民奉献自己的智慧和才能。

1.7 建设工程施工发包与承包制度

1.7.1 建设工程施工发包与承包制度的基本要求

1.7.1.1 发包与承包的一般要求

《建筑法》对房屋建筑的发包与承包做了基本的规定：

(1)建筑工程的发包单位与承包单位应当依法订立书面合同，明确双方的权利和义务。发包单位和承包单位应当全面履行合同约定的义务。不按照合同约定履行义务的，依法承担违约责任。

(2)建筑工程发包与承包的招标投标活动，应当遵循公开、公正、公平竞争的原则，择优选择承包单位。建筑工程的招标投标，按有关招标投标法律的规定。

(3)发包单位及其工作人员在建筑工程发包中不得收受贿赂、回扣或索取其他好处。承包单位及其工作人员不得利用向发包单位及其工作人员行贿、提供回扣或给予其他好处等不正当手段承揽工程。

(4)建筑工程造价应当按照国家有关规定，由发包单位与承包单位在合同中约定。公开招标发包的，其造价的约定须遵守招标投标法律的规定。发包单位应当按照合同的约定，及时拨付工程款项。

1.7.1.2 发包的基本要求

《建筑法》对发包的基本要求如下：

(1)建筑工程依法实行招标发包，对不适于招标发包的可以直接发包。

(2)建筑工程实行公开招标的，发包单位应当依照法定程序和方式，发布招标公告，提供载有招标工程的主要技术要求、主要的合同条款、评标的标准和方法，以及开标、评标、定标的程序等内容的招标文件。

开标应当在招标文件规定的时间、地点公开进行。开标后应当按照招标文件规定的评标标准和程序对标书进行评价、比较，在具备相应资质条件的投标者中，择优选定中标者。

(3)建筑工程招标的开标、评标、定标由建设单位依法组织实施，并接受有关行政主管部门的监督。

(4)建筑工程实行招标发包的，发包单位应当将建筑工程发包给依法中标的承包单位。建筑工程实行直接发包的，发包单位应当将建筑工程发包给具有相应资质条件的承包单位。

(5)政府及其所属部门不得滥用行政权力，限定发包单位将招标发包的建筑工程发包给指定的承包单位。

(6)提倡对建筑工程实行总承包，禁止将建筑工程肢解发包。建筑工程的发包单位可以将建筑工程的勘察、设计、施工、设备采购一并发包给一个工程总承包单位。也可以将建筑工程勘察、设计、施工、设备采购的一项或者多项发包给一个工程总承包单位。但是，不得将应当由一个承包单位完成的建筑工程肢解成若干部分发包给几个承包单位。

(7)按照合同约定,建筑材料、建筑构配件和设备由工程承包单位采购的,发包单位不得指定承包单位购入用于工程的建筑材料、建筑构配件和设备,或者指定生产厂、供应商。

1.7.1.3　承包的基本要求

《建筑法》对承包的基本要求如下:

(1)承包建筑工程的单位应当持有依法取得的资质证书,并在其资质等级许可的业务范围内承揽工程。禁止建筑施工企业超越本企业资质等级许可的业务范围,或者以任何形式用其他建筑施工企业的名义承揽工程。禁止建筑施工企业以任何形式允许其他单位或者个人使用本企业的资质证书、营业执照,以本企业的名义承揽工程。

(2)大型建筑工程或者结构复杂的建筑工程,可以由两个以上的承包单位联合共同承包。共同承包的各方对承包合同的履行承担连带责任。两个以上不同资质等级的单位实行联合共同承包的,应当按照资质等级低的单位的业务许可范围承揽工程。

(3)禁止承包单位将其承包的全部建筑工程转包给他人,禁止承包单位将其承包的全部建筑工程肢解以后以分包的名义分别转包给他人。

(4)建筑工程总承包单位可以将承包工程中的部分工程发包给具有相应资质条件的分包单位。但是,除总承包合同中约定的分包外,必须经建设单位认可。施工总承包的,建筑工程主体结构的施工必须由总承包单位自行完成。

建筑工程总承包单位按照总承包合同的约定对建设单位负责;分包单位按照分包合同的约定对总承包单位负责。总承包单位和分包单位就分包工程对建设单位承担连带责任。

禁止总承包单位将工程分包给不具备相应资质条件的单位。禁止分包单位将其承包的工程再分包。

1.7.2　违法发包与承包的法律风险及防范

1.7.2.1　违反《建筑法》发包与承包规定的法律风险

《建筑法》中对违反规定进行发包和承包的,做了明确的限制和处罚,具体如下:

发包单位将工程发包给不具有相应资质条件的承包单位的,或者违反本法规定将建筑工程肢解发包的,责令改正,处以罚款。

超越本单位资质等级承揽工程的,责令停止违法行为,处以罚款,可以责令停业整顿,降低资质等级;情节严重的,吊销资质证书;有违法所得的,予以没收。

未取得资质证书承揽工程的,予以取缔,并处罚款;有违法所得的,予以没收。

承包单位将承包的工程转包的,或者违反本法规定进行分包的,责令改正,没收违法所得,并处罚款,可以责令停业整顿,降低资质等级;情节严重的,吊销资质证书。

承包单位有上述违法行为的,对因转包工程或者违法分包的工程不符合规定的质量标准造成的损失,与接受转包或者分包的单位承担连带赔偿责任。

在工程发包与承包中索贿、受贿、行贿,构成犯罪的,依法追究刑事责任;不构成犯罪的,分别处以罚款,没收贿赂的财物,对直接负责的主管人员和其他直接责任人员给予处分,还可以责令停业整顿、降低资质等级或者吊销资质证书。

1.7.2.2 肢解工程发包的法律风险及防范

1. 肢解工程发包的界定

我国《建筑法》提倡对建筑工程实行总承包，禁止将建筑工程肢解发包。实践中，业主肢解发包现象普遍存在，如何从法律上准确界定肢解发包，就成为有效预防肢解发包的前提。

国务院《建设工程质量管理条例》规定：本条例所称的肢解发包，是指建设单位将应当由一个承包单位完成的建设工程分解成若干部分发包给不同的承包单位的行为。对于什么是“应当由一个承包单位完成的建设工程”，目前全国尚无统一和权威的规定，上海等地的地方性法规的相关规定具有一定的参考借鉴价值。《上海市建筑市场管理条例》（简称《条例》）第二十三条第二款规定：建设单位或者总承包单位发包施工项目的，以建设工程中的单项工程为最小标的。该《条例》第六十三条规定：单项工程，指建设工程中由若干单位工程组成、有独立设计文件、建成后能独立发挥功能效益的工程。单位工程，指单项工程中单独设计、可以独立组织施工的工程，是单项工程的组成部分。按照上述定义判断，如高等院校的综合办公楼，应当属于单项工程，而其中的土建工程、电气安装工程、工业管道工程、暖卫工程、通风工程等，均属于单位工程。

2. 肢解发包法律风险的表现

（1）使得整个工程建设在管理和技术上缺乏应有的统筹和协调，往往造成施工现场秩序混乱，责任不清，严重影响工程质量和进度，出了问题很难确定责任主体。

（2）业主肢解发包工程给总承包商履约增加了难度和费用，也减少了其利润，总承包商可以主张被肢解部分工程的预期利润和增加的施工费用。

（3）从实际情况看，肢解发包工程，往往与发包方工作人员徇私舞弊、索贿受贿有关，助长了违法犯罪行为。

（4）面临被责令更正和罚款的风险，如使用国有资金建设的项目，可能导致暂停项目执行或者资金拨付，整个工程可能无法按计划竣工。《建设工程质量管理条例》第五十五条规定：建设单位将建设工程肢解发包的，责令改正，处工程合同价款 0.5%以上 1%以下的罚款；对全部或者部分使用国有资金的项目，可以暂停项目执行或者暂停资金拨付。如因肢解工程被责令更正，意味着需要重新发包，必然导致整个工程的工期拖延。

3. 应对肢解发包的防范措施

防范这类风险，首先，作为业主，为避免承担质量、工期责任和被行政处罚的不利后果，应当规范自己的发包行为，采用总承包方式发包工程。其次，作为承包商应适时提示业主必须遵守法律强制性规定，并且善于运用法律武器和灵活的履约技巧维护己方的合法权益。再次，如果业主将一个单项工程中的各单位工程分别发包给数家承包商，作为土建工程的总承包商应在投标时或中标后签约前，适时向业主提出支付施工管理费和配合费的要求，并书面告知业主自己将不承担被肢解部分其他承包商的工期、质量责任。最后，双方签约后，如果业主未经总承包商同意单方面肢解发包，属于严重违约行为，总承包商除要求增加施工管理费和配合费外，也应适时对合同的承包范围和工期等事项重新进行书面约定。

1.7.2.3　发包人直接指定分包专业工程的法律风险及防范

1. 发包人直接指定分包的界定

尽管目前的建设施工领域存在着大量的指定分包现象，但国家的法律法规及行政规章中，均没有对指定分包进行明确定义。通常意义上，可以把指定分包理解为发包人将总承包人承包工程的某些专业部分直接交由其选择或指定的分包人来完成。一般来讲，指定分包具有以下特征：指定分包人直接由发包人确定，不是由总承包人选定；指定分包的工程内容包含在总承包合同的承包范围内；由总承包人与指定分包人签订指定分包合同。

在国际上，业主指定分包商也是经常发生的，甚至成为惯例。业主之所以指定分包商，是为了在技术复杂的部分项目中，用有技术优势的分包商在保证工期和质量的前提下更好地完成合同任务。国际咨询工程师联合会(FIDIC)编制的1987年第四版和1999年第一版施工合同条件中，都有业主指定分包商条款。

《建筑法》《民法典》对建筑工程分包的规定，主要是为了约束总承包人，限制总承包人利用分包损害建设单位利益。在国务院制定的《建设工程质量管理条例》等行政法规中，均未涉及发包人指定分包问题。

2003年3月8日建设部、铁道部、交通部等七部委联合颁布的《工程建设项目施工招标投标办法》第六十六条规定：招标人不得直接指定分包人。2004年2月3日建设部发布的《房屋建筑和市政基础设施工程施工分包管理办法》第七条规定：建设单位不得直接指定分包工程承包人。上述两个行政规章虽明确规定禁止发包人指定分包工程，但均没有规定具体处罚措施。《最高人民法院关于审理建设工程施工合同纠纷案件适用法律问题的解释》第十二条规定：建设单位直接指定分包人分包专业工程，造成质量瑕疵的，建设单位应当承担过错责任。承包人有过错的，也应承担相应的过错责任。该司法解释首次明确了发包人直接指定分包专业工程的民事责任。

2. 指定分包法律风险的主要表现

(1)分包人虽属于发包人直接指定，但发包人并不与分包人直接签订工程施工合同，而是由总承包人与分包人签订分包合同，这必然导致责任、权利相互脱节，法律关系混乱，责任不清。

(2)总承包人与分包人的关系，远远不如发包人与分包人的关系密切，这使得总承包人很难对发包人实施有效管理，尤其是在发包人直接对分包人支付工程款的情况下。

(3)分包工程属于工程总承包范围，从法律上讲，总承包人仍要就分包工程的工期和质量对发包人承担责任。

(4)在发包人损失支付工程价款能力的情况下，总承包人面临着向分包人支付工程价款的风险。

(5)如因发包人直接指定分包人导致分包工程的质量存在缺陷，发包人对此应当承担责任，承包人有过错的，也应承担相应的过错责任。

3. 指定分包法律风险的防范措施

就发包人而言，为了减少法律风险，应当尽可能避免直接指定分包人，确需直接指定分包人时，应当指定具备相应资质、施工能力较强的分包人。就总承包人而言，对指定分包的风险防范可从以下几个方面着手：

(1)审核分包单位是否具备专业工程承包资质,如不具备,应当向建设单位说明情况并拒绝分包。

(2)总承包人最好与发包人、指定分包人签订三方合同,明确分包人是由发包人指定的,同时明确分包范围,防止发包人在工程施工中再次指定工程分包。

(3)三方合同中最好明确约定如下条款:发包人应将全部工程价款(包括分包工程的工程价款)支付给总承包人,由总承包人再行支付给分包人;总承包人向分包人支付价款以发包人向总承包人支付分包工程的价款为前提;因分包工程的工期、质量而影响整个工程的工期、质量的,总承包人不承担责任。

(4)因指定分包工程影响整个工程的质量、工期或者给总承包人造成损失的,总承包人应当及时向发包人和分包人发出书面函,要求顺延工期,赔偿损失。

1.7.2.4 违法分包工程的风险及防范

1. 违法分包工程的形式

国务院《建设工程质量管理条例》第七十八条第二款规定:本条例所称违法分包,是指下列行为:总承包单位将建设工程分包给不具备相应资质条件的单位的;建设工程总承包合同中未有约定,又未经建设单位认可,承包单位将其承包的部分建设工程交由其他单位完成的;施工总承包单位将建设工程主体结构的施工分包给其他单位的;分包单位将其承包的建设工程再分包的。

2. 违法分包法律风险的主要表现

(1)承包人面临的行政法律责任,包括责令改正,没收违法所得,处工程合同价款0.5%以上、1%以下的罚款,可以责令停业整顿,降低资质等级;情节严重的,吊销资质证书。

(2)承包人面临合同无效和被人民法院收缴非法所得的法律后果。通过违法分包签订的建设工程施工合同,法律上属于无效合同,人民法院可以根据《民法典》的规定,收缴当事人已经取得的非法所得。

人民法院审理民事案件时,对当事人的非法所得进行收缴,属于民事制裁措施。如不对非法所得收缴,在认定合同无效的情况下,对该部分利益无论做何种处理,都很难平衡当事人利益。人民法院在审理案件时,及时做出收缴措施,有利于打击建筑市场的违法行为,进而规范建筑市场的经营行为。过去,人民法院通常在案件审理结束后向建设行政主管部门发出司法建议书,建议建设行政主管部门对当事人的非法所得予以收缴,而建设行政主管部门在收到人民法院的司法建议书后,可能因各方面的原因,不对违法活动者的非法利益采取收缴措施。

《最高人民法院关于审理建设工程施工合同纠纷案件适用法律问题的解释》第四条再次明确,承包人违法分包签订的建设工程施工合同无效,人民法院可以收缴当事人已经取得的非法所得。收缴非法所得的范围,限于当事人已经取得的财产,不宜认定为非法所得予以收缴。如建设行政主管部门已经依照职权对当事人予以处罚,人民法院在审理案件时不宜再做出收缴的制裁决定,以避免处罚过重和混乱,加重当事人的负担。也就是说,应当避免人民法院的民事制裁措施与行政处罚措施重复使用。

另外,发包人有权解除合同的风险。按照《最高人民法院关于审理建设工程施工合同纠纷案件适用法律问题的解释》第八条的规定,承包人将工程违法分包的,发包人要求解除建设工程施工合同的,应予以支持发包方在发包时处于优势地位,但随着合同的履行,承包人进场施工后,发包人的优势地位逐渐减弱,对于承包人严重损害发包人利益的行为,确有必要赋予发包人解除合同的权利,承包人违法分包即属于发包人有权行使合同解除权的情形之一。建设工程施工合同,实际上属于一种特殊的承揽合同,《民法典》第七百七十二条规定:承揽人将其承揽的主要工作交由第三人完成的,应当就该第三人完成的工作成果向定作人负责;未经定作人同意的,定作人也可以解除合同。承包人应当以自己的技术和劳动能力完成建设工程施工合同约定的工作,如果承包人将工程违法分包,可能导致发包人对工程质量的期望落空,致使合同目的不能实现,因而应当赋予发包人享有合同解除权。

如出现承包人违法分包工程情形,发包人有权单方面通知承包人解除合同,而不必征得承包人的同意。解除合同的通知通常采用书面形式,到达对方时生效。发生承包人违法分包的情形时,发包人有权解除合同,也有权选择不解除合同继续履行,但无论做何种选择,均应当及时进行,不应当久拖不决,使双方的权利义务关系处于不确定状态。如法律规定了期限或者双方在合同中对于解除权的行使约定了明确的期限,发包人应当在该期限内行使解除权,期限届满未行使的,该权利消失。如法律对该期限没有规定,当事人也应有约定期限。承包可催告发包人在合理期限内行使该权利,发包不行使的,该权利消失,承包人对解除合同的效力有异议的,可向人民法院或者仲裁机构请求确认解除合同的效力。

(3)发包人有权在解除合同后要求总承包人赔偿损失。《民法典》第五百六十六条规定:合同解除后,尚未履行的,终止履行;已经履行的,根据履行情况和合同性质,当事人可以请求恢复原状或者采取其他补救措施,并有权请求赔偿损失。《民法典》第八百零六条规定:承包人将建设工程转包、违法分包的,发包人可以解除合同。合同解除后,已经完成的建设工程质量合格的,发包人应当按照约定支付相应的工程价款;已经完成的建设工程质量不合格的,参照本法第七百九十三条的规定处理。

(4)承包人与违法分包人对违法分包的工程质量承担责任。《建筑法〉第六十七条第二款规定,承包单位对因转包工程或者违法分包的工程不符合规定的质量标准造成的损失,与接受转包或者分包的单位承担连带赔偿责任。

就发包人而言,违法分包也可能对其造成经济上和其他方面不可弥补的损失,比如在按照总承包合同的约定已经支付大量工程款的情况下,建设工程不能按期竣工,影响其使用,甚至工程经修复后仍然不合格,整个工程无使用价值,需要拆除。

3.违法分包的法律风险防范

承包人进行分包应当事前征得发包人的书面同意,最好在建设工程施工合同中明确约定允许承包人分包及分包范围。如合同中没有约定,也应在分包前征得发包人的书面同意。如无法取得书面同意的文件,也应注意收集留存发包人同意或者事后认可的证据。承包人不得将建设工程的主体结构进行分包,将建设工程的非主体结构分包时,应当分包给具备相应资质的施工单位。承包人应加强对分包工程的质量、工期的管理,防止因分包工程的质量、工期不符合总承包合同的约定而对发包人承担法律责任。承包人可以要求分包人缴纳一定数额的保证金,或者提供担保,以防就分包工程对发包人承担责任后分包人无力向总承包人承担责任。发包人也应当加强对承包人的监督,加强工程的质量管理,防止违法分包及"豆腐渣"工程的出现。一旦发现承包人违法分包工程,应当及时予以纠正,或者行使合同解除权,防微杜渐。

1.7.2.5　非法转包的法律风险

非法转包的法律风险与违法分包的法律风险基本相同,不再重复论述。

非法转包风险的防范措施:首先,就承包人而言,应当极力避免转包工程,确需转让整个工程项目的,应征得发包人的同意,与发包人、受让人三方签订建设工程施工合同权利和义务的概括转让协议,由受让人代替自己履行合同,从而不再对工程建设的质量、工期承担法律责任。关于承包人的收益,可与受让人充分协商后采取其他方法予以解决。承包人应尽可能将"非法转包"纳入到合法分包的框架内,将其合法化。工程分包遵守相关法律规定,分包就属合法行为,而转包一律属于违法行为,为法律明令禁止。分包与转包除法律属性不同外,更主要的区别在于承包人让他人施工的工程是建设工程的全部还是部分。因此,承包人可以通过缩小让与工程范围的方法,将转包变为分包。当然,要想使该行为合法化,承包人还必须遵守关于分包的法律规定。其次,承包人可以要求实际施工人缴纳一定数额的保证金,或者提供担保,以防因转包工程向发包人承担责任后,实际施工人无力向总承包人承担责任。最后,发包人应当加强对工程施工现场的监督,防止承包人转包工程,尤其是将工程转包给无施工资质、工程施工能力和经济实力较差的单位。一旦发现,发包人应当及时予以纠正,或者行使合同解除权,以防酿成大错。

1.7.2.6　挂靠承包工程的风险及防范

1. 挂靠的法律性质

我国房地产业的快速发展,带来了建筑业的空前繁荣,吸引了大量企业投入建筑行业。《建筑法》对建筑施工企业资质要求,无疑从法律上将大量未取得资质的企业和个人排除在建筑行业之外。现实与法律的矛盾必然导致大量企业或者个人借用有资质的建筑施工企业名义对外承揽工程,不仅损害了法律的尊严、导致建筑市场的混乱、影响建筑业市场的健康有序发展,而且影响了建筑工程质量,给国家和人民的生命财产带来了威胁。

挂靠就其法律属性而言,实际上就是无资质或者低资质的企业及个人借用具有相应有资质的建筑施工企业名义对外承揽工程并进行施工。"挂靠"并非规范的法律用语,因而会涉及对挂靠行为的认定。

2. 挂靠的表现形式

"挂靠"的表现形式主要有直接借用资质型和内部承包型两种。直接借用资质型多见于低资质等级的施工企业,其具体的操作方式是低资质等级的施工企业(挂靠人)寻找符合建设项目等级要求的企业(被挂靠人),并以被挂靠人的名义与发包人签订工程施工合同,然后由挂靠人直接组织施工。内部承包型常见于根本不具备建设工程施工能力的个人,具体操作方式是由个人(挂靠人)寻找一个符合项目资质要求的施工企业(被挂靠人),由该企业与发包人签订施工合同。被挂靠的施工企业任命或聘用挂靠人为其单位员工,并委以施工负责人或项目经理的职务,而后双方签订内部承包合同或者挂靠合同。合同约定由挂靠人承担该项目人、财、物及施工管理方面的责任,被挂靠企业则负责该项目的对外事务,并约定由挂靠人向被挂靠人缴纳内部承包管理费或者挂靠费。挂靠的方法多种多样,比如挂靠人作为被挂靠人项目部、经理部或施工队等,或者挂靠人与被挂靠人签订联营、合作协议等。

3. 挂靠的认定

建设部《房屋建筑和市政基础设施工程施工分包管理办法》第十五条规定:禁止转让、出借企业资质证书,或者以其他方式允许他人以本企业名义承揽工程。分包工程发包人没有将其承包的工程进行分包,在施工现场所设项目管理机构的项目负责人、技术负责人、项目核算负责人、质量管理人员、安全管理人员不是工程承包人本单位人员的,视同允许他人以本企业名义承揽工程。《深圳市制止建设工程转包、违法分包及挂靠规定》(深圳市人民政府令第 104 号,2001 年 7 月 27 日发布施行)第六条规定,下列行为属挂靠行为:①通过出租、出借资质证书或者收取管理费等方式允许他人以本单位名义承接工程的;②无资质证书的单位、个人或低资质等级的单位通过各种途径或方式,利用有资质证书或高资质等级单位的名义承接工程的。

第七条规定,具备下列情形之一的,以挂靠行为论处:①合同约定的施工单位与现场实际施工方之间无产权关系;②合同约定的施工单位与现场实际施工方之间无统一的财务管理;③合同约定的施工单位与施工现场的项目经理及主要工程管理人员之间无合法的人事调动、任免、聘用及社会保险关系;④合同约定的施工单位与施工现场的工人之间无合法的建筑劳动用工和社会保险关系。

按照建设部的规定,如施工现场所设项目管理机构的相关人员,包括项目负责人、技术负责人、项目核算负责人、质量管理人员、安全管理人员不是合同约定的施工单位的工作人员,可以认定双方存在挂靠关系。深圳市的规定对于认定现场人员是否属于合同约定的施工单位的工作人员,提供了可供判断的标准,那就是看双方是否存在劳动合同关系、社保关系。同时,也可从产权关系和财务管理的角度予以判断。

4. 挂靠风险的主要表现

(1)施工合同无效,挂靠人与被挂靠人均无权主张工程价款优先受偿权。虽然法律未明确规定挂靠方与被挂靠方无权主张工程价款优先受偿权,但应当属于法律的应有之义。工程价款优先受偿权是法律为保护承包人权利而专门规定的一项法定权利,行使该项权利应当以承包人(被挂靠人)与发包人之间存在合法有效合同为前提,而挂靠人与发包人之间根本不存在合同关系,被挂靠人与发包人之间的合同属于无效合同,因而挂靠人与被挂靠人向发包人主张工程价款优先受偿权,有违法律的本意。

(2)被挂靠人与挂靠人对因工程质量而给发包人造成的损失,承担连带赔偿责任。

(3)挂靠人因挂靠的工程项目拖欠工程项目的材料款、工人工资的,被挂靠企业可能承担连带清偿责任。尤其是挂靠人以被挂靠人的"项目部""工程部"或"经理部"的名义对外活动时,法院通常判决被挂靠企业承担连带清偿责任。

(4)被挂靠人向挂靠人支付工程价款后,如发包人无力支付工程价款,被挂靠人的权益无法得到法律上的保护。

(5)挂靠人和被挂靠人因挂靠所获得的收益,属于非法所得,应当予以收缴,同时还面临着其他后果,比如罚款、停业整顿、降低资质,甚至吊销资质证书。

5. 挂靠风险的防范

为预防因挂靠而产生的法律风险,就承包人而言,最好杜绝挂靠,如不能杜绝,可从以下几个方面预防,以便将风险降至最低:

(1)对挂靠人的资金实力、施工管理水平、信誉等方面进行严格审查,把好挂靠关,必要时可要求挂靠人缴纳一定数额的保证金。

(2)加强项目印章管理,防止构成法律上的表现代理。被挂靠人可采取委派专人保管印章、在印章上注明使用范围、书面告知第三人印章使用范围等方法,避免第三人误解。

(3)加强挂靠人材料采购管理,监督其及时支付相应款项,防止因拖欠而影响到被挂靠人。

(4)加强工程质量和工期的管理,如工程质量不合格,承包人不仅无法从发包人处获得工程价款,而且面临赔偿发包人损失的风险。如工期拖延,同样需要赔偿发包人损失。

(5)发包人指定的挂靠,应当保存相关证据,以便发生纠纷时避免承担全部责任。

1.8　建设工程监理制度

1.8.1　建设工程监理制度的基本要求

工程建设监理,是指监理单位受项目法人的委托,依据国家批准的工程项目建设文件,有关工程建设的法律、法规和工程建设监理合同及其他工程建设合同对工程建设实施的监督管理。国家推行建设工程监理制度。在工程建设监理中,监理的对象是建设活动中有关单位的行为及其权利、义务的履行状况。工程建设监理只能由依法取得监理资质证书、具有法人资格的监理公司、监理事务所,或兼承监理业务的工程设计、科学研究及工程建设咨询等专业化监理单位实施。

《建筑法》对我国监理制度的基本规定如下:

(1)实行监理的建设工程,由建设单位委托具有相应资质条件的工程监理单位监理。建设单位与其委托的工程监理单位应当订立书面委托监理合同。

(2)建设工程监理应当依照法律、行政法规及有关的技术标准、设计文件和建设工程承包合同,对承包单位在施工质量、建设工期和建设资金使用等方面,代表建设单位实施监督。

工程监理人员认为工程施工不符合工程设计要求、施工技术标准和合同约定的,有权要求建筑施工企业改正。

工程监理人员发现工程设计不符合建设工程质量标准或者合同约定的质量要求的,应当报告建设单位,要求设计单位改正。

(3)实施建设工程监理前,建设单位应当将委托的工程监理单位、监理内容及监理权限,书面通知被监理的建筑施工企业。

(4)工程监理单位应当在其资质等级许可的监理范围内,承担工程监理业务。工程监理单位应当根据建设单位的委托,客观、公正地执行监理任务。工程监理单位与被监理工程的承包单位,以及建筑材料、建筑构配件和设备供应单位不得有隶属关系或者其他利害关系。工程监理单位不得转让工程监理业务。

(5)工程监理单位不按照委托监理合同的约定履行监理义务,对应当监督检查的项目不检查或者不按照规定检查,给建设单位造成损失的,应当承担相应的赔偿责任。

工程监理单位与承包单位串通,为承包单位谋取非法利益,给建设单位造成损失的,应当与承包单位承担连带赔偿责任。

1.8.2　建设工程监理的法律风险及防范

建设工程监理制度实施中常见的法律风险有:监理单位无资质、借用资质、出租资质或超越资质的法律风险;监理单位监理依据使用不当的法律风险;监理过程中关系协调错误的法律风险;建设单位对监理单位授权不明的法律风险;监理单位不适当履行监理合同的法律风险;监理单位与施工单位串通的法律风险;监理单位人员收受贿赂、营私舞弊的法律风险等。由于相关企业资质和合同的法律风险在其他章节中有所叙述,所以这里不再叙述。

1.8.2.1　监理依据使用不当的法律风险及防范

根据《建筑法》规定,建筑工程监理的依据是:现行的法律、行政法规;有关的技术标准、设计文件,以及建筑工程的相关合同。如果监理的依据出现错误,势必导致工程建设的既定目标不能实现,甚至发生安全和质量事故。例如,房屋建筑的回填土密实性的问题,有的监理人员认为,只要施工单位遍夯数遍以上,就能够达到密实性的要求,殊不知,按现行《地基与基础施工及验收规范》的规定,回填土的密实性能应当通过压实系数的评定才能够说明,而压实系数的确定又应当是设计单位根据建筑物的性质和地基土的现场情况等,经过认真分析、验算而确定的。所以,监理依据的正确选择,是监理人员正确监理的又一先决条件。

防范这类风险,要求监理单位相关人员,在从事监理工作之前,要认真研究整个监理工程的监理依据,分析实施时,会遇到哪些可能发生的情况,及时制定解决的方法,提前确定应当采取的措施,避免由于监理依据的应用错误,导致工程项目的安全、质量、成本、进度及节能与环保等方面出现不必要的问题。

1.8.2.2　监理工程中关系协调错误的法律风险及防范

在工程监理过程中,作为监理单位的人员,有协调工程建设相关各部门及人员的责任,这里主要指的是协调人与人的关系。因为,在工程建设中人是第一要素,又是有感情的,而工程建设的任务是讲原则的,特别是在安全和质量方面是不能讲感情的。所以,作为监理人员就要正确协调好这种感情和原则的关系。如果在这些协调过程中违背了法律的规定,一是会给正常的工程建设带来秩序的混乱;二是会导致一些安全和质量等事故的发生,给相关单位和人员带来损失;三是会激化过去的矛盾,致使既定的工程目标(如进度、成本等)无法实现。例如,《建筑法》规定:工程监理人员发现工程设计不符合建筑工程质量标准或合同约定的质量要求的,应当报告建设单位要求设计单位改正。这时,作为监理人员,如果发现施工设计有问题,应首先确认设计是否出现问题,是什么问题?问题的责任方是否是设计单位?切忌发现问题就向业主汇报或直接找设计单位交涉。如果确认是设计单位的责任,也不应直接找设计单位协商或交涉,而应当分清各自的职责。因为，只有建设单位才与设计单位通过合同建立合同的关系，如果业主没有委托监理单位监理设计的任务，监理单位的直接交涉就是违背监理职责的行为，并不一定得到业主的认可。

防范这类风险，首先，要求监理单位的相关人员，要认真学习相关法律法规的规定，熟悉相关合同的约定，明确各自的责任，在原则问题上要铁面无私；其次，对待需要协调的问题要注意协调关系时的方式和方法，针对不同类型的人和事，采取不同的处理措施；再次，必要时可以通过第三方出面参与关系和问题的协调；最后，要及时总结经验和教训，尽好监理人员沟通和协调的职责。

1.8.2.3　建设单位对监理单位授权不明的法律风险

监理单位是接受建设单位的委托，代表建设单位从事工程建设监督管理的活动，其实质就是一种委托代理关系。而工程建设过程中，面临的问题千变万化，涉及的人员也较为繁杂，不可能在签订监理合同时都能够考虑周全。如果，在处理一些工程技术或其他方面的问题时，监理单位没有业主的授权或授权不明而参与处理，在《民法典》中有明确的规定：委托书授权不明的，被代理人应当向第三人承担民事责任，代理人负连带责任。这就说明，在委托代理中，当被代理人授权不明时，代理人和被代理人所承担的责任是相同的。如果被代理人授权不明，就有可能使代理人由于不明确自己的权限，而不能正常行使自己的代理行为，给被代理人或第三人带来损失。究其根源，这是被代理人的主要责任，但是代理人既然承担了代理的义务，就应当明确自己的权利和义务，所以法律规定，委托书授权不明的，建设单位应当向第三人承担民事责任，而监理单位也要负连带责任。

防范这种风险，就要求监理单位和建设单位在行使监理任务之前，都应当约定委托代理的权限。这里不仅仅是指委托书，也包括口头代理。作为监理单位在业主授权不明的情况下，也有确认代理权限的义务，否则也会因授权不明的代理事项而承担责任。

1.8.2.4　监理单位与施工单位串通的法律风险及防范

按照《民法典》的规定：代理人和第三人串通、损害被代理人的利益的，由代理人和第三人负连带责任。在当前的工程建设中，监理单位人员与施工单位人员相互串通，损害建设单位利益的事情时有发生。在法律上，监理单位和施工单位将面临对业主承担连带责任的风险。除会发生经济的赔偿外，监理单位的声誉必将受到严重的影响。要知道，建设单位是监理单位的衣食父母，损害建设单位的利益，其实质就是损害自己的利益，在道德层面上也将受到谴责，并直接影响监理单位今后的发展和生产。所以，监理单位与施工单位串通，损害建设单位利益的，就是害人也害己。

防范这类风险，首先，要求监理单位相关人员应当恪守自己的职业道德，强化法制意识，不要做金钱和财富的奴隶；其次，建设单位在签订监理合同时，应当制定相应的措施，防止监理单位与施工单位的串通，例如，签订监理人员的签字权限和限额、及时请权威人士或单位技术指导等；再次，政府监管部门应加大监管的力度和范围，严惩这一不良行为；最后，政府相关部门应当逐步完善企业和公民的道德信用记录，使那些违背道德和法律的行为人，用较大、甚至一生的代价而受到惩戒。

相关案例

【背景资料】 2003年10月8日下午14时许,原告邓某在被告西安铁路局所属的阳平关火车站被一列货物列车压伤左下肢。事故发生后,阳平关火车站立即将原告邓龙新送到略阳铁路医院住院治疗,原告邓某左腿高位截肢。邓某于2007年12月8日向法院起诉。

原告邓某认为,出院伤愈后因参与破坏电力设备,被判刑3年6个月,2007年8月1日刑满释放,尚未来得及行使赔偿诉权;原告现已终身残疾,家中还有60岁的老母亲和3岁的幼儿,生活困难;被告仅支付了原告邓某住院期间的医疗费,对原告没有任何赔偿。根据《民法通则》(本法已废除)第一百一十九条及相关法律之规定,请求法院依法调解或判决被告西安铁路局赔偿原告邓某医疗费、误工费、护理费、交通费、住宿费、住院伙食补助费、伤残补助费、伤残鉴定费、残疾辅助器安装假肢费、精神损害赔偿金共计144144.78元。

被告西安铁路局认为事故的发生完全是因原告邓某违反了《铁路法》和国发(79)178号文件规定,私自扒乘21018次货物列车,并在跳车时造成伤亡事故的,对此应承担全部责任。原告邓某起诉已超过诉讼时效,故请求法院依法驳回原告邓某的诉讼请求。

【案件分析】 西安铁路运输法院经审理认为,原告邓某于2003年10月8日在阳平关火车站被货物列车轧断左腿的当天就明知自己的身体受到伤害,且伤势明显,故本案诉讼时效应从2003年10月8日起计算1年。原告邓某因犯罪入狱不适用法律规定的诉讼时效中止、中断及延长;邓某也没有证据证明其间存在导致诉讼时效期间中止、中断及延长的其他情形,原告邓某于2007年12月8日起诉主张民事权利已超过诉讼时效。根据《民法通则》第一百三十六条第一款第(一)项、《民事诉讼法》第六十四条第一款的规定,驳回原告邓某的诉讼请求,案件受理费3183元(已缓交)由原告邓某承担,由于邓某生活困难准予免交。

宣判后,被告未上诉,原告以原审法院认定事实错误,适用法律不当为由提起上诉。请求:①依法撤销一审判决;②被上诉人应补偿上诉人的医疗费、误工费、交通费、护理费、住院伙食补助费、伤残补助费、伤残鉴定费、残疾辅助器安装假肢费、精神损害赔偿金、被抚养人生活费等,共计144144.78元;③由被上诉人承担诉讼费用。经西安铁路运输中级人民法院主持调解,双方当事人自愿达成调解协议:被上诉人西安铁路局在10日内一次性给付上诉人邓某补偿金人民币6000元;案件受理费3183元,由上诉人邓某承担,鉴于上诉人生活困难,予以免交。

【案件评析】 本案是一起典型的铁路人身损害赔偿纠纷案件。案件的争议焦点为:本案原告邓某起诉是否超过诉讼时效?首先,根据《民法通则》第一百三十六条第(一)项规定,身体受到伤害要求赔偿的诉讼时效期间为1年。同时,最高人民法院关于贯彻执行《民法通则》若干问题的意见(试行)第一百六十八条对《民法通则》第一百三十六条的“身体受到伤害”做出了限定,即人身损害赔偿的诉讼时效期间,伤害明显的,从受伤害之日起算;伤害当时未曾发现,后经检查确诊并能证明是由侵害引起的,从伤势确诊之日起算。本案中,原告邓某在2003年10月8日被货物列车轧断左腿的当天就知道自己的身体受到伤害,因此本案的诉讼时效应当从2003年10月8日起计算1年。

其次,根据《民法通则》第一百三十七条规定,诉讼时效期间从知道或者应当知道权利被侵害时起计算。但是,从权利被侵害之日起超过20年的,人民法院不予保护。有特殊情况的,人民法院可以延长诉讼时效期间。《民法通则》若干问题的意见(试行)第一百六十九条对“特殊情况”做出了限定,即权利人由于客观障碍在法定诉讼时效期间不能行使请求权的,属于《民法通则》第一百三十七条规定的“特殊情况”。本案中,原告邓某因犯罪入狱,根据法律规定,服刑人员即使在监狱里服刑,法律同样赋予其民事权利,因此原告邓某犯罪入狱不属于客观障碍,不属于特殊情况,不适用诉讼时效的延长。

再次,根据《民法通则》第一百三十九条的规定,在诉讼时效期间的最后6个月内,因不可抗力或者其他障碍不能行使请求权的,诉讼时效中止。本案中,原告邓某不存在“不可抗力”导致无法起诉的情形,并且根据《民法通则》若干问题的意见(试行)第一百七十二条,在诉讼时效期间的最后6个月内,权利被侵害的无民事行为能力人、限制民事行为能力人没有法定代理人,或者法定代理人死亡、丧失代理权,或者法定代理人本人丧失行为能力的,可以认定为因其他障碍不能行使请求权,适用诉讼时效中止。本案中,原告邓某是一个完全民事行为能力人,不存在“其他障碍”不能行使请求权的情形。最高人民法院关于贯彻执行《民法通则》若干问题的意见(试行)第一百七十四条的规定,权利人向人民调解委员会或者有关单位提出保护民事权利的请求,从提出请求时起,诉讼时效中断。这是诉讼时效中断的另外一种情形。本案中,原告邓某在服刑期间,既没有向人民调解委员会提出请求,也没有向有关单位提出请求,更没有向法院提起诉讼,原告邓某犯罪入狱不是诉讼时效中止、中断的情形。据此,邓某犯罪入狱不适用法律规定的诉讼时效中止、中断及延长。

诉讼时效是指权利人在法定期间内怠于行使权利,而使其胜诉权归于消灭的时效。义务人可以合理运用诉讼时效保护自身权利,但可能导致权利人丧失法律对其原有权利的保护。因此,正确判断诉讼时效对人民法院审理相关案件意义重大。认定是否超出诉讼时效,以及当事人提出的中止、中断事由能否成立,是司法实践中经常遇到的难题,而对于诉讼时效认定的问题,各地做法不一。

综上所述,根据《民法通则》及相关司法解释对诉讼时效期间的规定,原告邓某的诉讼时效应从2003年10月8日起计算一年,其主张权利时已超过诉讼时效。因此,西安铁路运输法院驳回邓某诉讼请求的判决符合法律规定,遵循了立法的原意。

复习思考题

一、单项选择题(下列选项中,只有一个是正确的,请将其代号填在括号里)

1. 下列与建设工程相关的法律,属于民法的是(　　)。

A. 建筑法　　B. 环境保护法

C. 合同法　　D. 安全生产法

2. 法律效力等级是正确适用法律的关键,下列法律效力排序正确的是(　　)。

A. 国际条约>宪法>行政法规>司法解释

B. 法律>行政法规>地方性法规>部门规章

C. 行政法规>部门规章>地方性法规>地方政府规章

D. 宪法>法律>行政法规>地方政府规章

3. 没有代理权、超越代理权或代理权终止后的代理，只有经过被代理人的追认，被代理人才承担民事责任。未经追认的，由(　　)承担民事责任。

A. 被代理人　　B. 代理人

C. 行为人　　D. 第三人

4. 甲施工单位欠乙材料供应商货款3万元，约定2010年5月1日还款。但到2010年6月1日，甲仍未还钱。2010年7月3日乙向甲要账，乙向甲表示同意延期还款。此行为的法律后果是(　　)。

A. 引起诉讼时效的中断　　B. 引起诉讼时效的中止

C. 引起诉讼时效的延长　　D. 改变法定诉讼时效期间

5. 王某原是甲建筑企业的采购员，辞职后与李某合办了一家乙建筑设备租赁公司。王某现以甲企业的名义与其长期负债的甲企业大客户丙公司签订了4000吨的钢材购销合同，丙公司对王某辞职并不知情。则对该合同承担付款义务的应是(　　)。

A. 甲建筑企业　　B. 乙设备租赁公司

C. 王某　　D. 王某、李某与乙设备租赁公司

6. 因某项目开发，某房地产公司必须在申请施工许可证前，先办妥建设用地管理和城市规划方面的手续，在此阶段最后取得的是该项目的(　　)。

A. 用地规划许可证　　B. 国有土地使用权批准文件

C. 工程规划许可证　　D. 土地使用权证

7. 某建设单位计划新建一座大型综合市场，于2011年3月20日领到工程施工许可证。按照建筑法施工许可制度的规定，该工程最迟开工的日期应为2011年(　　)。

A. 4月19日　　B. 6月19日

C. 6月20日　　D. 9月20日

8. 甲、乙两家同一专业的工程承包公司，其资质等级分别为一级和二级。两家组成联合体，共同投标一项工程。为此，该联合体的资质等级应为(　　)。

A. 以甲公司的资质为准　　B. 以乙公司的资质为准

C. 由主管部门重新评定资质　　D. 以该工程所要求的资质为准

9. 某工程监理单位的监理工程师发现业主与承包方签订的《施工合同》专用条款中就钢材生产厂家的约定为：承包方负责采购，业主方指定生产厂商。对此，监理工程师正确的做法是(　　)。

A. 建议发包方宜取消该约定　　B. 建议变更钢材生产商

C. 监督承包方严格履约　　D. 推荐施工方钢材生产商

10. 某工程施工段钢筋绑扎完毕后，监理工程师接到通知但因故未能到现场检验，施工方即开始混凝土浇筑。对此，若给建设单位造成损失，监理单位应当承担的责任是(　　)。

A. 全部的赔偿责任　　B. 主要的赔偿责任

C. 相应的赔偿责任　　D. 次要的赔偿责任

二、多项选择题(下列选项中,至少有两个是正确的,请将其代号填在括号里)

1. 民事法律关系的主体,是指民事法律关系中享有权利、承担义务的当事人和参与者,包括(　　)。

A. 代理人　　B. 被代理人

C. 自然人　　D. 其他组织

E. 法人

2. 下列选项中,属于民事法律行为的有(　　)。

A. 某建筑企业与建设单位签订施工合同

B. 税务机关征收营业税

C. 某施工总承包单位将主体结构分包给某施工企业

D. 建设单位变更设计内容

E. 甲施工单位与乙施工单位达成联合投标协议

3. 某工程项目经理委托张某采购一批水泥。对此,下面说法错误的是(　　)。

A. 如果张某签完合同后死亡,则委托代理终止,该合同无效

B. 如果张某签订合同前死亡,则委托代理终止

C. 如果项目经理在张某签完合同后死亡,则委托代理终止,该合同无效

D. 如果项目经理在张某签订合同前死亡,则该委托代理终止,该合同无效

E. 如果张某签完合同后死亡,则委托代理中止,该合同有效

4. 2009 年 4 月 7 日,王某骑车回家经过一工地时,掉入没有设置明显标志和采取安全措施的坑中,造成骨折。王某于 2009 年 5 月 10 日找到建设项目的发包人和承包人要求赔偿,两单位相互推诿。同年 6 月 13 日,王某去法院起诉,突然遭台风袭击,中途返回,下列说法错误的是(　　)。

A. 本案诉讼的时效期间于 2010 年 5 月 10 日届满

B. 本案诉讼的时效期间于 2011 年 5 月 10 日届满

C. 王某 6 月 13 日的行为引起诉讼时效中断

D. 王某 6 月 13 日的行为引起诉讼时效中止

E. 王某 6 月 13 日的行为引起诉讼时效延长

5. 引起债消灭的事实主要有(　　)。

A. 债因履行而消灭　　B. 债因混同而消灭

C. 债因抵消而消灭　　D. 债因提存而消灭

E. 债因混同到期而消灭

6. 有关行政主管部门在对一在建住宅小区工程的行政执法联合检查时发现,该工程尚未取得施工许可证,也未取得工程规划许可证,施工图设计文件也未按规定进行审查。根据《建筑工程施工许可管理办法》的规定,可以(　　)。

A. 责令改正　　B. 责令停止施工

C. 对建设单位处以罚款　　D. 对施工单位处以罚款

E. 对监理单位处以罚款

7. 下列选项中，属于必须实行监理的建筑工程包括(　　)。

A. 某市的电信枢纽工程项目　　B. 使用世界银行贷款的水利枢纽工程

C. 项目总投资额在2000万的体育场馆项目

D. 项目总投资额在3000万的某市学校项目

E. 建筑面积在2万平方米的住宅项目

8. 下列不需要申请领取施工许可证的建筑工程包括(　　)。

A. 部队营房　　B. 城市大型立交桥

C. 为抢险救灾修建的道路　　D. 施工单位搭建的工地宿舍

E. 已经按规定批准开工报告的建筑工程

9. 按照《建筑法》的规定，建设单位应当在实施监理的建筑工程监理前，将(　　)书面通知被监理的施工单位。

A. 监理内容　　B. 监理规划

C. 监理的费用　　D. 委托的工程监理单位

E. 监理权限

10. 若建设单位将建设工程肢解发包，应当承担的法律责任包括(　　)。

A. 没收违法所得　　B. 责令改正

C. 吊销资质证书　　D. 处以罚款

E. 责令停业整顿

第2章　建设工程招标投标制度

【学习目标】

1. 在招标投标活动中，能够遵守执行《招标投标法》的规定，并且正确地解读和领会其内涵。

2. 懂得招标投标过程中的招标、投标、开标、评标、中标与合同签订的具体规定和要求，并能够正确识别其风险并进行防范。

3. 在工程招标投标实际中，正确运用相关的法律规定，切实维护自己和企业的合法权益。

招标投标是在市场经济条件下进行大宗货物的买卖、工程建设项目的发包与承包，以及服务项目的采购与提供时所采用的一种交易方式。在这种交易方式下，项目采购（包括货物的购买、工程的发包和服务的采购）的采购方作为招标方，通过发布招标公告，或者向一定数量的特定供应商、承包商发出招标邀请等方式发出招标采购的信息，提出所需采购的项目及其质量、技术要求，交货或竣工期限，以及对供应商、承包商的资格要求等招标采购条件，表明将选择最能够满足采购要求的供应商、承包商与之签订采购合同的意向，由各有意提供采购所需货物、工程或服务项目的供应商、承包商作为投标方，向招标方书面提出自己拟提供的货物、工程或服务的报价及其他响应招标要求的条件，参加投标竞争。经招标方对各投标者的报价及其他条件进行审查比较后，从中择优选定中标者，并与其签订采购合同。

2.1　建设工程招标制度

2.1.1　建设工程招标的基本要求

2.1.1.1　招标投标的特点

招标投标作为一种重要的交易方式，在我国越来越受到重视，运用的范围日渐广泛，所发挥的作用日益明显。采用招标投标方式进行交易活动的最显著特征，是将竞争机制引入了交易过程。其与采用供求双方“一对一”直接交易等非竞争性的采购方式相比，具有明显的优越性，主要表现在：

（1）招标方通过对各投标竞争者的报价和其他条件进行综合比较，从中选择报价低、技术力量强、质量保障体系可靠、具有良好信誉的供应商、承包商作为中标者，与其签订采购合同或承包合同，这显然有利于节省和合理使用资金，保证采购或承包项目的质量。

（2）招标投标活动要求依照法定程序公开进行，有利于堵住采购或承包活动中行贿受贿等腐败和不正当竞争行为的“黑洞”。

(3)有利于创造公平竞争的市场环境,促进企业间的公平竞争。采用招标投标的交易方式,对于供应商、承包商来说,只能通过在质量、价格、售后服务等方面展开竞争,以尽可能充分满足招标方的要求,取得商业机会,体现了在商机面前人人平等的原则。

总之,在采购和工程承包领域采用招标投标制度,适应了社会主义市场经济的发展规律,有利于营造规范的市场秩序,提高相关企业的市场竞争意识,对构建和谐社会起到有力的促进作用。

2.1.1.2　招标投标活动应遵循的原则

依据《招标投标法》第五条的规定:招标投标活动应当遵循公开、公平、公正和诚实信用的原则。

(1)公开原则。公开原则就是要求招标投标活动具有较高透明性、竞争性和广泛性。公开原则首先要求招标信息公开。其次,要求招标投标过程公开、开标公开、评标标准公开和中标结果公开。

(2)公平原则。公平原则是要求给予所有投标人平等参与竞争的机会,使其享有同等的权利,履行同等的义务,招标人不得以任何理由有意排斥、歧视任何一方,不得限制公平竞争。

(3)公正原则。公正原则是要求评标标准和方法公正,中标结果公正,评标委员会成员评标时应当使用招标文件确定的标准与方法,要客观公正履行职务,不得接受贿赂。

(4)诚实信用原则。诚实信用原则是要求当事人以善意、诚实态度参与招标投标活动,不得尔虞我诈,不得以损害他人、国家和社会利益为代价获取不法利益。

2.1.1.3　必须招标项目的范围和规模标准

依据《招标投标法》第九条的规定,招标项目按照国家有关规定需要履行项目审批手续的,应当先履行项目审批手续取得批准。

(1)必须招标项目的范围。《招标投标法》第三条规定了招标投标的范围:在中华人民共和国境内进行下列工程建设项目,包括项目的勘察、设计、施工、监理,以及与工程建设有关的重要设备、材料等的采购,必须进行招标:

①大型基础设施、公用事业等关系社会公共利益、公众安全的项目。

②全部或者部分使用国有资金投资或者国家融资的项目。

③使用国际组织或者外国政府贷款、援助资金的项目。

(2)必须招标项目的规模标准。根据《工程建设项目招标范围和规模标准规定》的要求,上述规定范围内的各类工程建设项目,包括项目的勘察、设计、施工、监理,以及与工程建设有关的重要设备、材料等的采购,达到下列标准之一的,必须进行招标:

①施工单项合同估算价在 200 万元人民币以上的。

②重要设备、材料等货物的采购,单项合同估算价在 100 万元人民币以上的。

③勘察、设计、监理等服务的采购,单项合同估算价在 50 万元人民币以上的。

④单项合同估算价低于第①②③项规定的标准,但项目总投资额在 3000 万元人民币以上的。

2.1.1.4　可以不进行招标的工程项目

如果建设项目不符合必须招标的工程项目,则可以招标也可以不招标。但是,即使符合必须招标工程项目的条件，而属于某些特殊情形的，也可以不进行招标。

(1)可以不进行招标的施工项目。依据《招标投标法》第六十六条和2013年4月国家7部委发布的《工程建设项目施工招标投标办法》第十二条的规定，需要审批的工程建设项目，有下列情形之一的，由审批部门批准，可以不进行施工招标：

①涉及国家安全、国家秘密、抢险救灾或者属于利用扶贫资金实行以工代赈需要使用农民工等特殊情况，不适宜进行招标的工程项目；

②施工主要技术采用不可替代的专利或者专有技术的工程项目；

③已通过招标方式选定的特许经营项目投资人依法能够自行建设的工程项目；

④采购人依法能够自行建设的工程项目；

⑤在建工程追加的附属小型工程或者主体加层工程，原中标人仍具备承包能力，并且其他人承担将影响施工或者功能配套要求的工程项目；

⑥国家规定的其他情形。

(2)可以不进行招标的勘察、设计项目。根据《建设工程勘察设计管理条例》第十六条规定，下列建设工程的勘察、设计，经有关主管部门批准，可以直接发包：

①采用特定的专利或者专有技术的；

②建筑艺术造型有特殊要求的；

③国务院规定的其他建设工程的勘察、设计。

2.1.1.5　招标人

依据《工程建设项目施工招标投标办法》第七条的规定，工程施工招标人是依法提出施工招标项目、进行招标的法人或者其他组织。

依法必须招标的工程建设项目，应当具备下列条件才能进行施工招标：

(1)招标人已经依法成立；

(2)初步设计及概算应当履行审批手续的，已经批准；

(3)有相应资金或资金来源已经落实，并应当在招标文件中如实载明；

(4)有招标所需的设计图纸及技术资料。

2.1.1.6　招标方式

《招标投标法》规定了两种招标方式，即公开招标和邀请招标，排除了协议招标“一对一”的谈判方式。

(1)公开招标。公开招标是指招标人以招标公告的方式邀请不特定的法人或者其他组织投标。公开招标是公开发布招标信息，公开程度高，参加竞争的投标人多，竞争比较充分，招标人的选择余地大，当然它的费用也较高、费时较多、程序较为复杂。

招标人采用公开招标方式的，应当发布招标公告。依法必须进行招标的项目的招标公告，应当通过国家指定的报刊、信息网络或其他媒介发布。

招标公告应当载明招标人的名称和地址、招标项目的性质、数量、实施地点和时间，以及获取招标文件的办法等事项。

(2)邀请招标。邀请招标是指招标人以投标邀请书的方式邀请特定的法人或其他组织投标。邀请招标是在有限的范围内发布信息，进行竞争，虽然可以选择，但选择余地不大，它的费用和时间都可以省一些，但作弊的机会可能要多些。因此，在《招标投标法》中

对这两种招标方式鼓励采用公开招标方式,但也考虑到在某些特定的情况下可以采用邀请招标方式。邀请招标应具备的条件包括:

①项目不使用国有资金,或者国有资金不占控股、主导地位的建设工程;

②项目技术复杂或有特殊要求,专业性较强,只有少数几家潜在投标人可供选择的建设工程;

③受自然地域环境限制,或建设条件受自然因素限制,如采用公开招标,将影响项目实施时机的建设工程;

④拟公开招标的费用与项目的价值相比,不值得的建设工程;

⑤涉及国家安全、国家秘密或抢险救灾,适宜招标但不宜公开招标的建设工程;

⑥其他法律、法规规定不宜公开招标的建设工程。

招标人采用邀请招标方式的,应当向三个以上具备承担招标项目的能力、资信良好的特定法人或其他组织发出投标邀请书。

投标邀请书应当载明招标人的名称和地址、招标项目的性质、数量、实施地点和时间,以及获取招标文件的办法等事项。

招标人可以根据招标项目本身的要求,在招标公告或者投标邀请书中,要求潜在投标人提供有关资质证明文件和业绩情况,并对潜在投标人进行资格审查;国家对投标人的资格条件有规定的,依照其规定。

2.1.1.7　招标代理

招标人可以自行招标,也可以委托招标代理机构办理招标事项。采用哪一种方法则由招标人依照法律上的要求自行决定,招标人有自主抉择的权利,但又不是无条件地进行抉择。因此法律明确规定,只有招标人具有编制招标文件和组织评标能力,才可以自行办理招标事宜。在立法中还考虑到应当防止自行招标中可能有的弊病,保证招标质量,因此规定依法必须进行招标的项目,招标人自行办理招标事宜的,应当向有关行政监督部门备案。

招标代理机构是依法设立、从事招标代理业务并提供相关服务的社会中介组织。招标代理机构应当具备下列条件:

(1)有从事招标代理业务的营业场所和相应资金;

(2)有能够编制招标文件和组织评标的相应专业力量;

(3)有可以作为评标委员会成员人选的技术、经济等方面的专家库,并且与投标人有利害关系的人不得进入相关项目的评标委员会。

从事工程建设项目招标代理业务的招标代理机构,其资格由国务院或者省、自治区、直辖市人民政府的建设行政主管部门认定。具体办法由国务院建设行政主管部门会同国务院有关部门制定。从事其他招标代理业务的招标代理机构,其资格认定的主管部门由国务院规定。

招标代理机构与行政机关和其他国家机关不得存在隶属关系或者其他利益关系。

2.1.1.8　招标文件

招标文件由招标人或委托的招标代理机构根据招标项目的特点和需要进行编制。招标文件一般应包括下列内容:①招标公告或投标邀请书;②投标人须知;③合同主要条款;

④投标文件格式；⑤采用工程量清单招标的，应当提供工程量清单；⑥技术条款；⑦设计图纸；⑧评标标准和方法；⑨投标辅助材料。

招标人应当在招标文件中规定实质性要求和条件，并用醒目的方式标明。

另外，依据《招标投标法实施条例》，招标人还应当满足下列要求：

(1)公开招标的项目，应当依照《招标投标法》的相关规定发布招标公告、编制招标文件。招标人采用资格预审办法对潜在投标人进行资格审查的，应当发布资格预审公告、编制资格预审文件。

依法必须进行招标的项目的资格预审公告和招标公告，应当在国务院发展改革部门依法指定的媒介发布。在不同媒介发布的同一招标项目的资格预审公告或者招标公告的内容应当一致。指定媒介发布依法必须进行招标的项目的境内资格预审公告、招标公告，不得收取费用。

编制依法必须进行招标的项目的资格预审文件和招标文件，应当使用国务院发展改革部门会同有关行政监督部门制定的标准文本。

(2)招标人应当按照资格预审公告、招标公告，或投标邀请书规定的时间、地点发售资格预审文件或招标文件。资格预审文件或招标文件的发售期不得少于5日。

招标人发售资格预审文件、招标文件收取的费用应当限于补偿印刷、邮寄的成本支出，不得以营利为目的。

(3)招标人应当合理确定提交资格预审申请文件的时间。依法必须进行招标的项目提交资格预审申请文件的时间，自资格预审文件停止发售之日起不得少于5日。

(4)资格预审应当按照资格预审文件载明的标准和方法进行。

国有资金占控股或主导地位的依法必须进行招标的项目，招标人应当组建资格审查委员会审查资格预审申请文件。资格审查委员会及其成员应当遵守《招标投标法》有关评标委员会及其成员的规定。

(5)资格预审结束后，招标人应当及时向资格预审申请人发出资格预审结果通知书。未通过资格预审的申请人不具有投标资格。通过资格预审的申请人少于3个的，应当重新招标。

(6)招标人采用资格后审办法对投标人进行资格审查的，应当在开标后由评标委员会按照招标文件规定的标准和方法对投标人的资格进行审查。

(7)招标人可以对已发出的资格预审文件或招标文件进行必要的澄清或者修改。澄清或修改的内容可能影响资格预审申请文件或投标文件编制的，招标人应当在提交资格预审申请文件截止时间至少3日前，或投标截止时间至少15日前，以书面形式通知所有获取资格预审文件或招标文件的潜在投标人；不足3日或者15日的，招标人应当顺延提交资格预审申请文件或投标文件的截止时间。

(8)潜在投标人或者其他利害关系人对资格预审文件有异议的，应当在提交资格预审申请文件截止时间2日前提出；对招标文件有异议的，应当在投标截止时间10日前提出。招标人应当自收到异议之日起3日内做出答复；做出答复前，应当暂停招标投标活动。

(9)招标人编制的资格预审文件、招标文件的内容违反法律、行政法规的强制性规定，违反公开、公平、公正和诚实信用原则，影响资格预审结果或潜在投标人投标的，依法必须进行招标的项目的招标人应当在修改资格预审文件或招标文件后重新招标。

(10)招标人对招标项目划分标段的，应当遵守《招标投标法》的有关规定，不得利用划分标段限制或排斥潜在投标人。依法必须进行招标的项目的招标人不得利用划分标段规避招标。

(11)招标人应当在招标文件中载明投标有效期。投标有效期从提交投标文件的截止之日起算。

(12)招标人可以自行决定是否编制标底，一个招标项目只能有一个标底，标底必须保密。接受委托编制标底的中介机构不得参加受托编制标底项目的投标，也不得为该项目的投标人编制投标文件或提供咨询。

招标人设有最高投标限价的，应当在招标文件中明确最高投标限价或者最高投标限价的计算方法。招标人不得规定最低投标限价。

(13)招标人不得组织单个或者部分潜在投标人踏勘项目现场。

(14)招标人可以依法对工程，以及与工程建设有关的货物、服务全部或部分实行总承包招标。以暂估价形式包括在总承包范围内的工程、货物、服务属于依法必须进行招标的项目范围且达到国家规定规模标准的，应当依法进行招标。这里所称的暂估价，是指总承包招标时不能确定价格而由招标人在招标文件中暂时估定的工程、货物、服务的金额。

(15)对技术复杂或无法精确拟定技术规格的项目，招标人可以分两阶段进行招标。

第一阶段，投标人按照招标公告或投标邀请书的要求提交不带报价的技术建议，招标人根据投标人提交的技术建议确定技术标准和要求，编制招标文件。

第二阶段，招标人向在第一阶段提交技术建议的投标人提供招标文件，投标人按照招标文件的要求提交包括最终技术方案和投标报价的投标文件。

招标人要求投标人提交投标保证金的，应当在第二阶段提出。

(16)招标人终止招标的，应当及时发布公告，或者以书面形式通知被邀请的或已经获取资格预审文件、招标文件的潜在投标人。已经发售资格预审文件、招标文件或已经收取投标保证金的，招标人应当及时退还所收取的资格预审文件、招标文件的费用，以及所收取的投标保证金及银行同期存款利息。

(17)招标人不得以不合理的条件限制、排斥潜在投标人或投标人。招标人有下列行为之一的，属于以不合理条件限制、排斥潜在投标人或投标人：

①就同一招标项目向潜在投标人或投标人提供有差别的项目信息；

②设定的资格、技术、商务条件与招标项目的具体特点和实际需要不相适应，或者与合同履行无关；

③依法必须进行招标的项目以特定行政区域或特定行业的业绩、奖项作为加分条件或者中标条件；

④对潜在投标人或投标人采取不同的资格审查或评标标准；

⑤限定或指定特定的专利、商标、品牌、原产地、供应商；

⑥依法必须进行招标的项目非法限定潜在投标人或投标人的所有制形式或组织形式；

⑦以其他不合理条件限制、排斥潜在投标人或投标人。

2.1.2　建设工程招标法律风险及防范

2.1.2.1　违反《招标投标法》的法律风险

根据《招标投标法》的规定，违反下列相关规定，就可能承担相应的法律责任，具体规定如下：

(1)必须进行招标的项目而不招标的，将必须进行招标的项目化整为零或以其他任何方式规避招标的，责令限期改正，可以处项目合同金额5‰以上10‰以下的罚款；对全部或部分使用国有资金的项目，可以暂停项目执行或暂停资金拨付；对单位直接负责的主管人员和其他直接责任人员依法给予处分。

(2)招标代理机构泄露应当保密的与招标投标活动有关的情况和资料的，或者与招标人、投标人串通损害国家利益、社会公共利益、他人合法权益的，处5万元以上25万元以下的罚款，对单位直接负责的主管人员和其他直接责任人员处单位罚款数额5%以上10%以下的罚款；有违法所得的，并处没收违法所得；情节严重的，暂停并直至取消招标代理资格；构成犯罪的，依法追究刑事责任。给他人造成损失的，依法承担赔偿责任。影响中标结果的，中标无效。

(3)招标人以不合理的条件限制或排斥潜在投标人的、对潜在投标人实行歧视待遇的、强制要求投标人组成联合体共同投标的，或者限制投标人之间竞争的，责令改正，可以处1万元以上5万元以下的罚款。

(4)依法必须进行招标的项目的招标人向他人透露已获取招标文件的潜在投标人的名称、数量或可能影响公平竞争的有关招标投标的其他情况的，或者泄露标底的，给予警告，可以并处1万元以上10万元以下的罚款；对单位直接负责的主管人员和其他直接责任人员依法给予处分；构成犯罪的，依法追究刑事责任。影响中标结果的，中标无效。

《招标投标法实施条例》中，对招标人也进一步确定了相应的法律责任：

(1)招标人有下列限制或者排斥潜在投标人行为之一的，由有关行政监督部门依照上述第三条的规定处罚：

①依法应当公开招标的项目不按照规定在指定媒介发布资格预审公告或招标公告；

②在不同媒介发布的同一招标项目的资格预审公告或招标公告的内容不一致，影响潜在投标人申请资格预审或投标。

③依法必须进行招标的项目的招标人不按照规定发布资格预审公告或招标公告，构成规避招标的，依照《招标投标法》第四十九条的规定处罚。

(2)招标人有下列情形之一的，由有关行政监督部门责令改正，可以处10万元以下的罚款：

①依法应当公开招标而采用邀请招标；

②招标文件、资格预审文件的发售、澄清、修改的时限，或者确定的提交资格预审申请文件、投标文件的时限不符合招标投标法和本条例规定；

③接受未通过资格预审的单位或个人参加投标；

④接受应当拒收的投标文件。

招标人有前款第①项、第③项、第④项所列行为之一的，对单位直接负责的主管人员和其他直接责任人员依法给予处分。

(3)招标代理机构在所代理的招标项目中投标、代理投标或向该项目投标人提供咨询的；接受委托编制标底的中介机构参加受托编制标底项目的投标，或者为该项目的投标人编制投标文件、提供咨询的，依照《招标投标法》第五十条的规定追究法律责任。

(4)招标人超过本条例规定的比例收取投标保证金、履约保证金或不按照规定退还投标保证金及银行同期存款利息的，由有关行政监督部门责令改正，可以处 5 万元以下的罚款；给他人造成损失的，依法承担赔偿责任。

2.1.2.2　招标文件存在缺陷的法律风险及防范

招标文件是招标投标活动中对招标人和投标人具有约束力的重要文件，是招标投标活动的章程，并将作为招标人和中标人签订合同的基础性文件，因此招标文件质量直接关系到招标投标活动是否规范、是否会引起投标人或其他利害关系人的异议或投诉，进而关系到合同能否全面履行等诸多问题，完整、严谨和规范的招标文件对保证招标投标活动的规范有序、质量和效率，以及合同的全面履行具有重要意义。

招标文件具有结构复杂、表述和涉及内容相当广泛的特点，决定了招标文件的编制和备案是一项政策性和技术性比较强、工作量比较大的工作。招标文件一般应具备以下内容：招标须知的基本要件，包括工程概况、招标范围、资格审查条件、工程资金来源或落实情况(应有资金落实和来源证明)、标段划分、工期要求、质量标准、现场勘察和答疑安排、投标文件编制提交修改撤回要求、投标报价要求、投标有效期、开标的时间和地点、评标的方法和标准等；工程技术要求和设计文件；投标报价方式，采用工程量清单招标的应当提供工程量清单；投标函的格式和附件；拟订合同的主要条款。

目前，由于招标人和招标代理机构的业务水平、综合素质良莠不齐，再加上招标人对招标时间要求紧与客观存在的编写内容多、工作量大的矛盾，部分招标文件编制时采取简单的复制或拼凑，致使招标文件不规范、不严谨、不系统，甚至存在组成部分和基本内容缺失，给招标投标工作的顺利进行和合同的全面履行带来一定的影响。防范此类风险的简单方法是参照相关示范文本来编制招标文件。比如《铁路建设项目施工单价承包招标文件示范文本(试行)》《铁路建设项目物资招标文件示范文本》《水利水电工程施工合同和招标文件示范文本》及全国各省(市)的招标文件示范文本等。

2.1.2.3　招标违背法定期限的法律风险及防范

要注意依法必须招标的项目，招标人是否同时将招标文件报工程所在地县级以上政府建设主管部门备案。依法必须招标的项目，招标人给予投标人编制投标书的时间最短不得少于 20 日，即自招标文件开始发出之日起至提交投标书的截止日期，最短不得少于 20 日。又如招标人对已经发出的招标文件进行澄清或修改，应注意：在投标截止日期前 15 日书面通知；不足 15 日的，招标人应当顺延提交投标文件的截止时间，同时报工程所在地县级以上政府建设主管部门备案；澄清或修改内容是招标文件的组成部分。

对于这方面法律风险的防范，首先是要严格遵守时间要求，目的在于确保投标人有足够的合理时间研究招标文件并准备编制标书进行投标。因此，如果客观情况需要对招标文件进行澄清或修改的，必须确保有 15 天的时间。如果在招标文件规定的投标截止时间前已经不足15天的,招标人应当顺延投标文件的截止时间,但应以书面形式通知所有获取资格预审文件或招标文件的潜在投标人。其他的法律风险是招标文件不完善的问题,澄清或修改内容都是招标文件的组成部分,招标人进行澄清或修改的目的都是完善招标文件,防范可能发生的争议。如果招标文件不清楚,就有必要进行澄清或修改,然而如果应该澄清或修改的问题因为技术知识背景的不熟或法律素养的不足,可能就会没有发现这些存在歧义或不一致的地方,从而导致应该澄清的没有澄清,应该修改的没有修改,结果在日后的合同履行过程中,合同双方可能就会为这些原来存在的问题争论不休,甚至可能闹上仲裁法庭去处理双方纠纷。

2.1.2.4 限制或排斥潜在投标人的法律风险及防范

招标文件的核心之一是参数指标、技术方案及要求等技术规范。招标人如果有想法,在制定技术规范时就不可避免地有针对性,这样所提技术指标就具有倾向性、排他性。招标人不得以不合理的条件限制、排斥潜在投标人或投标人,依法必须进行招标的项目以特定行政区域或特定行业的业绩、奖项作为加分条件或中标条件。如:在招标文件中直接提出参考的品牌、型号比较冷僻或已停产,只有个别供应商或制造商有这些产品,造成对其他投标人不公平;招标人不懂所规定的技术指标,或者对招标对象已有具体要求,甚至已经联系好,但知道在招标文件中不能提具体的名称,故参考某一品牌、型号的指标照抄照搬,造成倾向性明显。

2.1.2.5 招标人与投标人串通招标的法律风险及防范

串通招标是指招标者与投标者之间采用不正当手段,对招标事项进行串通,以排挤竞争对手,从中谋取中标的行为。无论招标模式与规则如何,招标人一般不会放弃招标投标控制权,对于招标过程中的重大事项,招标人都有一定的决定权或否决权,因此投标人与招标人串通投标是当前工程建设领域串通投标的重要类型。主要有以下表现形式:

(1)串通标书,即招标者在公开开标前,开启标书,并将投标情况告知其他投标者,或者协助投标者撤换标书,更改报价。依照我国法律和国际惯例,开标应当公开,在此之前标书必须保密,并不得更换,以防止给不端行为造成可乘之机。在公开开标前,任何人无权开启标书。为了防止失密,投标文件必须密封,没有密封或发现曾被打开过的痕迹,应被认定为无效的投标。可见,标书的保密性直接影响到整个招标过程的公正性。

(2)串通标底,即招标人直接或间接向投标人泄露标底、评标委员会成员名单等应当保密的信息。工程建设投标标底确定权一般在招标人,标底在确定中标标的过程中占有绝对优势权重,当采取合理低价中标规则时,标底对中标标的起决定性作用,对于投标人来说,获取标底通常意味着获取中标权。因此,从招标人处获取标底是工程建设串通投标的重要形式。除标底以外,还有一些其他能够影响到公平竞争的信息(如潜在投标人的名称、数量),开标前也不得向他人透露。将能够影响公平竞争的信息透露给特定的投标人,会造成投标人之间因信息不对称而引起的不公平竞争,同时还容易引发其他的不公平竞争。

(3)串通标价,即招标人明示或暗示投标人压低、抬高投标报价,中标后再给投标者或招标者额外补偿,或者对投标文件的其他内容进行授意的行为。这种行为中串通是发生在投标以前,补偿是发生在定标以后,招标、投标、开标、评标等各环节从程序看都是公平、合法的,其他投标人可能都输得口服心服,审计监督也很难从程序上发现其漏洞,极其隐蔽。串通的招标者与投标者为众多不知情的投标者创造了一个虚拟的公平的竞争环境,欺骗性很强,危害性很大。

(4)串通中标,即招标者预先内定中标者,在确定中标者时以此决定取舍,或者招标人组织、授意或暗示其他投标人为特定投标人中标创造条件、提供方便,授意审查委员会或评标委员会对内定中标人进行区别对待,情况不一而足。

串通招标是我国法律惩治的重点之一。《招标投标法》第五十二条规定:依法必须进行招标的项目的招标人向他人透露已获取招标文件的潜在投标人的名称、数量或可能影响公平竞争的有关招标投标的其他情况的,或者泄露标底的,给予警告,可以并处 1 万元以上 10 万元以下的罚款;对单位直接负责的主管人员和其他直接责任人员依法给予处分;构成犯罪的,依法追究刑事责任,前款所列行为影响中标结果的,中标无效。国家工商行政管理局《关于禁止串通招标投标行为的暂行规定》规定:进行串通招标的,其中标无效。工商行政管理机关可以依照我国《反不正当竞争法》第二十七条的规定,根据情节处以 1 万元以上 20 万元以下的罚款。构成犯罪的,移交司法机关依法追究刑事责任。串通招标行为是共同违法行为,对参与串通招标的各个违法行为人,应当根据情节,分别按照本规定第五条规定的幅度予以行政处罚。投标者或者招标者在串通招标投标时,同时有商业贿赂、侵犯商业秘密等违反工商行政管理法规行为的,对串通招标投标行为和其他违法行为应当一并处罚。

防范串通投标风险,必须树立公平竞争、依法交易的理念。切实制定招标过程中保密信息的管理制度,加强对招标人和投标人的培训和教育,提高保密意识和素质,控制重要招标的涉密人员范围,对涉密人员采取必要的监控措施,防止经办人员违规串通。对违反规定的人员应当严肃处理,可能构成犯罪的移送司法机关处理。

2.1.2.6　不履行审批核准手续的法律风险及防范

根据《招标投标法》的规定,在中华人民共和国境内进行下列工程建设项目包括项目的勘察、设计、施工、监理,以及与工程建设有关的重要设备、材料等的采购,必须进行招标:包括大型基础设施、公用事业等关系社会公共利益、公众安全的项目;全部或部分使用国有资金投资、国家融资的项目;使用国际组织或者外国政府贷款、援助资金的项目。2000 年 4 月 4 日已经国务院批准,2000 年 5 月 1 日施行的《工程建设项目招标范围和规模标准规定》中有明确的规定,招标应当采用公开招标方式。国务院发展计划部门确定的国家重点项目和省、自治区、直辖市人民政府确定的地方重点项目不适宜公开招标的,经国务院发展计划部门或者省、自治区、直辖市人民政府批准,才可以进行邀请招标。依法必须进行施工招标项目的招标公告,应当在国家指定的报刊和信息网络上发布。采用邀请招标方式的,招标人应当向 3 家以上具备承担施工招标项目的能力、资信良好的特定法人或其他组织发出投标邀请书。

《招标投标法》第四十九条规定:必须进行招标的项目而不招标的,将必须进行招标的项目化整为零或以其他任何方式规避招标的,责令限期改正,可以处项目合同金额 5‰以上 10‰以下的罚款;对全部或部分使用国有资金的项目,可以暂停项目执行或者暂停资金拨付;对单位直接负责的主管人员和其他直接责任人员依法给予处分。

发包人将必须进行招标的项目化整为零或以其他任何方式直接发包，规避招标，将导致工程发包活动不合法，产生法律风险。避免此类风险的方法是，在发包前一定要看项目是否属于必须招标的工程范围，对于属于必须招标的项目，必须依法履行项目审批和招标核准手续，将初步设计及概算等在报送项目审批部门审批时，同时将招标范围、招标方式、招标组织形式等有关招标内容报项目审批部门核准，并严格按核准的招标方式进行工程项目的发包。

2.2 建设工程投标制度

2.2.1 建设工程投标的基本要求

2.2.1.1 投标人的资格要求

《招标投标法》第二十五条规定：投标人是响应招标、参加投标竞争的法人或其他组织。依法招标的科研项目允许个人参加投标的，投标的个人适用相关投标人的规定，但建设工程不允许以个人身份参加投标。同时，投标人应当具备承担招标项目的能力；国家有关规定对投标人资格条件或招标文件对投标人资格条件有规定的，投标人应当具备规定的资格条件。

《招标投标法实施条例》对投标人又做了进一步的规定：

(1)投标人参加依法必须进行招标的项目的投标，不受地区或部门的限制，任何单位和个人不得非法干涉；

(2)与招标人存在利害关系可能影响招标公正性的法人、其他组织或个人，不得参加投标；单位负责人为同一人，或者存在控股、管理关系的不同单位，不得参加同一标段投标或未划分标段的同一招标项目投标。

违反前两款规定的，相关投标均无效。

2.2.1.2 投标文件

投标文件是指具备承担招标项目承包能力的投标人，按照招标文件的要求编制的文件。

(1)投标文件的编制。投标人应当对招标文件提出的实质性要求和条件做出响应，这里所指的实质性要求和条件，一般是指招标文件中有关招标项目的价格、招标项目的计划、招标项目的技术规范方面的要求和条件、合同的主要条款(包括一般条款和特殊条款)等内容。投标文件需要在这些方面做出回答，或称响应，响应的方式是投标人按照招标文件进行填报，不得遗漏或回避招标文件中的问题。

(2)投标文件一般包括下列内容：①投标函；②投标报价；③施工组织设计；④商务和技术偏差表；⑤投标人根据招标文件载明的项目实际情况，拟在中标后将中标项目的部分非主体、非关键性工作进行分包的，应当在投标文件中载明。

除以上内容外，招标项目属于建设施工的，投标文件的内容应当包括拟派出的项目负责人与主要技术人员的简历、业绩和拟用于完成招标项目的机械设备等。

2.2.1.3　投标保证金

《招标投标法实施条例》规定，招标人在招标文件中要求投标人提交投标保证金的，投标保证金不得超过招标项目估算价的 2%。投标保证金除现金外，可以是银行出具的银行保函、保兑支票、银行汇票或现金支票。投标保证金有效期应当与投标有效期一致。

依法必须进行招标的项目的境内投标单位，以现金或支票形式提交的投标保证金应当从其基本账户转出。招标人不得挪用投标保证金。

投标人应当按照招标文件要求的方式和金额，将投标保证金随投标文件提交给招标人。投标人不按招标文件要求提交投标保证金的，该投标文件将被拒绝，作废标处理。

投标人撤回已提交的投标文件，应当在投标截止时间前书面通知招标人。招标人已收取投标保证金的，应当自收到投标人书面撤回通知之日起 5 日内退还。

投标截止后投标人撤销投标文件的，招标人可以不退还投标保证金。

2.2.1.4　投标文件的送达

《建设工程项目施工招标投标办法》《招标投标法》对投标文件的送达、签收、保存的程序做出规定，对于投标文件的补充、修改、撤回也有具体规定，这些都是适应公平竞争需要而确立的共同规则。

(1)投标人应当在招标文件要求提交投标文件的截止时间前，将投标文件送达投标地点。招标人收到投标文件后，应当签收保存，不得开启。投标人少于三个的，招标人应当依照本法重新招标。在招标文件要求提交投标文件的截止时间后送达的投标文件，招标人应当拒收。

(2)投标人在招标文件要求提交投标文件的截止时间前，可以补充、修改或撤回已提交的投标文件，并书面通知招标人。补充、修改的内容为投标文件的组成部分。

(3)投标人根据招标文件载明的项目实际情况，拟在中标后将中标项目的部分非主体、非关键性工作进行分包的，应当在投标文件中载明。

(4)未通过资格预审的申请人提交的投标文件，以及不按照招标文件要求密封的投标文件，招标人应当拒收。

(5)招标人应当如实记载投标文件的送达时间和密封情况，并存档备查。

2.2.1.5　联合体投标

对投标人组成联合体共同投标是允许的，这也是符合实际情况的，特别是大型的、复杂的招标项目更有可能采用这种形式，但要对其加以规范，防止和排除在现实中已经出现的以组织联合体为名，低资质的充当高资质的、不合格的混同合格的、责任不明、关系不清等弊端，因此在组成联合体投标时，应满足以下要求：

(1)两个以上法人或其他组织可以组成一个联合体，以一个投标人的身份共同投标。

(2)联合体各方均应当具备承担招标项目的相应能力；国家有关规定或招标文件对投标人资格条件有规定的，联合体各方均应当具备规定的相应资格条件。由同一专业的单位组成的联合体，按照资质等级较低的单位确定资质等级。

(3)联合体各方应当签订共同投标协议，明确约定各方拟承担的工作和责任，并将共同投标协议连同投标文件一并提交招标人。联合体中标的，联合体各方应当共同与招标人签订合同，就中标项目向招标人承担连带责任。

(4)招标人不得强制投标人组成联合体共同投标,不得限制投标人之间的竞争。

(5)招标人接受联合体投标并进行资格预审的,联合体应当在提交资格预审申请文件前组成。资格预审后联合体增减、更换成员的,其投标无效。

联合体各方在同一招标项目中以自己名义单独投标或参加其他联合体投标的,相关投标均无效。

(6)投标人发生合并、分立、破产等重大变化的,应当及时书面告知招标人。投标人不再具备资格预审文件、招标文件规定的资格条件或其投标影响招标公正性的,其投标无效。

(7)共同投标协议中约定了联合体中各方应该承担的责任,各成员单位必须按照该协议约定认真履行各自的义务,否则将会承担违约责任。

(8)联合体各成员就中标项目对建设单位承担连带责任。

2.2.1.6　其他投标的禁止事项

对于投标人的行为,除前述中已提及的规则外,《招标投标法实施条例》还对禁止的事项做了进一步的规定,以维护招标投标的正常秩序,保护合法的竞争。

(1)禁止投标人相互串通投标。有下列情形之一的,属于投标人相互串通投标:

①投标人之间协商投标报价等投标文件的实质性内容;

②投标人之间约定中标人;

③投标人之间约定部分投标人放弃投标或中标;

④属于同一集团、协会、商会等组织成员的投标人按照该组织要求协同投标;

⑤投标人之间为谋取中标或排斥特定投标人而采取的其他联合行动。

(2)禁止投标人串通投标。有下列情形之一的,视为投标人相互串通投标:

①不同投标人的投标文件由同一单位或者个人编制;

②不同投标人委托同一单位或个人办理投标事宜;

③不同投标人的投标文件载明的项目管理成员为同一人;

④不同投标人的投标文件异常一致或投标报价呈规律性差异;

⑤不同投标人的投标文件相互混装;

⑥不同投标人的投标保证金从同一单位或个人的账户转出。

(3)禁止招标人与投标人串通投标。有下列情形之一的,属于招标人与投标人串通投标:

①招标人在开标前开启投标文件并将有关信息泄露给其他投标人;

②招标人直接或间接向投标人泄露标底、评标委员会成员等信息;

③招标人明示或暗示投标人压低或抬高投标报价;

④招标人授意投标人撤换、修改投标文件;

⑤招标人明示或暗示投标人,为特定投标人中标提供方便;

⑥招标人与投标人为谋求特定投标人中标而采取的其他串通行为。

(4)使用通过受让或租借等方式获取的资格、资质证书投标的,属于《招标投标法》规定的以他人名义投标。投标人有下列情形之一的,属于《招标投标法》规定的以其他方式弄虚作假的行为:

①使用伪造、变造的许可证件；

②提供虚假的财务状况或业绩；

③提供虚假的项目负责人或主要技术人员简历、劳动关系证明；

④提供虚假的信用状况；

⑤其他弄虚作假的行为。

2.2.2　建设工程投标法律风险及防范

2.2.2.1　违反招标投标相关法律投标的法律风险

《招标投标法》对投标人违反规定的法律责任做出了明确的规定：

(1)投标人相互串通投标或与招标人串通投标的，投标人以向招标人或评标委员会成员行贿的手段谋取中标的，中标无效，处中标项目金额 5‰以上 10‰以下的罚款，对单位直接负责的主管人员和其他直接责任人员处单位罚款数额 5%以上 10%以下的罚款；有违法所得的，并处没收违法所得；情节严重的，取消其 1 年至 3 年内参加依法必须进行招标的项目的投标资格并予以公告，直至由工商行政管理机关吊销营业执照；构成犯罪的，依法追究刑事责任。给他人造成损失的，依法承担赔偿责任。

(2)投标人以他人名义投标或以其他方式弄虚作假，骗取中标的，中标无效，给招标人造成损失的，依法承担赔偿责任；构成犯罪的，依法追究刑事责任。

依法必须进行招标的项目的投标人有上述所列行为尚未构成犯罪的，处中标项目金额 5‰以上 10‰以下的罚款，对单位直接负责的主管人员和其他直接责任人员处单位罚款数额 5%以上 10%以下的罚款；有违法所得的，并处没收违法所得；情节严重的，取消其 1 年至 3 年内参加依法必须进行招标的项目的投标资格并予以公告，直至由工商行政管理机关吊销营业执照。

《招标投标法实施条例》对投标人违反规定的法律责任进一步做出了规定：

(1)投标人有下列行为之一的，属于《招标投标法》规定的情节严重行为，由有关行政监督部门取消其 1 年至 2 年内参加依法必须进行招标的项目的投标资格：

①以行贿谋取中标；

②3 年内 2 次以上串通投标；

③串通投标行为损害招标人、其他投标人，或者国家、集体、公民的合法利益，造成直接经济损失 30 万元以上；

④其他串通投标情节严重的行为。

投标人自上述规定的处罚执行期限届满之日起 3 年内又有该款所列违法行为之一的，或者串通投标、以行贿谋取中标情节特别严重的，由工商行政管理机关吊销营业执照。法律、行政法规对串通投标报价行为的处罚另有规定的，从其规定。

(2)投标人有下列行为之一的，属于《招标投标法》规定的情节严重行为，由有关行政监督部门取消其 1 年至 3 年内参加依法必须进行招标的项目的投标资格：

①伪造、变造资格、资质证书或其他许可证件骗取中标；

②3 年内 2 次以上使用他人名义投标；

③弄虚作假骗取中标，给招标人造成直接经济损失 30 万元以上；

④其他弄虚作假骗取中标情节严重的行为。

投标人自上述规定的处罚执行期限届满之日起3年内又有该款所列违法行为之一的,或者弄虚作假骗取中标情节特别严重的,由工商行政管理机关吊销营业执照。

(3)出让或出租资格、资质证书供他人投标的,依照法律、行政法规的规定给予行政处罚;构成犯罪的,依法追究刑事责任。

2.2.2.2 投标文件存在缺陷的法律风险及防范

投标人应当按照招标文件的要求编制投标文件。投标文件应当对招标文件提出的实质性要求和条件做出响应。投标人在招标文件要求提交投标文件的截止时间前,可以补充、修改或撤回已提交的投标文件,并书面通知招标人。补充、修改的内容为投标文件的组成部分。国家发改委27号令《工程建设项目货物招标投标办法》规定:招标人应当在招标文件中规定实质性要求和条件,说明不满足其中任何一项实质性要求和条件的投标将被拒绝,并用醒目方式标明;没有标明的要求和条件在评标时不得作为实质性要求和条件。对于非实质性要求和条件,应当允许偏差的最大范围、最高项数,以及对这些偏差进行调整的方法。

可见,投标文件不响应招标文件的实质性要求和条件的风险是投标将会被评标委员会当作废标处理。防范此类风险必须认真研究招标文件,对招标文件提出的实质性内容逐一做出响应,避免出现重大偏差。对于不具备编制投标文件能力的施工企业,最好委托有资质的工程咨询机构代为编制投标文件。

2.2.2.3 投标人串通投标的法律风险及防范

所谓串通投标,是指投标者之间采用不正当手段,对招标投标事项进行串通,以排挤竞争对手或损害招标者利益的行为。主要表现形式有:

(1)价格同盟。招标投标中,每个投标人应当根据招标文件的要求并考虑自身具备的优势和条件,合理确定投标价。而某些投标者则是相互串通,就投标价格达成协议,或者哄抬投标价,或者故意压低投标报价,以达到排挤其他投标人、损害招标人利益的目的。

(2)轮流坐庄。投标者之间相互约定,在招标项目中轮流以高价位或低价位中标,该行为多发生在分段招标或多次招标中。如果公平竞争,可能一个或几个有实力的投标人会以低价多次中标,招标人既保证了质量又节约了资金。投标人之间互相约定,在类似的招标项目中轮流以高价位中标,使投标人无论实力如何都能中标,并以高价位获取高额利润,而招标人无法从投标人中选出最优,还不得不为质量参差不齐的中标者支付高额费用,造成巨大的损失。

(3)内失外补。投标者之间先进行内部竞价,内定中标人,然后再参加投标,约定内定中标人以高价中标后,给予未中标的其他投标人以"失标补偿费",这种"陪标"行为使投标者之间已经不存在竞争,招标人没能达到预期节约、择优的效果,"失标补偿费"也是从其支付的高价中获取的。

(4)协同行动。投标人之间为谋取中标或排斥特定投标人而联合采取行动的;属于同一协会、商会、集团公司等组织成员的投标人,按照该组织要求在投标中采取协同行动的。

投标人相互串通投标是政府重点整治的不正当行为之一。根据法律规定,投标人相互串通投标的，中标无效，处中标项目金额 5‰以上 10‰以下的罚款，对单位直接负责的主管人员和其他直接责任人员处单位罚款数额 5%以上 10%以下的罚款；有违法所得的，并处没收违法所得；情节严重的，取消其 1 年至 3 年内参加依法必须进行招标的项目的投标资格并予以公告，直至由工商行政管理机关吊销营业执照；构成犯罪的，依法追究刑事责任。给他人造成损失的，依法承担赔偿责任。因串通投标造成他人损失的，还应当依法承担赔偿责任。这里的损失仅指财产损失而不包括精神损害。财产损失，既包括直接损失，如因串通招标导致中标无效后重新进行招标的成本；也包括间接损失，如因为某些投标人串通投标而丧失中标机会的损失、获取该项目的预期收益的损失等。

根据《反不正当竞争法》的规定，串通投标和勾结投标的行为应承担行政和民事责任。行政责任主要体现为工商行政管理机关对行为人的行政处罚。《反不正当竞争法》第二十七条规定：投标者串通投标，抬高标价或压低标价；投标者和招标者相互勾结，以排挤竞争对手的公平竞争的，其中标无效。监督检查部门可以根据情节处以 1 万元以上 20 万元以下的罚款。对实施串通投标或勾结投标给其他经营者造成损害的应当承担赔偿损失的民事责任。根据《反不正当竞争法》的规定，不法行为人除应当赔偿受害人实际造成的损失外，还应当承担受害人因调查侵权行为所支出的费用，在有些案件中还可以承担消除侵权影响的费用与合理的律师费用。

防范投标人串标行为，政府必须加大对串通投标案件的查处力度。建筑主管部门要加强与司法机关在办案中的协调配合，建立联系制度。通过价格分析（这是最基本的诊断方法，投标者的报价如出现以下情况，应引起高度怀疑：总报价相近，但其中分项报价不合理，且无合理解释的；总价相近，其中部分项目价格雷同，提不出计算依据的；总价相近，部分单价完全相同，提不出合理单价组成的；总价相同，没有成本分析、分项乱调的）、标书比较（在一次招标活动中，所有投标者中，仅有一家的标书做得很“厚实”且详细，而其他标书则显得十分“单薄”，明明是实力很强的公司却显得很不认真，材料短缺，漏洞百出；不同的标书，出现相同的错误或疏忽，特别是改动笔迹一模一样等。此类情形串通的可能性极大）、行为观察、资金审查等方式来进行防范。发现串标、围标行为后，对有关投标人做投标禁入处理，并依法追究其法律责任。

2.2.2.4　以他人名义投标行为和弄虚作假行为的法律风险及防范

投标人以他人名义投标行为和弄虚作假行为，严重破坏了公开、公平、公正的招标投标活动秩序，同时也给招标人和投标人制造了人为的风险。实践中，以他人名义投标的行为具体体现在：①通过转让或租借等方式从其他单位获取资格或资质证书投标；②由其他单位或其他单位负责人在自己编制的投标文件上加盖印章或者签字；③项目负责人或主要技术人员不是本单位人员；④投标保证金不是从投标人基本账户转出。投标人不能提供项目负责人、主要技术人员的劳动合同、社会保险等劳动关系证明材料的，视为存在前款第③项规定的情形。

弄虚作假行为具体体现为：①利用伪造、变造或无效的资质证书、印鉴参加投标；②伪造或虚报业绩；③伪造项目负责人或主要技术人员简历、劳动关系证明，或中标后不按承诺配备项目负责人或主要技术人员；④伪造或者虚报财务状况；⑤提交虚假的信用状况信息；⑥隐瞒招标文件要求提供的信息，或者提供虚假、引人误解的其他信息。

法律对上述行为采取了严厉的规制措施。投标人以他人名义投标或以其他方式弄虚作假，骗取中标的，中标无效，给招标人造成损失的，依法承担赔偿责任；构成犯罪的，依法追究刑事责任。依法必须进行招标的项目的投标人有前款所列行为尚未构成犯罪的，处中标项目金额5‰以上10‰以下的罚款，对单位直接负责的主管人员和其他直接责任人员处单位罚款数额5%以上10%以下的罚款；有违法所得的，并处没收违法所得；情节严重的，取消其1年至3年内参加依法必须进行招标的项目的投标资格并予以公告，直至由工商行政管理机关吊销营业执照。

允许他人以自己名义投标的，责令改正，并处1万元以上10万元以下的罚款；有违法所得的，没收违法所得；情节严重的，取消其1年至3年内参加依法必须进行招标的项目的投标资格，并予以公告；对单位的主要负责人、直接负责的主管人员和其他直接责任人员分别处5000元以上5万元以下的罚款。建筑施工企业转让、出借资质证书或者以其他方式允许他人以本企业的名义承揽工程的，责令改正，没收违法所得，并处罚款，可以责令停业整顿，降低资质等级；情节严重的，吊销资质证书。

从招标人的角度防范此类风险，要求投标人的投标保证金必须由其基本账户汇出，严格审查有关人员资质证书、劳动合同、社保凭证等，必要时核对原件。在投标邀请书中明确被邀请的投标人必须自己参加投标，不得让委托人和第三人投标。发现投标人以他人名义进行投标的行为后，对有关投标人作投标禁入处理，并报送有关监管部门。

同时，政府部门应加大监管力度，政府应该建立专门的招标投标执法监察机构，专门办理可疑案件或投诉案件，通过调查管理人员、施工人员及工人的劳动合同及社保关系，以及资金来源、设备来源及材料物资来源等情况，对投标人的弄虚作假行为进行认定。

2.2.2.5　投标人不当报价的法律风险及防范

投标人在投标活动中不当报价的表现，一是投标人低于其个别成本报价；二是投标人报价畸高，甚至高于初步设计概算。其不利后果首先是扰乱了正常的招标投标秩序；其次，投标人压低报价，如低于成本报价会导致工程质量低劣、安全投入不足及合同履行不顺畅等问题；再次，如果投标人串通一致，抬高报价，将导致工程投资增加甚至超概算。

防范此类风险，在评标时发现投标人有低于成本报价嫌疑的，应要求其予以澄清，如果投标人无法证明报价低于其个别成本的，作废标处理。对于技术没有特殊要求的施工招标项目，设置投标上限价格和风险控制价。

2.2.2.6　投标人的投标保证金不符合要求的法律风险及防范

在招标文件中一般都会要求投标人提交一定数额的投标保证金，其目的是督促投标人采取审慎的态度参与投标，从而保障招标活动的顺利进行。因此，投标人应当按照要求在提交投标文件的同时提交投标保证金。《工程建设项目施工招标投标办法》第三十七条规定：招标人可以在招标文件中要求投标人提交投标保证金。投标保证金除现金外，可以是银行出具的银行保函、保兑支票、银行汇票或现金支票。投标保证金一般不得超过投标总价的2%，投标保证金有效期应当与投标有效期一致。投标人应当按照招标文件要求的方式和金额，将投标保证金随投标文件提交给招标人。

投标人不按招标文件要求提交投标保证金的风险是：该投标文件将被拒绝，作废标处理。因此，在投标时未提交投标保证金、投标保证金不足或者投标保证金方式不符合要求，都可能造成投标文件作废标处理。投标人应当按照招标文件的要求提交保证金，避免在保证金问题上犯低级错误，从而导致精心组织的投标活动毁于一旦。

2.2.2.7　投标联合体成员选择不当的法律风险及防范

目前，市场经济全球化程度越来越高，政府采购规模越来越大，特别是政府采购工程建设项目规模越来越大，对专业技术水平的要求也越来越高，数家企业组成联合体，以联合体的名义参与投标，可以加强横向合作，实现优势互补，增强中标的机会。联合投标已经成为填补企业资源和技术缺口，提高企业竞争力，以及分散、降低企业经营风险，适应当前市场环境的一种良好方式。联合体中标后，按照联合体的内部分工，各自按资质类别等级的许可范围承担工作，能够提高中标人的履约能力。根据《招标投标法》的规定，联合体中标的，联合体各方应当共同与招标人签订合同，就中标项目向招标人承担连带责任。因此，联合投标是一把双刃剑，运用不当往往会带来非常大的风险。

在进行联合投标时，施工企业应注意从如下几方面进行风险防范：①考察合作方的资质，尽量选择资质等级高的企业参与联合体。法律规定，联合体各方均应当具备承担招标项目的相应能力；国家有关规定或招标文件对投标人资格条件有规定的，联合体各方均应当具备规定的相应资格条件。由同一专业的单位组成的联合体，按照资质等级较低的单位确定资质等级。②调查合作方的实力与以往业绩。实力强大、业绩良好的企业表明其履约能力值得信赖。③了解合作方的信用情况，是否有违法违规及违反行业道德的行为，对劣迹斑斑、不讲诚信的企业，最好敬而远之。④在确定合作对象后，参与各方必须共同签订书面共同投标协议，明确而且周密地约定各方拟承担的工作和责任，特别是在发生质量安全问题的情况下，合作各方的责任承担事宜，防止问题出现后相互之间的推诿扯皮。共同投标协议应连同投标文件一并提交招标人。

2.2.2.8　串通投标的法律风险及防范

串通投标严重破坏招标投标秩序，不仅是行政法律所禁止的行为，而且还是刑法打击的对象。串通投标情节严重的，构成串通投标罪，处 3 年以下有期徒刑或拘役，并处或单处罚金。

串通投标罪，是指投标人相互串通投标报价，损害招标人或其他投标人利益，或者投标人与招标人串通投标，损害国家、集体、公民的合法权益，情节严重的行为。串通投标罪的构成要件：①本罪所侵权的客体是投标市场秩序。招标和投标是市场经济条件下一种常用的竞争方式。这种制度现已在我国经济生活中全面实行。但是，有的不法投标人相互串通投标报价，共同排挤其他投标人；有的投标人与招标人相互勾结，以排挤竞争对手。这不仅破坏了社会主义市场经济中公平竞争的原则，还严重扰乱了市场管理秩序，损害了招标人或其他投标人，以及国家、集体、公民的合法权益，理所当然地应受到我国刑法的惩处。②本罪的客观行为方面“相互串通投标报价”是指在投标过程中，暗中商量好抬高或压低标价的行为。“损害招标人或者其他投标人利益”是指由于投标人相互串通投标报价，而使招标人没有达到最佳的竞争结果，或者其他投标人无法在公平竞争的条件下参与投标竞争而受到损害的情况。

鉴于刑法对串通投标采取的严厉态度，不论是招标人还是投标人，在招标投标活动中都必须坚持公开、公平、公正的原则，严格依法依规办事，抛弃侥幸心理，杜绝任何串标念头和行为,只有这样才能避免触及刑事犯罪的高压线。

2.3 建设工程开标、评标和中标制度

2.3.1 开标、评标和中标的基本要求

2.3.1.1 开标

《招标投标法》对开标的程序和要求做了具体的规定:

(1)开标应当在招标文件确定的提交投标文件截止时间的同一时间公开进行;开标地点应当为招标文件中预先确定的地点。

(2)开标由招标人主持,招标人应邀请所有投标人参加,但是投标人参加开标是自愿的。

(3)开标时,由投标人或其推选的代表检查投标文件的密封情况,也可以由招标人委托的公证机构检查并公证;经确认无误后,由工作人员当众拆封,宣读投标人名称、投标价格和投标文件的其他主要内容。

(4)招标人在招标文件要求提交投标文件的截止时间前收到的所有投标文件,开标时都应当当众予以拆封、宣读。

(5)开标过程应当记录,并存档备查。

(6)投标人少于3个的,不得开标;招标人应当重新招标。

(7)投标人对开标有异议的,应当在开标现场提出,招标人应当当场做出答复,并制作记录。

2.3.1.2 评标

评标是对投标文件进行审查、评议、比较,其根据是法定的原则和招标文件的规定及要求,这是确定中标人的必经程序,也是保证招标获得有效成果的关键环节。《招标投标法》明确规定:评标委员会由招标人负责组建,评标委员会成员名单一般应于开标前确定。评标委员会成员名单在中标结果确定前应当保密。依法必须进行施工招标的工程,其评标委员会由招标人的代表和有关技术、经济等方面的专家组成,成员人数为5人以上的单数,其中招标人、招标代理机构以外的技术、经济等方面专家不得少于成员总数的2/3。评标委员会的专家成员,应当从事相关领域工作满8年并具有高级职称或同等专业水平,由招标人从国务院有关部门,或者省、自治区、直辖市人民政府有关部门提供的专家名册或招标代理机构专家库内的相关专业的专家名单中确定;一般招标项目可以采取随机抽取方式,特殊招标项目可以由招标人直接确定。任何单位和个人不得以明示、暗示等任何方式指定或变相指定参加评标委员会的专家成员。

有关行政监督部门应当按照规定的职责分工,对评标委员会成员的确定方式、评标专家的抽取和评标活动进行监督。行政监督部门的工作人员不得担任本部门负责监督项目的评标委员会成员。

评标委员会应当按照招标文件确定的评标标准和方法,对投标文件进行评审和比较;设有标底的,应当参考标底。评标委员会完成评标后,应当向招标人提出书面评标报告,

并推荐合格的中标候选人。

招标项目设有标底的,招标人应当在开标时公布。标底只能作为评标的参考,不得以投标报价是否接近标底作为中标条件,也不得以投标报价超过标底上下浮动范围作为否决投标的条件。

有下列情形之一的,评标委员会应当否决其投标:

①投标文件未经投标单位盖章和单位负责人签字;

②投标联合体没有提交共同投标协议;

③投标人不符合国家或招标文件规定的资格条件;

④同一投标人提交两个以上不同的投标文件或投标报价,但招标文件要求提交备选投标的除外;

⑤投标报价低于成本或高于招标文件设定的最高投标限价;

⑥投标文件没有对招标文件的实质性要求和条件做出响应;

⑦投标人有串通投标、弄虚作假、行贿等违法行为。

投标文件中有含义不明确的内容、明显文字或计算错误,评标委员会认为需要投标人做出必要澄清、说明的,应当书面通知该投标人。投标人的澄清、说明应当采用书面形式,并不得超出投标文件的范围或改变投标文件的实质性内容。

评标委员会不得暗示或诱导投标人做出澄清、说明,不得接受投标人主动提出的澄清、说明。

2.3.1.3　中标

评标完成后,评标委员会应当向招标人提交书面评标报告和中标候选人名单。中标候选人应当不超过 3 个,并标明排序。招标人根据评标委员会提出的书面评标报告和推荐的中标候选人确定中标人。招标人也可以授权评标委员会直接确定中标人。

中标人的投标应当符合下列条件之一:

(1)能够最大限度地满足招标文件中规定的各项综合评价标准;

(2)能够满足招标文件的实质性要求,并且经评审的投标价格最低,但是投标价格低于成本的除外。

评标委员会经评审,认为所有投标都不符合招标文件要求的,可以否决所有投标。依法必须进行招标的项目的所有投标被否决的,招标人应当依照本法重新招标。在确定中标人前,招标人不得与投标人就投标价格、投标方案等实质性内容进行谈判。

评标委员会成员应当客观、公正地履行职务,遵守职业道德,对所提出的评审意见承担个人责任。评标委员会成员不得私下接触投标人,不得收受投标人的财物或其他好处。评标委员会成员和参与评标的有关工作人员不得透露对投标文件的评审和比较、中标候选人的推荐情况及与评标有关的其他情况。

评标报告应当由评标委员会全体成员签字,对评标结果有不同意见的评标委员会成员应当以书面形式说明其不同意见和理由,评标报告应当注明该不同意见。评标委员会成员拒绝在评标报告上签字又不书面说明其不同意见和理由的,视为同意评标结果。

中标人确定后,招标人应当向中标人发出中标通知书,并同时将中标结果通知所有未中标的投标人。中标通知书对招标人和中标人具有法律效力,中标通知书发出后,招标人改变中标结果的，或者中标人放弃中标项目的，应当依法承担法律责任。

招标人和中标人应当自中标通知书发出之日起 30 日内，按照招标文件和中标人的投标文件订立书面合同。招标人和中标人不得再行订立背离合同实质性内容的其他协议。

招标文件要求中标人提交履约保证金的，中标人应当提交。

依法必须进行招标的项目，招标人应当自确定中标人之日起 15 日内，向有关行政监督部门提交招标投标情况的书面报告。

依法必须进行招标的项目，招标人应当自收到评标报告之日起 3 日内公示中标候选人，公示期不得少于 3 日。

投标人或其他利害关系人对依法必须进行招标的项目的评标结果有异议的，应当在中标候选人公示期间提出。招标人应当自收到异议之日起 3 日内做出答复；做出答复前，应当暂停招标投标活动。

2.3.1.4　签订合同

招标人和中标人应当自中标通知书发出之日起 30 日内，按照招标文件和中标人的投标文件签订书面合同。招标人和中标人不得再行签订背离合同实质性内容的其他协议。招标人与中标人签订合同后最迟 5 个工作日内，应当向中标人和未中标的投标人退还投标保证金。

招标文件要求中标人提交履约保证金的，中标人应当按照招标文件的要求提交。履约保证金不得超过中标合同金额的 10%。

中标人应当按照合同约定履行义务，完成中标项目。中标人不得向他人转让中标项目，也不得将中标项目肢解后分别向他人转让。

中标人按照合同约定或经招标人同意，可以将中标项目的部分非主体、非关键性工作分包给他人完成。接受分包的人应当具备相应的资格条件，并不得再次分包。

中标人应当就分包项目向招标人负责，接受分包的人就分包项目承担连带责任。

2.3.1.5　投诉与处理

《招标投标法实施条例》规定了在招标投标中的投诉与处理，具体规定如下：

（1）投标人或者其他利害关系人认为招标投标活动不符合法律、行政法规规定的，可以自知道或者应当知道之日起 10 日内向有关行政监督部门投诉。投诉应当有明确的请求和必要的证明材料。首先向招标人提出的，应当先向招标人提出异议，异议答复期间不计算在前款规定的期限内。

（2）投诉人就同一事项向两个以上有权受理的行政监督部门投诉的，由最先收到投诉的行政监督部门负责处理。

行政监督部门应当自收到投诉之日起 3 个工作日内决定是否受理投诉，并自受理投诉之日起 30 个工作日内做出书面处理决定；需要检验、检测、鉴定、专家评审的，所需时间不计算在内。

投诉人捏造事实、伪造材料或以非法手段取得证明材料进行投诉的，行政监督部门应当予以驳回。

（3）行政监督部门处理投诉，有权查阅、复制相关文件、资料，调查有关情况，相关单位和人员应当予以配合。必要时，行政监督部门可以责令暂停招标投标活动。

行政监督部门的工作人员对监督检查过程中知悉的国家秘密、商业秘密,应当依法予以保密。

2.3.2　开标、评标与中标法律风险及防范

2.3.2.1　违反《招标投标法》的法律风险

违反《招标投标法》的相关规定,将会承担相应的法律责任,具体规定如下:

(1)依法必须进行招标的项目,招标人违反规定,与投标人就投标价格、投标方案等实质性内容进行谈判的,给予警告,对单位直接负责的主管人员和其他直接责任人员依法给予处分,影响中标结果的,中标无效。

(2)评标委员会成员收受投标人的财物或其他好处的,评标委员会成员或参加评标的有关工作人员向他人透露对投标文件的评审和比较、中标候选人的推荐,以及与评标有关的其他情况的,给予警告,没收收受的财物,可以并处 3000 元以上 50000 元以下的罚款,对有所列违法行为的评标委员会成员取消担任评标委员会成员的资格,不得再参加任何依法必须进行招标的项目的评标;构成犯罪的,依法追究刑事责任。

(3)招标人在评标委员会依法推荐的中标候选人以外确定中标人的,依法必须进行招标的项目在所有投标被评标委员会否决后自行确定中标人的,中标无效。责令改正,可以处中标项目金额 5‰以上 10‰以下的罚款;对单位直接负责的主管人员和其他直接责任人员依法给予处分。

(4)中标人将中标项目转让给他人的,将中标项目肢解后分别转让给他人的,违反规定将中标项目的部分主体、关键性工作分包给他人的,或者分包人再次分包的,转让、分包无效,处转让、分包项目金额 5‰以上 10‰以下的罚款;有违法所得的,并处没收违法所得;可以责令停业整顿;情节严重的,由工商行政管理机关吊销营业执照。

(5)招标人与中标人不按照招标文件和中标人的投标文件订立合同的,或者招标人、中标人订立背离合同实质性内容的协议的,责令改正;可以处中标项目金额 5‰以上 10‰以下的罚款。

(6)中标人不履行与招标人订立的合同的,履约保证金不予退还,给招标人造成的损失超过履约保证金数额的,还应当对超过部分予以赔偿;没有提交履约保证金的,应当对招标人的损失承担赔偿责任。

中标人不按照与招标人订立的合同履行义务,情节严重的,取消其 2 年至 5 年内参加依法必须进行招标的项目的投标资格并予以公告,直至由工商行政管理机关吊销营业执照。但是, 因不可抗力不能履行合同的除外。

(7)在招标投标中的行政处罚,由国务院规定的有关行政监督部门决定。

(8)任何单位违反规定,限制、排斥本地区、本系统以外的法人或其他组织参加投标的,为招标人指定招标代理机构的,强制招标人委托招标代理机构办理招标事宜的,或者以其他方式干涉招标投标活动的,责令改正;对单位直接负责的主管人员和其他直接责任人员依法给予警告、记过、记大过的处分,情节较重的,依法给予降级、撤职、开除的处分。个人利用职权进行违法行为的,依照上述规定追究责任。

(9)依法必须进行招标的项目违反法律规定,中标无效的,应当依照规定的中标条件

从其余投标人中重新确定中标人或依照本法重新进行招标。

《招标投标法实施条例》对违反招标投标中的法律规定，所应承担的法律责任进一步做出了规定：

（1）依法必须进行招标的项目的招标人不按照规定组建评标委员会，或者确定、更换评标委员会成员违反《招标投标法》和本条例规定的，由有关行政监督部门责令改正，可以处10万元以下的罚款，对单位直接负责的主管人员和其他直接责任人员依法给予处分；违法确定或更换的评标委员会成员做出的评审结论无效，依法重新进行评审。

（2）评标委员会成员有下列行为之一的，由有关行政监督部门责令改正；情节严重的，禁止其在一定期限内参加依法必须进行招标的项目的评标；情节特别严重的，取消其担任评标委员会成员的资格：①应当回避而不回避；②擅离职守；③不按照招标文件规定的评标标准和方法评标；④私下接触投标人；⑤向招标人征询确定中标人的意向，或者接受任何单位、个人明示或暗示提出的倾向或排斥特定投标人的要求；⑥对依法应当否决的投标不提出否决意见；⑦暗示或诱导投标人做出澄清、说明，或者接受投标人主动提出的澄清、说明；⑧其他不客观、不公正履行职务的行为。

（3）依法必须进行招标的项目的招标人有下列情形之一的，由有关行政监督部门责令改正，可以处中标项目金额10‰以下的罚款；给他人造成损失的，依法承担赔偿责任；对单位直接负责的主管人员和其他直接责任人员依法给予处分：①无正当理由不发出中标通知书；②不按照规定确定中标人；③中标通知书发出后无正当理由改变中标结果；④无正当理由不与中标人订立合同；⑤在订立合同时向中标人提出附加条件。

（4）中标人无正当理由不与招标人订立合同，在签订合同时向招标人提出附加条件，或者不按照招标文件要求提交履约保证金的，取消其中标资格，投标保证金不予退还。对依法必须进行招标的项目的中标人，由有关行政监督部门责令改正，可以处中标项目金额10‰以下的罚款。

（5）投标人或其他利害关系人捏造事实、伪造材料或以非法手段取得证明材料进行投诉，给他人造成损失的，依法承担赔偿责任。

招标人不按照规定对异议做出答复，继续进行招标投标活动的，由有关行政监督部门责令改正，拒不改正或不能改正并影响中标结果的，依照相关规定处理。

（6）取得招标职业资格的专业人员违反国家有关规定办理招标业务的，责令改正，给予警告；情节严重的，暂停一定期限内从事招标业务；情节特别严重的，取消招标职业资格。

（7）国家建立招标投标信用制度。有关行政监督部门应当依法公告对招标人、招标代理机构、投标人、评标委员会成员等当事人违法行为的行政处理决定。

2.3.2.2　开标时有效投标人不足的法律风险及防范

根据法律规定，开标应当在招标文件确定的提交投标文件截止时间的同一时间公开进行，开标地点应当为招标文件中确定的地点。在开标时，经初步评审发现有效投标人不足3家，则应当终止继续评审，重新进行招标。重新招标后投标人仍少于3家的，属于必须审批的工程建设项目，报经原审批部门批准后可以不再进行招标；其他工程建设项目，招标人可自行决定不再进行招标。因此，在开标时出现有效投标不足3家的情形，无疑会使招标投标参与各方前期所做的工作前功尽弃,造成人力、财力及时间的很大浪费,对招标进程产生不利影响。

防范此种风险的方法是:降低交易门槛,保证足够的潜在投标人参与投标。对于公开招标,要根据当地建筑交易市场的竞争状态,正确判断项目的市场关注程度,如果项目本身对交易相对方没有很强的吸引力,那么投标人的资格条件不宜设定过高,通常满足要求即可。在邀请招标中,则可以向尽量多的潜在投标人发出投标邀请书,数量一般以5家或以上为宜。

2.3.2.3 评标标准和方法不当的法律风险及防范

《招标投标法》第四十条规定:评标委员会应当按照招标文件确定的评标标准和方法,对投标文件进行评审和比较;设有标底的,应当参考标底。招标文件中规定的评标标准和评标方法应当合理,不得含有倾向或排斥潜在投标人的内容,不得妨碍或限制投标人之间的竞争。《评标委员会和评标方法暂行规定》第十七条也规定:招标文件中没有规定的标准和方法不得作为评标的依据。在实践中,有的招标人往往未在招标文件中明示有关评标标准和方法,或者评标时改变招标文件中规定的评标标准和方法。这样得出的中标结果很难让人信服,引起未中标人的投诉,从而招致不少纷争。情节严重的还可能导致评标无效及行政机关的处罚。另外,评标标准和方法不科学,还使招标人难以选到合适的中标人。

预防此种风险,首先,要请有关专业人员制定科学的评标标准和方法,注意不要含有倾向或排斥投标人的内容;其次,评标标准和方法要依法在招标文件中明示;最后,要依据招标文件中明示的标准和方法进行评标,不得随意变更。

2.3.2.4 评标委员会组建不符合法律规定的法律风险及防范

《招标投标法》规定,评标由招标人依法组建的评标委员会负责。依法必须进行招标的项目,其评标委员会由招标人的代表和有关技术、经济等方面的专家组成,成员人数为5人以上单数,其中技术、经济等方面的专家不得少于成员总数的2/3。专家应当从事相关领域工作满8年并具有高级职称或同等专业水平,由招标人从国务院有关部门,或者省、自治区、直辖市人民政府有关部门提供的专家名册,或者招标代理机构的专家库内的相关专业的专家名单中确定;一般招标项目可以采取随机抽取方式,特殊招标项目可以由招标人直接确定。与投标人有利害关系的人不得进入相关项目的评标委员会,已经进入的应当更换。评标委员会成员的名单在中标结果确定前应当保密。

《评标委员会和评标方法暂行规定》对评标专家提出了下列条件:①从事相关专业领域工作满8年并具有高级职称或同等专业水平;②熟悉有关招标投标的法律法规,并具有与招标项目相关的实践经验;③能够认真、公正、诚实、廉洁地履行职责。

《评标委员会和评标方法暂行规定》规定有下列情形之一的,不得担任评标委员会成员:①投标人或投标人主要负责人的近亲属;②项目主管部门或行政监督部门的人员;③与投标人有经济利益关系,可能影响对投标公正评审的;④曾因在招标、评标,以及其他与招标投标有关活动中从事违法行为而受过行政处罚或刑事处罚的。评标委员会成员有前款规定情形之一的,应当主动提出回避。

实践中,有的招标人在组建评标委员会时不严格依法办事,多表现为如下情形:技术、经济专家少于成员总数的2/3；评标专家非从专家库中抽取，或不具备法定条件；与投标人有利害关系的人进入评标委员会等。

根据《工程建设项目施工招标投标办法》第七十九条的规定：应当回避担任评标委员会成员的人参与评标的、评标委员会的组建及人员组成不符合法定要求的，评标无效，应当依法重新进行评标或重新进行招标，有关行政监督部门可处三万元以下的罚款。防控此类风险，一方面对于依法必须招标的项目，要按照有关规定依法组建评标委员会；另一方面，要求与投标人有利害关系的评标委员会成员主动提出回避。

2.3.2.5　违法确定中标人的法律风险及防范

实践中，招标人违法确定中标人有如下几种情形：在评标委员会推荐的候选人之外确定中标人；依法必须进行招标的项目在所有投标被评标委员会否决后自行确定中标人；使用国有资金或国家融资的项目，依法必须招标的施工项目，招标人无法定理由不选择排名第一的中标候选人。

违法确定中标人是一种风险很大的行为。招标人在评标委员会依法推荐的中标候选人以外确定中标人的、依法必须进行招标的项目在所有投标被评标委员会否决后自行确定中标人的，中标无效。除责令改正，行政机关可以处中标项目金额5‰以上10‰以下的罚款，同时对单位直接负责的主管人员和其他直接责任人员依法给予处分。

要避免此类风险，招标人应在评标委员会推荐的中标候选人中依法确定中标人，绝对不能自行在中标候选人以外选择中标人。具体应遵守如下规则：使用国有资金投资或国家融资的项目，招标人应当确定排名第一的中标候选人为中标人。排名第一的中标候选人放弃中标、因不可抗力提出不能履行合同，或者招标文件规定应当提交履约保证金而在规定的期限内未能提交的，招标人可以确定排名第二的中标候选人为中标人。排名第二的中标候选人因前款规定的同样原因不能签订合同的，招标人可以确定排名第三的中标候选人为中标人。对于其他项目，招标人可以在评标委员会推荐的中标候选人中确定中标人。另外，招标人也可以授权评标委员会直接确定中标人。当评标委员会否决所有投标的，提交投标文件的投标人少于3个的，招标人应当依法重新招标。重新招标后投标人仍少于3个的，属于必须审批的工程建设项目，报经原审批部门批准后可以不再进行招标；其他工程建设项目，招标人可自行决定不再进行招标。

2.3.2.6　中标通知书发出后放弃中标项目的法律风险及防范

工程实践中有的承包商在中标后又认为项目干下来无利可图，不与招标人签订施工合同，这种做法是十分不妥当的。《招标投标法》第六十条规定：中标人不履行与招标人订立的合同的，履约保证金不予退还，给招标人造成的损失超过履约保证金数额的，还应当对超过部分予以赔偿；没有提交履约保证金的，应当对招标人的损失承担赔偿责任。中标人不按照与招标人订立的合同履行义务，情节严重的，取消其2年至5年内参加依法必须进行招标的项目的投标资格并予以公告，直至由工商行政管理机关吊销营业执照。因不可抗力不能履行合同的，不适用前两款规定。

防范此类风险，一方面要慎重参与投标，投标文件编制要做到合理、严密；另一方面，接到中标通知书后，要严格按规定签订和履行合同。

2.3.2.7　与招标人签订“阴阳合同”的法律风险及防范

由于目前建筑市场激烈的竞争形势，导致招标方常常利用自身的优势地位，在招标投标合同之外，迫使中标人违背真实意愿签订不利的所谓补充协议。其表现形式主要有：①合同招标人向中标人提出压价、垫资、增加工作内容等违背中标人意愿的要求，以此作为发中标通知书或签订合同的条件；②招标人与中标人不按照招标文件和中标人的投标文件订立合同，或者招标人、中标人订立背离合同实质性内容的协议；③招标人与中标人按照招标投标文件签订合同后，又签订与中标合同实质性内容不一致的合同。

防范此类风险，首先，中标人应当坚持按招标文件和投标文件签订合同，对招标人的不合理要求予以拒绝，必要时向建设行政机关进行投诉；其次，必须将依据招标投标程序签订的合同向主管部门进行备案；最后，一旦迫于无奈和招标人签订了“阴合同”，在最后竣工结算时，应当主张按照经过备案的招标合同作为结算根据，必要时可以依照最高法院《关于审理建设工程施工合同纠纷案件适用法律问题的解释》的规定，通过诉讼方式维权。签署的“阴合同”无效，招标人仍需按“阳合同”支付工程价款。

相关案例

【背景资料】　2005 年初，某房地产开发公司欲开发新区第三批商品房，当年 4 月，某市电视台发出公告，房地产开发公司作为招标人就该工程向社会公开招标，择其优者签约承建该项目，此公告一发，在当地引起不小反响，先后有 20 余家建筑单位投标。原告 A 建筑公司和 B 建筑公司均在投标人之列。A 建筑公司基于市场竞争激烈等因素，经充分核算，在标书中做出全部工程造价不超过 500 万元的承诺，并自认为依此数额，该工程利润已不明显。房地产开发公司组织开标后，B 建筑公司投标数额为 450 万元。两家的投标均高于标底 440 万元。最后 B 建筑公司因价格低而中标，并签订了总价包干的施工合同。该工程竣工后，房地产开发公司与 B 建筑公司实际结算的款额为 510 万元。A 建筑公司得知此事后，认为房地产开发公司未依照既定标价履约，实际上侵害了自己的权益，遂向法院起诉要求房地产开发公司赔付在投标过程中的支出等损失。

【案件分析】　本案争议的焦点是：经过招标投标程序而确定的合同总价能否再行变更的问题，这样做是否违反《合同法》第二百七十一条建设工程的招标投标法规，应当依照有关法律规定的公开、公平、公正进行的原则。当然，如果是招标人和中标人串通损害其他投标人的利益，自应对其他投标人做出赔偿。本案中无串通的证据，就只能认定调整合同总价是当事人签约后的意思变更，是一种合同变更行为。

【案件评析】　依法律规定，通过招标投标方式签订的建筑工程合同是固定总价合同，其特征在于：通过竞争决定的总价不因工程量、设备及原材料价格等因素的变化而改变，当事人投标标价应将一切因素涵盖，是一种高风险的承诺。当事人自行变更总价就从实质上剥夺了其他投标人公平竞价的权利并势必纵容招标人与投标人之间的串通行为，因而这种行为是违反公开、公平、公正进行原则的行为，构成对其他投标人权益的侵害，所以 A 建筑公司的主张应予支持。

复习思考题

一、单项选择题(下列选项中,只有一个是正确的,请将其代号填在括号里)

1. 下列选项中,不可以做投标保证金的是(　　)。

A. 现金　　B. 银行保函

C. 银行汇票　　D. 担保单位的信用担保

2. 关于标底的说法正确的是(　　)。

A. 每个招标项目都必须编制一个标底

B. 招标项目可以编制两个标底

C. 招标项目可以不必编制标底

D. 标底必须经过审查

3. 联合体中标的,联合体各方应当(　　)。

A. 共同与招标人签订合同,就中标项目向招标人承担连带责任

B. 分别与招标人签订合同,但就中标项目向招标人承担连带责任

C. 共同与招标人签订合同,但就中标项目各自独立向招标人承担责任

D. 分别与招标人签订合同,就中标项目各自独立向招标人承担责任

4. 我国《招标投标法》规定,开标时间应为(　　)。

A. 提交投标文件截止时间的同时

B. 提交投标文件截止时间的次日

C. 提交投标文件截止时间的 7 日后

D. 其他约定时间

5. 我国《招标投标法》规定,依法必须进行招标的项目,其评标委员会人数应为(　　)人以上的单数。

A. 3　　B. 5

C. 7　　D. 9

6. 通常情况下,评标委员会推荐的中标候选人人数可以是(　　)。

A. 1~3　　B. 2~5

C. 3~7　　D. 4~9

7. 根据有关规定,招标人与中标人签订合同后(　　)个工作日内,应当向未中标的投标人退还投标保证金。

A. 3　　B. 5

C. 7　　D. 10

8. 在发售招标文件时,自招标文件发售之日起至停止发售之日止,最短不得少于(　　)个工作日。

A. 3　　B. 5

C. 10　　D. 15

9. 依法必须进行招标的项目，自招标文件开始发出之日起至投标人提交投标文件截止之日止，最短不得少于(　　)。

A. 10　　B. 15

C. 20　　D. 25

10. 招标人对已发出的招标文件进行必要的澄清或修改的，应当在招标文件要求的提交投标文件截止时间至少(　　)日前，以书面的形式通知所有招标文件接受人。

A. 5　　B. 10

C. 15　　D. 20

二、多项选择题(下列选项中，至少有两个是正确的，请将其代号填在括号里)

1.《招标投标法》规定在招标投标活动中，应当遵循的原则是(　　)。

A. 公开　　B. 合法

C. 公平　　D. 公正

E. 诚实信用

2. 我国《招标投标法》规定，开标时应由(　　)检查投标文件密封情况，确认无误后当众拆封。

A. 招标人　　B. 投标人或投标人推选的代表

C. 评标委员会　　D. 地方政府相关主管部门

E. 公证机构

3. 下列可以不进行招标的工程项目包括(　　)。

A. 大型基础设施、公共事业等关系社会公共利益、公共安全的项目

B. 全部或部分使用国有资金投资或者国家融资的项目

C. 属于利用扶贫资金实行以工代赈需要使用农民工的

D. 施工主要技术采用特定的专利或者专有技术的项目

E. 施工企业自建自用的工程，且该施工企业资质等级符合工程要求的项目

4. 甲公司与乙公司组成联合体投标并中标，在施工过程中因工程质量原因遭遇业主索赔，索赔金额为 10 万元。在甲公司与乙公司投标前的协议中约定了对于债务各承担 50%的比例，则(　　)。

A. 业主如果要求甲公司支付 10 万元，甲公司可以与乙公司有协议为由拒绝支付

B. 甲公司支付了 10 万元后，乙公司也需要向业主支付 10 万元

C. 甲公司支付了 10 万元后，可以根据协议要求乙公司向其支付 5 万元作为补偿

D. 业主可以要求甲公司支付 10 万元，甲公司不得以与乙公司有协议为由拒绝支付

E. 甲公司支付了 10 万元后，乙公司就不再对业主承担债务

5. 下列符合《招标投标法》关于评标的有关规定的有(　　)。

A. 招标人应当采取必要措施，保证评标在严格保密的情况下进行

B. 评标委员会完成评标后，应当向招标人提交书面评标报告，并决定合格的中标候选人

C. 招标人可以授权评标委员会直接确定中标人

D. 经评标委员会评审，认为所有投标都不符合招标文件要求的，可以否决所有投标

E. 任何单位和个人不得非法干预、影响评标的过程和结果

6. 招标文件应当包括(　　)等所有实质性要求和条件,以及签订合同的主要条款。

A. 招标项目的技术要求　　B. 招标代理的条件

C. 投标人的资格审查标准　　D. 评标标准

E. 投标报价要求

7. 招标人编制的招标文件的内容应当包括(　　)。

A. 招标项目的技术要求　　B. 投标报价要求

C. 评标标准　　D. 对投标人资格审查的标准

E. 工程安全及质量要求标准

8. 投标人以非法手段骗取中标的主要表现是(　　)。

A. 投标人以低于成本的报价竞标

B. 借用其他企业的资质证书参加投标

C. 投标时递交虚假的业绩文件

D. 冒充法人代表签名、递交虚假的委托书

E. 以行贿手段谋取中标

9. 建设工程施工招标的必备条件有(　　)。

A. 具备招标所需的设计图纸和技术资料

B. 招标范围和招标方式已确定

C. 招标人已经依法成立

D. 资金来源已经落实

E. 已选好监理单位

10. 有下列(　　)情况,标书可判为无效标书。

A. 投标人未按时参加开标会

B. 投标书主要内容不全或与本工程无关,字迹模糊辨认不清,无法评估

C. 标书情况汇总表与标书相关内容不符

D. 标书情况汇总表经涂改后未在涂改处加盖法定代表人或其委托代理人印鉴

E. 数据和文字清晰

第 3 章　建筑工程安全生产管理法律制度

【学习目标】

1. 能了解建设工程各方责任主体的安全责任；能熟悉企业安全生产许可证的取得条件及申请与颁发的规定，会根据相关法律规定进行风险识别及防范。

2. 懂得建设工程专项施工方案的编制范围及审批实施程序，以及安全技术交底制度的要求。

3. 会根据建设工程安全生产许可制度进行风险防范；能了解建筑施工机械及设备的经营、使用、维护保养、检验检测及报废相关制度；能了解事故的调查处理程序，并会对常见的事故进行应急处理。

建设工程行业是高危行业，目前事故伤亡人数仅次于矿难和交通事故。建设工程安全生产，不仅关系到企业的效益、企业职工的安全和健康，而且对巩固社会安定和经济发展具有现实意义。实现安全生产的前提条件是制定一系列安全法规，使之有法可依。通过法律框架下政府对建筑业的管理，采取有效措施，加强对建筑工程的安全生产监督管理，提高建筑业生产安全水平，降低伤亡事故的发生率。

《建筑法》《安全生产法》《建设工程安全生产管理条例》等法律、法规、部门规章、施工安全技术标准的相继出台，为保障我国建筑业的安全生产提供了有利的法律武器，使建筑业的安全生产工作有法可依。

3.1　安全生产责任制度

安全生产责任制度是生产经营单位和企业岗位责任制的一个组成部分，是施工单位最基本的安全生产管理制度，是我国各项安全生产制度得以落实的前提条件，也是施工单位安全生产的核心。安全生产责任制是根据“管理生产必须管安全”的原则，综合各种安全生产管理、安全操作制度，对生产经营单位和企业各级领导、各职能部门、有关工程技术人员和生产工人在生产中应负的安全责任加以明确规定的制度。

3.1.1　安全生产责任制度的基本要求

建设工程参与方多，而参建各方的主体活动都与建设工程的安全生产密切相关，因此明确参建各方的安全生产责任至关重要。《建筑法》和《建设工程安全生产管理条例》中均对建设工程相关各方的安全责任做了明确的规定。

3.1.1.1　建设单位的安全责任

（1）建设单位应当向施工单位提供施工现场及毗邻区域内供水、排水、供电、供气、供热、通信、广播电视等地下管线资料，气象和水文观测资料，相邻建筑物和构筑物、地下工程的有关资料，并保证资料的真实、准确、完整。

建设单位因建设工程需要，向有关部门或单位查询上述规定的资料时，有关部门或单位应当及时提供。

(2)建设单位不得对勘察、设计、施工、工程监理等单位提出不符合建设工程安全生产法律、法规和强制性标准规定的要求，不得压缩合同约定的工期。

(3)建设单位在编制工程概算时，应当确定建设工程安全作业环境及安全施工措施所需费用。

(4)建设单位不得明示或暗示施工单位购买、租赁、使用不符合安全施工要求的安全防护用具、机械设备、施工机具及配件、消防设施和器材。

(5)建设单位在申请领取施工许可证时，应当提供建设工程有关安全施工措施的资料。依法批准开工报告的建设工程，建设单位应当自开工报告批准之日起15日内，将保证安全施工的措施报送建设工程所在地的县级以上地方人民政府建设行政主管部门或其他有关部门备案。

(6)建设单位应当将拆除工程发包给具有相应资质等级的施工单位。建设单位应当在拆除工程施工15日前，将下列资料报送建设工程所在地的县级以上地方人民政府建设行政主管部门或其他有关部门备案：

①施工单位资质等级证明；

②拟拆除建筑物、构筑物及可能危及毗邻建筑的说明；

③拆除施工组织方案；

④堆放、清除废弃物的措施；

⑤实施爆破作业的，应当遵守国家有关民用爆炸物品管理的规定。

3.1.1.2　勘察、设计单位的安全责任

(1)勘察单位应当按照法律、法规和工程建设强制性标准进行勘察，提供的勘察文件应当真实、准确，满足建设工程安全生产的需要。

勘察单位在勘察作业时，应当严格执行操作规程，采取措施保证各类管线、设施和周边建筑物、构筑物的安全。

(2)设计单位应当按照法律、法规和工程建设强制性标准进行设计，防止因设计不合理导致生产安全事故的发生。

设计单位应当考虑施工安全操作和防护的需要，对涉及施工安全的重点部位和环节在设计文件中注明，并对防范生产安全事故提出指导意见。

采用新结构、新材料、新工艺的建设工程和特殊结构的建设工程，设计单位应当在设计中提出保障施工作业人员安全和预防生产安全事故的措施建议。

设计单位和注册建筑师等注册执业人员应当对其设计负责。

3.1.1.3　工程监理单位的安全责任

(1)工程监理单位应当审查施工组织设计中的安全技术措施或专项施工方案是否符合工程建设强制性标准。

(2)工程监理单位在实施监理过程中，发现存在安全事故隐患的，应当要求施工单位整改；情况严重的，应当要求施工单位暂时停止施工，并及时报告建设单位。施工单位拒

不整改或不停止施工的,工程监理单位应当及时向有关主管部门报告。

(3)工程监理单位和监理工程师应当按照法律、法规和工程建设强制性标准实施监理,并对建设工程安全生产承担监理责任。

3.1.1.4　**施工单位的安全责任**

(1)施工单位从事建设工程的新建、扩建、改建和拆除等活动,应当具备国家规定的注册资本、专业技术人员、技术装备和安全生产等条件,依法取得相应等级的资质证书,并在其资质等级许可的范围内承揽工程。

(2)施工单位主要负责人依法对本单位的安全生产工作全面负责。施工单位应当建立健全安全生产责任制度和安全生产教育培训制度,制定安全生产规章制度和操作规程,保证本单位安全生产条件所需资金的投入,对所承担的建设工程进行定期和专项安全检查,并做好安全检查记录。

施工单位的项目负责人应当由取得相应执业资格的人员担任,对建设工程项目的安全施工负责,落实安全生产责任制度、安全生产规章制度和操作规程,确保安全生产费用的有效使用,并根据工程的特点组织制定安全施工措施,消除安全事故隐患,及时、如实报告生产安全事故。

(3)施工单位对列入建设工程概算的安全作业环境及安全施工措施所需费用,应当用于施工安全防护用具及设施的采购和更新、安全施工措施的落实、安全生产条件的改善,不得挪作他用。

(4)施工单位应当设立安全生产管理机构,配备专职安全生产管理人员。专职安全生产管理人员负责对安全生产进行现场监督检查。发现安全事故隐患,应当及时向项目负责人和安全生产管理机构报告;对违章指挥、违章操作的,应当立即制止。

(5)建设工程实行施工总承包的,由总承包单位对施工现场的安全生产负总责。总承包单位应当自行完成建设工程主体结构的施工。

总承包单位依法将建设工程分包给其他单位的,分包合同中应当明确各自的安全生产方面的权利、义务。总承包单位和分包单位对分包工程的安全生产承担连带责任。

分包单位应当服从总承包单位的安全生产管理,分包单位不服从管理导致生产安全事故的,由分包单位承担主要责任。

(6)垂直运输机械作业人员、安装拆卸工、爆破作业人员、起重信号工、登高架设作业人员等特种作业人员,必须按照国家有关规定经过专门的安全作业培训,并取得特种作业操作资格证书后,方可上岗作业。

(7)施工单位应当在施工组织设计中编制安全技术措施和施工现场临时用电方案,对下列达到一定规模的危险性较大的分部分项工程编制专项施工方案,并附具安全验算结果,经施工单位技术负责人、总监理工程师签字后实施,由专职安全生产管理人员进行现场监督:①基坑支护与降水工程;②土方开挖工程;③模板工程;④起重吊装工程;⑤脚手架工程;⑥拆除、爆破工程;⑦国务院建设行政主管部门或其他有关部门规定的其他危险性较大的工程。

对上述所列工程中涉及深基坑、地下暗挖工程、高大模板工程的专项施工方案,施工单位还应当组织专家进行论证、审查。

这里所说的达到一定规模的危险性较大工程的标准，由国务院建设行政主管部门会同国务院其他有关部门制定。

(8)建设工程施工前，施工单位负责项目管理的技术人员应当对有关安全施工的技术要求向施工作业班组、作业人员做出详细说明，并由双方签字确认。

(9)施工单位应当在施工现场入口处、施工起重机械、临时用电设施、脚手架、出入通道口、楼梯口、电梯井口、孔洞口、桥梁口、隧道口、基坑边沿、爆破物及有害危险气体和液体存放处等危险部位，设置明显的安全警示标志。安全警示标志必须符合国家标准。

施工单位应当根据不同施工阶段和周围环境及季节、气候的变化，在施工现场采取相应的安全施工措施。施工现场暂时停止施工的，施工单位应当做好现场防护，所需费用由责任方承担，或者按照合同约定执行。

(10)施工单位应当将施工现场的办公、生活区与作业区分开设置，并保持安全距离；办公、生活区的选址应当符合安全性要求。职工的膳食、饮水、休息场所等应当符合卫生标准，施工单位不得在尚未竣工的建筑物内设置员工集体宿舍。

施工现场临时搭建的建筑物应当符合安全使用要求。施工现场使用的装配式活动房屋应当具有产品合格证。

(11)施工单位对因建设工程施工可能造成损害的毗邻建筑物、构筑物和地下管线等，应当采取专项防护措施。

施工单位应当遵守有关环境保护法律、法规的规定，在施工现场采取措施，防止或减少因粉尘、废气、废水、固体废物、噪声、振动和施工照明等对人和环境造成危害和污染。

在城市市区内的建设工程，施工单位应当对施工现场实行封闭围挡。

(12)施工单位应当在施工现场建立消防安全责任制度，确定消防安全责任人，制定用火、用电、使用易燃易爆材料等各项消防安全管理制度和操作规程，设置消防通道、消防水源，配备消防设施和灭火器材，并在施工现场入口处设置明显标志。

(13)施工单位应当向作业人员提供安全防护用具和安全防护服装，并书面告知危险岗位的操作规程和违章操作的危害。

作业人员有权对施工现场的作业条件、作业程序和作业方式中存在的安全问题提出批评、检举和控告，有权拒绝违章指挥和强令冒险作业。

在施工中发生危及人身安全的紧急情况时，作业人员有权立即停止作业或在采取必要的应急措施后撤离危险区域。

(14)作业人员应当遵守安全施工的强制性标准、规章制度和操作规程，正确使用安全防护用具、机械设备等。

(15)施工单位采购、租赁的安全防护用具、机械设备、施工机具及配件，应当具有生产(制造)许可证、产品合格证，并在进入施工现场前进行查验。

施工现场的安全防护用具、机械设备、施工机具及配件必须由专人管理，定期进行检查、维修和保养，建立相应的资料档案，并按照国家有关规定及时报废。

(16)施工单位在使用施工起重机械和整体提升脚手架、模板等自升式架设设施前，应当组织有关单位进行验收，也可以委托具有相应资质的检验检测机构进行验收；使用承租的机械设备和施工机具及配件的，由施工总承包单位、分包单位、出租单位和安装单位共同进行验收。验收合格的方可使用。

《特种设备安全监察条例》规定的施工起重机械，在验收前应当经有相应资质的检验检测机构监督检验合格。

施工单位应当自施工起重机械和整体提升脚手架、模板等自升式架设设施验收合格之日起30日内，向建设行政主管部门或其他有关部门登记。登记标志应当置于或附着于该设备的显著位置。

(17)施工单位的主要负责人、项目负责人、专职安全生产管理人员应当经建设行政主管部门或其他有关部门考核合格后方可任职。

施工单位应当对管理人员和作业人员每年至少进行一次安全生产教育培训，其教育培训情况记入个人工作档案。安全生产教育培训考核不合格的人员，不得上岗。

(18)作业人员进入新的岗位或新的施工现场前，应当接受安全生产教育培训。未经教育培训或教育培训考核不合格的人员，不得上岗作业。

施工单位在采用新技术、新工艺、新设备、新材料时，应当对作业人员进行相应的安全生产教育培训。

(19)施工单位应当为施工现场从事危险作业的人员办理意外伤害保险，意外伤害保险费由施工单位支付。实行施工总承包的，由总承包单位支付意外伤害保险费。意外伤害保险期限自建设工程开工之日起至竣工验收合格止。

3.1.1.5　其他相关单位的安全责任

(1)为建设工程提供机械设备和配件的单位，应当按照安全施工的要求配备齐全有效的保险、限位等安全设施和装置。

(2)出租的机械设备和施工机具及配件，应当具有生产(制造)许可证、产品合格证。出租单位应当对出租的机械设备和施工机具及配件的安全性能进行检测，在签订租赁协议时，应当出具检测合格证明。禁止出租检测不合格的机械设备和施工机具及配件。

(3)在施工现场安装、拆卸施工起重机械和整体提升脚手架、模板等自升式架设设施，必须由具有相应资质的单位承担。

安装、拆卸施工起重机械和整体提升脚手架、模板等自升式架设设施，应当编制拆装方案、制定安全施工措施，并由专业技术人员现场监督。

施工起重机械和整体提升脚手架、模板等自升式架设设施安装完毕后，安装单位应当自检，出具自检合格证明，并向施工单位进行安全使用说明，办理验收手续并签字。

(4)施工起重机械和整体提升脚手架、模板等自升式架设设施的使用达到国家规定的检验检测期限的，必须经具有专业资质的检验检测机构检测。经检测不合格的，不得继续使用。

(5)检验检测机构对检测合格的施工起重机械和整体提升脚手架、模板等自升式架设设施应当出具安全合格证明文件，并对检测结果负责。

3.1.2　安全生产责任制度的法律风险及防范

3.1.2.1　建设单位安全责任的法律风险及防范

目前，建筑市场竞争日益激烈，不少建设单位利用其在工程建设中主导地位的优势，不断地追求利益最大化，在投标中不断压低价格，将工程发包给报价低于成本价格的单位和个人，甚至将建筑工程的勘查、设计、施工、监理发包给不够资质或能力的单位、非法的个体承包商；更有甚者为了降低工程成本，片面追求经济效益，向勘察、设计、施工单位提出不符合国家法律、法规和强制性标准的要求，甚至强令改变勘察设计文件内容，对施工现场所需安全措施费不予认可，拒绝支付安全生产合理费用。由于建设单位这种发包，使得分包单位利润降低，导致施工管理不严格、安全培训不到位和安全投入不足或基本没有。而施工单位为了追求利润最大化，会减少一切不必要的开支，导致施工单位安全生产、文明施工投入严重不足；有的强令施工单位违反合同约定，违反工程建设客观规律压缩工期。建设单位的这些行为，导致安全隐患和安全事故不断出现。

由此可知，要确保建设工程安全生产，首先就要规范建设单位的市场行为。近年来的实践经验表明，规范建设单位行为仅仅依靠行政手段和社会舆论监督是远远不够的，必须采用法律手段予以制约。

3.1.2.2　勘察、设计、工程监理单位的安全风险及防范

在设计文件中应结合建设工程的具体特点和实际情况，考虑施工安全操作和防护的需要，为施工单位制定安全防护措施提供技术指导。勘察、设计单位违反规定超资质和业务范围承揽勘察设计业务，允许其他企业或个人以本企业的名义承揽勘察设计业务；业主要求未经勘察就设计、初步设计文件未经批准就要求提供施工图，勘察设计单位也存在违反必要程序的问题，执行操作规程不严格；未按勘察设计文件、法律、法规和强制性标准要求，使勘察设计成果存在缺陷，不能保证建筑物和施工人员的安全；工程监理单位未对施工单位的安全技术措施或专项安全施工方案进行认真的审查，在施工工程中也没有对施工单位落实安全措施的情况进行认真监理；发现事故隐患时，也未采取果断措施予以整改和消除，均增加了事故发生的风险。

防范此类风险，应做到如下几点：

(1)承揽的项目应与设计资质等级一致；明确约定适用的技术标准；根据国家标准明确建设工程的合理使用年限；勘察人、设计人的义务应明确、具体，并在自己的控制范围之内等。

(2)严格遵守“先勘察、后设计、再施工”的原则。对于工业项目：没有经批准的项目建议书、资源报告、选址意见书、可行性研究报告和勘察报告，不能进行初步设计；没有经批准的初步设计，不能做施工图设计。对于民用项目：没有经过批准的项目建议书、设计方案、城市规划条件和勘察报告，不能进行初步设计；没有经批准的初步设计，不得提供施工设计图；施工图未经审查，不能进行施工。

(3)加强对设计单位和注册建筑师等注册执业人员的管理，对各级管理、技术人员及施工作业人员的质量安全管理技术培训，使其对其设计负责。

(4)进行风险预警分析，在项目实施过程中，对各种质量监督及现场情况进行分析和跟踪，及时了解工程风险，提前对风险做出反应。

(5)工程监理单位应创建适合于监理企业履行职责的项目安全监理责任制度，编制科学合理的《安全监理作业指导书》，制定较大危险源预控机制、重大危险源专家评审机制及重大危险源现场督查制度。只有牢固树立依法、依规、依标进行安全监管的理念，不

断增强安全生产的责任意识和忧患意识，最大限度地降低安全监理风险，才能使监理企业在激烈的市场竞争中化险为夷，立于不败之地。

3.1.2.3　施工单位的安全风险及防范

施工单位是工程建设活动中的重要主体之一，在施工安全生产中处于核心地位。从近年来建设工程中发生的生产安全事故来看，施工单位是绝大多数安全事故的直接责任方，究其原因：一是施工单位市场行为不规范；二是施工单位必要的安全生产资金投入不足；三是安全生产责任制不健全或不落实，安全管理不到位；四是作业人员未经培训或培训不合格就上岗；五是不严格执行安全操作规程和规章制度，违章指挥、违章作业、违章操作时常发生；六是安全生产措施不落实，人员安全生产观念淡薄等。针对以上风险，其防范措施如下：

1. 完善企业安全风险控制责任体系

首先，施工企业应建立完善的工程项目安全风险管理体系。制定工程项目安全生产的各项管理制度，如安全生产责任制度、施工组织设计和方案审批制度、企业安全生产例会制度、安全生产奖罚制度、安全教育制度等。用制度来规范工程施工过程中各项与安全有关的活动。其次，要明确企业和项目各级管理人员的安全管理职责。上至企业董事长、总经理、总工程师、生产副经理、公司各业务部门，下到项目经理、项目总工程师、安全员、工段长等均需明确其安全生产职责和管理责任。要让企业和项目的各级管理人员明确自己的安全生产责任，一旦发生安全生产事故，都要照章追究。

2. 建立有效的安全生产监管机制

加强对工程项目安全生产的监管是企业安全生产的一项重要工作，要常态化、多样化。指导项目部按照企业管理制度建立健全项目安全生产制度。通过巡查、抽查等方式，对工程项目部安全生产管理工作的制度、安全记录工作台账、安全教育、方案和安全技术交底资料、施工现场生产现状、应急预案落实情况等进行检查，重点了解工程安全生产动态、施工方案和安全技术交底落实情况、各种操作人员持证上岗情况、操作人员的安全教育情况等，及时发现、及时排除安全生产隐患。

3. 加强安全教育，提高从业人员的安全意识

目前，建设行业主管部门对安全教育很重视，采取了很多措施，提出了不少要求。可是，对于这些安全教育，工人是否真的能够领会和理解并在操作中加以落实，还是只流于形式，这是施工企业进行安全教育的重点所在。安全教育是实现安全生产的根本保障，只有不断加强全体行业员工的安全教育和培训，提高行业职工的安全技能和自身素质，才是实现安全生产的根本所在。

4. 重视来自建设单位的风险

在当前建筑市场环境下，建设单位的发包行为存在违规、违法情况，作为产业链下游的施工企业往往受制于人，无法对建设单位在发包过程中出现的可能会产生安全风险的行为进行有效控制和回避，甚至会被强加于管理范围之内。有些安全事故就是建设单位将工程分包给一些达不到相应资质要求的施工企业埋下的隐患所致，有些则是建设单位影响、干预施工单位正确的施工方案和施工组织而导致的。

3.2 安全生产许可制度

3.2.1 安全生产许可制度的基本要求

我国分别于2004年1月以国务院令发布实施《安全生产许可证条例》，对防止和减少生产安全事故起到了非常重要的作用。2004年7月建设部结合建筑施工企业的特点，以建设部令发布实施的《建筑施工企业安全生产许可证管理规定》对建筑施工企业安全生产许可证取得的条件、安全生产许可证的管理及违反相关规定的处罚等做了进一步规定，相关规定如下。

3.2.1.1 适用范围

国家对建筑施工企业实行安全生产许可制度。建筑施工企业未取得安全生产许可证的，不得从事建筑施工活动。

这里的建筑施工企业，是指从事土木工程、建筑工程、线路管道和设备安装工程及装修工程的新建、扩建、改建和拆除等有关活动的企业。

3.2.1.2 安全生产许可证取得的条件

建筑施工企业取得安全生产许可证，应当具备下列安全生产条件：

(1)建立、健全安全生产责任制，制定完备的安全生产规章制度和操作规程；

(2)保证本单位安全生产条件所需资金的投入；

(3)设置安全生产管理机构，按照国家有关规定配备专职安全生产管理人员；

(4)主要负责人、项目负责人、专职安全生产管理人员经建设主管部门或其他有关部门考核合格；

(5)特种作业人员经有关业务主管部门考核合格，取得特种作业操作资格证书；

(6)管理人员和作业人员每年至少进行一次安全生产教育培训并考核合格；

(7)依法参加工伤保险，依法为施工现场从事危险作业的人员办理意外伤害保险，为从业人员交纳保险费；

(8)施工现场的办公、生活区及作业场所，以及安全防护用具、机械设备、施工机具及配件符合有关安全生产法律、法规、标准和规程的要求；

(9)有职业危害防治措施，并为作业人员配备符合国家标准或行业标准的安全防护用具和安全防护服装；

(10)有对危险性较大的分部分项工程及施工现场易发生重大事故的部位、环节的预防、监控措施和应急预案；

(11)有生产安全事故应急救援预案、应急救援组织或应急救援人员，并配备必要的应急救援器材、设备；

(12)法律、法规规定的其他条件。

3.2.1.3 安全生产许可证的申请与颁发

(1)国务院建设主管部门负责中央管理的建筑施工企业安全生产许可证的颁发和管理。

省、自治区、直辖市人民政府建设主管部门负责本行政区域内上述规定以外的建筑施工企业安全生产许可证的颁发和管理，并接受国务院建设主管部门的指导和监督。

市、县人民政府建设主管部门负责本行政区域内建筑施工企业安全生产许可证的监督管理，并将监督检查中发现的企业违法行为及时报告安全生产许可证颁发管理机关。

（2）建筑施工企业从事建筑施工活动前，应当依照规定向省级以上建设主管部门申请领取安全生产许可证。

中央管理的建筑施工企业（集团公司、总公司）应当向国务院建设主管部门申请领取安全生产许可证。

上述规定以外的其他建筑施工企业，包括中央管理的建筑施工企业（集团公司、总公司）下属的建筑施工企业，应当向企业注册所在地省、自治区、直辖市人民政府建设主管部门申请领取安全生产许可证。

（3）建筑施工企业申请安全生产许可证时，应当向建设主管部门提供下列材料：

①建筑施工企业安全生产许可证申请表；

②企业法人营业执照；

③与申请安全生产许可证应当具备的安全生产条件相关的文件、材料。

建筑施工企业申请安全生产许可证，应当对申请材料实质内容的真实性负责，不得隐瞒有关情况或提供虚假材料。

（4）建设主管部门应当自受理建筑施工企业的申请之日起 45 日内审查完毕。经审查符合安全生产条件的，颁发安全生产许可证；不符合安全生产条件的，不予颁发安全生产许可证，书面通知企业并说明理由。企业自接到通知之日起应当进行整改，整改合格后方可再次提出申请。

建设主管部门审查建筑施工企业安全生产许可证申请，涉及铁路、交通、水利等有关专业工程时，可以征求铁路、交通、水利等有关部门的意见。

（5）安全生产许可证的有效期为 3 年。安全生产许可证有效期满需要延期的，企业应当于期满前 3 个月向原安全生产许可证颁发管理机关申请办理延期手续。

企业在安全生产许可证有效期内，严格遵守有关安全生产的法律、法规，未发生死亡事故的，安全生产许可证有效期届满时，经原安全生产许可证颁发管理机关同意，不再审查，安全生产许可证有效期延期 3 年。

（6）建筑施工企业变更名称、地址、法定代表人等，应当在变更后 10 日内，到原安全生产许可证颁发管理机关办理安全生产许可证变更手续。

（7）建筑施工企业破产、倒闭、撤销的，应当将安全生产许可证交回原安全生产许可证颁发管理机关予以注销。

（8）建筑施工企业遗失安全生产许可证，应当立即向原安全生产许可证颁发管理机关报告，并在公众媒体上声明作废后，方可申请补办。

（9）安全生产许可证申请表采用建设部规定的统一式样；安全生产许可证采用国务院安全生产监督管理部门规定的统一式样；安全生产许可证分正本和副本，正、副本具有同等法律效力。

3.2.1.4 政府部门的监管

依据《安全生产许可条例》的规定，政府监管部门的监督管理职责如下：

(1)县级以上人民政府建设主管部门应当加强对建筑施工企业安全生产许可证的监督管理。建设主管部门在审核发放施工许可证时，应当对已经确定的建筑施工企业是否有安全生产许可证进行审查，对没有取得安全生产许可证的，不得颁发施工许可证。

(2)跨省从事建筑施工活动的建筑施工企业有违反安全生产许可证管理规定行为的，由工程所在地的省级人民政府建设主管部门将建筑施工企业在本地区的违法事实、处理结果和处理建议抄告原安全生产许可证颁发管理机关。

(3)建筑施工企业取得安全生产许可证后，不得降低安全生产条件，并应当加强日常安全生产管理，接受建设主管部门的监督检查。安全生产许可证颁发管理机关发现企业不再具备安全生产条件的，应当暂扣或吊销安全生产许可证。

(4)安全生产许可证颁发管理机关或其上级行政机关发现有下列情形之一的，可以撤销已经颁发的安全生产许可证：

①安全生产许可证颁发管理机关工作人员滥用职权、玩忽职守颁发安全生产许可证的；

②超越法定职权颁发安全生产许可证的；

③违反法定程序颁发安全生产许可证的；

④对不具备安全生产条件的建筑施工企业颁发安全生产许可证的；

⑤依法可以撤销已经颁发的安全生产许可证的其他情形。

依照上述规定撤销安全生产许可证，建筑施工企业的合法权益受到损害的，建设主管部门应当依法给予赔偿。

(5)安全生产许可证颁发管理机关应当建立、健全安全生产许可证档案管理制度，定期向社会公布企业取得安全生产许可证的情况，每年向同级安全生产监督管理部门通报建筑施工企业安全生产许可证颁发和管理情况。

(6)建筑施工企业不得转让、冒用安全生产许可证，或者使用伪造的安全生产许可证。

(7)建设主管部门工作人员在安全生产许可证颁发、管理和监督检查工作中，不得索取或接受建筑施工企业的财物，不得谋取其他利益。

(8)任何单位或个人对违反安全生产许可证管理规定的行为，有权向安全生产许可证颁发管理机关或监察机关等有关部门举报。

3.2.2 安全生产许可制度的法律风险及防范

根据《安全生产许可证条例》的规定，建筑施工企业违反规定应承担的法律责任如下：

(1)取得安全生产许可证的建筑施工企业，发生重大安全事故的，暂扣安全生产许可证并限期整改。

(2)建筑施工企业不再具备安全生产条件的，暂扣安全生产许可证并限期整改；情节严重的，吊销安全生产许可证。

(3)建筑施工企业未取得安全生产许可证擅自从事建筑施工活动的,责令其在建项目停止施工,没收违法所得,并处 10 万元以上 50 万元以下的罚款;造成重大安全事故或其他严重后果,构成犯罪的,依法追究刑事责任。

(4)安全生产许可证有效期满未办理延期手续,继续从事建筑施工活动的,责令其在建项目停止施工,限期补办延期手续,没收违法所得,并处 5 万元以上 10 万元以下的罚款;逾期仍不办理延期手续,继续从事建筑施工活动的,依照第三条的规定处罚。

(5)建筑施工企业转让安全生产许可证的,没收违法所得,处 10 万元以上 50 万元以下的罚款,并吊销安全生产许可证;构成犯罪的,依法追究刑事责任;接受转让的,依照第三条的规定处罚。

冒用安全生产许可证或使用伪造的安全生产许可证的,依照第三条的规定处罚。

(6)建筑施工企业隐瞒有关情况或提供虚假材料申请安全生产许可证的,不予受理或不予颁发安全生产许可证,并给予警告,1 年内不得申请安全生产许可证。

建筑施工企业以欺骗、贿赂等不正当手段取得安全生产许可证的,撤销安全生产许可证,3 年内不得再次申请安全生产许可证;构成犯罪的,依法追究刑事责任。

(7)暂扣、吊销安全生产许可证的行政处罚,由安全生产许可证的颁发管理机关决定;其他行政处罚,由县级以上地方人民政府建设主管部门决定。

在建筑施工企业的生产经营活动中,部分企业领导对安全生产重视程度不够,未取得安全生产许可证或不具备安全生产条件进行经营,未变更、转借、伪造、过期未审核安全生产许可证等情况依然存在。在以上几种情况下,企业的安全生产许可证将面临被暂扣或被吊销,同时面临罚款甚至被依法追究刑事责任的处罚风险。针对以上情况,防范措施如下:

(1)建筑施工企业必须加强对企业安全生产许可证的管理。严格按照规定及时办理安全生产许可证,并于到期前 3 个月到建设行政主管部门办理延期,及时办理变更手续,不随意出借。

(2)企业要严格规范生产经营行为。企业是安全生产的主体,要健全和完善严格的安全生产制度,坚持不安全不生产。施工企业要设立独立的安全生产管理机构,配备足够的专职安全生产管理人员,取得安全生产许可证后方可从事建筑施工活动。

(3)严格落实安全生产责任制和教育培训制度。企业主要负责人、项目负责人、专职安全生产管理人员必须参加安全生产教育培训,按有关规定取得安全生产考核合格证书。工程项目的特种作业人员,必须经安全教育培训,取得特种作业人员考核合格证书后方可上岗。要加强对施工现场一线操作人员尤其是农民工的安全教育培训,使其掌握安全操作基本技能和安全防护救护知识。对新入场和进入新岗位的作业人员,必须进行安全培训教育,没有经过培训的不得上岗。企业每年要对所有人员至少进行一次安全教育培训。

(4)强化施工过程管理的领导责任,加强施工现场安全管理。企业要加强工程项目施工过程的日常安全管理。工程项目要有施工企业负责人或项目负责人与工人同时上班、同时下班。对无负责人带班或该带班而未带班的,对有关负责人按擅离职守处理,同时给予经济处罚。

(5)认真排查治理施工安全隐患,推进建筑施工安全标准化。企业要经常性开展安全隐患排查,切实做到整改措施、责任、资金、时限和预案“五到位”。要对在建工程项目涉及的深基坑、高大模板、脚手架、建筑起重机械设备等施工部位和环节进行重点检查和治理,并及时消除隐患。对重大隐患,企业负责人要现场监督整改,确保隐患消除后再继续施工。企业要深入开展以施工现场安全防护标准化为主要内容的建筑施工安全标准化活动,提高施工安全管理的精细化、规范化程度。

3.3 专项施工方案及安全技术交底制度

3.3.1 专项施工方案及安全技术交底制度的基本要求

3.3.1.1 专项施工方案

危险性较大的分部分项工程安全专项施工方案,是指施工单位在编制施工组织(总)设计的基础上,针对危险性较大的分部分项工程单独编制的安全技术措施文件。

《中华人民共和国建筑法》第三十八条明确指出:建筑施工企业在编制施工组织设计时,应当根据建筑工程的特点制定相应的安全技术措施;对专业性较强的工程项目,应当编制专项安全施工组织设计,并采取安全技术措施。《建设工程安全生产管理条例》规定,施工单位应当在施工组织设计中编制安全技术措施和施工现场临时用电方案,对达到一定规模的危险性较大的分部分项工程编制专项施工方案,并附具安全验算结果,经施工单位技术负责人、总监理工程师签字后实施,由专职安全生产管理人员进行现场监督。对危险性较大的分部分项工程中涉及深基坑、地下暗挖工程、高大模板工程的专项施工方案,施工单位还应当组织专家进行论证、审查。为进一步加强对危险性较大的分部分项工程安全管理,明确安全专项施工方案编制内容,规范专家论证程序,住房和城乡建设部《危险性较大的分部分项工程安全管理办法》建质〔2009〕87 号文件对专项施工方案及专家论证审查等做了进一步的规定。

1. 危险性较大的分部分项工程范围

(1)基坑支护、降水工程:开挖深度超过 3 m(含 3 m)或虽未超过 3 m 但地质条件和周边环境复杂的基坑(槽)支护、降水工程。

(2)土方开挖工程:开挖深度超过 3 m(含 3 m)的基坑(槽)的土方开挖工程。

(3)模板工程及支撑体系。①各类工具式模板工程:包括大模板、滑模、爬模、飞模等工程;②混凝土模板支撑工程:搭设高度 5 m 及以上,搭设跨度 10 m 及以上,施工总荷载 10 kN/m^2 及以上,集中线荷载 15 kN/m^2 及以上,高度大于支撑水平投影宽度且相对独立无联系构件的混凝土模板支撑工程;③承重支撑体系:用于钢结构安装等满堂支撑体系。

(4)起重吊装及安装拆卸工程:采用非常规起重设备、方法,且单件起吊重量在 10 kN 及以上的起重吊装工程;采用起重机械进行安装的工程;起重机械设备自身的安装、拆卸。

(5)脚手架工程:搭设高度 24 m 及以上的落地式钢管脚手架工程,附着式整体和分片提升脚手架工程,悬挑式脚手架工程,吊篮脚手架工程,自制卸料平台、移动操作平台工程,新型及异型脚手架工程。

(6)拆除、爆破工程:建筑物、构筑物拆除工程,采用爆破拆除的工程。

(7)其他危险性较大的工程:建筑幕墙安装工程,钢结构、网架和索膜结构安装工程,人工挖扩孔桩工程,地下暗挖、顶管及水下作业工程,预应力工程,采用新技术、新工艺、新材料、新设备及尚无相关技术标准的危险性较大的分部分项工程。

2. 专项施工方案编制要求

(1)建设单位在申请领取施工许可证或办理安全监督手续时,应当提供危险性较大的分部分项工程清单和安全管理措施。施工单位、监理单位应当建立危险性较大的分部分项工程安全管理制度。

(2)建筑工程实行施工总承包的,专项方案应当由施工总承包单位组织编制。其中,起重机械安装拆卸工程、深基坑工程、附着式升降脚手架等专业工程实行分包的,其专项方案可由专业承包单位组织编制。

(3)施工单位应当在危险性较大的分部分项工程施工前编制专项方案;对于超过一定规模的危险性较大的分部分项工程,施工单位应当组织专家对专项方案进行论证。

3. 专项施工方案编制的内容

专项施工方案编制应当包括以下内容:

(1)工程概况:危险性较大的分部分项工程概况、施工平面布置、施工要求和技术保证条件。

(2)编制依据:相关法律、法规、规范性文件、标准、规范及图纸(国标图集)、施工组织设计等。

(3)施工计划:包括施工进度计划、材料与设备计划。

(4)施工工艺技术:技术参数、工艺流程、施工方法、检查验收等。

(5)施工安全保证措施:组织保障、技术措施、应急预案、监测监控等。

(6)劳动力计划:专职安全生产管理人员、特种作业人员等。

(7)计算书及相关图纸。

4. 超过一定规模的危险性较大的分部分项工程范围

施工单位应当在危险性较大的分部分项工程施工前编制专项方案;对于超过一定规模的危险性较大的分部分项工程,施工单位应当组织专家对专项方案进行论证。

(1)深基坑工程。

开挖深度超过 5 m(含 5 m)的基坑(槽)的土方开挖、支护、降水工程;开挖深度虽未超过 5 m,但地质条件、周围环境和地下管线复杂,或影响毗邻建筑(构筑)物安全的基坑(槽)的土方开挖、支护、降水工程。

(2)模板工程及支撑体系。

①工具式模板工程:包括滑模、爬模、飞模工程。

②混凝土模板支撑工程:搭设高度 8 m 及以上;搭设跨度 18 m 及以上,施工总荷载 15 kN/m^2 及以上;集中线荷载 20 kN/m^2 及以上。

③承重支撑体系:用于钢结构安装等满堂支撑体系,承受单点集中荷载 700 kg 以上。

(3)起重吊装及安装拆卸工程。

采用非常规起重设备、方法,且单件起吊重量在 100 kN 及以上的起重吊装工程;起重量 300 kN 及以上的起重设备安装工程;高度 200 m 及以上内爬起重设备的拆除工程。

(4)脚手架工程。

搭设高度50 m及以上落地式钢管脚手架工程，提升高度150 m及以上附着式整体和分片提升脚手架工程，架体高度20 m及以上悬挑式脚手架工程。

(5)拆除爆破工程。

采用爆破拆除的工程；码头、桥梁、高架、烟囱、水塔或拆除中容易引起有毒有害气(液)体或粉尘扩散、易燃易爆事故发生的特殊建筑物、构筑物的拆除工程；可能影响行人、交通、电力设施、通信设施或其他建筑物、构筑物安全的拆除工程；文物保护建筑、优秀历史建筑或历史文化风貌区控制范围的拆除工程。

(6)其他工程。

施工高度50 m及以上的建筑幕墙安装工程；跨度大于36 m及以上的钢结构安装工程；跨度大于60 m及以上的网架和索膜结构安装工程；开挖深度超过16 m的人工挖扩孔桩工程；地下暗挖工程、顶管工程、水下作业工程；采用新技术、新工艺、新材料、新设备及尚无相关技术标准的危险性较大的分部分项工程。

5. 对专家论证组的规定

①专家组成员应当由5名及以上符合相关专业要求的专家组成，本项目参建各方的人员不得以专家身份参加专家论证会。

②各地住房城乡建设主管部门应当按专业类别建立专家库，专家库的专业类别及专家数量应根据本地实际情况设置，专家名单应当予以公示。

③专家库的专家应当具备以下基本条件：诚实守信、作风正派、学术严谨；从事专业工作15年以上或具有丰富的专业经验；具有高级专业技术职称。

④各地住房城乡建设主管部门应当根据本地区实际情况，制定专家资格审查办法和管理制度，并建立专家诚信档案，及时更新专家库。

6. 专家论证要求及内容

(1)超过一定规模的危险性较大的分部分项工程专项方案应当由施工单位组织召开专家论证会。实行施工总承包的，由施工总承包单位组织召开专家论证会。下列人员应当参加专家论证会：专家组成员；建设单位项目负责人或技术负责人；监理单位项目总监理工程师及相关人员；施工单位分管安全的负责人、技术负责人、项目负责人、项目技术负责人、专项方案编制人员、项目专职安全生产管理人员；勘察、设计单位项目技术负责人及相关人员。

(2)专家论证的主要内容：专项方案内容是否完整、可行；专项方案计算书和验算依据是否符合有关标准规范；安全施工的基本条件是否满足现场实际情况。

专项方案经论证后，专家组应当提交论证报告，对论证的内容提出明确的意见，并在论证报告上签字。该报告作为专项方案修改完善的指导意见。

(3)专项方案经论证后需做重大修改的，施工单位应当按照论证报告修改，并重新组织专家进行论证。

7. 实施

(1)专项方案应当由施工单位技术部门组织本单位施工技术、安全、质量等部门的专业技术人员进行审核。经审核合格的，由施工单位技术负责人签字。实行施工总承包的，专项方案应当由总承包单位技术负责人及相关专业承包单位技术负责人签字。不需专家论证的专项方案,经施工单位审核合格后报监理单位,由项目总监理工程师审核签字。

(2)施工单位应当根据论证报告修改完善专项方案,并经施工单位技术负责人、项目总监理工程师、建设单位项目负责人签字后,方可组织实施。实行施工总承包的,应当由施工总承包单位、相关专业承包单位技术负责人签字。

(3)施工单位应当严格按照专项方案组织施工,不得擅自修改、调整专项方案。如因设计、结构、外部环境等因素发生变化确需修改的,修改后的专项方案应当重新审核。对于超过一定规模的危险性较大工程的专项方案,施工单位应当重新组织专家进行论证。

(4)专项方案实施前,编制人员或项目技术负责人应当向现场管理人员和作业人员进行安全技术交底。

(5)施工单位应当指定专人对专项方案实施情况进行现场监督和按规定进行监测。发现不按照专项方案施工的,应当要求其立即整改;发现有危及人身安全紧急情况的,应当立即组织作业人员撤离危险区域。施工单位技术负责人应当定期巡查专项方案实施情况。

(6)对于按规定需要验收的危险性较大的分部分项工程,施工单位、监理单位应当组织有关人员进行验收。验收合格的,经施工单位项目技术负责人及项目总监理工程师签字后,方可进入下一道工序。

(7)监理单位应当将危险性较大的分部分项工程列入监理规划和监理实施细则,应当针对工程特点、周边环境和施工工艺等,制定安全监理工作流程、方法和措施。

(8)监理单位应当对专项方案实施情况进行现场监理;对不按专项方案实施的,应当责令整改,施工单位拒不整改的,应当及时向建设单位报告;建设单位接到监理单位报告后,应当立即责令施工单位停工整改;施工单位仍不停工整改的,建设单位应当及时向住房城乡建设主管部门报告。

8. 违反规定的处理

建设单位未按规定提供危险性较大的分部分项工程清单和安全管理措施,未责令施工单位停工整改的,未向住房城乡建设主管部门报告的,施工单位未按规定编制、实施专项方案的,监理单位未按规定审核专项方案或未对危险性较大的分部分项工程实施监理的,住房城乡建设主管部门应当依据有关法律法规予以处罚。

3.3.1.2　安全技术交底

安全技术措施要具体、全面地落到实处,必须认真做好安全技术措施交底工作,使安全技术措施交底工作真正贯彻到施工全过程中。

《危险性较大的分部分项工程安全管理办法》中明确指出:专项方案实施前,编制人员或项目技术负责人应当向现场管理人员和作业人员进行安全技术交底。

《建设工程安全生产管理条例》第二十七条规定,建设工程施工前,施工单位负责项目管理的技术人员应当对有关安全施工的技术要求向施工作业班组、作业人员做出详细说明,并由双方签字确认。

3.3.2 专项施工方案及安全技术交底制度的法律风险及防范

危险性较大的分部分项工程是建筑施工安全管理的重点和难点,管理不到位,极易发生群死群伤安全事故。专项施工方案对遏制建筑施工生产安全事故的发生起了积极的作用。但部分建筑施工企业不按要求编制施工方案,甚至不编制专项施工方案,未按要求组织专家进行论证审查,甚至不进行审查的情况时有发生。根据《建设工程安全生产管理条例》第六十五条规定:在施工组织设计中未编制安全技术措施、施工现场临时用电方案或专项施工方案的,责令限期改正;逾期未改正的,责令停业整顿,并处 10 万元以上 30 万元以下的罚款;情节严重的,降低资质等级,直至吊销资质证书;造成重大安全事故,构成犯罪的,对直接责任人员,依照刑法有关规定追究刑事责任;造成损失的,依法承担赔偿责任。部分企业在编制专项施工方案时存在如下问题:

(1)技术人员责任心缺失,专项施工方案编制过程中把关不严,不结合工程实际情况,甚至有抄袭现象。

(2)施工组织设计及专项施工方案报审不及时。

(3)施工组织设计及专项施工方案的实施缺乏严肃性,在未经任何审批的情况下擅自更改施工方案,随意性较大。

(4)安全技术交底内容不清,不及时。

针对以上情况,防范措施如下:

(1)完善技术管理和审核制度,落实好责任制,出现问题坚决追究责任。

(2)建筑施工企业应明确施工组织设计和专项方案的编写、审核、审批,安全技术交底要落实,对方案执行情况进行检查和监督。必须根据工程的实际情况编制专项方案,严禁简单的网上下载和照搬套用。专项方案应包括工程概况、编制依据、施工计划、施工工艺技术、施工安全保证措施、劳动力计划、计算书及相关图纸等内容。

(3)危险性较大的分部分项工程未编制专项方案或未经有关人员审核签字的,超过一定规模的危险性较大的分部分项工程未组织专家论证或论证没有通过的,禁止组织施工。没有通过的专项方案,施工单位应当重编方案,并重新组织专家论证。

(4)方案实施前,编制人员或项目技术负责人应向现场管理人员和作业人员进行安全技术交底。方案实施中,施工单位必须严格按照专项方案组织施工,不得擅自修改、调整专项方案;经过专家论证的专项方案实施过程中,施工单位技术负责人、项目经理应到施工现场进行带班检查。

(5)安全技术交底工作应当在正式作业前进行,不但要口头讲解,同时要有书面文字材料,并履行签字手续,由项目技术负责人、生产班组长、现场安全管理员三方签字并各留一份。

(6)安全技术交底主要包括三个方面:一是按工程部位分部分项进行交底;二是施工作业相对固定,与工程施工部位没有直接关系的工种,如起重机械、钢筋加工等,应单独进行交底;三是对工程项目的各级管理人员,应进行以安全施工方案为主要内容的交底。

(7)安全技术交底的内容应当包括:工程概况、施工的部位、作业特点、施工方法及要求、危险点安全隐患、安全操作规程、安全注意事项和要求、安全技术措施,以及发生事故后应及时采取的避难和应急救援方法等内容。交底内容不能过于简单、千篇一律、口号化,应按分部分项工程和针对作业条件的变化具体进行。

(8)安全技术交底可以与质量交底、施工进度交底等同步进行。

3.4 建筑施工机械及特种设备管理制度

3.4.1 建筑施工机械及特种设备管理制度的基本要求

建筑施工中常用的施工机械有塔吊、升降机、外用吊篮,物料提升机、推土机、装载机等。特种设备是指对人身和财产安全有较大危险性的锅炉、压力容器(含气瓶)、压力管道、电梯、起重机械、客运索道、大型游乐设施、场(厂)内专用机动车辆,以及法律、行政法规规定的其他特种设备。

建筑施工机械和特种设备的使用具有一定的特殊性和专业性,由于管理和操作原因,各类事故时有发生,给人们的生命安全造成很大危害。为了加强建筑施工机械及特种设备的安全管理,保证机械、设备的完好,防止和减少事故,依法、有组织地进行特种设备管理,保证安全实用,避免组织管理出现问题尤其重要。目前,我国特种设备安全工作的原则:安全第一、预防为主、节能环保、综合治理。

我国于 2002 年 11 月 1 日开始施行的《安全生产法》、自 2004 年 2 月 1 日开始施行的《建设工程安全生产管理条例》、2009 年 5 月 1 日开始实施的《特种设备安全监察条例》对安全生产施工机械及特种设备的检验检测、安全管理和使用等都做了相关规定,2014 年 1 月 1 日开始施行的《中华人民共和国特种设备安全法》,对规范我国特种设备的管理将起到重要作用。

3.4.1.1 建筑施工机械设备的管理制度

根据《建设工程安全生产管理条例》第三十四条的规定,施工单位采购、租赁的安全防护用具、机械设备、施工机具及配件,应当具有生产(制造)许可证、产品合格证,并在进入施工现场前进行查验。

施工现场的安全防护用具、机械设备、施工机具及配件必须由专人管理,定期进行检查、维修和保养,建立相应的资料档案,并按照国家有关规定及时报废。

第三十五条规定:施工单位在使用施工起重机械和整体提升脚手架、模板等自升式架设设施前,应当组织有关单位进行验收,也可以委托具有相应资质的检验检测机构进行验收;使用承租的机械设备和施工机具及配件的,由施工总承包单位、分包单位、出租单位和安装单位共同进行验收。验收合格的方可使用。

《特种设备安全监察条例》规定的施工起重机械,在验收前应当经有相应资质的检验检测机构监督检验合格。

施工单位应当自施工起重机械和整体提升脚手架、模板等自升式架设设施验收合格之日起 30 日内,向建设行政主管部门或其他有关部门登记。登记标志应当置于或附着于该设备的显著位置。

3.4.1.2　特种设备的管理制度

我国颁布实施的《特种设备安全法》，对特种机械、设备的经营、使用、检验、检测及监督代理等都做了明确的规定。其相关要求如下所述。

1. 一般规定

(1)特种设备生产、经营、使用单位及其主要负责人对其生产、经营、使用的特种设备安全负责。特种设备生产、经营、使用单位应当按照国家有关规定配备特种设备安全管理人员、检测人员和作业人员，并对其进行必要的安全教育和技能培训。

(2)特种设备安全管理人员、检测人员和作业人员应当按照国家有关规定取得相应资格，方可从事相关工作。特种设备安全管理人员、检测人员和作业人员应当严格执行安全技术规范和管理制度，保证特种设备安全。

(3)特种设备生产、经营、使用单位对其生产、经营、使用的特种设备应当进行自行检测和维护保养，对国家规定实行检验的特种设备应当及时申报并接受检验。

(4)特种设备采用新材料、新技术、新工艺，与安全技术规范的要求不一致，或者对安全技术规范未做要求、可能对安全性能有重大影响的，应当向国务院负责特种设备安全监督管理的部门申报，由国务院负责特种设备安全监督管理的部门及时委托安全技术咨询机构或者相关专业机构进行技术评审，评审结果经国务院负责特种设备安全监督管理的部门批准，方可投入生产、使用。

国务院负责特种设备安全监督管理的部门应当将允许使用的新材料、新技术、新工艺的有关技术要求，及时纳入安全技术规范。

(5)国家鼓励投保特种设备安全责任保险。

2. 使用要求

(1)特种设备使用单位应当使用取得许可生产并经检验合格的特种设备。禁止使用国家明令淘汰和已经报废的特种设备。

(2)特种设备使用单位应当在特种设备投入使用前或投入使用后30日内，向负责特种设备安全监督管理的部门办理使用登记，取得使用登记证书。登记标志应当置于该特种设备的显著位置。

(3)特种设备使用单位应当建立岗位责任、隐患治理、应急救援等安全管理制度，制定操作规程，保证特种设备安全运行。

(4)特种设备使用单位应当建立特种设备安全技术档案。安全技术档案应当包括以下内容：

①特种设备的设计文件、产品质量合格证明、安装及使用维护保养说明、监督检验证明等相关技术资料和文件；

②特种设备的定期检验和定期自行检查记录；

③特种设备的日常使用状况记录；

④特种设备及其附属仪器仪表的维护保养记录；

⑤特种设备的运行故障和事故记录。

(5)特种设备的使用应当具有规定的安全距离、安全防护措施。与特种设备安全相关的建筑物、附属设施，应当符合有关法律、行政法规的规定。

(6)特种设备属于共有的,共有人可以委托物业服务单位或其他管理人管理特种设备,受托人履行本法规定的特种设备使用单位的义务,承担相应责任。共有人未委托的,由共有人或实际管理人履行管理义务,承担相应责任。

(7)特种设备使用单位应当对其使用的特种设备进行经常性维护保养和定期自行检查,并做出记录。特种设备使用单位应当对其使用的特种设备的安全附件、安全保护装置进行定期校验、检修,并做出记录。

(8)特种设备使用单位应当按照安全技术规范的要求,在检验合格有效期届满前一个月向特种设备检验机构提出定期检验要求。特种设备检验机构接到定期检验要求后,应当按照安全技术规范的要求及时进行安全性能检验。特种设备使用单位应当将定期检验标志置于该特种设备的显著位置。未经定期检验或检验不合格的特种设备,不得继续使用。

(9)特种设备安全管理人员应当对特种设备使用状况进行经常性检查,发现问题应当立即处理;情况紧急时,可以决定停止使用特种设备并及时报告本单位有关负责人。

特种设备作业人员在作业过程中发现事故隐患或其他不安全因素,应当立即向特种设备安全管理人员和单位有关负责人报告;特种设备运行不正常时,特种设备作业人员应当按照操作规程采取有效措施保证安全。

(10)特种设备出现故障或发生异常情况,特种设备使用单位应当对其进行全面检查,消除事故隐患,方可继续使用。

(11)特种设备进行改造、修理,按照规定需要变更使用登记的,应当办理变更登记,方可继续使用。

(12)特种设备存在严重事故隐患,无改造、修理价值,或者达到安全技术规范规定的其他报废条件的,特种设备使用单位应当依法履行报废义务,采取必要措施消除该特种设备的使用功能,并向原登记的负责特种设备安全监督管理的部门办理使用登记证书注销手续。

前款规定报废条件以外的特种设备,达到设计使用年限可以继续使用的,应当按照安全技术规范的要求通过检验或安全评估,并办理使用登记证书变更,方可继续使用。允许继续使用的,应当采取加强检验、检测和维护保养等措施,确保使用安全。

3. 建筑起重机械的管理制度

根据《特种设备安全法》的规定:房屋建筑工地、市政工程工地用起重机械和场(厂)内专用机动车辆的安装、使用的监督管理,由有关部门依照本法和其他有关法律的规定实施。为此,国家住建部颁布实施了《建筑起重机械安全监督管理规定》,进一步规范了建筑起重机械的租赁、安装、拆卸、使用及其监督管理。

这里所称的建筑起重机械,是指纳入特种设备目录,在房屋建筑工地和市政工程工地安装、拆卸、使用的起重机械。

(1)出租单位的安全责任。根据《建筑起重机械安全监督管理规定》的规定,出租单位应当履行下列安全职责:

①出租单位出租的建筑起重机械和使用单位购置、租赁、使用的建筑起重机械应当具有特种设备制造许可证、产品合格证、制造监督检验证明。

②出租单位在建筑起重机械首次出租前，自购建筑起重机械的使用单位在建筑起重机械首次安装前，应当持建筑起重机械特种设备制造许可证、产品合格证和制造监督检验证明到本单位工商注册所在地县级以上地方人民政府建设主管部门办理备案。

③出租单位应当在签订的建筑起重机械租赁合同中，明确租赁双方的安全责任，并出具建筑起重机械特种设备制造许可证、产品合格证、制造监督检验证明、备案证明和自检合格证明，提交安装使用说明书。

④有下列情形之一的建筑起重机械，不得出租、使用：属国家明令淘汰或禁止使用的；超过安全技术标准或制造厂家规定的使用年限的；经检验达不到安全技术标准规定的；没有完整安全技术档案的；没有齐全有效的安全保护装置的。

⑤建筑起重机械有属国家明令淘汰或禁止使用的、超过安全技术标准或者制造厂家规定的使用年限的、经检验达不到安全技术标准规定的，出租单位或自购建筑起重机械的使用单位应当予以报废，并向原备案机关办理注销手续。

⑥出租单位、自购建筑起重机械的使用单位，应当建立建筑起重机械安全技术档案。建筑起重机械安全技术档案应当包括以下资料：购销合同、制造许可证、产品合格证、制造监督检验证明、安装使用说明书、备案证明等原始资料；定期检验报告、定期自行检查记录、定期维护保养记录、维修和技术改造记录、运行故障和生产安全事故记录、累计运转记录等运行资料；历次安装验收资料。

(2)安装单位的安全责任。根据《建筑起重机械安全监督管理规定》的规定，安装单位应当履行下列安全责任：

①从事建筑起重机械安装、拆卸活动的单位(简称安装单位)应当依法取得建设主管部门颁发的相应资质和建筑施工企业安全生产许可证，并在其资质许可范围内承揽建筑起重机械安装、拆卸工程。

②建筑起重机械使用单位和安装单位应当在签订的建筑起重机械安装、拆卸合同中明确双方的安全生产责任。实行施工总承包的，施工总承包单位应当与安装单位签订建筑起重机械安装、拆卸工程安全协议书。

③安装单位应当履行下列安全职责：

a. 按照安全技术标准及建筑起重机械性能要求，编制建筑起重机械安装、拆卸工程专项施工方案，并由本单位技术负责人签字；

b. 按照安全技术标准及安装使用说明书等检查建筑起重机械及现场施工条件；

c. 组织安全施工技术交底并签字确认；

d. 制定建筑起重机械安装、拆卸工程生产安全事故应急救援预案；

e. 将建筑起重机械安装、拆卸工程专项施工方案，安装、拆卸人员名单，安装、拆卸时间等材料报施工总承包单位和监理单位审核后，告知工程所在地县级以上地方人民政府建设主管部门。

④安装单位应当按照建筑起重机械安装、拆卸工程专项施工方案及安全操作规程组织安装、拆卸作业。安装单位的专业技术人员、专职安全生产管理人员应当进行现场监督，技术负责人应当定期巡查。

⑤建筑起重机械安装完毕后，安装单位应当按照安全技术标准及安装使用说明书的

有关要求对建筑起重机械进行自检、调试和试运转。自检合格的，应当出具自检合格证明，并向使用单位进行安全使用说明。

⑥安装单位应当建立建筑起重机械安装、拆卸工程档案。建筑起重机械安装、拆卸工程档案应当包括以下资料：

a. 安装、拆卸合同及安全协议书；

b. 安装、拆卸工程专项施工方案；

c. 安全施工技术交底的有关资料；

d. 安装工程验收资料；

e. 安装、拆卸工程生产安全事故应急救援预案。

⑦建筑起重机械安装完毕后，使用单位应当组织出租、安装、监理等有关单位进行验收，或者委托具有相应资质的检验检测机构进行验收。建筑起重机械经验收合格后方可投入使用，未经验收或验收不合格的不得使用。实行施工总承包的，由施工总承包单位组织验收。建筑起重机械在验收前应当经有相应资质的检验检测机构监督检验合格。检验检测机构和检验检测人员对检验检测结果、鉴定结论依法承担法律责任。

(3)使用单位的安全责任。根据《建筑起重机械安全监督管理规定》的规定，使用单位应当履行下列安全责任：

①使用单位应当自建筑起重机械安装验收合格之日起30日内，将建筑起重机械安装验收资料、建筑起重机械安全管理制度、特种作业人员名单等，向工程所在地县级以上地方人民政府建设主管部门办理建筑起重机械使用登记。登记标志置于或附着于该设备的显著位置。

②使用单位应当履行下列安全职责：

a. 根据不同施工阶段、周围环境，以及季节、气候的变化，对建筑起重机械采取相应的安全防护措施；

b. 制定建筑起重机械生产安全事故应急救援预案；

c. 在建筑起重机械活动范围内设置明显的安全警示标志，对集中作业区做好安全防护；

d. 设置相应的设备管理机构或配备专职的设备管理人员；

e. 指定专职设备管理人员、专职安全生产管理人员进行现场监督检查；

f. 建筑起重机械出现故障或发生异常情况的，立即停止使用，消除故障和事故隐患后，方可重新投入使用。

③使用单位应当对在用的建筑起重机械及其安全保护装置、吊具、索具等进行经常性和定期的检查、维护和保养，并做好记录。使用单位在建筑起重机械租期结束后，应当将定期检查、维护和保养记录移交出租单位。建筑起重机械租赁合同对建筑起重机械的检查、维护、保养另有约定的，从其约定。

④建筑起重机械在使用过程中需要附着的，使用单位应当委托原安装单位或具有相应资质的安装单位按照专项施工方案实施，并按照本规定第十六条规定组织验收。验收合格后方可投入使用。

建筑起重机械在使用过程中需要顶升的，使用单位委托原安装单位或具有相应资质的安装单位按照专项施工方案实施后,即可投入使用。

禁止擅自在建筑起重机械上安装非原制造厂制造的标准节和附着装置。

⑤施工总承包单位应当履行下列安全职责:

a. 向安装单位提供拟安装设备位置的基础施工资料,确保建筑起重机械进场安装、拆卸所需的施工条件;

b. 审核建筑起重机械的特种设备制造许可证、产品合格证、制造监督检验证明、备案证明等文件;

c. 审核安装单位、使用单位的资质证书、安全生产许可证和特种作业人员的特种作业操作资格证书;

d. 审核安装单位制定的建筑起重机械安装、拆卸工程专项施工方案和生产安全事故应急救援预案;

e. 审核使用单位制定的建筑起重机械生产安全事故应急救援预案;

f. 指定专职安全生产管理人员监督检查建筑起重机械安装、拆卸、使用情况;

g. 施工现场有多台塔式起重机作业时,应当组织制定并实施防止塔式起重机相互碰撞的安全措施。

⑥建筑起重机械特种作业人员应当遵守建筑起重机械安全操作规程和安全管理制度,在作业中有权拒绝违章指挥和强令冒险作业,有权在发生危及人身安全的紧急情况时立即停止作业或采取必要的应急措施后撤离危险区域。

⑦建筑起重机械安装拆卸工、起重信号工、起重司机、司索工等特种作业人员应当经建设主管部门考核合格,并取得特种作业操作资格证书后,方可上岗作业。

省、自治区、直辖市人民政府建设主管部门负责组织实施建筑施工企业特种作业人员的考核。特种作业人员的特种作业操作资格证书由国务院建设主管部门规定统一的样式。

(4)建设单位和监理单位的安全责任。根据《建筑起重机械安全监督管理规定》的规定,监理单位应当履行下列安全职责:

①审核建筑起重机械特种设备制造许可证、产品合格证、制造监督检验证明、备案证明等文件;

②审核建筑起重机械安装单位、使用单位的资质证书、安全生产许可证和特种作业人员的特种作业操作资格证书;

③审核建筑起重机械安装、拆卸工程专项施工方案;

④监督安装单位执行建筑起重机械安装、拆卸工程专项施工方案情况;

⑤监督检查建筑起重机械的使用情况;

⑥发现存在生产安全事故隐患的,应当要求安装单位、使用单位限期整改,对安装单位、使用单位拒不整改的,及时向建设单位报告。

⑦依法发包给两个及两个以上施工单位的工程,不同施工单位在同一施工现场使用多台塔式起重机作业时,建设单位应当协调组织制定防止塔式起重机相互碰撞的安全措施。

安装单位、使用单位拒不整改生产安全事故隐患的,建设单位接到监理单位报告后,应当责令安装单位、使用单位立即停工整改。

4. 建筑施工机械和设备的维护保养、检验检测及报废制度

根据相关规定,建筑施工机械和设备的维护保养、检验检测及报废应符合如下要求:

(1)施工现场的安全防护用具、机械设备、施工机具及配件必须由专人管理,定期进行检查、维修和保养,建立相应的资料档案,并按照国家有关规定及时报废。

(2)施工起重机械和整体提升脚手架、模板等自升式架设设施的使用达到国家规定的检验检测期限的,必须经具有专业资质的检验检测机构检测。经检测不合格的,不得继续使用。

(3)特种设备使用单位应当对其使用的特种设备的安全附件、安全保护装置进行定期校验、检修,并做出记录。

(4)特种设备使用单位应当按照安全技术规范的要求定期检验,在安全检验合格有效期届满前1个月向特种设备检验检测机构提出定期检验要求。

检验检测机构接到定期检验要求后,应当按照安全技术规范的要求及时进行安全性能检验和能效测试。

未经定期检验或检验不合格的特种设备,不得继续使用。

(5)检验检测机构应当对施工机械和特种设备进行检验检测工作,检测合格的施工机械和特种设备,应当出具安全合格证明文件,并对鉴定结论承担法律责任。

(6)特种设备出现故障或发生异常情况,特种设备使用单位应当对其进行全面检查,消除事故隐患,方可继续使用。

(7)特种设备进行改造、修理,按照规定需要变更使用登记的,应当办理变更登记,方可继续使用。

(8)特种设备在出租期间的使用管理和维护保养义务由特种设备出租单位承担,法律另有规定或当事人另有约定的除外。

(9)存在严重事故隐患,无改造、修理价值,或者达到安全技术规范规定的其他报废条件的,特种设备使用单位应当依法履行报废义务,采取必要措施消除该特种设备的使用功能,并向原登记的负责特种设备安全监督管理的部门办理使用登记证书注销手续。

(10)报废条件以外的特种设备,达到设计使用年限可以继续使用的,应当按照安全技术规范的要求通过检验或安全评估,并办理使用登记证书变更,方可继续使用。允许继续使用的,应当采取加强检验、检测和维护保养等措施,确保使用安全。

5. 特种设备检验检测机构的职责

根据《特种设备安全法》的规定,特种设备检验检测机构的安全职责如下:

(1)承担安全评价、认证、检测、检验的机构应当具备国家规定的资质条件,并对其做出的安全评价、认证、检测、检验的结果负责。

(2)从事监督检验、定期检验的特种设备检验机构,以及为特种设备生产、经营、使用提供检测服务的特种设备检测机构,应当具备相应条件,并经负责特种设备安全监督管理的部门核准,方可从事检验、检测工作。

(3)特种设备检验、检测机构的检验、检测人员应当经考核,取得检验、检测人员资格,方可从事检验、检测工作。

(4)特种设备检验、检测机构及其检验、检测人员应当客观、公正、及时地出具检验、检测报告,并对检验、检测结果和鉴定结论负责。

特种设备检验、检测机构及其检验、检测人员在检验、检测中发现特种设备存在严重事故隐患时,应当及时告知相关单位,并立即向负责特种设备安全监督管理的部门报告。

(5)特种设备生产、经营、使用单位应当按照安全技术规范的要求向特种设备检验、检测机构及其检验、检测人员提供特种设备相关资料和必要的检验、检测条件,并对资料的真实性负责。

6.政府部门监督管理的职责

根据《特种设备安全法》的规定,政府监管部门具有下列相关职责:

(1)负责特种设备安全监督管理的部门依照本法规定,对特种设备生产、经营、使用单位和检验、检测机构实施监督检查。

(2)负责特种设备安全监督管理的部门实施相关法律规定的许可制度,应当依照有关法律、行政法规规定的条件和程序,以及安全技术规范的要求进行审查;不符合规定的,不得许可。

(3)负责特种设备安全监督管理的部门在办理本法规定的许可时,其受理、审查、许可的程序必须公开,并应当自受理申请之日起30日内,做出许可或不予许可的决定;不予许可的,应当书面向申请人说明理由。

(4)负责特种设备安全监督管理的部门对依法办理使用登记的特种设备应当建立完整的监督管理档案和信息查询系统;对达到报废条件的特种设备,应当及时督促特种设备使用单位依法履行报废义务。

(5)负责特种设备安全监督管理的部门在依法履行监督检查职责时,可以行使下列职权:

①进入现场进行检查,向特种设备生产、经营、使用单位和检验、检测机构的主要负责人和其他有关人员调查、了解有关情况;

②根据举报或取得的涉嫌违法证据,查阅、复制特种设备生产、经营、使用单位和检验、检测机构的有关合同、发票、账簿及其他有关资料;

③对有证据表明不符合安全技术规范要求或存在严重事故隐患的特种设备实施查封、扣押;

④对流入市场的达到报废条件或已经报废的特种设备实施查封、扣押;

⑤对违反本法规定的行为做出行政处罚决定。

(6)负责特种设备安全监督管理的部门在依法履行职责过程中,发现违反本法规定和安全技术规范要求的行为,或者特种设备存在事故隐患时,应当以书面形式发出特种设备安全监察指令,责令有关单位及时采取措施予以改正或消除事故隐患。紧急情况下要求有关单位采取紧急处置措施的,应当随后补发特种设备安全监察指令。

(7)负责特种设备安全监督管理的部门在依法履行职责过程中,发现重大违法行为或特种设备存在严重事故隐患时,应当责令有关单位立即停止违法行为、采取措施消除事故隐患,并及时向上级负责特种设备安全监督管理的部门报告。接到报告的负责特种设备安全监督管理的部门应当采取必要措施,及时予以处理。

对违法行为、严重事故隐患的处理需要当地人民政府和有关部门的支持、配合时，负责特种设备安全监督管理的部门应当报告当地人民政府，并通知其他有关部门。当地人民政府和其他有关部门应当采取必要措施，及时予以处理。

（8）地方各级人民政府负责特种设备安全监督管理的部门不得要求已经依照本法规定在其他地方取得许可的特种设备生产单位重复取得许可，不得要求对已经依照本法规定在其他地方检验合格的特种设备重复进行检验。

（9）负责特种设备安全监督管理的部门的安全监察人员应当熟悉相关法律、法规，具有相应的专业知识和工作经验，取得特种设备安全行政执法证件。特种设备安全监察人员应当忠于职守、坚持原则、秉公执法。负责特种设备安全监督管理的部门实施安全监督检查时，应当有二名以上特种设备安全监察人员参加，并出示有效的特种设备安全行政执法证件。

（10）负责特种设备安全监督管理的部门对特种设备生产、经营、使用单位和检验、检测机构实施监督检查，应当对每次监督检查的内容、发现的问题及处理情况做出记录，并由参加监督检查的特种设备安全监察人员和被检查单位的有关负责人签字后归档。被检查单位的有关负责人拒绝签字的，特种设备安全监察人员应当将情况记录在案。

负责特种设备安全监督管理的部门及其工作人员不得推荐或监制、监销特种设备，对履行职责过程中知悉的商业秘密负有保密义务。

7. 特种设备安全事故应急救援与调查处理

根据《特种设备安全法》的规定，由特种设备引发的安全事故应急救援与调查处理应符合以下相关规定：

（1）国务院负责特种设备安全监督管理的部门应当依法组织制定特种设备重特大事故应急预案，报国务院批准后纳入国家突发事件应急预案体系。

县级以上地方各级人民政府及其负责特种设备安全监督管理的部门应当依法组织制定本行政区域内特种设备事故应急预案，建立或纳入相应的应急处置与救援体系。

特种设备使用单位应当制定特种设备事故应急专项预案，并定期进行应急演练。

（2）特种设备发生事故后，事故发生单位应当按照应急预案采取措施，组织抢救，防止事故扩大，减少人员伤亡和财产损失，保护事故现场和有关证据，并及时向事故发生地县级以上人民政府负责特种设备安全监督管理的部门和有关部门报告。

县级以上人民政府负责特种设备安全监督管理的部门接到事故报告，应当尽快核实情况，立即向本级人民政府报告，并按照规定逐级上报。必要时，负责特种设备安全监督管理的部门可以越级上报事故情况。对特别重大事故、重大事故，国务院负责特种设备安全监督管理的部门应当立即报告国务院并通报国务院安全生产监督管理部门等有关部门。

与事故相关的单位和人员不得迟报、谎报或瞒报事故情况，不得隐匿、毁灭有关证据或故意破坏事故现场。

（3）事故发生地人民政府接到事故报告，应当依法启动应急预案，采取应急处置措施，组织应急救援。

（4）特种设备发生特别重大事故，由国务院或国务院授权有关部门组织事故调查组进行调查。

发生重大事故，由国务院负责特种设备安全监督管理的部门会同有关部门组织事故调查组进行调查；发生较大事故，由省、自治区、直辖市人民政府负责特种设备安全监督管理的部门会同有关部门组织事故调查组进行调查；发生一般事故，由设区的市级人民政府负责特种设备安全监督管理的部门会同有关部门组织事故调查组进行调查。

事故调查组应当依法、独立、公正开展调查，提出事故调查报告。

(5)组织事故调查的部门应当将事故调查报告报本级人民政府，并报上一级人民政府负责特种设备安全监督管理的部门备案。有关部门和单位应当依照法律、行政法规的规定，追究事故责任单位和人员的责任。

事故责任单位应当依法落实整改措施，预防同类事故发生。事故造成损害的，事故责任单位应当依法承担赔偿责任。

3.4.2　建筑机械和设备管理制度的法律风险及防范

3.4.2.1　违反建筑机械和设备管理制度的法律责任

违反《建设工程安全管理条例》有关建筑机械和设备管理规定的，应当承担的法律责任如下：

(1)为建设工程提供机械设备和配件的单位，未按照安全施工的要求配备齐全有效的保险、限位等安全设施和装置的，责令限期改正，处合同价款1倍以上3倍以下的罚款；造成损失的，依法承担赔偿责任。

(2)出租单位出租未经安全性能检测或经检测不合格的机械设备和施工机具及配件的，责令停业整顿，并处5万元以上10万元以下的罚款；造成损失的，依法承担赔偿责任。

(3)施工起重机械和整体提升脚手架、模板等自升式架设设施安装、拆卸单位有下列行为之一的，责令限期改正，处5万元以上10万元以下的罚款；情节严重的，责令停业整顿，降低资质等级，直至吊销资质证书；造成损失的，依法承担赔偿责任：

①未编制拆装方案、制定安全施工措施的；

②未由专业技术人员现场监督的；

③未出具自检合格证明或出具虚假证明的；

④未向施工单位进行安全使用说明，办理移交手续的。

施工起重机械和整体提升脚手架、模板等自升式架设设施安装、拆卸单位有前款规定的第①项、第③项行为，经有关部门或单位职工提出后，对事故隐患仍不采取措施，因而发生重大伤亡事故或造成其他严重后果，构成犯罪的，对直接责任人员，依照刑法有关规定追究刑事责任。

3.4.2.2　违反特种设备管理规定的法律责任

违反《特种设备安全法》的相关规定，应当承担的法律责任如下：

(1)未经许可从事特种设备生产活动的，责令停止生产，没收违法制造的特种设备，处10万元以上50万元以下罚款；有违法所得的，没收违法所得；已经实施安装、改造、修理的，责令恢复原状者责令限期由取得许可的单位重新安装、改造、修理。

(2)特种设备安装、改造、修理的施工单位在施工前未书面告知负责特种设备安全监督管理的部门即行施工的，或者在验收后 30 日内未将相关技术资料和文件移交特种设备使用单位的，责令限期改正；逾期未改正的，处 1 万元以上 10 万元以下罚款。

（3）特种设备的制造、安装、改造、重大修理及锅炉清洗过程，未经监督检验的，责令限期改正；逾期未改正的，处 5 万元以上 20 万元以下罚款；有违法所得的，没收违法所得；情节严重的，吊销生产许可证。

（4）特种设备生产单位有下列行为之一的，责令限期改正；逾期未改正的，责令停止生产，处 5 万元以上 50 万元以下罚款；情节严重的，吊销生产许可证：

①不再具备生产条件、生产许可证已经过期或超出许可范围生产的；

②明知特种设备存在同一性缺陷，未立即停止生产并召回的。

特种设备生产单位生产、销售、交付国家明令淘汰的特种设备的，责令停止生产、销售，没收违法生产、销售、交付的特种设备，处 3 万元以上 30 万元以下罚款；有违法所得的，没收违法所得。

（5）特种设备经营单位有下列行为之一的，责令停止经营，没收违法经营的特种设备，处 3 万元以上 30 万元以下罚款；有违法所得的，没收违法所得：

①销售、出租未取得许可生产，未经检验或检验不合格的特种设备的；

②销售、出租国家明令淘汰、已经报废的特种设备，或者未按照安全技术规范的要求进行维护保养的特种设备的。

违反规定，特种设备销售单位未建立检查验收和销售记录制度，或者进口特种设备未履行提前告知义务的，责令改正，处 1 万元以上 10 万元以下罚款。

特种设备生产单位销售、交付未经检验或者检验不合格的特种设备的，依照本条第一款规定处罚；情节严重的，吊销生产许可证。

（6）特种设备使用单位有下列行为之一的，责令限期改正；逾期未改正的，责令停止使用有关特种设备，处 1 万元以上 10 万元以下罚款：

①使用特种设备未按照规定办理使用登记的；

②未建立特种设备安全技术档案或安全技术档案不符合规定要求，未依法设置使用登记标志、定期检验标志的；

③未对其使用的特种设备进行经常性维护保养和定期自行检查，或者未对其使用的特种设备的安全附件、安全保护装置进行定期校验、检修，并做出记录的；

④未按照安全技术规范的要求及时申报并接受检验的；

⑤未按照安全技术规范的要求进行锅炉水（介）质处理的；

⑥未制定特种设备事故应急专项预案的。

（7）特种设备使用单位有下列行为之一的，责令停止使用有关特种设备，处 3 万元以上 30 万元以下罚款：

①使用未取得许可生产、未经检验或检验不合格的特种设备，或者国家明令淘汰、已经报废的特种设备的；

②特种设备出现故障或发生异常情况，未对其进行全面检查、消除事故隐患，继续使用的；

③特种设备存在严重事故隐患，无改造、修理价值，或者达到安全技术规范规定的其

他报废条件,未依法履行报废义务、办理使用登记证书注销手续的。

(8)特种设备生产、经营、使用单位有下列情形之一的,责令限期改正;逾期未改正的,责令停止使用有关特种设备或停产停业整顿,处1万元以上5万元以下罚款:

①未配备具有相应资格的特种设备安全管理人员、检测人员和作业人员的;

②使用未取得相应资格的人员从事特种设备安全管理、检测和作业的;

③未对特种设备安全管理人员、检测人员和作业人员进行安全教育和技能培训的。

(9)发生特种设备事故,有下列情形之一的,对单位处5万元以上20万元以下罚款;对主要负责人处1万元以上5万元以下罚款;主要负责人属于国家工作人员的,并依法给予处分:

①发生特种设备事故时,不立即组织抢救或在事故调查处理期间擅离职守或逃匿的;

②对特种设备事故迟报、谎报或瞒报的。

(10)发生事故,对负有责任的单位除要求其依法承担相应的赔偿等责任外,依照下列规定处以罚款:

①发生一般事故,处10万元以上20万元以下罚款;

②发生较大事故,处20万元以上50万元以下罚款;

③发生重大事故,处50万元以上200万元以下罚款。

(11)对事故发生负有责任的单位的主要负责人未依法履行职责或负有领导责任的,依照下列规定处以罚款;属于国家工作人员的,并依法给予处分:

①发生一般事故,处上一年年收入30%的罚款;

②发生较大事故,处上一年年收入40%的罚款;

③发生重大事故,处上一年年收入60%的罚款。

(12)特种设备生产、经营、使用单位或者检验、检测机构拒不接受负责特种设备安全监督管理的部门依法实施的监督检查的,责令限期改正;逾期未改正的,责令停产停业整顿,处2万元以上20万元以下罚款。

(13)特种设备生产、经营、使用单位擅自动用、调换、转移、损毁被查封、扣押的特种设备或其主要部件的,责令改正,处5万元以上20万元以下罚款;情节严重的,吊销生产许可证,注销特种设备使用登记证书。

3.4.2.3 违反建筑起重机械管理制度的法律责任

违反《建筑起重机械安全监督管理规定》的相关规定,相关单位应当承担的法律责任如下:

(1)出租单位、自购建筑起重机械的使用单位,有下列行为之一的,由县级以上地方人民政府建设主管部门责令限期改正,予以警告,并处以5000元以上1万元以下的罚款:

①未按照规定办理备案的;

②未按照规定办理注销手续的;

③未按照规定建立建筑起重机械安全技术档案的。

(2)安装单位有下列行为之一的,由县级以上地方人民政府建设主管部门责令限期改正,予以警告,并处以5000元以上3万元以下的罚款:

①未履行安装单位安全职责第②、④、⑥项规定的;

②未按照规定建立建筑起重机械安装、拆卸工程档案的；

③未按照建筑起重机械安装、拆卸工程专项施工方案及安全操作规程组织安装、拆卸作业的。

(3)使用单位有下列行为之一的，由县级以上地方人民政府建设主管部门责令限期改正，予以警告，并处以5000元以上3万元以下罚款：

①未履行使用单位安全职责第①、②、④、⑥项规定的；

②未指定专职设备管理人员进行现场监督检查的；

③擅自在建筑起重机械上安装非原制造厂制造的标准节和附着装置的。

(4)施工总承包单位未履行其安全职责第①、③、④、⑤、⑦项的，由县级以上地方人民政府建设主管部门责令限期改正，予以警告，并处以5000元以上3万元以下的罚款。

(5)监理单位未履行第22条第①、②、④、⑤项安全职责的，由县级以上地方人民政府建设主管部门责令限期改正，予以警告，并处以5000元以上3万元以下的罚款。

(6)建设单位有下列行为之一的，由县级以上地方人民政府建设主管部门责令限期改正，予以警告，并处以5000元以上3万元以下罚款；逾期未改的，责令停止施工：

①未按照规定协调组织制定防止多台塔式起重机相互碰撞的安全措施的；

②接到监理单位报告后，未责令安装单位、使用单位立即停工整改的；

③不依法履行监督管理职责的其他行为。

3.4.2.4 使用建筑机械和设备的法律风险及防范

建筑施工规模越来越大，机械化程度越来越高，但由于观念、设备、操作、管理、维修保养、检测等原因造成机械伤亡的事故时有发生。存在的主要风险如下：

1. 施工现场设备管理工作存在的问题及防范措施

在建筑机械和设备施工中，存在的主要问题如下：

(1)部分建筑施工企业安全意识不强，主观上不重视，管理上不到位，导致企业的设备管理工作逐步弱化，机械设备管理机构和人员力量薄弱。

(2)施工现场机械设备的工作环境恶劣，设备陈旧、老化严重，存在着潜在的安全隐患，更新改造困难。施工现场"重使用、轻保养"的拼设备行为严重，不严格执行设备淘汰报废制度。

(3)现场作业和管理人员素质不高，对机械设备的性能、操作规程、维护保养等基本常识知之甚少，对设备的维修保养也停留在表面。

(4)机械设备租赁行业不规范，租赁双方在设备管理上存在脱节。

(5)忽视特种设备(新设备)的安全检测。不真正按照国家规定的检测程序获得特种设备使用资格证，从而产生潜在的设备事故隐患。

针对以上存在的问题，应当采取的防范措施如下：

(1)要建立健全设备管理机构，定员定编，落实岗位责任制。根据相关法律、法规、条例、标准及规章制度，结合自身实际，加强和规范设备基础管理工作，制订相关规章管理制度，建立强而有力的约束机制。

(2)对机械运行原始记录、维修记录、设备台账、机械设备技术档案管理等基础工作，也必须引起重视，实行微机跟踪管理，使之实现科学、有序的管理。正确使用机械设备，及时保养,及时维修,“用养修”相结合,推行机械设备的风险评价工作。同时,企业要加大设备投入,适时更新改造机械设备。

(3)对现场作业人员和机械设备管理的技能培训与安全教育培训工作要有计划、有部署、有检查、有考核、有针对性。

(4)逐步规范设备租赁行业管理,建立合格的机械设备租赁备选库,明确双方责任。

(5)定期对设备进行检测检验,以避免机械事故的发生,保障生产安全和生命安全。

2. 检验、检测机构存在的问题及防范措施

(1)特种设备检验、检测机构近几年在质量管理、设备设施投入、人员持证等方面都有大幅度提高,但监督检验和定期检验工作质量、人机匹配、检验责任心、检验报告规范填写、检验时限和检验收费等方面还存在一些问题。

(2)人员数量少,素质较低,人机矛盾突出,检验力量与检验工作量不相适应的矛盾日渐突出,一些检验机构忽视检验风险和责任,过度追求检验收入的高增长,严重影响了检验质量。

(3)检验仪器使用率低,凭感官去判断是否存在缺陷,检验质量难以保证。由于仪器使用企业对检验前期准备工作不足,现场的环境不具备检验仪器使用条件;检验时间要求限制、新型检验仪器设备不会用等原因检验仪器设备未使用。

(4)由于特种设备使用单位对检验、检测工作不重视,行政执法力度不够等原因,导致特种设备使用单位到期主动申请检验的少、登记率低、定检率完成有困难。

(5)安全监察与检验、检测数据不能及时共享,检验、检测机构之间缺乏交流沟通,给检验、检测监察工作造成了一定的被动。

针对以上情况,应当采取的防范措施如下:

(1)落实企业主体责任,合理调整检验项目,逐步缩小法定检验范围,强化企业自检和委托检验,充分发挥企业和社会检验力量的作用,质检部门检验机构集中力量确保重点设备的检验。

(2)强化对检测人员的培训,提高检验人员的政治、业务素质,保持基层人员队伍的稳定。

(3)提高检验仪器使用率,确保检验质量,不断提高检验检测技术装备水平。

(4)强化特种设备行政执法工作,加大执法力度,严厉查处非法使用特种设备行为。

(5)加强监察部门与检验部门、上下级检验部门之间的信息交流,全面做好特种设备信息录入、更新、交换和传递工作,真正实现动态监管。

3.5　应急救援及事故管理

3.5.1　应急救援制度的基本要求

事故应急救援,是指在发生事故时,采取有效地消除、减少事故危害和防止事故扩大,最大限度降低事故损失的措施。

事故应急救援预案有三个方面的含义。一是事故预防:通过危险辨识、事故后果分

析,采用技术和管理手段降低事故发生的可能性,且使可能发生的事故控制在局部,防止事故蔓延。二是应急处理:当事故或故障一旦发生,有应急处理程序和方法,能快速反应处理故障或将事故消除在萌芽状态。三是抢险救援:采用预定的现场抢险和抢救的方式,控制或减少事故造成的损失。

《安全生产法》第五章对生产安全事故的应急救援和调查处理做了规定,主要包括应急救援预案的制定、应急救援体系的建立、应急救援组织、应急救援人员和装备、事故抢救、事故报告、事故调查处理、事故责任追究等内容。为进一步加强我国对突发事件的应急管理工作,2007 年 11 月 1 日开始实施了《突发事件应对法》,而《特种设备安全法》《特种设备安全监察条例》《关于特大安全事故行政责任追究的规定》等又专门对特种设备的应急救援及调查处理做了相应规定。

3.5.1.1　生产安全事故的应急救援的职责

所谓生产安全事故是指生产经营活动中发生的造成人身伤亡或直接经济损失的生产安全事故。根据《安全生产法》的相关规定,从事工程建设的相关单位和人员在应急救援中的相应职责如下:

(1)县级以上地方各级人民政府应当组织有关部门制定本行政区域内特大生产安全事故应急救援预案,建立应急救援体系。

(2)危险物品的生产、经营、储存单位,以及矿山、建筑施工单位应当建立应急救援组织;生产经营规模较小,可以不建立应急救援组织的,应当指定兼职的应急救援人员。

危险物品的生产、经营、储存单位,以及矿山、建筑施工单位应当配备必要的应急救援器材、设备,并进行经常性维护、保养,保证正常运转。

(3)生产经营单位发生生产安全事故后,事故现场有关人员应当立即报告本单位负责人。单位负责人接到事故报告后,应当迅速采取有效措施,组织抢救,防止事故扩大,减少人员伤亡和财产损失,并按照国家有关规定立即如实报告当地负有安全生产监督管理职责的部门,不得隐瞒不报、谎报或拖延不报,不得故意破坏事故现场、毁灭有关证据。

(4)负有安全生产监督管理职责的部门接到事故报告后,应当立即按照国家有关规定上报事故情况。负有安全生产监督管理职责的部门和有关地方人民政府对事故情况不得隐瞒不报、谎报或拖延不报。

(5)有关地方人民政府和负有安全生产监督管理职责的部门的负责人接到重大生产安全事故报告后,应当立即赶到事故现场,组织事故抢救。任何单位和个人都应当支持、配合事故抢救,并提供一切便利条件。

(6)事故调查处理应当按照实事求是、尊重科学的原则,及时、准确地查清事故原因,查明事故性质和责任,总结事故教训,提出整改措施,并对事故责任者提出处理意见。事故调查和处理的具体办法由国务院制定。

(7)生产经营单位发生生产安全事故,经调查确定为责任事故的,除了应当查明事故单位的责任并依法予以追究外,还应当查明对安全生产的有关事项负有审查批准和监督职责的行政部门的责任,对有失职、渎职行为的,依照相关规定追究法律责任。

(8)任何单位和个人不得阻挠和干涉对事故的依法调查处理。

(9)县级以上地方各级人民政府负责安全生产监督管理的部门应当定期统计分析本

行政区域内发生生产安全事故的情况，并定期向社会公布。

3.5.1.2 生产安全事故的报告

根据《生产安全事故报告和调查处理条例》的要求，生产安全事故的报告应当符合以下要求：

(1)事故发生后，事故现场有关人员应当立即向本单位负责人报告；单位负责人接到报告后，应当于1小时内向事故发生地县级以上人民政府安全生产监督管理部门和负有安全生产监督管理职责的有关部门报告。并应当迅速采取有效措施，组织抢救，防止事故扩大，减少人员伤亡和财产损失。情况紧急时，事故现场有关人员可以直接向事故发生地县级以上人民政府安全生产监督管理部门和负有安全生产监督管理职责的有关部门报告。

(2)安全生产监督管理部门和负有安全生产监督管理职责的有关部门接到事故报告后，应当依照下列规定上报事故情况，并通知公安机关、劳动保障行政部门、工会和人民检察院：

①特别重大事故、重大事故逐级上报至国务院安全生产监督管理部门和负有安全生产监督管理职责的有关部门；

②较大事故逐级上报至省、自治区、直辖市人民政府安全生产监督管理部门和负有安全生产监督管理职责的有关部门；

③一般事故上报至设区的市级人民政府安全生产监督管理部门和负有安全生产监督管理职责的有关部门。

安全生产监督管理部门和负有安全生产监督管理职责的有关部门依照上述规定上报事故情况，应当同时报告本级人民政府。国务院安全生产监督管理部门和负有安全生产监督管理职责的有关部门及省级人民政府接到发生特别重大事故、重大事故的报告后，应当立即报告国务院。

必要时，安全生产监督管理部门和负有安全生产监督管理职责的有关部门可以越级上报事故情况。

(3)安全生产监督管理部门和负有安全生产监督管理职责的有关部门逐级上报事故情况，每级上报的时间不得超过2小时。

(4)报告事故应当包括下列内容：①事故发生单位概况；②事故发生的时间、地点及事故现场情况；③事故的简要经过；④事故已经造成或可能造成的伤亡人数(包括下落不明的人数)和初步估计的直接经济损失；⑤已经采取的措施；⑥其他应当报告的情况。

(5)事故报告后出现新情况的，应当及时补报。自事故发生之日起30日内，事故造成的伤亡人数发生变化的，应当及时补报。道路交通事故、火灾事故自发生之日起7日内，事故造成的伤亡人数发生变化的，应当及时补报。

(6)事故发生单位负责人接到事故报告后，应当立即启动事故相应应急预案，或者采取有效措施，组织抢救，防止事故扩大，减少人员伤亡和财产损失。

(7)事故发生地有关地方人民政府、安全生产监督管理部门和负有安全生产监督管理职责的有关部门接到事故报告后，其负责人应当立即赶赴事故现场，组织事故救援。

(8)事故发生后，有关单位和人员应当妥善保护事故现场及相关证据，任何单位和个人不得破坏事故现场、毁灭相关证据。因抢救人员、防止事故扩大及疏通交通等原因，需要移动事故现场物件的，应当做出标志，绘制现场简图并做出书面记录，妥善保存现场重要痕迹、物证。

(9)事故发生地公安机关根据事故的情况，对涉嫌犯罪的，应当依法立案侦查，采取强制措施和侦查措施。犯罪嫌疑人逃匿的，公安机关应当迅速追捕归案。

(10)安全生产监督管理部门和负有安全生产监督管理职责的有关部门应当建立值班制度，并向社会公布值班电话，受理事故报告和举报。

3.5.1.3　生产安全事故的调查

根据《生产安全事故报告和调查处理条例》的要求，生产安全事故的调查应当符合以下要求：

(1)事故调查处理应当按照实事求是、尊重科学的原则，及时、准确地查清事故原因，查明事故性质和责任，总结事故教训，提出整改措施，并对事故责任者提出处理意见。

(2)生产经营单位发生生产安全事故，经调查确定为责任事故的，除了应当查明事故单位的责任并依法予以追究外，还应当查明对安全生产的有关事项负有审查批准和监督职责的行政部门的责任，对有失职、渎职行为的，依法追究法律责任。

(3)任何单位和个人不得阻挠和干涉对事故的依法调查处理。

(4)县级以上地方各级人民政府负责安全生产监督管理的部门应当定期统计分析本行政区域内发生生产安全事故的情况，并定期向社会公布。

(5)事故发生地人民政府接到事故报告，应当依法启动应急预案，采取应急处置措施，组织应急救援。

(6)特种设备发生特别重大事故，由国务院或国务院授权有关部门组织事故调查组进行调查；发生重大事故，由国务院负责特种设备安全监督管理的部门会同有关部门组织事故调查组进行调查；发生较大事故，由省、自治区、直辖市人民政府负责特种设备安全监督管理的部门会同有关部门组织事故调查组进行调查；发生一般事故，由设区的市级人民政府负责特种设备安全监督管理的部门会同有关部门组织事故调查组进行调查；事故调查组应当依法、独立、公正开展调查，提出事故调查报告。

(7)组织事故调查的部门应当将事故调查报告报本级人民政府，并报上一级人民政府负责特种设备安全监督管理的部门备案。有关部门和单位应当依照法律、行政法规的规定，追究事故责任单位和人员的责任。

事故责任单位应当依法落实整改措施，预防同类事故发生。事故造成损害的，事故责任单位应当依法承担赔偿责任。

3.5.1.4　生产安全事故的处理

根据《生产安全事故报告和调查处理条例》的要求，生产安全事故的处理应当符合以下要求：

(1)重大事故、较大事故、一般事故，负责事故调查的人民政府应当自收到事故调查报告之日起 15 日内做出批复；特别重大事故，30 日内做出批复，特殊情况下，批复时间可以适当延长，但延长的时间最长不超过 30 日。

有关机关应当按照人民政府的批复，依照法律、行政法规规定的权限和程序，对事故发生单位和有关人员进行行政处罚，对负有事故责任的国家工作人员进行处分。

事故发生单位应当按照负责事故调查的人民政府的批复，对本单位负有事故责任的人员进行处理。

负有事故责任的人员涉嫌犯罪的，依法追究刑事责任。

(2)事故发生单位应当认真吸取事故教训，落实防范和整改措施，防止事故再次发生。防范和整改措施的落实情况应当接受工会和职工的监督。

安全生产监督管理部门和负有安全生产监督管理职责的有关部门应当对事故发生单位落实防范和整改措施的情况进行监督检查。

(3)事故处理的情况由负责事故调查的人民政府或其授权的有关部门、机构向社会公布，依法应当保密的除外。

3.5.2 应急救援制度的法律风险及防范

3.5.2.1 违反应急救援制度应承担的法律责任

根据《突发事件应对法》的相关规定，相关单位和人员应承担的法律责任如下：

(1)有关单位有下列情形之一的，由所在地履行统一领导职责的人民政府责令停产停业，暂扣或吊销许可证或营业执照，并处5万元以上20万元以下的罚款；构成违反治安管理行为的，由公安机关依法给予处罚：

①未按规定采取预防措施，导致发生严重突发事件的；

②未及时消除已发现的可能引发突发事件的隐患，导致发生严重突发事件的；

③未做好应急设备、设施日常维护、检测工作，导致发生严重突发事件或突发事件危害扩大的；

④突发事件发生后，不及时组织开展应急救援工作，造成严重后果的。

上述规定的行为，其他法律、行政法规规定由人民政府有关部门依法决定处罚的，从其规定。

(2)编造并传播有关突发事件事态发展或应急处置工作的虚假信息，或者明知是有关突发事件事态发展或应急处置工作的虚假信息而进行传播的，责令改正，给予警告；造成严重后果的，依法暂停其业务活动或吊销其执业许可证；负有直接责任的人员是国家工作人员的，还应当对其依法给予处分；构成违反治安管理行为的，由公安机关依法给予处罚。

(3)单位或个人违反相关规定，不服从所在地人民政府及其有关部门发布的决定、命令，或者不配合其依法采取的措施，构成违反治安管理行为的，由公安机关依法给予处罚。

(4)单位或个人违反本法规定，导致突发事件发生或危害扩大，给他人人身、财产造成损害的，应当依法承担民事责任。

(5)违反相关规定，构成犯罪的，依法追究刑事责任。

3.5.2.2 违反应急救援制度的法律风险及防范

违反应急救援制度的表现主要有以下几种：

(1)未按要求及时制定应急救援预案；

(2)未按要求及时组织应急救援的演练；

(3)制定的应急救援预案不符合要求;

(4)制定的应急救援预案未在建筑施工中得以落实;

(5)事故发生后,未按要求启动应急救援预案;

(6)事故发生后,未按要求及时报告事故的;

(7)事故发生后,不及时组织抢救或逃逸的;

(8)事故发生后,组织救援不当,甚至导致事故扩大的。

以上所有表现,其共同的风险除了可能承担相应的法律责任外,还存在如下风险:

首先是违背了我国安全生产的基本方针,我国安全生产的基本方针是“安全第一、预防为主、综合治理”。而在工程建设的实际中,坚持这一方针的关键就是预防为主。所谓的预防为主,就是要在从事相应的房屋建筑作业前,认真对整个施工现场的风险进行分析识别,就危险的环境和位置,预定具体、有效的防范措施,并把这些措施落到实处,避免生产安全事故的发生,这就是应急救援的具体应用体现。

其次,出现上述现象,究其根本原因,还是在相关人员的思想意识上没有真正把人的生命和以人为本放在首要的位置上。每个人都知道生命的重要,但是我们所从事的工程实际特点,决定了我们可能随时面临一些突发事件,如果没有事先养成的应急救援意识和正确的应对行为,在这些突发事件发生时,如何能够保障自己和所有员工的生命、财产安全,所以上述行为就是忽视生命。

再次,就是经济利益的驱使。在当今的市场经济体制下,我们一直在谈经济效益,所以有些工程管理人员忽视劳动者的生命安全,把经济利益放在首要的位置,熟不知生产安全事故发生后,还谈何经济效益。有关学者算过一笔账,事故发生后处理费用的五分之一左右,如果用在安全生产的防范上,就能够避免生产安全事故的发生。更何况,我们所从事的是一个高危的行业,应急救援制度的贯彻和落实越发显得更加重要。

最后,生产安全事故发生后,会严重影响企业的声誉。有些工程管理人员总想把生产安全事故隐瞒不报或私了,但现在是信息时代,何况纸是包不住火的,一旦生产安全事故公布于众,势必会对企业的声誉和形象带来严重的影响,严重时会由行政主管部门降低资质,甚至吊销资质证书和营业执照。这时,还讲什么经济效益。

当然,还有其他的风险在这里就不一一叙述了。总之,违反应急救援制度的法律风险是严重的,有时是无法弥补的,我们应当严格按照相关法律法规的要求去做,及时、全面、认真地把应急救援制度落到实处,牢固树立生命至上、以人为本的理念,切实避免生产安全事故的发生。

防范上述的风险,首先,要增强应对风险和突发事件的责任感和紧迫感。我国现阶段,工业化、城镇化和经济结构调整加速,社会组织形式、就业结构、社会结构的变革加快,并随之带来社会利益格局的深刻调整和人们思想观念的深刻变化,改革发展面临的矛盾和问题可能更复杂、更突出。新形势新任务要求我们建筑行业全体员工,特别是管理人员要把增强风险意识、提高抵御风险和应对突发事件的能力摆上重要位置,加强培训教育,积极预防和有效化解房屋建筑工程中面临的各类风险和危机,妥善应对各类风险和突发公共事件,切实保障全体员工的生命财产安全,维护企业的良好声誉和形象。

其次,要掌握风险处置的科学方法。在应急处理过程中,决策者要善于找准突发事件发生的症结所在，准确地找到危机的原因和关键因素，迅速地对症下药，控制突发事件的蔓延，缩小或化解危机的破坏程度。要学会充分利用知识网络设施和信息技术手段，创新风险决策方法，掌握风险防范的管理艺术。要提高管理人员的心理承受能力，处理好风险状态下的紧张心理，如激动、焦虑、恐惧、挫折等。还要善于疏导员工情绪，缓解员工的恐慌心理，做好应急中的媒体宣传和信息沟通工作。作为项目的管理人员还要善于利用“外脑”，吸收专家学者的意见，在风险处理过程中制订详细的应对计划，注意应急处理的协调性与周全性。

最后，要定期或不定期地组织应急救援的演练，从实战角度出发，通过演练，找出应急救援预案的欠缺和不足，并及时加以改进，必要时可以聘请相关专家或学者对本单位的施工现场进行科学、准确的风险评估和识别，建立更加全面的应急救援体系，制定完善的应急救援预案。需要注意的是，一般单位的应急救援预案应当三年修订一次，切忌一劳永逸。

相关案例

【背景资料】 2012年9月13日13时10分许，武汉市某建筑工地，发生一起施工升降机坠落造成19人死亡的重大建筑施工事故，直接经济损失约1800万元。发生事故的楼房为33层框架剪力墙结构住宅用房，建筑面积约1.6万平方米。

2012年9月13日11时30分，升降机司机施工升降机左侧吊笼停在下终端站，按往常一样锁上电锁拔出钥匙，关上护栏门后下班。当日13时10分许，升降机司机（特种作业操作资格证书系伪造）仍在宿舍正常午休期间，提前到该楼顶楼施工的19名工人擅自将停在下终端站的施工升降机左侧吊笼打开，携施工物件进入左侧吊笼，操作施工升降机上升。该吊笼运行至33层顶楼平台附近时突然倾翻，连同导轨架及顶部4节标准节一起坠落地面，造成吊笼内19人当场死亡。事故施工升降机导轨架第66节和67节标准节连接处的4个连接螺栓只有左侧两个螺栓有效连接，而右侧（受力边）两个螺栓连接失效，无法受力。在此工况下，事故升降机左侧吊笼超过备案额定承载人数（12人），承载19人和约245公斤物件，上升到第66节标准节上部（33楼顶部）接近平台位置时，产生的倾翻力矩大于对重体、导轨架等固有的平衡力矩，造成事故施工升降机左侧吊笼顷刻倾翻，并连同第67~70节标准节坠落地面。经调查认定，该事故是一起生产安全责任事故。

【案件分析】 设备租赁单位：设备租赁单位内部管理混乱，在办理建筑起重机械安装（拆卸）告知手续前，没有将该施工升降机安装（拆卸）工程专项施工方案报送监理单位进行审核。起重机械安装、维护制度不健全、不落实，事故施工升降机从上一建筑工地运至事发工地开始安装，安装完毕后进行了自检。初次安装并经检测合格后，设备租赁单位对该施工升降机先后进行了4次加节和附着安装，共安装标准节70节，附着11道。其中最后一次安装是从第55节标准节开始加节和附着2道。每次加节和附着安装均未按照专项施工方案实施，未组织安全施工技术交底，施工升降机加节和附着安装不规范，未按有关规定进行验收。安装、维护记录不全不实；安排不具备岗位执业资格的员工负责施工升降机维修保养。对施工升降机使用安全生产检查和维护流于形式，未能及时发现和整改事故施工升降机存在的重大安全隐患。

施工总承包单位:安全生产责任制不落实;安全生产管理制度不健全、不落实,培训教育制度不落实;对施工升降机安装使用的安全生产检查和隐患排查流于形式,未能及时发现和整改事故施工升降机存在的重大安全隐患。在《建设工程规划许可证》《建筑工程施工许可证》《中标通知书》和《开工通知书》均无的情况下,违规进场施工,且施工过程中忽视安全管理,现场管理混乱,并存在非法转包;未依照要求对施工升降机加节进行申报和验收,并擅自使用。对施工人员私自操作施工升降机的行为,批评教育不够,制止管控不力。

监理单位:该公司安全生产主体责任不落实,未与分公司、监理部签订安全生产责任书,安全生产管理制度不健全,落实不到位;公司内部管理混乱,对分公司管理、指导不到位,对该项目《监理规划》和《监理细则》审查不到位;使用非公司人员在投标时作为项目总监,实际并未参与项目监理活动。总监代表和部分监理人员不具备岗位执业资格;安全管理制度不健全、不落实,在项目无《建设工程规划许可证》《建筑工程施工许可证》和未取得《中标通知书》的情况下,违规进场监理;未依照有关规定督促相关单位对施工升降机进行加节验收和使用管理,自己也未参加验收;对项目施工和施工升降机安装使用安全生产检查和隐患排查流于形式,未能及时发现和督促整改事故施工升降机存在的重大安全隐患。

【案件评析】 如果建设工程各参与方均严格落实安全生产制度,施工单位和监理单位认真对待专项施工方案审批实施程序,总承包单位严格执行安全技术交底制度,经常性开展安全教育培训,非作业人员绝不私自操作施工升降机,这样的生产安全事故是完全可以避免的。所以,房屋建筑施工现场的许多安全事故都是由于人的因素出现问题而发生的。在今后的工程实际中,应当加强对全体员工安全意识的教育,不断提高广大员工的安全技术水平,避免生产安全事故的发生。

复习思考题

一、单项选择题(下列选项中,只有一个是正确的,请将其代号填在括号里)

1.《安全生产法》自2002年(　　)起施行。

A. 10月1日　　B. 11月1日

C. 12月1日　　D. 3月1日

2.(　　)是生产经营单位各项安全生产规章制度的核心,生产经营单位和企业岗位责任制的重要组成部分。

A. 安全生产责任制　　B. 安全生产培训

C. 安全生产技术措施　　D. 职业安全健康管理体系

3. 施工单位(　　)依法对本单位的安全生产工作全面负责。

A. 项目经理　　B. 经理

C. 安全生产管理机构负责人　　D. 主要负责人

4. 施工单位应当为施工现场从事危险作业的人员办理意外伤害保险。意外伤害保险费由(　　)支付。

A. 施工单位　　B. 监理单位

C. 设计单位　　D. 建设单位

5.《安全生产法》规定,特种作业人员必须经专门的安全作业培训。取得特种作业(　　)证书,方可上岗作业。

A. 操作资格　　B. 许可

C. 安全　　D. 上岗

6.《安全生产许可证》规定,安全生产许可证的有效期为(　　)年。

A. 1 年　　B. 2 年

C. 3 年　　D. 5 年

7. 某建筑施工企业未取得安全生产许可证就进行施工,除责令其停止生产、没收违法所得外,还应处(　　)罚款。

A. 5 万元以下　　B. 5 万元以上 10 万元以下

C. 10 万元以上 50 万元以下　　D. 50 万元以上 100 万元以下

8. 施工单位应当在施工组织设计中编制安全技术措施和施工现场临时用电方案,对达到一定规模的危险性较大的分部分项工程编制专项施工方案,并附具安全验算结果,经施工单位(　　)、总监理工程师签字后实施,由(　　)进行现场监督。

A. 技术负责人、技术员　　B. 项目经理、技术员

C. 技术负责人、专职安全员　　D. 项目经理、专职安全员

9. 建筑施工企业在编制施工组织设计时,应当根据(　　)制定相应的安全技术措施。

A. 建筑工程特点　　B. 建设单位要求

C. 主管部门要求　　D. 本单位特点

10. 建筑工程安全技术措施审查专家论证审查时,建筑施工企业应当组织不少于(　　)人的专家组,对已编制的安全专项方案进行论证审查。

A. 3 人　　B. 4 人

C. 5 人　　D. 7 人

11. 建筑施工企业负责人在接到安全事故报告后,应当于(　　)小时内向事故发生地县级以上人民政府安全生产监督管理部门和负有安全生产监督管理职责的有关部门报告。

A. 1　　B. 2

C. 3　　D. 4

12. 施工单位发生生产安全事故,应由(　　)负责上报。

A. 分包单位　　B. 建设单位

C. 监理单位　　D. 施工单位

13. 依据《安全生产法》第十六条的规定,不具备安全生产条件的生产经营单位(　　)。

A. 不得从事生产经营活动

B. 经主管部门批准后允许生产经营

C. 经安全生产监管部门批准后可从事生产经营活动

D. 可以从事经营许可范围内的经营活动

14. 安全事故报告制度中实行施工总承包的建设工程由(　　)负责上报事故。

A. 分包单位　　B. 建设单位

C. 监理单位　　D. 总承包单位

15. 开挖深度超过(　　)米的基坑(槽)并采用支护结构施工的工程,其安全专项施工方案应当组织专家进行论证审查。

A. 3　　B. 5

C. 7　　D. 10

16. 按照有关规定,检验检测机构对检测合格的施工起重机械和整体提升脚手架、模板等自升式架设设施,应当出具(　　)证明文件,并对检测结果负责。

A. 产品合格　　B. 安全合格

C. 生产合格　　D. 制造合格

二、多项选择题(下列选项中,至少有两个是正确的,请将其代号填在括号里)

1. 依照《安全生产法》《建设工程安全生产管理条例》的规定,施工单位应当经建设行政主管部门或其他有关部门考核合格后方可任职的人员包括(　　)。

A. 项目负责人　　B. 从业人员

C. 主要负责人　　D. 专职安全生产管理人员

E. 财务管理人员

2. 三类人员是指建筑施工单位的(　　)。

A. 主要负责人　　B. 项目负责人

C. 项目劳资员　　D. 安全生产管理人员

E. 班组长

3. 以下(　　)属特种作业人员。

A. 电工　　B. 放炮工

C. 电梯司机　　D. 厂内机动车驾驶员

E. 焊工

4. 下列(　　)企业实行安全生产许可证制度。

A. 烟花爆竹企业　　B. 危险化学品制造企业

C. 监理企业　　D. 建筑施工企业

E. 民用爆破器材生产企业

5. 下列哪些情况需要编制专项施工方案(　　)?

A. 基坑支护、降水工程　　B. 土方开挖工程

C. 模板工程及支撑体系　　D. 起重吊装及安装拆卸工程

E. 拆除、爆破工程

第 4 章　建筑工程质量管理制度

建筑工程质量不仅涉及社会大众的生命和财产安全,还严重影响建筑施工企业的形象,以及企业以后的生存和发展。所以,长期以来,所有房屋建筑的工程技术人员都把工程质量看作企业的生命,并把保证工程质量作为工程项目管理的重要工作。但是,要保证工程质量,首先要建立、健全完善的工程质量法律体系,工程技术人员严格按照这些法律法规的要求去做,才能够真正地实现房屋工程的质量目标。所以,掌握并遵循房屋建筑中的质量管理制度,是每个工程技术人员的必修课。

4.1　建筑工程质量责任制度

4.1.1　建筑工程质量责任的基本要求

保证房屋建筑的工程质量,是参与房屋建筑所有人员和单位的共同责任。所以,所有相关人员和单位必须首先明确各自的职责,才能够实现既定的质量目标。

4.1.1.1　建设单位的质量责任和义务

依据《建设工程质量管理条例》的规定,建设单位的质量责任和义务包括:

(1)建设单位应当将工程发包给具有相应资质等级的单位。建设单位不得将建设工程肢解发包。

(2)建设单位应当依法对工程建设项目的勘察、设计、施工、监理,以及与工程建设有关的重要设备、材料等的采购进行招标。

(3)建设单位必须向有关的勘察、设计、施工、工程监理等单位提供与建设工程有关的原始资料。原始资料必须真实、准确、齐全。

(4)建设工程发包单位不得迫使承包方以低于成本的价格竞标,不得任意压缩合理工期。建设单位不得明示或暗示设计单位或施工单位违反工程建设强制性标准,降低建设工程质量。

(5)建设单位应当将施工图设计文件报县级以上人民政府建设行政主管部门或其他有关部门审查。施工图设计文件审查的具体办法,由国务院建设行政主管部门会同国务院其他有关部门制定。施工图设计文件未经审查批准的,不得使用。

(6)实行监理的建设工程,建设单位应当委托具有相应资质等级的工程监理单位进行监理,也可以委托具有工程监理相应资质等级并与被监理工程的施工承包单位没有隶属关系或其他利害关系的该工程的设计单位进行监理。下列建设工程必须实行监理:

①国家重点建设工程;

②大中型公用事业工程;

③成片开发建设的住宅小区工程;

④利用外国政府或国际组织贷款、援助资金的工程；

⑤国家规定必须实行监理的其他工程。

(7)建设单位在领取施工许可证或开工报告前,应当按照国家有关规定办理工程质量监督手续。

(8)按照合同约定,由建设单位采购建筑材料、建筑构配件和设备的,建设单位应当保证建筑材料、建筑构配件和设备符合设计文件和合同要求。建设单位不得明示或暗示施工单位使用不合格的建筑材料、建筑构配件和设备。

(9)涉及建筑主体和承重结构变动的装修工程,建设单位应当在施工前委托原设计单位或者具有相应资质等级的设计单位提出设计方案;没有设计方案的,不得施工。房屋建筑使用者在装修过程中,不得擅自变动房屋建筑主体和承重结构。

(10)建设单位收到建设工程竣工报告后,应当组织设计、施工、工程监理等有关单位进行竣工验收。建设工程竣工验收应当具备下列条件:①完成建设工程设计和合同约定的各项内容;②有完整的技术档案和施工管理资料;③有工程使用的主要建筑材料、建筑构配件和设备的进场试验报告;④有勘察、设计、施工、工程监理等单位分别签署的质量合格文件;⑤有施工单位签署的工程保修书。

建设工程经验收合格的,方可交付使用。

(11)建设单位应当严格按照国家有关档案管理的规定,及时收集、整理建设项目各环节的文件资料,建立、健全建设项目档案,并在建设工程竣工验收后,及时向建设行政主管部门或其他有关部门移交建设项目档案。

4.1.1.2　勘察、设计单位的质量责任和义务

依据《建设工程质量管理条例》的规定,勘察、设计单位的质量责任和义务包括:

(1)从事建设工程勘察、设计的单位应当依法取得相应等级的资质证书,并在其资质等级许可的范围内承揽工程。禁止勘察、设计单位超越其资质等级许可的范围,或者以其他勘察、设计单位的名义承揽工程。禁止勘察、设计单位允许其他单位或个人以本单位的名义承揽工程。勘察、设计单位不得转包或违法分包所承揽的工程。

(2)勘察、设计单位必须按照工程建设强制性标准进行勘察、设计,并对其勘察、设计的质量负责。注册建筑师、注册结构工程师等注册执业人员应当在设计文件上签字,对设计文件负责。

(3)勘察单位提供的地质、测量、水文等勘察成果必须真实、准确。

(4)设计单位应当根据勘察成果文件进行建设工程设计。设计文件应当符合国家规定的设计深度要求,注明工程合理使用年限。

(5)设计单位在设计文件中选用的建筑材料、建筑构配件和设备,应当注明规格、型号、性能等技术指标,其质量要求必须符合国家规定的标准。除有特殊要求的建筑材料、专用设备、工艺生产线等外,设计单位不得指定生产厂、供应商。

(6)设计单位应当就审查合格的施工图设计文件向施工单位做出详细说明。

(7)设计单位应当参与建设工程质量事故分析,并对因设计造成的质量事故,提出相应的技术处理方案。

4.1.1.3　施工单位的质量责任和义务

依据《建设工程质量管理条例》的规定，施工单位的质量责任和义务包括：

(1)施工单位应当依法取得相应等级的资质证书，并在其资质等级许可的范围内承揽工程。禁止施工单位超越本单位资质等级许可的业务范围，或者以其他施工单位的名义承揽工程。禁止施工单位允许其他单位或个人以本单位的名义承揽工程。施工单位不得转包或违法分包工程。

(2)施工单位对建设工程的施工质量负责。施工单位应当建立质量责任制，确定工程项目的项目经理、技术负责人和施工管理负责人。建设工程实行总承包的，总承包单位应当对全部建设工程质量负责；建设工程勘察、设计、施工、设备采购的一项或多项实行总承包的，总承包单位应当对其承包的建设工程或采购的设备的质量负责。

(3)总承包单位依法将建设工程分包给其他单位的，分包单位应当按照分包合同的约定对其分包工程的质量向总承包单位负责，总承包单位与分包单位对分包工程的质量承担连带责任。

(4)施工单位必须按照工程设计图纸和施工技术标准施工，不得擅自修改工程设计，不得偷工减料。施工单位在施工过程中发现设计文件和图纸有差错的，应当及时提出意见和建议。

(5)施工单位必须按照工程设计要求、施工技术标准和合同约定，对建筑材料、建筑构配件、设备和商品混凝土进行检验，检验应当有书面记录和专人签字；未经检验或检验不合格的，不得使用。

(6)施工单位必须建立、健全施工质量的检验制度，严格工序管理，做好隐蔽工程的质量检查和记录。隐蔽工程在隐蔽前，施工单位应当通知建设单位和建设工程质量监督机构。

(7)施工人员对涉及结构安全的试块、试件及有关材料，应当在建设单位或工程监理单位监督下现场取样，并送具有相应资质等级的质量检测单位进行检测。

(8)施工单位对施工中出现质量问题的建设工程或竣工验收不合格的建设工程，应当负责返修。

(9)施工单位应当建立、健全教育培训制度，加强对职工的教育培训；未经教育培训或考核不合格的人员，不得上岗作业。

4.1.1.4　工程监理单位的质量责任和义务

依据《建设工程质量管理条例》的规定，监理单位的质量责任和义务是：

(1)工程监理单位应当依法取得相应等级的资质证书，并在其资质等级许可的范围内承担工程监理业务。禁止工程监理单位超越本单位资质等级许可的范围，或者以其他工程监理单位的名义承担工程监理业务。禁止工程监理单位允许其他单位或个人以本单位的名义承担工程监理业务。工程监理单位不得转让工程监理业务。

(2)工程监理单位与被监理工程的施工承包单位，以及建筑材料、建筑构配件和设备供应单位有隶属关系或其他利害关系的，不得承担该项建设工程的监理业务。

(3)工程监理单位应当依照法律、法规，以及有关技术标准、设计文件和建设工程承包合同，代表建设单位对施工质量实施监理，并对施工质量承担监理责任。

(4)工程监理单位应当选派具备相应资格的总监理工程师和监理工程师进驻施工现场。未经监理工程师签字,建筑材料、建筑构配件和设备不得在工程上使用或安装,施工单位不得进行下一道工序的施工。未经总监理工程师签字,建设单位不拨付工程款,不进行竣工验收。

(5)监理工程师应当按照工程监理规范的要求,采取旁站、巡视和平行检验等形式,对建设工程实施监理。

4.1.2　建筑工程质量责任制度中的法律风险及防范

4.1.2.1　建设单位的法律风险

根据《建设工程质量管理条例》的规定,建设单位将建设工程发包给不具有相应资质等级的勘察、设计、施工单位,或者委托给不具有相应资质等级的工程监理单位的,责令改正,处 50 万元以上 100 万元以下的罚款。

建设单位将建设工程肢解发包的,责令改正,处工程合同价款 0.5%以上 1%以下的罚款;对全部或部分使用国有资金的项目,可以暂停项目执行或暂停资金拨付。

建设单位有下列行为之一的,责令改正,处 20 万元以上 50 万元以下的罚款:

(1)迫使承包方以低于成本的价格竞标的;

(2)任意压缩合理工期的;

(3)明示或暗示设计单位、施工单位违反工程建设强制性标准,降低工程质量的;

(4)施工图设计文件未经审查或审查不合格,擅自施工的;

(5)建设项目必须实行工程监理而未实行工程监理的;

(6)未按照国家规定办理工程质量监督手续的;

(7)明示或暗示施工单位使用不合格的建筑材料、建筑构配件和设备的;

(8)未按照国家规定将竣工验收报告、有关认可文件或准许使用文件报送备案的。

建设单位未取得施工许可证或开工报告未经批准,擅自施工的,责令停止施工,限期改正,处工程合同价款 1%以上 2%以下的罚款。

4.1.2.2　勘察、设计单位的法律风险

根据《建设工程质量管理条例》的规定,勘察、设计单位的法律风险包括:

(1)勘察、设计单位超越本单位资质等级承揽工程的,责令停止违法行为,对勘察、设计单位处合同约定的勘察费、设计费 1 倍以上 2 倍以下的罚款。未取得资质证书承揽工程的,予以取缔,依照前款规定处以罚款;有违法所得的,予以没收。

(2)以欺骗手段取得资质证书承揽工程的,吊销资质证书,依照上述规定处以罚款;有违法所得的,予以没收。

(3)勘察、设计单位允许其他单位或个人以本单位名义承揽工程的,责令改正,没收违法所得,对勘察、设计单位处合同约定的勘察费、设计费 1 倍以上 2 倍以下的罚款;可以责令停业整顿,降低资质等级;情节严重的,吊销资质证书。

(4)承包单位将承包的工程转包或违法分包的,责令改正,没收违法所得,对勘察、设计单位处合同约定的勘察费、设计费 25%以上 50%以下的罚款;可以责令停业整顿,降低资质等级;情节严重的,吊销资质证书。

(5)有下列行为之一的,责令改正,处10万元以上30万元以下的罚款:

①勘察单位未按照工程建设强制性标准进行勘察的;

②设计单位未根据勘察成果文件进行工程设计的;

③设计单位指定建筑材料、建筑构配件的生产厂、供应商的;

④设计单位未按照工程建设强制性标准进行设计的。

有上述所列行为,造成工程质量事故的,责令停业整顿,降低资质等级;情节严重的,吊销资质证书;造成损失的,依法承担赔偿责任。

(6)注册建筑师、注册结构工程师等注册执业人员因过错造成质量事故的,责令停止执业1年;造成重大质量事故的,吊销执业资格证书,5年以内不予注册;情节特别恶劣的,终身不予注册。

4.1.2.3　施工单位的法律风险

根据《建设工程质量管理条例》的规定,施工单位的法律风险包括:

(1)施工单位超越本单位资质等级承揽工程的,责令停止违法行为,对施工单位处工程合同价款2%以上4%以下的罚款,可以责令停业整顿,降低资质等级;情节严重的,吊销资质证书;有违法所得的,予以没收。未取得资质证书承揽工程的,予以取缔,依照上述规定处以罚款;有违法所得的,予以没收。以欺骗手段取得资质证书承揽工程的,吊销资质证书,依照本条第一款规定处以罚款;有违法所得的,予以没收。

(2)施工单位允许其他单位或个人以本单位名义承揽工程的,责令改正,没收违法所得,对施工单位处工程合同价款2%以上4%以下的罚款;可以责令停业整顿,降低资质等级;情节严重的,吊销资质证书。

(3)承包单位将承包的工程转包或违法分包的,责令改正,没收违法所得,对施工单位处工程合同价款0.5%以上1%以下的罚款;可以责令停业整顿,降低资质等级;情节严重的,吊销资质证书。

(4)发生重大工程质量事故隐瞒不报、谎报或拖延报告期限的,对直接负责的主管人员和其他责任人员依法给予行政处分。

(5)施工单位违反国家规定,降低工程质量标准,造成重大安全事故,构成犯罪的,对直接责任人员依法追究刑事责任。

4.1.2.4　监理单位的法律风险

根据《建设工程质量管理条例》的规定,施工单位的法律风险包括:

(1)工程监理单位超越本单位资质等级承揽工程的,责令停止违法行为,对工程监理单位处合同约定的监理酬金1倍以上2倍以下的罚款。未取得资质证书承揽工程的,予以取缔,依照上述规定处以罚款;有违法所得的,予以没收。以欺骗手段取得资质证书承揽工程的,吊销资质证书,依照上述规定处以罚款;有违法所得的,予以没收。

(2)工程监理单位允许其他单位或个人以本单位名义承揽工程的,责令改正,没收违法所得,对工程监理单位处合同约定的监理酬金1倍以上2倍以下的罚款;可以责令停业整顿,降低资质等级;情节严重的,吊销资质证书。

(3)工程监理单位转让工程监理业务的,责令改正,没收违法所得,处合同约定的监理酬金25%以上50%以下的罚款;可以责令停业整顿,降低资质等级;情节严重的,吊销资质证书。

(4)工程监理单位有下列行为之一的,责令改正,处50万元以上100万元以下的罚款,降低资质等级或吊销资质证书;有违法所得的,予以没收;造成损失的,承担连带赔偿责任:

①与建设单位或施工单位串通,弄虚作假、降低工程质量的;

②将不合格的建设工程、建筑材料、建筑构配件和设备按照合格签字的。

(5)工程监理单位与被监理工程的施工承包单位,以及建筑材料、建筑构配件和设备供应单位有隶属关系或其他利害关系承担该项建设工程的监理业务的,责令改正,处5万元以上10万元以下的罚款,降低资质等级或吊销资质证书;有违法所得的,予以没收。

建设、勘察、设计、施工、工程监理单位的工作人员因调动工作、退休等原因离开该单位后,被发现在该单位工作期间违反国家有关建设工程质量管理规定,造成重大工程质量事故的,仍应当依法追究法律责任。

4.1.2.5 法律风险的防范

防范上述风险,要求建设、勘察、设计、施工和工程监理单位等,必须严格按照《建筑法》和《建设工程质量管理条例》的要求,认清各自的法律职责,切实贯彻、落实本单位的法律责任,切忌以身试法。

4.1.2.6 低于成本价承揽工程的法律风险及防范

日益激烈的建筑市场竞争甚至是恶性竞争加剧了投标报价的不合理性。竞争行为不规范,建筑市场缺乏有效的调控机制、管理失控、不正之风现象较为突出,场外幕后交易、权钱交易及人为压低工程造价,使中标价无法真正反映工程价格。所以,施工单位为了获取项目,不择手段,采取"钓鱼"手段,以微利甚至低于成本价承揽工程。即使中标签下合同,也往往埋下纠纷的祸根。防范此类风险,要做到以下几点:

(1)全面提高自身素质,综合发挥企业优势。一方面要有独立的估价信息,加强企业成本核算,建立企业的内部定额,做到心中有数,不至于出现盲目报价的情况;另一方面要从技术和管理方面入手,发挥自身优势,提高工作效率,降低成本,加大企业的"可降价空间",以适应残酷的竞争需要,提高市场竞争力。

(2)适应和遵循日趋完善的外部制约机制。在招标投标环节,开始全面实施投标保证金、履约保证金制度。因此,在决定投标报价时,施工企业要三思而后行,避免将来不能按合同履行,提交的保证金被没收。

(3)加强企业合同管理。在实施工程建设的过程中,要严格执行合同中的有关价格条款,维护合同的权威性,保证依法办事,不虚报冒算,减少纠纷,防止较低价格中标可能出现的各种后遗症。

4.1.2.7 过高工程质量承诺的法律风险及防范

为了提高中标率,符合招标要求,施工单位往往会做出较高的质量承诺,即对工程质量品质达到或高于优良等级的承诺。而奖罚标准列入合同条款,少则30万~50万元,多则为造价的3%~5%,或对等奖罚,或只罚不奖。众所周知,现行工程预算定额是建立在合格产品基础上的。在没有实行优质优价经济的市场中,在高品质工程评定额度严格控制的条件下,指出分包商、供应商的质量缺陷是非常容易的,因此施工企业将面临巨额的质量等级违约扣罚风险。一部分工程即使设立了质量奖励，就其数额来说无法与质量创优成本相匹配。如达不到建设单位特别要求的工程质量标准，必将因此承担高代价的违约责任。

要防范此类风险，施工单位应在保证强制性质量标准的前提下，对工程质量做适当承诺，莫轻易做出工程过高品质的承诺。在工程合同中承诺的质量等级要按照"质量""安全""环境"标准的要求，加强工程质量管理，根据工程的实际情况，设计创优方案和施工组织，选择精良的项目管理班子和劳务作业队伍，配备性能优良的设备，确保管理目标的实现。同时，落实质量管理责任制，化解质量风险。工程质量管理贯穿于工程施工的全过程，每一个分部分项的质量优劣都会影响到整个工程质量的优劣。因此，对于分部分项工程的劳务分包商，要在与他们的合同中落实质量责任，明确质量标准，并设立一定数额的质量目标奖罚措施，以转嫁质量风险。

4.1.2.8　不按图施工的法律风险及防范

工程设计变更是施工单位遇到的主要风险之一，其常见的法律后果是工程量的增加而导致工程价款的增加或工期顺延，而其与工程质量的关系往往被人们所忽略。根据《建筑法》第五十八条的规定：建筑施工企业对工程的施工质量负责。建筑施工企业必须按照工程设计图纸和施工技术标准施工，不得偷工减料。工程设计的修改由原设计单位负责，建筑施工企业不得擅自修改工程设计。实践中，由于建设单位处于优势地位，对施工单位有着很大的支配权，其提出的变更要求，施工单位很少会拒绝。如果建设单位变更设计违反了强制性规范，施工单位未对其变更要求予以拒绝，而未按原施工图纸施工，并由此导致工程质量降低，施工单位则应对出现的工程质量问题承担相应的法律责任。因此，施工单位应严格施工程序，严格按照设计图纸及合同的要求进行施工。凡发生工程设计变更，均必须由建设单位书面告知施工单位方可组织实施。设计变更超过原设计标准或批准的建设规模时，施工单位应在建设单位报政府规划管理部门和其他有关部门重新审查批准，并由原设计单位提供变更的相应图纸和说明，在收到建设单位或监理单位发出书面设计变更通知单后，方可组织实施。对于建设单位违反强制性规范，擅自变更设计的要求，施工单位直接书面予以拒绝，并保留好签收原件。

然而，严格按图施工也不是机械的"按图"。施工单位是具有或应该具有相应的专业知识、技术技能、实践经验和判断能力的专业队伍，同时也有义务注意施工方案中是否有明显的缺陷，即使按有明显缺陷的图纸进行施工，也应对工程质量缺陷承担相应的法律责任。因此，要求施工单位应注意：①配备懂设计的现场施工人员。施工人员不懂设计的现象较为普遍，应加强其管理人员的建筑工程专业知识，了解一点设计方面的相关知识，使其能发觉施工图纸上的明显错误。②认真组织图纸会审。在图纸会审时，应组织技术力量对图纸进行严格的审查，审查事项包括：设计单位是否具有相应的资质；图纸是否经过了审图公司的审查；图纸设计是否存在明显缺陷或不合理。③把图纸上的瑕疵一一列出，形成书面材料向建设单位提出。同时，在施工过程中，对图纸上的明显缺陷也要向建设单位及时报告。

4.1.2.9　建筑材料、建筑构配件和设备选用不当的法律风险及防范

建筑材料是建筑工程的重要物质基础，建筑工程的质量和造价在很大程度上取决于

是否正确地选择和合理地使用建筑材料。建筑材料、建筑构配件和设备不合格，建筑工程质量也就不可能符合要求，这是造成建筑工程质量问题的直接原因之一。依据法律法规和施工合同的约定，由建设单位提供建筑材料、建筑构配件和设备的，建设单位应当保证建筑材料、建筑构配件和设备符合设计文件和合同的要求，不得明示或暗示施工单位使用不合格的建筑材料、建筑构配件和设备。

施工单位在使用建设单位供应的材料设备之前，依据建筑工程设计要求、施工技术标准和合同的约定对建筑材料、建筑构配件和设备进行检验，不合格的不予使用，并通知建设单位予以退换，以保证施工质量。《建设工程质量管理条例》第十条第一款规定：建设工程发包单位不得迫使承包方以低于成本的价格竞标，不得任意压缩合理工期。而实践中，建设单位常常尽可能地压缩工期，如根据房地产市场形势推出紧张的售楼计划，因此进度相当敏感，甚至要求施工单位抢进度，并在建设工程施工合同中对施工单位工期的延误规定了苛刻的违约责任。作为施工单位，为避免工期延误导致的违约损失，往往在工程质量和工期的矛盾中选择了后者，有意无意地忽略了工程质量控制，大大增加了出现质量问题的风险。因此，对于施工过程中存在的工期顺延的情形，施工单位还要及时做好工期签证工作，避免因为工期过于紧张而忽略工程质量，以在保证工期的同时控制工程质量。

4.1.2.10　隐蔽工程验收的法律风险及防范

隐蔽工程多指地基、电气管线、供水供热管线等需要覆盖、掩盖的工程；由于隐蔽工程需要隐蔽，如果发生质量问题，还得重新覆盖和掩盖，会造成返工，那么将造成非常大的损失。《建设工程质量管理条例》第三十条规定：施工单位必须建立、健全施工质量的检验制度，严格工序管理，做好隐蔽工程的质量检查和记录。隐蔽工程在隐蔽前，施工单位应当通知建设单位和建设工程质量监督机构。因此，为了避免资源的浪费和当事人双方的损失，保证工程的质量和工程顺利完成，施工单位在隐蔽工程隐蔽以前，应当通知建设单位检查，建设单位检查合格的，方可进行隐蔽工程。

实践中，当工程具备覆盖、掩盖条件的，施工单位应当先进行自检，自检合格后，在隐蔽工程进行隐蔽前，及时通知建设单位或建设单位派驻的工地代表对隐蔽工程进行检查并监督隐蔽工程的作业，通知中包括施工单位的自检记录、隐蔽的内容、检查时间和地点。建设单位或其派驻的工地代表接到通知后，应当在要求的时间内到达隐蔽工程现场进行检查。检查合格的，建设单位或其派驻的工地代表在检查记录上签字后，方可进行隐蔽施工。建设单位检查发现隐蔽工程条件不合格的，有权要求施工单位在一定期限内完善工程条件。隐蔽工程条件符合规范要求，建设单位检查合格后，建设单位或其派驻工地代表在检查后拒绝在检查记录上签字的，在实践中可视为建设单位已经批准，施工单位可以进行隐蔽工程施工。

如果施工单位未通知建设单位检查而自行进行隐蔽工程的，事后建设单位有权要求对已隐蔽的工程进行检查，施工单位应当按照要求进行剥露，并在检查后重新隐蔽或修复后隐蔽。如果经检查，隐蔽工程不符合要求的，施工单位应当返工，重新进行隐蔽。在这种情况下检查隐蔽工程所发生的费用如检查费用、返工费用、材料费用等由施工单位负担，并承担工期延误的违约责任。

4.2　建筑工程质量监督制度

为了更好地保证房屋建筑的工程质量,我国设立了国家住房和城乡建设部,在省、自治区、直辖市设立了住房和城乡建设厅,在各市(县)设立了住房和城乡建设局(委)。其主要职责就是加强房屋建筑工程质量的监督管理,维护我国房屋建筑行业的正常社会秩序。对于这一制度,作为工程技术人员也应有所了解。

4.2.1　建筑工程质量监督制度概述

建筑工程质量监督制度就是国家相关部门对建筑工程质量的监督管理制度。这项监督制度具体要求如下:

(1)国务院建设行政主管部门对全国的建设工程质量实施统一监督管理。国务院铁路、交通、水利等有关部门按照国务院规定的职责分工,负责对全国的有关专业建设工程质量的监督管理。

县级以上地方人民政府建设行政主管部门对本行政区域内的建设工程质量实施监督管理。县级以上地方人民政府交通、水利等有关部门在各自的职责范围内,负责对本行政区域内的专业建设工程质量的监督管理。

(2)国务院建设行政主管部门和国务院铁路、交通、水利等有关部门应当加强对有关建设工程质量的法律、法规和强制性标准执行情况的监督检查。

(3)国务院发展计划部门按照国务院规定的职责,组织稽察特派员,对国家出资的重大建设项目实施监督检查。国务院经济贸易主管部门按照国务院规定的职责,对国家重大技术改造项目实施监督检查。

(4)建设工程质量监督管理,可以由建设行政主管部门或其他有关部门委托的建设工程质量监督机构具体实施。

从事房屋建筑工程和市政基础设施工程质量监督的机构,必须按照国家有关规定经国务院建设行政主管部门或省、自治区、直辖市人民政府建设行政主管部门考核;从事专业建设工程质量监督的机构,必须按照国家有关规定经国务院有关部门或省、自治区、直辖市人民政府有关部门考核。经考核合格后,方可实施质量监督。

(5)县级以上地方人民政府建设行政主管部门和其他有关部门应当加强对有关建设工程质量的法律、法规和强制性标准执行情况的监督检查。

(6)县级以上人民政府建设行政主管部门和其他有关部门履行监督检查职责时,有权采取下列措施:

①要求被检查的单位提供有关工程质量的文件和资料;

②进入被检查单位的施工现场进行检查;

③发现有影响工程质量的问题时,责令改正。

(7)建设单位应当自建设工程竣工验收合格之日起15日内,将建设工程竣工验收报告和规划、公安消防、环保等部门出具的认可文件或准许使用文件报建设行政主管部门、其他有关部门备案。

建设行政主管部门或其他有关部门发现建设单位在竣工验收过程中有违反国家有关建设工程质量管理规定行为的，责令停止使用，重新组织竣工验收。

(8)有关单位和个人对县级以上人民政府建设行政主管部门和其他有关部门进行的监督检查应当支持与配合，不得拒绝或阻碍建设工程质量监督检查人员依法执行职务。

(9)供水、供电、供气、公安消防等部门或单位不得明示或暗示建设单位、施工单位购买其指定的生产供应单位的建筑材料、建筑构配件和设备。

(10)建设工程发生质量事故，有关单位应当在24小时内向当地建设行政主管部门和其他有关部门报告。对重大质量事故，事故发生地的建设行政主管部门和其他有关部门应当按照事故类别和等级向当地人民政府和上级建设行政主管部门和其他有关部门报告。特别重大质量事故的调查程序按照国务院有关规定办理。

(11)任何单位和个人对建设工程的质量事故、质量缺陷都有权检举、控告、投诉。

4.2.2　建筑工程质量监督制度的法律风险及防范

根据《建筑法》的规定，对不具备相应资质等级条件的单位颁发该等级资质证书的，由其上级机关责令收回所发的资质证书，对直接负责的主管人员和其他直接责任人员给予行政处分；构成犯罪的，依法追究刑事责任。

政府及其所属部门的工作人员违反本法规定，限定发包单位将招标发包的工程发包给指定的承包单位的，由上级机关责令改正；构成犯罪的，依法追究刑事责任。

负责颁发建筑工程施工许可证的部门及其工作人员对不符合施工条件的建筑工程颁发施工许可证的，负责工程质量监督检查或竣工验收的部门及其工作人员对不合格的建筑工程出具质量合格文件或按合格工程验收的，由上级机关责令改正，对责任人员给予行政处分；构成犯罪的，依法追究刑事责任；造成损失的，由该部门承担相应的赔偿责任。

《建设工程质量管理条例》中也对工程质量监督制度中的违规现象做了严格的规定：国家机关工作人员在建设工程质量监督管理工作中玩忽职守、滥用职权、徇私舞弊，构成犯罪的，依法追究刑事责任；尚不构成犯罪的，依法给予行政处分。

为防范这类风险，要求政府监管部门及人员要认真领会工程建设的相关法律法规要求，严格依法从政，维护国家和社会的正常秩序，及时纠正工程建设中的违规和不良现象，做遵规守法的楷模。

4.3　建筑工程竣工及验收制度

4.3.1　建筑工程竣工及验收制度基本要求

《建筑法》第六十一条规定，交付竣工验收的建筑工程，必须符合规定的建筑工程质量标准，有完整的工程技术经济资料和经签署的工程保修书，并具备国家规定的其他竣工条件。建筑工程竣工经验收合格后，方可交付使用；未经验收或验收不合格的，不得交付使用。

《建设工程质量管理条例》也规定，交付竣工验收的建筑工程，必须符合规定的建筑工程质量标准,有完整的工程技术经济资料和经签署的工程保修书,并具备国家规定的其他竣工条件。建筑工程竣工经验收合格后,方可交付使用;未经验收或验收不合格的,不得交付使用。

4.3.1.1 建筑工程竣工验收的条件

2013 年 12 月 2 日,国家住房和城乡建设部印发了《房屋建筑和市政基础设施工程竣工验收规定》,其中规定,工程竣工验收工作,由建设单位负责组织实施。县级以上地方人民政府建设行政主管部门应当委托工程质量监督机构对工程竣工验收实施监督。并具体规定,工程符合下列要求方可进行竣工验收:

(1)完成工程设计和合同约定的各项内容。

(2)施工单位在工程完工后对工程质量进行了检查,确认工程质量符合有关法律、法规和工程建设强制性标准,符合设计文件及合同要求,并提出工程竣工报告。工程竣工报告应经项目经理和施工单位有关负责人审核签字。

(3)对于委托监理的工程项目,监理单位对工程进行了质量评估,具有完整的监理资料,并提出工程质量评估报告。工程质量评估报告应经总监理工程师和监理单位有关负责人审核签字。

(4)勘察、设计单位对勘察、设计文件及施工过程中由设计单位签署的设计变更通知书进行了检查,并提出质量检查报告。质量检查报告应经该项目勘察、设计负责人和勘察、设计单位有关负责人审核签字。

(5)有完整的技术档案和施工管理资料。

(6)有工程使用的主要建筑材料、建筑构配件和设备的进场试验报告。

(7)建设单位已按合同约定支付工程款。

(8)有施工单位签署的工程质量保修书。

(9)城乡规划行政主管部门对工程是否符合规划设计要求进行检查,并出具认可文件。

(10)有公安消防、环保等部门出具的认可文件或准许使用文件。

(11)建设行政主管部门及其委托的工程质量监督机构等有关部门责令整改的问题全部整改完毕。

4.3.1.2 建筑工程竣工验收的程序

根据《房屋建筑和市政基础设施工程竣工验收规定》的要求,工程竣工验收应当按以下程序进行:

(1)工程完工后,施工单位向建设单位提交工程竣工报告,申请工程竣工验收。实行监理的工程,工程竣工报告须经总监理工程师签署意见。

(2)建设单位收到工程竣工报告后,对符合竣工验收要求的工程,组织勘察、设计、施工、监理等单位和其他有关方面的专家组成验收组,制定验收方案。

(3)建设单位应当在工程竣工验收 7 个工作日前将验收的时间、地点及验收组名单书面通知负责监督该工程的工程质量监督机构。

(4)建设单位组织工程竣工验收。

4.3.1.3　建筑工程竣工验收的内容

根据《房屋建筑和市政基础设施工程竣工验收规定》的要求，工程竣工验收内容包括：

(1)建设、勘察、设计、施工、监理单位分别汇报工程合同履约情况和在工程建设各个环节执行法律、法规和工程建设强制性标准的情况；

(2)审阅建设、勘察、设计、施工、监理单位的工程档案资料；

(3)实地查验工程质量；

(4)对工程勘察、设计、施工、设备安装质量和各管理环节等方面做出全面评价，形成经验收组人员签署的工程竣工验收意见。

参与工程竣工验收的建设、勘察、设计、施工、监理等各方不能形成一致意见时，应当协商提出解决的方法，待意见一致后，重新组织工程竣工验收。

4.3.1.4　建筑工程竣工验收报告

工程竣工验收合格后，建设单位应当及时提出工程竣工验收报告。工程竣工验收报告主要包括工程概况，建设单位执行基本建设程序情况，对工程勘察、设计、施工、监理等方面的评价，工程竣工验收时间、程序、内容和组织形式、工程竣工验收意见等内容。工程竣工验收报告还应附有下列文件：

(1)施工许可证；

(2)施工图设计文件审查意见；

(3)上述验收条件中的(2)、(3)、(4)、(9)、(10)项规定的文件；

(4)验收组人员签署的工程竣工验收意见；

(5)市政基础设施工程应附有质量检测和功能性试验资料；

(6)施工单位签署的工程质量保修书；

(7)法规、规章规定的其他有关文件。

负责监督该工程的工程质量监督机构应当对工程竣工验收的组织形式、验收程序、执行验收标准等情况进行现场监督，发现有违反建设工程质量管理规定行为的，责令改正，并将对工程竣工验收的监督情况作为工程质量监督报告的重要内容。

4.3.2　建筑工程竣工及验收制度的法律风险及防范

4.3.2.1　工程未经验收而同意提前使用的法律风险及防范

《建设工程质量管理条例》第五十八条规定，建设单位有下列行为之一的，责令改正，处工程合同价款2%以上4%以下的罚款；造成损失的，依法承担赔偿责任。

(1)未组织竣工验收，擅自交付使用的；

(2)验收不合格，擅自交付使用的；

(3)对不合格的建设工程按照合格工程验收的。

第五十九条规定，建设工程竣工验收后，建设单位未向建设行政主管部门或其他有关部门移交建设项目档案的，责令改正，处1万元以上10万元以下的罚款。

最高法院有关司法解释规定：建设工程未经竣工验收，发包人擅自使用后，又以使用部分质量不符合约定为由主张权利的，不予支持。实践中常出现工程未经验收而发包人要求提前进驻使用,承包人又不得不同意的现象。由于提前使用已经承包人同意,此种情况下的质量问题责任承担不适用前述司法解释的规定,如果发现质量问题,责任的承担如双方有约定的,按照约定执行;没有约定的,则按照过错原则来分担责任,由过错方承担。因此,在发包人要求提前使用工程时,为避免承包人的质量责任风险,应发函告知发包人或与发包人约定,如提前使用工程质量问题由发包人承担。当然,承包人仍对合理使用寿命内地基基础工程和主体结构的质量责任承担和负责。

4.3.2.2 竣工验收后新增工程法律风险及防范

根据《民法典》第七百九十九条的规定,工程竣工建设单位应组织竣工验收。建设单位收到建设工程竣工报告后,应当组织设计、施工、工程监理等有关单位进行竣工验收。建设工程经验收合格的,方可交付使用。实践中,建设单位为增大施工单位的责任,在工程竣工验收后,要求整改或增加了新的工作内容。如双方未签订对新增工作的书面约定,则可能引发分歧,即存在该工作内容系因质量问题而做整改还是原工程未完成的部分等情况。

因此,施工单位对此应提高警惕,与建设单位签订书面协议明确约定新增工程独立于原合同外,或约定新增工作内容、验收等程序。并在完工后及时申请建设单位验收,拒绝验收的,应及时书面去函催促,以避免该新增工作被认定为原工程未完成部分工作的风险。

4.3.2.3 建设单位不依法组织竣工验收的法律风险及防范

工程竣工验收是进行结算的基础,部分建设单位通过拖延竣工验收来达到拖延支付工程款的目的。在达到竣工验收条件时建设单位不组织竣工验收,或者故意拖延竣工验收的进行,使竣工验收无法顺利进行。对此,施工单位可以采取以下措施进行防范:

(1)及时主张竣工验收,若建设单位不按规定期限组织验收,视为工程竣工验收合格。在建设工程施工合同中约定在承包人提交竣工验收报告后一定期限内,如发包人不组织竣工验收,也不提出异议的,应当视为工程竣工验收合格。现行法律对于工程已具备竣工验收条件的,工程建设单位无故不组织竣工验收,应该如何进行处理尚无明确的规定。因此,部分工程发包人由于资金原因或出于拖延工程款目的而迟迟不组织竣工验收。对于法律并无明确规定的,为保障建筑工程承包人的利益,应当在双方的建筑施工合同中进行明确的约定,规定在发包人收到承包人提交的工程竣工验收报告后一定期限内(比如《建设工程施工合同(示范文本)》中明确为28天),发包人应当组织相关单位进行验收,逾期不组织验收,也不提出异议的,视为工程竣工验收合格。

(2)依法行使工程价款优先权。对于发包人意图拖延验收达到拒付工程款的,承包人应自双方约定的工程竣工验收之日起行使工程价款优先权,留置该工程并依法处置。根据《民法典》第八百零七条规定:发包人未按照约定支付价款的,承包人可以催告发包人在合理期限内支付价款。发包人逾期不支付的,除根据建设工程的性质不宜折价、拍卖外,承包人可以与发包人协议将该工程折价,也可以请求人民法院将该工程依法拍卖。建设工程的价款就该工程折价或者拍卖的价款优先受偿。此为建设工程价款的优先受偿权,最高人民法院的司法解释规定,建设工程价款优先受偿权从工程竣工验收或双方约定的工程竣工验收之日起算,优先受偿权的行使期限为6个月。

(3)要求建设单位签订相应的补充协议。如果在最初签订的施工合同中没有前述约定,施工单位可在施工过程中,择机要求建设单位签订类似的补充协议。通常在一个建筑施工项目进行中,为保障施工的顺利进行,根据施工项目的实际情况,发包人与承包人都会签署一些补充协议,并约定补充协议的效力优先。因此,签署补充协议可以作为对建设工程施工合同的重要补充手段。

4.3.2.4　建设单位拖延竣工验收的法律风险及防范

在工程竣工验收进程中,建设单位、监理单位及其工作人员,以质量不符合约定或强制性规定为由,拖延竣工验收的进程,甚至要求施工单位承担质量责任。对此,施工单位应采取以下防范措施:

(1)在签订施工合同时,对工程质量的承诺应当充分考虑各种主观客观因素,包括工程价款、利润空间、施工方技术水平,以及一些可以预见的风险等。在充分考量了这些因素之后,确定能否达到建设单位要求的质量等级、质量标准,以此作为签订合同质量条款的依据。

(2)施工单位与施工项目部均应建立规范的质量管理制度,加强施工人员管理、档案材料管理、施工现场管理,建立质量考评制度、质量整改制度等,从源头上保证施工质量。

(3)施工过程中施工单位应加强质量控制,对建设单位、监理单位或其他建设行政主管部门等提出的质量问题,及时进行分析,确定整改措施,并及早整改。

(4)对于在工程竣工验收过程中建设单位等故意以施工质量存在问题为由,拖延验收进度的,应当尊重客观事实、尊重科学,进行耐心细致的说服。对于毫无道理的借口,可以向有关部门反映情况;对竣工验收人员以不合理的私人要求为前提的,可向建设行政主管部门或其他国家机关进行举报。

4.3.2.5　建设单位在工程交付使用后要求工程质量鉴定的法律风险及防范

部分建设单位在工程竣工验收合格并交付使用后,往往又以工程质量不合格为由,要求对工程质量进行鉴定,以达到拒付工程款的目的。

关于工程竣工验收合格并交付使用后,建设单位又以工程质量不符合合同约定为由,要求对工程质量进行鉴定是否应予支持,目前我国法律法规、司法解释等尚无明确规定。这种情形并不普遍,但也是建筑施工企业会遇到的问题。最高人民法院关于审理建设工程施工合同的司法解释中规定,建设工程未经竣工验收而交付使用后,建设单位以工程质量不符合合同约定的,人民法院不予以支持。经竣工验收合格交付使用后,建设单位又以不符合约定为由,要求对工程质量进行鉴定,显然对施工单位极为不利。

对此,施工单位应在工程竣工验收过程中增强意识,在工程竣工验收过程中做好各分项工程质量验收记录,对于承包人来说,这种质量检验记录越详尽越好,并在各分项工程质量验收记录上要求发包人、监理单位及其他相关单位负责人签字确认。在出现这种情况之后,如果承包人提供的工程竣工验收记录对验收过程中各分项验收的记录情况不详尽,这可能会给发包人更多的借口来否认工程验收记录上的记载。如果在工程竣工中能对每一项检查验收的情况等进行详细记载,并有发包人、监理单位的签字,对于人民法院认定工程质量已符合规定具有非常重要的意义,日后一旦出现纠纷,可使建筑施工企业处于更为有利的地位。

4.3.2.6 甩项竣工或发包人自行分包工程的法律风险及防范

在签订施工合同时应对甩项竣工验收的情形予以尽可能的预料，并将处理意见与建设单位进行协商，纳入施工合同或补充协议之中，以便在出现这些纠纷时有据可依。通常可以在协议中约定出现这些情况之后，由建设单位承担不能按时竣工验收的责任，并约定进行甩项竣工验收的条件，也可约定在施工单位完成其施工任务后一定时间之内应当进行竣工验收，否则施工单位可提交工程结算资料，要求建设单位办理结算，并接受甩项竣工的工程。

工程由于甩项竣工或发包人单独发包的工程未完工，而不能进行竣工验收，发包人又要求先行使用的，承包人应当与发包人办理书面的工程移交手续，将工程移交发包人使用和管理。根据相关法律的规定，办理工程移交手续之后，则该工程损毁、灭失的风险均由发包人承担，且发包人不能再以工程质量不符合约定为由要求承包人承担质量责任（质量保修责任除外）。

4.3.2.7 工程竣工验收时间确认的法律风险与防范

工程竣工验收日期对建筑工程施工合同发包、承包双方都具有非常重要的意义，对于承包人来说，是确定是否拖延工期的重要依据，也是优先权的开始计算日期。在实践中，由于办理竣工验收备案手续的时间会滞后，承包人应注意竣工验收备案表上载明的竣工时间应与实际竣工时间保持一致，以免将报请竣工验收备案的时间作为工程竣工时间，在日后的诉讼过程中发生竣工时间约定不明的问题而对承包人不利。

4.4 建筑工程质量保修制度

4.4.1 建筑工程质量保修制度概述

建筑工程的质量保修制度，是指对建筑工程在交付使用后的一定期限内发现的工程质量缺陷，由施工企业承担修复责任的制度。建筑工程作为一种特殊的耐用消费品，一旦建成后将长期使用。建筑工程在建设中存在的质量问题，在工程竣工验收时被发现的，必须经修复完好后，才能作为合格工程交付使用；有些质量问题在竣工验收时未被发现，而在使用过程中的一定期限内逐渐暴露出来的，施工企业则应当负责无偿修复，以维护用户的利益。目前，不少房屋建筑质量较差，留有较多质量隐患。一些房屋在竣工验收时合格，而在住了或长或短的一段时间后，许多潜在的质量问题才显露出来。如屋面漏水，墙壁裂缝或墙皮脱落，室内地面空鼓、开裂、起砂，上下水管道、暖气管道漏水、堵塞，暖气不热，电气故障，门窗开关不灵或缝隙超过规定等，这些问题相当普遍和严重，群众反映强烈。为了明确施工企业对其施工的建筑工程应负的质量责任，维护用户的合法权益，《建筑法》明确规定，建设工程实行质量保修制度。

4.4.1.1 工程质量保修书

《建设工程质量管理条例》第三十九条第二款规定，建设工程承包单位在向建设单位提交工程竣工验收报告时，应当向建设单位出具质量保修书。质量保修书中应当明确建设工程的保修范围、保修期限和保修责任等。

《建设工程质量管理条例》第十六条规定，施工单位签署的质量保修书是施工单位向建设单位提交竣工验收时应具备的条件之一。而且，工程质量保修书也是一种合同，是发承包双方就建设工程保修范围、保修期限和保修责任等设立权利和义务的协议，集中体现了承包单位对发包单位的工程质量保修的承诺。违背了质量保修书的约定，就应当承担违约责任。

4.4.1.2　工程质量保修范围和期限

《建筑法》第六十二条规定，建筑工程实行质量保修制度。建筑工程的保修范围应当包括地基基础工程、主体结构工程、屋面防水工程和其他土建工程，以及电气管线、上下水管线的安装工程，供热、供冷系统工程等项目；保修的期限应当按照保证建筑物合理寿命年限内正常使用，维护使用者合法权益的原则确定。具体的保修范围和最低保修期限由国务院规定。

《建筑法》第六十三条规定，任何单位和个人对建筑工程的质量事故、质量缺陷都有权向建设行政主管部门或其他有关部门进行检举、控告、投诉。在正常使用条件下，建设工程的最低保修期限为：

(1)基础设施工程、房屋建筑的地基基础工程和主体结构工程，为设计文件规定的该工程的合理使用年限；

(2)屋面防水工程、有防水要求的卫生间、房间和外墙面的防渗漏，为 5 年；

(3)供热与供冷系统，为 2 个采暖期、供冷期；

(4)电气管线、给排水管道、设备安装和装修工程，为 2 年。

其他项目的保修期限由发包方与承包方约定。

建设工程的保修期，自竣工验收合格之日起计算。

4.4.1.3　保修责任

《建设工程质量管理条例》第四十一条规定，建设工程在保修范围和保修期限内发生质量问题的，施工单位应当履行保修义务，并对造成的损失承担赔偿责任。

2000 年 6 月 26 日，国家住建部颁布实施的《房屋建筑工程质量保修办法》中规定了三种不属于保修范围的情况，分别是：①因使用不当造成的质量缺陷；②因第三方造成的质量缺陷；③因不可抗力造成的质量缺陷。

《房屋建筑工程质量保修办法》对建设单位和施工单位的保修责任做了明确的规定，具体如下：

(1)房屋建筑工程在保修期限内出现质量缺陷，建设单位或房屋建筑所有人应当向施工单位发出保修通知。

(2)施工单位接到保修通知后，应当到现场核查情况，在保修书约定的时间内予以保修。发生涉及结构安全或严重影响使用功能的紧急抢修事故，施工单位接到保修通知后，应当立即到达现场抢修。

(3)发生涉及结构安全的质量缺陷，建设单位或房屋建筑所有人应当立即向当地建设行政主管部门报告，由原设计单位或具有相应资质等级的设计单位提出保修方案，施工单位实施保修，原工程质量监督机构负责监督。

(4)保修完成后，由建设单位或房屋建筑所有人组织验收。涉及结构安全的，应当报当地建设行政主管部门备案。

(5)施工单位不按工程质量保修书约定保修的，建设单位可以另行委托其他单位保修，由原施工单位承担相应责任。

(6)保修费用由质量缺陷的责任方承担。

(7)在保修期内，因房屋建筑工程质量缺陷造成房屋所有人、使用人或第三方人身、财产损害的，房屋所有人、使用人或第三方可以向建设单位提出赔偿要求。建设单位向造成房屋建筑工程质量缺陷的责任方追偿。

(8)因保修不及时造成新的人身、财产损害，由造成拖延的责任方承担赔偿责任。

4.4.1.4　建设工程质量保证金

2005年1月12日，国家住建部和财政部联合颁布了《建设工程质量保证金管理暂行办法》，进一步规范了建设工程的质量保修制度。

(1)质量保证金。《建设工程质量保证金管理暂行办法》规定：建设工程质量保证金(保修金)(简称保证金)是指发包人与承包人在建设工程承包合同中约定，从应付的工程款中预留，用以保证承包人在缺陷责任期内对建设工程出现的缺陷进行维修的资金。

缺陷是指建设工程质量不符合工程建设强制性标准、设计文件，以及承包合同的约定。

(2)缺陷责任期。

缺陷责任期从工程通过竣(交)工验收之日起计。由于承包人原因导致工程无法按规定期限进行竣(交)工验收的，缺陷责任期从实际通过竣(交)工验收之日起计。由于发包人原因导致工程无法按规定期限进行竣(交)工验收的，在承包人提交竣(交)工验收报告90天后，工程自动进入缺陷责任期。

缺陷责任期一般为6个月、12个月或24个月，具体可由发包、承包双方在合同中约定。

缺陷责任期内，由承包人原因造成的缺陷，承包人应负责维修，并承担鉴定及维修费用。如承包人不维修也不承担费用，发包人可按合同约定扣除保证金，并由承包人承担违约责任。承包人维修并承担相应费用后，不免除对工程的一般损失赔偿责任。

由他人原因造成的缺陷，发包人负责组织维修，承包人不承担费用，且发包人不得从保证金中扣除费用。

(3)质量保证金的数额。发包人应当在招标文件中明确保证金预留、返还等内容，并与承包人在合同条款中对涉及保证金的下列事项进行约定：

①保证金预留、返还方式；

②保证金预留比例、期限；

③保证金是否计付利息，如计付利息，利息的计算方式；

④缺陷责任期的期限及计算方式；

⑤保证金预留、返还，以及工程维修质量、费用等争议的处理程序；

⑥缺陷责任期内出现缺陷的索赔方式。

建设工程竣工结算后，发包人应按照合同约定及时向承包人支付工程结算价款并预留保证金。

全部或部分使用政府投资的建设项目,按工程价款结算总额5%左右的比例预留保证金。社会投资项目采用预留保证金方式的,预留保证金的比例可参照执行。

(4)质量保证金的返还缺陷责任期内,承包人认真履行合同约定的责任,到期后,承包人向发包人申请返还保证金。

发包人在接到承包人返还保证金申请后,应于14日内会同承包人按照合同约定的内容进行核实。如无异议,发包人应当在核实后14日内将保证金返还给承包人,逾期支付的,从逾期之日起,按照同期银行贷款利率计付利息,并承担违约责任。发包人在接到承包人返还保证金申请后14日内不予答复,经催告后14日内仍不予答复的,视同认可承包人的返还保证金申请。

发包人和承包人对保证金预留、返还,以及工程维修质量、费用有争议的,按承包合同约定的争议和纠纷解决程序处理。

4.4.2　建筑工程质量保修制度的法律风险及防范

4.4.2.1　违反建筑工程质量保修制度的法律风险

按照《房屋建筑工程质量保修办法》的规定,施工单位有下列行为之一的,由建设行政主管部门责令改正,并处1万元以上3万元以下的罚款。

(1)工程竣工验收后,不向建设单位出具质量保修书的;

(2)质量保修的内容、期限违反本办法规定的。

施工单位不履行保修义务或拖延履行保修义务的,由建设行政主管部门责令改正,处10万元以上20万元以下的罚款。

4.4.2.2　保修期约定不明的法律风险及防范

《建设工程质量管理条例》属于行政法规,其对一些工程项目的最低保修期限的规定为强制性规定。有些施工企业为减少质量保修风险,在施工合同中约定的保修期限少于《建设工程质量管理条例》规定的最低期限。根据《民法典》第一百五十三条规定:违反法律、行政法规的强制性规定的民事法律行为无效。因此,如果承包、发包双方的约定保修期限低于法定最低期限,则该约定是无效的,仍应按法定最低期限来处理。

当然,对其他法律没有限制的项目的保修期限,双方可以自行约定,并在施工合同或质量保修书中采用单项列举的方式对工程保修的具体内容和期限进行明确约定,以避免简单笼统的约定给施工单位在保修责任上带来不确定性风险及在收取工程款余款时发生争议。

4.4.2.3　通知期限约定不明的法律风险及防范

根据《最高人民法院关于审理建设工程施工合同纠纷案件适用法律问题的解释》第二十七条的规定,因保修人未及时履行保修义务,导致建筑物毁损,或者造成人身、财产损害的,保修人应当承担赔偿责任。保修人与建筑物所有人或发包人对建筑物毁损均有过错的,各自承担相应的责任。为避免施工企业因未及时履行保修义务而承担过重的责任,有必要在施工合同中对发包人的通知义务进行约定。双方可约定:发包人应提前一定期限通知保修人履行保修义务,发包人怠于通知,导致建筑物毁损,或造成人身、财产损害的,相关责任由发包人承担。

另外,如前所述,施工企业只对自身原因所致质量问题负责,若保修期内发生的工程质量问题是由其他方原因造成的,则不属于施工企业保修的范围。因此,在施工合同中有必要对发包人就工程质量问题的举证责任进行约定,即发包人通知施工企业履行保修义务时,应同时提交工程存在质量问题、其属于施工企业的保修范围、质量的责任方为施工企业等方面的初步证据;若发包人未提交上述证据的,则应视为工程不存在缺陷,施工企业有权拒绝按保修通知履行。

4.4.2.4　保修流程不熟悉的法律风险及防范

《房屋建筑工程质量保修办法》对保修流程做了基本的规定:房屋建筑工程在保修期限内出现质量缺陷,建设单位或房屋建筑所有人应当向施工单位发出保修通知。施工单位接到保修通知后,应当到现场核查情况,在保修书约定的时间内予以保修。发生涉及结构安全或严重影响使用功能的紧急抢修事故,施工单位接到保修通知后,应当立即到达现场抢修。发生涉及结构安全的质量缺陷,建设单位或房屋建筑所有人应当立即向当地建设行政主管部门报告,采取安全防范措施;由原设计单位或具有相应资质等级的设计单位提出保修方案,施工单位实施保修,原工程质量监督机构负责监督。

在施工合同或保修书已经载明具体情况的处理时限的,保修人应在约定的时限内及时履行保修义务。保修人未及时履行保修义务,导致建筑物毁损或造成人身、财产损害的,保修人应当承担赔偿责任。

4.4.2.5　建设单位主张保修费用的法律风险及防范

在履行保修义务的过程中,施工单位应规范保修的文书,对建设单位反映的质量问题逐一记载,排查存在问题,在保修完成后,应由建设单位或房屋建筑所有人组织验收,施工单位应保留保修记录,以证明保修期间履行了保修义务,避免建设单位以施工单位未履行保修义务为由,另行委托第三方进行维修,进而主张抵扣维修费用,甚至主张维修费用超过保修金的数额等。

4.4.2.6　无能力保修的法律风险及防范

根据《建设工程质量管理条例》第四十条的规定,在正常使用条件下,基础设施工程、房屋建筑的地基基础工程和主体结构工程最低保修期限为设计文件规定的该工程的合理使用年限,而设计年限一般为几十年,甚至上百年。要在如此漫长的期限内真正落实保修责任的承担,必须通过保险来解决。保险具有互助性的特点和补偿损失、分化风险的功能,是现今风险转移的主要手段。推行工程质量保修保险制度,既可以解决保修金的留置问题,缓解施工单位的资金压力,避免施工单位收不回保留金的风险,又可以很好地维护建设单位的合法权益,避免因为施工单位经营不善甚至破产倒闭或无能力保修的风险。投保建筑工程保修责任保险应当注意以下几点:①应与发包人协商,确定投保人与保险费用的承担;②保险公司承保的质量事故在范围、期限等方面应当涵盖施工单位承担法定及约定义务的范围及期限等;③保险事故发生时,保险公司除支付约定的维修费用外,还应支付被保险人为缩小或减少事故损失所支付的必要的费用、相关的诉讼和咨询费用等。

相关案例

【背景资料】 1996年6月，南化建公司南通分公司（简称南化建公司）与南通市通建房地产综合开发公司（简称通建公司）签订《建设工程施工合同》，承建南通市环西路步行街4号楼工程，约定承包范围为设计图纸范围内的土建及水电安装；开工日期为1996年6月18日，工期为305天；质量等级优良；承包方式为包工包料，合同价款约1000万元，以审定结算为准；工程款支付，主体封顶前付100万元，以后按施工方上月工作量报表在下月支付等。

同年6月18日，南化建公司按约进场施工后因资金不足，南化建公司（甲方）与嘉美公司（乙方）于同年9月8日签订《工程分包合同》，嘉美公司进场施工，但双方未按分包合同约定对工程量、工程材料、设备、周转材料、财务等工作进行移交。

1996年12月11日，因通建公司变更设计延误工期和工程款拨付不及时等问题，嘉美公司亦停止施工。南化建公司接洽后将通建公司意见转告嘉美公司，即变更设计造成的工期延误按惯例解决。工程款按合同条款执行，嘉美公司仍不同意复工，1997年1月13日，南化建公司直接恢复施工。同年5月，南化建公司又停工，嘉美公司表示愿意继续施工。

1999年11月22日，通建公司、南化建公司、嘉美公司签订三方协议，约定南化建公司与嘉美公司不再继续施工，后期施工由通建公司与嘉美公司另订施工合同，2000年1月18日，南化建公司全部退场。

2000年3月22日，通建公司与嘉美公司订立后期工程施工合同并进行施工，后双方又产生纠纷，工程再次停工，并引发诉讼。江苏省南通市中级人民法院在审理中，双方自愿达成调解协议，终止履行合同。江苏省南通市中级人民法院已做出〔2000〕通中民初字第49号民事调解书。

2000年5月、2001年7月，嘉美公司两次向江苏省南通市中级人民法院起诉，要求南化建公司、通建公司支付其在前期工程施工中垫付的工程款。

2001年11月，通建公司以工程存在严重质量缺陷为由，向江苏省南通市中级人民法院起诉，要求南化建公司和嘉美公司移交环西路4号楼完整的工程资料，并共同承担主体工程质量问题整改费用147202.01元，另由嘉美公司单独承担主体工程质量问题整改费用711982.23元。

【案件分析】 原审法院审理中，于2001年12月26日委托南通市建设工程质量监督站（简称质监站）对环西路4号楼工程质量问题及整改方案进行鉴定。质监站委托南通市建筑工程质量检测中心（简称检测中心）对环西路4号楼地上部分各层柱、梁板混凝土强度，三层梁、柱的配筋数量及构件的截面尺寸，部分构件的裂缝分布及开展情况，梁、柱的轴线位移偏差；地下室柱、梁板混凝土强度，梁、柱的配筋数量及构件的截面尺寸，板的配筋及板厚进行检测。检测中心于2002年3月26日对环西路4号楼地上部分做出通建检构字〔2002〕第0302号检测报告。质监站认为，根据地上部分检查结果，环西路4号楼主体部分施工质量未达到设计要求，经原审法院同意，质监站于2002年4月对环西路4

号楼已完主体部分加固工程组织招标，中国建筑开发总公司华东分公司（简称华东加固公司）以761100元中标。2002年7月15日检测中心对地下室部分做出通建检构字〔2002〕第0703号检测报告，华东加固公司对地下室部分加固工程设计了三种加固方案并作出预算书，质监站又委托南通市建设工程造价管理处对三种加固方案进行估算。同年8月15日，南通市建设工程造价管理处致函质监站，对三种加固方案做出估算，其中方案一（碳纤维贴片法与有黏结外包型钢法相结合）估算价为177933.2元；方案二（混凝土加大截面法）估算价为170841.44元；方案三（碳纤维贴片法）估算价为197074.82元。2002年8月19日，质监站对环西路4号楼结构安全做出通质监鉴〔2002〕第14号《工程质量鉴定报告》，该鉴定报告认定该工程结构安全度达不到原设计要求。

原审法院确认华东加固公司地上部分加固造价761100元，地下室部分加固方案采用南通市建设工程造价管理处对方案二（混凝土加大截面法）的估算价170841.44元，合计加固造价为931941.44元。

2002年9月12日，原审法院组织双方当事人对质监站鉴定报告和加固方案及造价进行质证。通建公司对该鉴定结论和加固方案及加固造价无异议。但认为质监站仅对结构安全进行了鉴定，未就工程使用问题进行鉴定，因其中涉及地坪的平整、游泳池的拆除、柱梁的补平和外墙的粉刷等事宜。南化建公司认为鉴定结论不当，工程安全达到了原设计要求。嘉美公司工程周期已超过五年，这样长的时间跨度必然会影响工程的质量。庭审中鉴定人员回答了当事人的提问，并给予解答。

原审法院认为，通建公司将工程发包给南化建公司承建，南化建公司在完成了一定的工程量后，即将工程实际转包给嘉美公司施工。此后，通建公司亦认可了此转包行为，三方还订有协议等。为此，三方间的建设工程施工合同关系应予确认。作为施工单位的南化建公司、嘉美公司应严格按照建设工程施工规范进行施工。本案所涉及工程质量存在问题，作为施工单位的南化建公司、嘉美公司应当共同对建设单位负有责任。作为发包方的通建公司在施工中亦应派人员对工程进行管理、监督等。事实上本案所涉工程从地下室至地上建筑物完成部分均存在明显的质量问题，通建公司不仅疏于对工程的管理，而且还向施工单位签发了有关工程合格、可通过下道工序的签证单。为此，通建公司亦应对工程质量负有责任。本案诉讼中，本院委托有关职能部门对所有工程进行全面检测鉴定。对此，职能部门亦做出了鉴定，并要求针对鉴定中的问题，做出加固等方案及工程报价。此后，又采用招标方式确定了中标单位。故本院对此鉴定及工程加固方案和造价予以确认，当事人所提异议，本院均不予支持。据此，依照《合同法》第二百八十一条的规定，判决南化建公司、嘉美公司于判决生效后10日内向通建公司一次性赔偿工程质量问题的损失人民币652779元，其他损失由原告自行负担。

通建公司不服原判提起上诉，请求和理由是：①质监站鉴定报告对游泳池质量进行了鉴定，认为属工程主体质量问题，不是原审判决认为的游泳池拆除属工程使用问题。原审庭审中鉴定人员认为游泳池拆除包括在加固方案和造价中缺乏事实依据。华东加固公司的加固方案和工程报价中根本不含游泳池加固价款。请求二审法院委托原鉴定单位对游泳池质量问题的工程造价进行补充鉴定。②原审判决对环西路4号楼工程质量中涉及的地坪平整偏差很大，柱梁砼偏位大于规范许多倍、补平和外墙粉刷因框架结构偏差造成的加厚处理未列入工程质量加固范围,是缺乏事实和法律依据的。嘉美公司对此未做书面答辩。

南化建公司亦不服原判提起上诉,认为原审法院应将 1999 年 11 月 22 日三方协议以前双方交叉施工的质量损失与 11 月 22 日以后由嘉美公司单独施工的质量损失区分开来,分别做出判决,而原审法院判令南化建公司与嘉美公司共同承担赔偿责任是错误的。二审中,南化建公司于 2003 年 7 月 10 日书面申请撤回上诉。

【案件评述】 二审中双方当事人确认的争议焦点是:①游泳池是否应计算加固造价;②地坪偏差,柱梁砼偏位、补平,外墙加厚粉刷是否应计算加固造价。

对于第一个争议焦点,通建公司认为,由于质监站鉴定报告在后,华东加固公司出具的加固方案在前,所以鉴定结论中涉及的游泳池质量问题并未列入加固造价,一审判决遗漏了该部分加固造价,请求二审法院予以加判。嘉美公司认为,通建公司起诉时诉讼请求中并未提及游泳池质量问题,二审中再提,超出诉讼请求范围,二审法院不应审理。

二审法院认为,游泳池部分无须计算加固造价。①通建公司起诉时并未主张游泳池质量赔偿。②一审法院委托鉴定范围虽然包含全部质量问题,但通建公司在鉴定过程中向质监站和华东加固公司表示将改变游泳池功能,此节事实有质监站副站长和华东加固公司项目经理部负责人二审当庭陈述予以证实,通建公司亦未明确否认,据此应认定通建公司在原审法院对工程质量进行全面鉴定时并未对游泳池主张质量赔偿,这与通建公司起诉时诉讼请求是相吻合的。③质监站的鉴定报告确实是在加固方案确定后出具的,但并不表明鉴定报告和加固方案遗漏了游泳池。因为原审法院鉴定委托事项是对工程存在的质量问题和整改方案进行鉴定,质监站接受委托后,又委托检测中心对工程地上部分(即主体工程)和地下室部分进行质量检测。检测中心对地上部分做出检测报告后,质监站征得原审法院同意对地上部分加固方案组织招标,华东加固公司中标。检测中心对地下室部分做出检测报告后,华东加固公司据此设计三种加固方案。质监站又委托南通市建设工程造价管理处对该三种加固方案估算造价。由于一审法院委托鉴定内容含有整改措施方案,所以质监站只能在完成以上工作后出具鉴定报告。该报告关于游泳池质量问题的描述是放在"混凝土浇捣不密实,多处有蜂窝、孔洞、露筋现象"一项中的,并以举例方式描述"游泳池侧壁存在大面积漏浇、钢筋裸露、孔洞"。但鉴定报告并未单独就游泳池问题明确表述须进行加固处理,"结论与建议"部分"须进行加固补强处理"是针对全部地上部分存在的质量问题而言的,且后面紧跟着一句话就是"原则同意中标单位对地上部分的加固补强方案"。但华东加固公司明确表示,加固方案中对混凝土浇捣不密实产生的蜂窝、孔洞、露筋等问题的处理不包含游泳池,原因是通建公司明确表示游泳池问题不需考虑。据此应认定鉴定报告并未明确游泳池存在的质量问题须进行加固处理,应计算加固造价。

对于第二个争议焦点,华东加固公司当庭陈述,凡是涉及结构安全的地坪偏差,柱梁砼偏位、补平,外墙加厚等问题已列入加固方案,且加固方案已经实施,通建公司上诉所说的地坪偏差,柱梁砼偏位、补平,外墙加厚问题,不属加固范围。因为土建工程仅为毛坯,今后作内装修时可通过找平一并处理。对于华东加固公司的上述陈述,双方当事人当庭并未表示异议。据此,本院认为,上诉人上诉所称的地坪偏差,柱梁砼偏位、补平,外墙加厚等问题,亦无须列入加固范围,计算加固造价。

综上所述,通建公司的上述理由不能成立,上诉请求不予支持。依照《中华人民共和国民事诉讼法》第一百五十三条第一款第(一)项规定,判决如下:驳回上诉,维持原判。

复习思考题

一、单项选择题(下列选项中,只有一个是正确的,请将其代号填在括号里)

1. 根据《建设工程质量管理条例》的规定,工程发包和招标工程中不属于建设单位的质量责任的是(　　)。

A. 应当将工程分包给具有相应资质等级的承包单位

B. 应当依法将建设工程有关的重要设备、材料等的采购进行招标

C. 应当在开工前办理施工许可证

D. 必须对施工质量进行检验

2. 依据相关规定,应按照国家有关规定组织竣工验收的建设主体是(　　)。

A. 建设单位　　B. 施工单位

C. 工程监理单位　　D. 政府监管部门

3. 某建设单位将一项国家投资的建筑工程发包给一家不具备规定资质等级的建筑施工企业,被查出后,应当给予的处罚是(　　)。

A. 50 万以上 100 万以下的罚款

B. 20 万以上 50 万以下的罚款

C. 工程合同价款 0.5%以上 1%以下的罚款

D. 工程合同价款 1%以上 2%以下的罚款

4. 某监理工程师因过错造成重大质量事故,情节严重。对其应当给予的处罚是(　　)。

A. 责令停止执业 1 年　　B. 责令停止执业 3 年

C. 吊销执业资格,5 年内不予注册　　D. 终身不予注册

5. 某房屋的主体结构因设计原因出现质量缺陷,则下列关于该房屋质量保修事宜的说法,错误的是(　　)。

A. 施工单位仅负责保修,并有权对由此发生的费用向建设单位索赔

B. 设计单位应当承担该项保修费用

C. 施工单位接到保修通知后,应在保修书约定的时间内予以保修

D. 施工单位不仅要负责保修,还要承担保修费用

6. 工程发包和招标过程中的质量责任和义务的承担者应当是(　　)。

A. 施工单位　　B. 勘察、设计单位

C. 建设单位　　D. 监理单位

7. 2014 年 4 月 1 日,某住宅小区工程竣工验收合格,则办理竣工验收备案的截止时间是(　　)。

A. 2014 年 4 月 8 日　　B. 2014 年 4 月 11 日

C. 2014年4月16日　　D. 2014年5月1日

8. 根据《建设工程质量管理条例》的规定,电器管线、给排水管道、设备安装工程的最低保修期是(　　)。

A. 6个月　　B. 1年

C. 2年　　D. 5年

9. 某房屋建筑工程的总承包商是甲施工单位,经过建设单位同意,甲施工单位将该工程的玻璃幕墙工程分包给了乙施工单位。乙在施工中出现了质量事故,则建设单位不可以要求(　　)。

A. 甲承担责任　　B. 乙承担责任

C. 甲和乙与自己分担责任　　D. 甲和乙连带责任

10. 工程监理人员发现工程设计不符合合同约定质量标准的,应当(　　)。

A. 指示施工单位修改设计文件　　B. 要求设计单位改正

C. 将设计文件修改后交施工单位实施　　D. 报告建设单位,要求设计单位改正

二、多项选择题(下列选项中,至少有两个是正确的,请将其代号填在括号里)

1. 某建设单位在其新建的住宅工程中出现了下述行为,其中必须承担相应法律责任的行为有(　　)。

A. 暗示承包人违反建设工程强制性标准,降低工程质量

B. 迫使承包方以低于成本价格竞标

C. 任意压缩合理工期

D. 施工图设计文件未经审查擅自使用

E. 未对涉及结构安全的试件取样检测

2. 施工单位必须建立、健全施工质量的检验制度,严格工序管理,做好隐蔽工程的质量检查和记录。隐蔽工程在隐蔽前,施工单位应当通知(　　)参与检验。

A. 建设单位　　B. 建设工程质量监督机构

C. 安全生产监督管理部门　　D. 监理单位

E. 设计单位

3. 某监理单位在其承担的一项监理工程中出现(　　),其中,该监理单位必须承担相应法律责任。

A. 该工程超越了本单位的资质等级

B. 与施工单位串通,弄虚作假、降低工程质量

C. 将不合格的建筑材料按照合格签字

D. 未对建筑材料、建筑构配件进行检验

E. 未按照工程建设强制性标准进行设计

4. 依据《建设工程质量管理条例》,下列属于建设单位质量责任的是(　　)。

A. 将工程发包给具有相应资质的施工单位

B. 不得将工程肢解发包

C. 有权改变主体和承重结构进行装修

D. 施工图设计未经审批的,建设单位不得使用

E. 对必须实施监理的工程,建设单位应委托具有相应资质等级的监理单位进行监理

5. 建设工程质量监督机构的主要任务包括(　　)。

A. 根据政府主管部门委托,受理建设工程项目的质量监督

B. 制订质量监督方案

C. 检查建设工程的实体质量

D. 组织工程竣工验收

E. 检查施工现场工程建设各方主体的质量行为

第 5 章　劳动及劳动合同法律制度

《劳动法》是调整劳动关系，以及与劳动关系密切联系的其他社会关系的法律规范的总称。《劳动法》调整的劳动关系是狭义劳动关系，指劳动者与用人单位之间在实现劳动过程中发生的社会关系。其特征是：①劳动关系的当事人是特定的，一方是劳动者，另一方是用人单位。②劳动关系是实现劳动过程中发生的社会关系，是职业劳动、集体劳动、工业劳动过程中发生的社会关系，非个人劳动、农业劳动和家庭劳动关系。③劳动关系具有人身、财产关系的属性。④劳动关系具有平等、从属关系的属性。《劳动法》还调整与劳动关系密切联系的其他社会关系，包括管理劳动力方面的社会关系、社会保险方面的社会关系、工会组织关系及工会监督方面的社会关系、处理劳动争议方面的社会关系、劳动监督检查方面的社会关系。

我国现行的劳动法律主要有 4 部：1994 年 7 月 5 日第八届全国人民代表大会常务委员会第八次会议通过，自 1995 年 1 月 1 日起施行的《劳动法》；2007 年 6 月 29 日第十届全国人民代表大会常务委员会第二十八次会议通过，自 2008 年 1 月 1 日起施行，于 2012 年 12 月 28 日修改通过，自 2013 年 7 月 1 日起施行的《劳动合同法》；2007 年 12 月 29 日第十届全国人民代表大会常务委员会第三十一次会议通过，自 2008 年 5 月 1 日施行的《劳动争议调解仲裁法》；2008 年 9 月 3 日国务院第 25 次常务会议通过，自 2008 年 9 月 18 日起施行的《劳动合同法实施条例》。

5.1　劳动法律制度

制定《劳动法》的目的在于保护劳动者的合法权益，调整劳动关系，建立和维护适应社会主义市场经济的劳动制度，促进经济发展和社会进步。

在中华人民共和国境内的企业、个体经济组织（统称用人单位）和与之形成劳动关系的劳动者，适用《劳动法》。国家机关、事业组织、社会团体和与之建立劳动合同关系的劳动者，依照《劳动法》执行。

5.1.1　劳动保护法律制度的基本要求

5.1.1.1　劳动安全卫生

劳动安全卫生，又称劳动保护，是指直接保护劳动者在劳动中的安全和健康的法律保障。根据《劳动法》的有关规定，用人单位和劳动者应当遵守如下有关劳动安全卫生的法律规定：

（1）用人单位必须建立、健全劳动安全卫生制度，严格执行国家劳动安全卫生规程和标准，对劳动者进行劳动安全卫生教育，防止劳动过程中的事故，减少职业危害。

（2）劳动安全卫生设施必须符合国家规定的标准。新建、改建、扩建工程的劳动安全卫生设施必须与主体工程同时设计、同时施工、同时投入生产和使用。

(3)用人单位必须为劳动者提供符合国家规定的劳动安全卫生条件和必要的劳动防护用品,对从事有职业危害作业的劳动者应当定期进行健康检查。

(4)从事特种作业的劳动者必须经过专门培训并取得特种作业资格。

(5)劳动者在劳动过程中必须严格遵守安全操作规程。劳动者对用人单位管理人员违章指挥、强令冒险作业,有权拒绝执行;对危害生命安全和身体健康的行为,有权提出批评、检举和控告。

5.1.1.2 女职工和未成年工特殊保护

1. 女职工的特殊保护

根据我国《劳动法》的有关规定,对女职工的特殊保护规定主要包括:

(1)禁止安排女职工从事矿山井下、国家规定的第四级体力劳动强度的劳动和其他禁忌从事的劳动。

(2)不得安排女职工在经期从事高处、低温、冷水作业和国家规定的第三级体力劳动强度的劳动。

(3)不得安排女职工在怀孕期间从事国家规定的第三级体力劳动强度的劳动和孕期禁忌从事的劳动。对怀孕7个月以上的女职工,不得安排其延长工作时间和夜班劳动。

(4)女职工生育享受不少于90天的产假。

(5)不得安排女职工在哺乳未满1周岁的婴儿期间从事国家规定的第三级体力劳动强度的劳动和哺乳期禁忌从事的其他劳动,不得安排其延长工作时间和夜班劳动。

2. 未成年工特殊保护

所谓未成年工,是指年满16周岁未满18周岁的劳动者。根据我国《劳动法》的有关规定,对未成年工的特殊保护规定主要包括:

(1)不得安排未成年工从事矿山井下、有毒有害、国家规定的第四级体力劳动强度的劳动和其他禁忌从事的劳动。

(2)用人单位应当对未成年工定期进行健康检查。

5.1.1.3 劳动争议的处理

劳动争议,又称劳动纠纷,是指劳动关系当事人之间关于劳动权利和义务的争议。我国《劳动法》第七十七条明确规定:用人单位与劳动者发生劳动争议,当事人可以依法申请调解、仲裁、提起诉讼,也可以协商解决。《劳动争议调解仲裁法》第五条进一步规定:发生劳动争议,当事人不愿协商、协商不成或达成和解协议后不履行的,可以向调解组织申请调解;不愿调解、调解不成或达成调解协议后不履行的,可以向劳动争议仲裁委员会申请仲裁;对仲裁裁决不服的,除本法另有规定的外,可以向人民法院提起诉讼。这里重点介绍前三种劳动争议解决方法。

1. 协商解决劳动争议

协商,是指当事人各方在自愿、互谅的基础上,按照法律、政策的规定,通过摆事实讲道理解决纠纷的一种方法。协商的方法是一种简便易行、最有效、最经济的方法,能及时解决争议,消除分歧,提高办事效率,节省费用,也有利于双方的团结与相互的协作关系。

《劳动争议调解仲裁法》第四条规定:发生劳动争议,劳动者可以与用人单位协商,也可以请工会或第三方共同与用人单位协商，达成和解协议。

2. 申请调解解决劳动争议

(1)调解组织。发生劳动争议，当事人可以到下列调解组织申请调解：企业劳动争议调解委员会；依法设立的基层人民调解组织；在乡镇、街道设立的具有劳动争议调解职能的组织。

企业劳动争议调解委员会由职工代表和企业代表组成。职工代表由工会成员担任或由全体职工推举产生，企业代表由企业负责人指定。成员或双方推举的人员担任。

当事人申请劳动争议调解可以书面申请，也可以口头申请。口头申请的，调解组织应当当场记录申请人基本情况及申请调解的争议事项、理由和时间。

(2)调解协议书。经调解达成协议的，应当制作调解协议书。调解协议书由双方当事人签名或盖章，经调解员签名并加盖调解组织印章后生效，对双方当事人具有约束力，当事人应当履行。

自劳动争议调解组织收到调解申请之日起 15 日内未达成调解协议的，当事人可以依法申请仲裁。

(3)调解协议的履行。达成调解协议后，一方当事人在协议约定期限内不履行调解协议的，另一方当事人可以依法申请仲裁。

因支付拖欠劳动报酬、工伤医疗费、经济补偿或赔偿金事项达成调解协议，用人单位在协议约定期限内不履行的，劳动者可以持调解协议书依法向人民法院申请支付令。人民法院应当依法发出支付令。

3. 通过劳动争议仲裁委员会进行裁决

1)劳动争议仲裁的特点

与其他劳动争议解决方式及《仲裁法》规定的仲裁相比，劳动争议仲裁有以下基本特点：

首先，从仲裁主体上看，劳动争议仲裁委员会由劳动行政部门代表、工会代表和企业方面代表组成，它是带有司法性质的行政执行机关，不是一般的民间组织，也区别于司法机构、群众自治性组织和行政机构。

其次，从解决对象看，劳动争议仲裁解决的是劳动争议，这与《仲裁法》规定的仲裁范围有很大区别。

再次，从仲裁实行的原则看，劳动争议仲裁实行的是法定管辖，而《仲裁法》规定的是约定管辖。

最后，从与诉讼的关系看，当事人对劳动争议仲裁裁决不服的，可以向法院起诉，而《仲裁法》规定的仲裁，则采用或裁或审的体制。

2)劳动争议仲裁的原则

劳动争议仲裁原则是指劳动争议仲裁机构在仲裁程序中应遵守的准则，它是劳动争议仲裁的特有原则，反映了劳动争议仲裁的本质要求。

一次裁决原则。即劳动争议仲裁实行一个裁级一次裁决制度，一次裁决即为终局裁决。当事人如不服仲裁裁决，只能依法向人民法院起诉，不得向上一级仲裁委员会申请复议或要求重新处理。

合议原则。仲裁裁决劳动争议案件,实行少数服从多数的原则,合议原则是民主集中制在仲裁工作中的体现,其目的是保证仲裁裁决的公正性。

强制原则。劳动争议仲裁实行强制原则,主要表现为:当事人申请仲裁无须双方达成一致协议,只要一方申请,仲裁委员会即可受理;在仲裁庭对争议调解不成时,无须得到当事人的同意,可直接行使裁决权;对发生法律效力的仲裁文书,可申请人民法院强制执行。

3)劳动争议仲裁委员会与仲裁庭

劳动争议仲裁委员会是依法成立的,通过仲裁方式处理劳动争议的专门机构,它独立行使劳动争议仲裁权。劳动争议仲裁委员会按照统筹规划、合理布局和适应实际需要的原则设立。省、自治区人民政府可以决定在市、县设立;直辖市人民政府可以决定在区、县设立。直辖市、设区的市也可以设立一个或若干个劳动争议仲裁委员会。劳动争议仲裁委员会不按行政区划层层设立。

劳动争议仲裁委员会由劳动行政部门代表、工会代表和企业方面代表组成。劳动争议仲裁委员会组成人员应当是单数。

劳动争议仲裁委员会应当设仲裁员名册。仲裁员应当公道正派并符合下列条件之一:

(1)曾任审判员的;

(2)从事法律研究、教学工作并具有中级以上职称的;

(3)具有法律知识,从事人力资源管理或工会等专业工作满5年的;

(4)律师执业满3年的。

劳动争议仲裁委员会负责管辖本区域内发生的劳动争议。劳动争议由劳动合同履行地或用人单位所在地的劳动争议仲裁委员会管辖。双方当事人分别向劳动合同履行地和用人单位所在地的劳动争议仲裁委员会申请仲裁的,由合同履行地的劳动争议仲裁委员会管辖。

仲裁庭在仲裁委员会领导下处理劳动争议案件,实行一案一庭制。

仲裁庭由一名首席仲裁员、两名仲裁员组成。简单案件,仲裁委员会可以指定一名仲裁员独任处理。

仲裁庭的首席仲裁员由仲裁委员会负责人或授权其办事机构负责人指定,另两名仲裁员由仲裁委员会授权其办事机构负责人指定或由当事人各选一名,具体办法由省、自治区、直辖市自行确定。

仲裁庭组成不符合规定的,由仲裁委员会予以撤销,重新组成仲裁厅。

仲裁委员会组成人员或仲裁员有下列情形之一的,应当回避,当事人有权以口头或书面方式申请其回避:

(1)是本案当事人或当事人、代理人的近亲属的;

(2)与本案有利害关系的;

(3)与本案当事人、代理人有其他关系,可能影响公正裁决的;

(4)私自会见当事人、代理人,或者接受当事人、代理人的请客送礼的。

劳动争议仲裁委员会对回避申请应当及时做出决定,并以口头或书面方式通知当事人。

4)劳动争议仲裁的申请、受理、开庭和裁决、执行

(1)申请。发生劳动争议的劳动者和用人单位为劳动争议仲裁案件的双方当事人。劳务派遣单位或用工单位与劳动者发生劳动争议的,劳务派遣单位和用工单位为共同当事人。与劳动争议案件的处理结果有利害关系的第三人,可以申请参加仲裁活动或由劳动争议仲裁委员会通知其参加仲裁活动。

根据《劳动争议调解仲裁法》第二十七条的规定,劳动争议申请仲裁的时效期间为一年,仲裁时效期间从当事人知道或应当知道其权利被侵害之日起计算。上述规定的仲裁时效,因当事人一方向对方当事人主张权利,或者向有关部门请求权利救济,或者对方当事人同意履行义务而中断。从中断时起,仲裁时效期间重新计算。因不可抗力或者有其他正当理由,当事人不能在上述规定的时效期间申请仲裁的,仲裁时效中止。从中止时效的原因消除之日起,仲裁时效期间继续计算。劳动关系存续期间因拖欠劳动报酬发生争议的,劳动者申请仲裁不受上述仲裁时效期间的限制。但是,劳动关系终止的,应当自劳动关系终止之日起一年内提出。

申请人申请仲裁应当提交书面仲裁申请,并按照被申请人人数提交副本。仲裁申请书应当载明的事项包括:劳动者的姓名、性别、年龄、职业、工作单位和住所;用人单位的名称、住所和法定代表人,或者主要负责人的姓名、职务;仲裁请求和所根据的事实、理由;证据和证据来源、证人姓名和住所。

书写仲裁申请确有困难的,可以口头申请,由劳动争议仲裁委员会记入笔录,并告知对方当事人。

(2)受理。劳动争议仲裁委员会收到仲裁申请之日起 5 日内,认为符合受理条件的,应当受理,并通知申请人;认为不符合受理条件的,应当书面通知申请人不予受理,并说明理由。对劳动争议仲裁委员会不予受理或逾期未做出决定的,申请人可以就该劳动争议事项向人民法院提起诉讼。

劳动争议仲裁委员会受理仲裁申请后,应当在 5 日内将仲裁申请书副本送达被申请人。

被申请人收到仲裁申请书副本后,应当在 10 日内向劳动争议仲裁委员会提交答辩书。劳动争议仲裁委员会收到答辩书后,应当在 5 日内将答辩书副本送达申请人。被申请人未提交答辩书的,不影响仲裁程序的进行。

(3)开庭和裁决。仲裁庭应当在开庭 5 日前,将开庭日期、地点书面通知双方当事人。当事人有正当理由的,可以在开庭 3 日前请求延期开庭。是否延期,由劳动争议仲裁委员会决定。

申请人收到书面通知,无正当理由拒不到庭或未经仲裁庭同意中途退庭的,可以视为撤回仲裁申请。被申请人收到书面通知,无正当理由拒不到庭或未经仲裁庭同意中途退庭的,可以缺席裁决。

仲裁庭裁决劳动争议案件,应当自劳动争议仲裁委员会受理仲裁申请之日起 45 日内结束。案情复杂需要延期的,经劳动争议仲裁委员会主任批准,可以延期并书面通知当事人,但是延长期限不得超过 15 日。逾期未做出仲裁裁决的,当事人可以就该劳动争议事项向人民法院提起诉讼。

仲裁庭裁决劳动争议案件时,其中一部分事实已经清楚,可以就该部分先行裁决。

(4)执行。下列劳动争议,除《劳动争议调解仲裁法》另有规定外,仲裁裁决为终局裁决,裁决书自做出之日起发生法律效力:追索劳动报酬、工伤医疗费、经济补偿或赔偿金,不超过当地月最低工资标准12个月金额的争议;因执行国家的劳动标准在工作时间、休息休假、社会保险等方面发生的争议。

劳动者对上述规定的仲裁裁决不服的,可以自收到仲裁裁决书之日起15日内向人民法院提起诉讼。

当事人对上述规定以外的其他劳动争议案件的仲裁裁决不服的,可以自收到裁决书之日起15日内,向人民法院起诉;期满不起诉的,裁决书即发生法律效力。

当事人对发生法律效力的调解书和裁决书,应当依照规定的期限履行。一方当事人逾期不履行的,另一方当事人可以依照民事诉讼法的有关规定向人民法院申请强制执行。

4. 通过诉讼解决劳动争议

人民法院受理劳动争议案件的条件:其一是争议案件已经过劳动争议仲裁委员会仲裁,其二是争议案件的当事人在接到仲裁裁决书之日起15日内向法院提起诉讼。人民法院处理劳动争议适用《民事诉讼法》规定的程序,由各级人民法院民事庭受理,实行两审终审。具体内容参见民事诉讼法有关规定。

5.1.2 违反劳动保护法律的风险及防范

5.1.2.1 企业规章制度中的法律风险及防范

《劳动法》中要求用人单位应当依法建立和完善规章制度,保障劳动者享有劳动权利和履行劳动义务。《劳动合同法》进一步规定,用人单位通过民主程序制定的规章制度,不得违反国家法律、法规及政策的规定,并且已向劳动者公示的,可以作为人民法院审理劳动争议案件的依据。归纳起来,用人单位规章制度发生法律效力的主要要件应包括三个方面,即制度条款内容合法合理、民主程序和公示程序。所谓民主程序是指用人单位在制定重要的规章制度时,应当听取单位工会的意见,并通过职工代表大会或其他形式听取职工的意见和建议。公示程序是指用人单位应当按照法律的规定,通过某种程序将规章制度或重大事项的内容使劳动者知晓。

为了防止员工因规章制度未经公示为由主张制度不生效,在实践中可以采用以下几种公示方法:

(1)在劳动合同中约定《员工手册》等规章制度的内容作为劳动合同的其中一部分,并注明"《员工手册》等规章制度已经确实收到并经详细阅读,且愿意遵守履行"等内容;

(2)在企业的公示栏、指定公示地点全文粘贴告示,并经工会见证;

(3)将规章制度或决定,向每个员工发放并签收;

(4)通过企业局域网络,进行全文公示和阅读,并经过工会见证;

(5)组织各部门员工分批参加规章制度培训班,并经考核结业等。

无论何种公示或告知方式,其目的都是让员工知晓规章制度的具体要求,以便在实际劳动过程中遵守执行。当然,在劳动人事实践中,企业还要根据实际情况选择合适的公示或告知方式,并及时保存公示或告知的证明材料。

5.1.2.2　录用条件不明的法律风险及防范

用人单位在试用期依法解除劳动合同的,应当符合以下四个条件:

(1)用人单位有劳动者知晓的录用条件;

(2)有证据证明劳动者不符合劳动条件;

(3)解除劳动合同通知书应当在试用期内做出;

(4)解除劳动合同通知书应当说明理由,并在试用期内交员工签收。

缺乏任何一个要件,都会导致试用期解除的合同不生效。用人单位在试用期解除劳动合同,必须要注明录用人员不符合录用条件,如果入职时企业未及时向录用人员明示录用条件,从而也就没有注明其不符合录用条件的标准,因此不能依此来解除劳动合同。

(1)录用条件的界定。用人单位的录用条件一定要明确、细致和具体。"录用条件"应该是普遍性和特殊性的结合。所谓"普遍性",是指大部分用人单位和岗位的员工都应该具备的基本条件。例如,诚实守信等,在应聘的时候如实告知自己与工作相关的信息,包括自己的教育背景、身体健康状况、工作经历等。所谓"特殊性"是指每个用人单位、每个岗位或职位都有自己的特殊要求。有的对学历有特殊要求,有的对技术有特殊要求,有的对任职年限有特殊要求等。对于普通的录用条件,用人单位可以通过规章制度进行明确规定。对于特殊录用条件,用人单位可以通过招聘公告、劳动合同等和规章制度结合起来进行明确界定。录用条件的具体内容和明确方法有许多,大部分用人单位都有自己的一套规定,关键是要符合用人单位招聘人员的实际要求。

(2)录用条件的公示。录用条件的公示是必不或缺的。公示,就是要让应聘人员知道用人单位的录用条件,使用人单位有证据证明应聘人员知道了本单位的录用条件。而如何形成证据呢?方法有以下几种:

①通过招聘公告来公示,并采用一定的方式予以固定,为仲裁或诉讼保留证据;

②招聘员工时,向其明示录用条件,并要求其签字确认;

③劳动关系建立前,通过发送聘用函的方式,向应聘者明示录用条件,并要求其签字确认;

④在劳动合同中,明确约定录用条件或不符合录用条件的情形;

⑤在规章制度中对录用条件进行详细约定,并将该规章制度在劳动合同签订前进行公示,例如将录用条件作为劳动合同的附件等。

5.1.2.3　劳务派遣的法律风险及防范

在具体的劳动实践中,用人单位在采取劳务派遣模式、选择劳务派遣公司、管理劳务派遣人员等过程的诸多环节中,都会面临一些法律风险,企业应当采取相应的应对思路和方法来正确地加以处理,具体做法如下:

(1)在客观需要的时候选择劳务派遣。在《劳动合同法》框架下,仅仅是因为减少成本而选择劳务派遣,可能会面临相当大的风险。因为劳务派遣企业本身就需要在派遣员工身上增加一道管理成本,成本收益可能带来的是法律风险。劳务派遣最好是在客观需要的情形下使用,比如临时性、替代性、辅助性岗位或专业性岗位,现行劳动政策下无法办理正常用工人员等情况。

(2)选择优质和专业的劳务派遣企业。选择劳务派遣企业不能仅仅考虑用工的价格，还要综合考虑其管理能力、服务水平、专业素质、法律风险等各个方面。建议用工单位在选择劳务派遣企业时，优先选择那些信誉好、专业能力强和费用水平适当的劳务派遣企业。

(3)参照企业规章制度管理派遣员工。对于派遣员工的管理，可以基本上参照本企业的规章制度。例如，在劳动保护、工时休假、薪金福利等方面贯彻一体化原则。同时，通过劳务派遣合同的约定，将这些管理的规章制度通过劳务派遣企业与派遣员工的劳动合同结合起来，并加以明确。

5.1.2.4　强令员工违章冒险作业的法律风险及防范

《刑法》第一百三十四条规定：强令他人违章冒险作业，因而发生重大伤亡事故或者造成其他严重后果的，处五年以下有期徒刑或者拘役；情节特别恶劣的，处五年以上有期徒刑。并规定，违反该项规定，认定为“强令违章冒险作业罪”。这一罪名的确立，对遏制屡限不止的重大责任事故，起到十分重要的作用。

本罪的主体为特殊主体，一般是指对生产、作业负有组织、指挥或管理职责的负责人、管理人员、实际控制人、投资人等，但也不能排除其他直接从事生产、作业的一般工作人员。虽然在通常情况下，一般工作人员不具有命令、强迫其同事、工友违章冒险作业的权利，但在特殊情况下，也可能有以其特殊的强制力或者向管理人员告发等方式相威胁，强令他人违章冒险作业。现实中，由于个人自身条件、社会关系的复杂性，同事、工友之间实际地位的差异是客观存在的。同时，由于都是身处生产一线，恃强凌弱强迫工友违章冒险作业的现象时有发生，刑法对由此引发的重大责任事故行为的打击不应有盲区。

所谓“强令”是指“强迫命令”的意思，指强令者利用自己的职务、职权或其他的优势地位，违背他人意志，强迫、威胁他人违章冒险作业的行为。既包括利用职权、职务命令他人，也包括利用职务、职权以外的其他势力来胁迫他人从事违章冒险作业。其表现方式既不必然地要求强令者说话态度强硬或大声命令等外在的高压态势，也不一定要求强令者身处生产、作业现场。只要强令者所发出的信息内容，能使他人不得不违心地违章冒险作业，就可足以认定是强令。面对强令者，其表现的不情愿或迫于压力，如果拒绝服从，会面临扣工资、扣奖金、开除，甚至是威胁人身安全等。被强令者情愿与否，将直接关系到其事故责任的承担程度。

强令违章冒险作业中的“章”不应限定在国家机关颁布的法律、法规、章程等规范内，而是应当包括所有有关安全生产方面的规定。由于组织、行业的多样性、广泛性，一方面，许多单位和企业在生产、作业方面的安全管理可能尚没有相应的法律法规来规范；另一方面，即使有了法律法规的规范，也可能存在较为宽泛的规定，在具体生产、作业过程中，仍需要有一些企业、事业单位依据自身的特点和实际情况而制定的操作规程、劳动纪律、注意事项等。也就是说，那些虽无明文规定，但反映生产、作业过程中的安全操作规则与要求、习惯和惯例等，都是对重大事故责任认定时所依据的“章”。防范这种风险，关键是要切实做到以人为本，安全第一，处处事事把员工的生命和安全放在首要位置，同时要按照相关要求做好安全防范措施。

5.2　劳动合同法律制度

5.2.1　劳动合同法律制度的基本要求

5.2.1.1　劳动合同的类型

劳动合同分为固定期限劳动合同、无固定期限劳动合同和以完成一定工作任务为期限的劳动合同。

(1)固定期限劳动合同。是指用人单位与劳动者约定合同终止时间的劳动合同。用人单位可以订立固定期限劳动合同。

(2)无固定期限劳动合同。是指用人单位与劳动者约定无确定终止时间的劳动合同。用人单位与劳动者协商一致,可以订立无固定期限劳动合同。有下列情形之一,劳动者提出或同意续订、订立劳动合同的,除劳动者提出订立固定期限劳动合同外,应当订立无固定期限劳动合同:

①劳动者在该用人单位连续工作满 10 年的;

②用人单位初次实行劳动合同制度或者国有企业改制重新订立劳动合同时,劳动者在该用人单位连续工作满 10 年且距法定退休年龄不足 10 年的;

③连续订立两次固定期限劳动合同,且劳动者没有《劳动合同法》第三十九条(即用人单位可以解除劳动合同的条件)和第四十条第一项、第二项规定(即劳动者患病或者非因工负伤,在规定的医疗期满后不能从事原工作,也不能从事由用人单位另行安排的工作的;劳动者不能胜任工作,经过培训或者调整工作岗位,仍不能胜任工作的)的情形,续订劳动合同的。

若劳动者依据此处的规定提出订立无固定期限劳动合同的,用人单位应当与其订立无固定期限劳动合同。对劳动合同的内容,双方应当按照合法、公平、平等自愿、协商一致、诚实信用的原则协商确定。

这里连续工作满 10 年的起始时间,应当自用人单位用工之日起计算,包括劳动合同法施行前的工作年限。

劳动者非因本人原因从原用人单位被安排到新用人单位工作的,劳动者在原用人单位的工作年限合并计算为新用人单位的工作年限。原用人单位已经向劳动者支付经济补偿的,新用人单位在依法解除、终止劳动合同计算支付经济补偿的工作年限时,不再计算劳动者在原用人单位的工作年限。

(3)以完成一定工作任务为期限的劳动合同。以完成一定工作任务为期限的劳动合同,是指用人单位与劳动者约定以某项工作的完成为合同期限的劳动合同。用人单位与劳动者协商一致,可以订立以完成一定工作任务为期限的劳动合同。

5.2.1.2　劳动合同的订立

(1)劳动关系的建立。用人单位自用工之日起即与劳动者建立劳动关系。用人单位与劳动者在用工前订立劳动合同的,劳动关系自用工之日起建立。

用人单位应当建立职工名册备查。职工名册应当包括劳动者姓名、性别、公民身份证号码、户籍地址及现住址、联系方式、用工形式、用工起始时间、劳动合同期限等内容。

用人单位招用劳动者时,应当如实告知劳动者工作内容、工作条件、工作地点、职业危害、安全生产状况、劳动报酬,以及劳动者要求了解的其他情况;用人单位有权了解劳动者与劳动合同直接相关的基本情况,劳动者应当如实说明。用人单位招用劳动者,不得扣押劳动者的居民身份证和其他证件,不得要求劳动者提供担保或者以其他名义向劳动者收取财物。

(2)书面劳动合同的订立。劳动合同是劳动者与用人单位确立劳动关系、明确双方权利和义务的协议。建立劳动关系,应当订立书面劳动合同。

劳动合同的当事人为用人单位和劳动者。用人单位设立的分支机构,依法取得营业执照或登记证书的,可以作为用人单位与劳动者订立劳动合同;未依法取得营业执照或者登记证书的,受用人单位委托可以与劳动者订立劳动合同。

已建立劳动关系,未同时订立书面劳动合同的,应当自用工之日起一个月内订立书面劳动合同。

自用工之日起一个月内,经用人单位书面通知后,劳动者不与用人单位订立书面劳动合同的,用人单位应当书面通知劳动者终止劳动关系,无需向劳动者支付经济补偿,但是应当依法向劳动者支付其实际工作时间的劳动报酬。

用人单位自用工之日起超过一个月不满一年未与劳动者订立书面劳动合同的,应当依照《劳动合同法》第八十二条的规定向劳动者每月支付两倍的工资,并与劳动者补订书面劳动合同;劳动者不与用人单位订立书面劳动合同的,用人单位应当书面通知劳动者终止劳动关系,并依照《劳动合同法》第四十七条的规定支付经济补偿。用人单位向劳动者每月支付两倍工资的起算时间为用工之日起满一个月的次日,截止时间为补订书面劳动合同的前一日。

用人单位自用工之日起满一年未与劳动者订立书面劳动合同的,自用工之日起满一个月的次日至满一年的前一日应当依照《劳动合同法》第八十二条的规定向劳动者每月支付两倍的工资,并视为自用工之日起满一年的当日已经与劳动者订立无固定期限劳动合同,应当立即与劳动者补订书面劳动合同。

(3)劳动合同的生效。劳动合同由用人单位与劳动者协商一致,并经用人单位与劳动者在劳动合同文本上签字或者盖章生效。

劳动合同文本由用人单位和劳动者各执一份。

5.2.1.3 劳动合同的主要条款

劳动合同应当具备以下条款:①用人单位的名称、住所和法定代表人或者主要负责人;②劳动者的姓名、住址和居民身份证或者其他有效身份证件号码;③劳动合同期限;④工作内容和工作地点;⑤工作时间和休息休假;⑥劳动报酬;⑦社会保险;⑧劳动保护、劳动条件和职业危害防护;⑨法律、法规规定应当纳入劳动合同的其他事项。

劳动合同除上述规定的必备条款外,用人单位与劳动者可以约定试用期、培训、保守秘密、补充保险和福利待遇等其他事项。

劳动合同对劳动报酬和劳动条件等标准约定不明确,引发争议的,用人单位与劳动者可以重新协商;协商不成的,适用集体合同规定;没有集体合同或者集体合同未规定劳动报酬的,实行同工同酬;没有集体合同或者集体合同未规定劳动条件等标准的,适用国家有关规定。

5.2.1.4　试用期

(1)试用期的时间长度限制。劳动合同期限 3 个月以上不满 1 年的,试用期不得超过 1 个月;劳动合同期限 1 年以上不满 3 年的,试用期不得超过 2 个月;3 年以上固定期限和无固定期限的劳动合同,试用期不得超过 6 个月。

(2)试用期的次数限制。同一用人单位与同一劳动者只能约定一次试用期。以完成一定工作任务为期限的劳动合同或者劳动合同期限不满 3 个月的,不得约定试用期。试用期包含在劳动合同期限内。劳动合同仅约定试用期的,试用期不成立,该期限为劳动合同期限。

(3)试用期内的最低工资。劳动者在试用期的工资不得低于本单位相同岗位最低档工资或者劳动合同约定工资的 80%,并不得低于用人单位所在地的最低工资标准。

(4)试用期内合同解除条件的限制。在试用期中,除劳动者有《劳动合同法》第三十九条和第四十条第一项、第二项规定的情形外,用人单位不得解除劳动合同。用人单位在试用期解除劳动合同的,应当向劳动者说明理由。

5.2.1.5　服务期

用人单位为劳动者提供专项培训费用,对其进行专业技术培训的,可以与该劳动者订立协议,约定服务期。劳动合同期满,但是用人单位与劳动者依照劳动合同法的规定约定的服务期尚未到期的,劳动合同应当续延至服务期满;双方另有约定的,从其约定。

劳动者违反服务期约定的,应当按照约定向用人单位支付违约金。违约金的数额不得超过用人单位提供的培训费用。用人单位要求劳动者支付的违约金不得超过服务期尚未履行部分所应分摊的培训费用。这里的培训费用包括用人单位为了对劳动者进行专业技术培训而支付的有凭证的培训费用、培训期间的差旅费用以及因培训产生的用于该劳动者的其他直接费用。

用人单位与劳动者约定了服务期,劳动者依照《劳动合同法》第三十八条的规定(即下文劳动者可以解除劳动合同的情形)解除劳动合同的,不属于违反服务期的约定,用人单位不得要求劳动者支付违约金。

有下列情形之一,用人单位与劳动者解除约定服务期的劳动合同的,劳动者应当按照劳动合同的约定向用人单位支付违约金:

(1)劳动者严重违反用人单位的规章制度的;

(2)劳动者严重失职,营私舞弊,给用人单位造成重大损害的;

(3)劳动者同时与其他用人单位建立劳动关系,对完成本单位的工作任务造成严重影响,或者经用人单位提出,拒不改正的;

(4)劳动者以欺诈、胁迫的手段或乘人之危,使用人单位在违背真实意思的情况下订立或变更劳动合同的;

(5)劳动者被依法追究刑事责任的。

用人单位与劳动者约定服务期的,不影响按照正常的工资调整机制提高劳动者在服务期期间的劳动报酬。

5.2.1.6　保密协议与竞业限制条款

用人单位与劳动者可以在劳动合同中约定保守用人单位的商业秘密和与知识产权相关的保密事项。

对负有保密义务的劳动者,用人单位可以在劳动合同或者保密协议中与劳动者约定竞业限制条款,并约定在解除或者终止劳动合同后,在竞业限制期限内按月给予劳动者经济补偿。劳动者违反竞业限制约定的,应当按照约定向用人单位支付违约金。

竞业限制的人员限于用人单位的高级管理人员、高级技术人员和其他负有保密义务的人员。竞业限制的范围、地域、期限由用人单位与劳动者约定,竞业限制的约定不得违反法律、法规的规定。

在解除或终止劳动合同后,上述规定的人员到与本单位生产或者经营同类产品、从事同类业务的有竞争关系的其他用人单位,或者自己开业生产或者经营同类产品、从事同类业务的竞业限制期限,不得超过二年。

除《劳动合同法》第二十二条(关于服务期的规定)和第二十三条(关于保密协议与竞业限制条款的规定)规定的情形外,用人单位不得与劳动者约定由劳动者承担违约金。

5.2.1.7　劳动合同的无效

下列劳动合同无效或者部分无效:

(1)以欺诈、胁迫的手段或者乘人之危,使对方在违背真实意思的情况下订立或者变更劳动合同的;

(2)用人单位免除自己的法定责任、排除劳动者权利的;

(3)违反法律、行政法规强制性规定的。

对劳动合同的无效或者部分无效有争议的,由劳动争议仲裁机构或者人民法院确认。

劳动合同部分无效,不影响其他部分效力的,其他部分仍然有效。

劳动合同被确认无效,劳动者已付出劳动的,用人单位应当向劳动者支付劳动报酬。劳动报酬的数额,参照本单位相同或者相近岗位劳动者的劳动报酬确定。

5.2.1.8　劳动合同的履行和变更

(1)劳动合同的履行。用人单位与劳动者应当按照劳动合同的约定,全面履行各自的义务。

用人单位应当按照劳动合同约定和国家规定,向劳动者及时足额支付劳动报酬。用人单位拖欠或者未足额支付劳动报酬的,劳动者可以依法向当地人民法院申请支付令,人民法院应当依法发出支付令。

用人单位应当严格执行劳动定额标准,不得强迫或者变相强迫劳动者加班。用人单位安排加班的,应当按照国家有关规定向劳动者支付加班费。

劳动者拒绝用人单位管理人员违章指挥、强令冒险作业的,不视为违反劳动合同。劳动者对危害生命安全和身体健康的劳动条件,有权对用人单位提出批评、检举和控告。

(2)劳动合同的变更。用人单位变更名称、法定代表人、主要负责人或者投资人等事项,不影响劳动合同的履行。

用人单位发生合并或者分立等情况,原劳动合同继续有效,劳动合同由承继其权利和义务的用人单位继续履行。

用人单位与劳动者协商一致,可以变更劳动合同约定的内容。变更劳动合同,应当采用书面形式。变更后的劳动合同文本由用人单位和劳动者各执一份。

5.2.1.9　劳动合同的解除

依据《劳动合同法》,劳动合同可以解除,但必须满足相关的规定。劳动合同的解除有以下几种。

1. 双方协商解除劳动合同

用人单位与劳动者协商一致,可以解除劳动合同。用人单位向劳动者提出解除劳动合同并与劳动者协商一致解除劳动合同的,用人单位应当向劳动者给予经济补偿。

2. 劳动者可以解除劳动合同的情形

劳动者提前 30 日以书面形式通知用人单位,可以解除劳动合同。劳动者在试用期内提前 3 日通知用人单位,可以解除劳动合同。

根据《劳动合同法》的规定,用人单位有下列情形之一的,劳动者可以解除劳动合同,用人单位应当向劳动者支付经济补偿:

(1)未按照劳动合同约定提供劳动保护或者劳动条件的;

(2)未及时足额支付劳动报酬的;

(3)未依法为劳动者缴纳社会保险费的;

(4)用人单位的规章制度违反法律、法规的规定,损害劳动者权益的;

(5)用人单位以欺诈、胁迫的手段或者乘人之危,使劳动者在违背真实意愿的情况下订立或者变更劳动合同,致使劳动合同无效的;

(6)法律、行政法规规定劳动者可以解除劳动合同的其他情形。

用人单位以暴力、威胁或者非法限制人身自由的手段强迫劳动者劳动的,或者用人单位违章指挥、强令冒险作业危及劳动者人身安全的,劳动者可以立即解除劳动合同,不需事先告知用人单位。

3. 用人单位可以解除劳动合同的情形

根据《劳动合同法》第三十九条规定,劳动者有下列情形之一的,用人单位可以解除劳动合同:

(1)在试用期间被证明不符合录用条件的;

(2)严重违反用人单位的规章制度的;

(3)严重失职,营私舞弊,给用人单位造成重大损害的;

(4)劳动者同时与其他用人单位建立劳动关系,对完成本单位的工作任务造成严重影响,或者经用人单位提出,拒不改正的;

(5)劳动者以欺诈、胁迫的手段或者乘人之危,使用人单位在违背真实意思的情况下订立或者变更劳动合同,致使劳动合同无效的;

(6)被依法追究刑事责任的。

根据《劳动合同法》第四十条规定,有下列情形之一的,用人单位提前 30 日以书面形式通知劳动者本人或者额外支付劳动者 1 个月工资后,可以解除劳动合同,用人单位应当向劳动者支付经济补偿:

(1)劳动者患病或者非因工负伤,在规定的医疗期满后不能从事原工作,也不能从事用人单位另行安排的工作的；

(2)劳动者不能胜任工作，经过培训或者调整工作岗位，仍不能胜任工作的；

(3)劳动合同订立时所依据的客观情况发生重大变化，致使劳动合同无法履行，经用人单位与劳动者协商，未能就变更劳动合同内容达成协议的。

用人单位依照此规定，选择额外支付劳动者1个月工资解除劳动合同的，其额外支付资金应当按照该劳动者上个月的工资标准确定。

根据《劳动合同法》第四十一条规定，有下列情形之一，需要裁减人员20人以上或者裁减不足20人，但占企业职工总数10%以上的，用人单位提前30日向工会或者全体职工说明情况，听取工会或者职工的意见后，裁减人员方案经向劳动行政部门报告，可以裁减人员，用人单位应当向劳动者支付经济补偿：

(1)依照《企业破产法》规定进行重整的；

(2)生产经营发生严重困难的；

(3)企业转产、重大技术革新或者经营方式调整，经变更劳动合同后，仍需裁减人员的；

(4)其他因劳动合同订立时所依据的客观经济情况发生重大变化，致使劳动合同无法履行的。

裁减人员时，应当优先留用下列人员；

(1)与本单位订立较长期限的固定期限劳动合同的；

(2)与本单位订立无固定期限劳动合同的；

(3)家庭无其他就业人员，有需要扶养的老人或未成年人的。

用人单位依照本条规定裁减人员，在6个月内重新招用人员的，应当通知被裁减的人员，并在同等条件下优先招用被裁减的人员。

用人单位单方解除劳动合同，应当事先将理由通知工会。用人单位违反法律、行政法规规定或者劳动合同约定的，工会有权要求用人单位纠正。用人单位应当研究工会的意见，并将处理结果书面通知工会。

4. 用人单位不得解除劳动合同的情形

劳动者有下列情形之一的，用人单位不得依照《劳动合同法》第四十条、第四十一条的规定解除劳动合同：

(1)从事接触职业病危害作业的劳动者未进行离岗前职业健康检查，或者疑似职业病病人在诊断或者医学观察期间的；

(2)在本单位患职业病，或者因工负伤并被确认丧失或者部分丧失劳动能力的；

(3)患病或者非因工负伤，在规定的医疗期内的；

(4)女职工在孕期、产期、哺乳期的；

(5)在本单位连续工作满15年，且距法定退休年龄不足5年的；

(6)法律、行政法规规定的其他情形。

5.2.1.10 劳动合同的终止

根据《劳动合同法》的规定，有下列情形之一的，劳动合同终止：

(1)劳动合同期满的。除用人单位维持或者提高劳动合同约定条件续订劳动合同，劳动者不同意续订的情形外,依照本项规定终止固定期限劳动合同的,用人单位应当向劳动者支付经济补偿。

(2)劳动者开始依法享受基本养老保险待遇的。

(3)劳动者死亡,或者被人民法院宣告死亡或宣告失踪的。

(4)用人单位被依法宣告破产的,依照本项规定终止劳动合同的,用人单位应当向劳动者支付经济补偿。

(5)用人单位被吊销营业执照,责令关闭、撤销,或者用人单位决定提前解散的,依照本项规定终止劳动合同的,用人单位应当向劳动者支付经济补偿。

(6)法律、行政法规规定的其他情形。

劳动合同期满,有劳动合同法规定用人单位不得解除劳动合同的情形之一的,劳动合同应当续延至相应的情形消失时终止。但是,在本单位患职业病,或者因工负伤并被确认丧失或部分丧失劳动能力劳动者的劳动合同的终止,按照国家有关工伤保险的规定执行。

以完成一定工作任务为期限的劳动合同因任务完成而终止的,用人单位应当依照《劳动合同法》第四十七条规定的补偿标准向劳动者支付经济补偿。

用人单位依法终止工伤职工的劳动合同的,除依照《劳动合同法》第四十七条规定的补偿标准支付经济补偿外,还应当依照国家有关工伤保险的规定支付一次性工伤医疗补助金和伤残就业补助金。

5.2.1.11　经济补偿标准

《劳动合同法》第四十七条规定了用人单位向劳动者支付经济补偿的标准,具体标准为:

经济补偿按劳动者在本单位工作的年限,每满 1 年支付 1 个月工资的标准向劳动者支付;6 个月以上不满 1 年的,按 1 年计算;不满 6 个月的,向劳动者支付半个月工资的经济补偿。

劳动者月工资高于用人单位所在直辖市、设区的市级人民政府公布的本地区上年度职工月平均工资 3 倍的,向其支付经济补偿的标准按职工月平均工资 3 倍的数额支付,向其支付经济补偿的年限最高不超过 12 年。

这里的月工资是指劳动者在劳动合同解除或者终止前 12 个月的平均工资,按照劳动者应得工资计算,包括计时工资、计件工资,以及奖金、津贴和补贴等货币性收入。劳动者在劳动合同解除或者终止前 12 个月的平均工资低于当地最低工资标准的,按照当地最低工资标准计算。劳动者工作不满 12 个月的,按照实际工作的月数计算平均工资。

5.2.1.12　违约与赔偿

劳动合同依法被确认无效,给对方造成损害的,有过错的一方应当承担赔偿责任。

用人单位违反《劳动合同法》规定解除或者终止劳动合同,劳动者要求继续履行劳动合同的,用人单位应当继续履行;劳动者不要求继续履行劳动合同或者劳动合同已经不能继续履行的,用人单位应当依照《劳动合同法》第四十七条规定的经济补偿标准的 2 倍向劳动者支付赔偿金。已按上述规定向劳动者支付赔偿金的,不再支付经济补偿。赔偿金的计算年限自用工之日起计算。

5.2.1.13 劳动合同解除或终止后双方的义务

用人单位应当在解除或者终止劳动合同时出具解除或者终止劳动合同的证明，并在15日内为劳动者办理档案和社会保险关系转移手续。

劳动者应当按照双方约定，办理工作交接。用人单位依照规定应当向劳动者支付经济补偿的，在办结工作交接时支付。

用人单位对已经解除或者终止的劳动合同的文本，至少保存二年备查。

5.2.1.14 集体合同、劳务派遣、非全日制用工

1）集体合同

集体合同是指企业职工一方与用人单位就劳动报酬、工作时间、休息休假、劳动安全卫生、保险福利等事项，通过平等协商达成的书面协议。集体合同实际上是一种特殊的劳动合同。

（1）集体合同的当事人。集体合同的一方当事人是工会或职工代表，另一方当事人是用人单位。

集体合同草案应当提交职工代表大会或者全体职工讨论通过。集体合同由工会代表企业职工一方与用人单位订立，尚未建立工会的用人单位，由上级工会指导劳动者推举的代表与用人单位订立。

（2）集体合同的分类。集体合同可分为专项集体合同、行业性集体合同和区域性集体合同。

企业职工一方与用人单位可以订立劳动安全卫生、女职工权益保护、工资调整机制等专项集体合同。

在县级以下区域内，建筑业、采矿业、餐饮服务业等行业可以由工会与企业方面代表订立行业性集体合同，或者订立区域性集体合同。

（3）集体合同的效力。集体合同订立后，应当报送劳动行政部门；劳动行政部门自收到集体合同文本之日起15日内未提出异议的，集体合同即行生效。

依法订立的集体合同对用人单位和劳动者具有约束力。行业性、区域性集体合同对当地本行业、本区域的用人单位和劳动者具有约束力。

集体合同中劳动报酬和劳动条件等标准不得低于当地人民政府规定的最低标准；用人单位与劳动者订立的劳动合同中劳动报酬和劳动条件等标准不得低于集体合同规定的标准。

（4）集体合同的争议处理。用人单位违反集体合同，侵犯职工劳动权益的，工会可以依法要求用人单位承担责任；因履行集体合同发生争议，经协商解决不成的，工会可以依法申请仲裁、提起诉讼。

2）劳务派遣

劳务派遣，是指劳务派遣单位与被派遣劳动者订立劳动合同后，将该劳动者派遣到用工单位从事劳动的一种特殊的用工形式。

（1）劳务派遣当事人。劳务派遣当事人包括劳务派遣单位、劳动者和用工单位。

劳务派遣单位指的是将劳动者派遣到用工单位的单位，是《劳动合同法》中所指的用人单位。应当履行用人单位对劳动者的义务。

劳动者是指被劳务派遣单位派遣到用工单位工作的人。

用工单位是指接受劳务派遣单位派遣的劳动者的劳动,并为其支付劳动报酬的单位。

(2)劳务派遣的劳动合同。劳务派遣的劳动合同由劳务派遣单位与劳动者签订。该劳动合同除了应当具备一般劳动合同应当具备的条款外,还应当载明被派遣劳动者的用工单位,以及派遣期限、工作岗位等情况。

劳务派遣单位应当与被派遣劳动者订立2年以上的固定期限劳动合同,按月支付劳动报酬;被派遣劳动者在无工作期间,劳务派遣单位应当按照所在地人民政府规定的最低工资标准,向其按月支付报酬。

(3)劳务派遣协议。劳务派遣单位派遣劳动者应当与接受以劳务派遣形式用工的单位(用工单位)订立劳务派遣协议。劳务派遣协议应当约定派遣岗位和人员数量、派遣期限、劳动报酬和社会保险费的数额与支付方式,以及违反协议的责任。

用工单位应当根据工作岗位的实际需要与劳务派遣单位确定派遣期限,不得将连续用工期限分割订立数个短期劳务派遣协议。

(4)劳务派遣当事人的权利与义务。劳务派遣单位应当将劳务派遣协议的内容告知被派遣劳动者。劳务派遣单位不得克扣用工单位按照劳务派遣协议支付给被派遣劳动者的劳动报酬。劳务派遣单位和用工单位不得向被派遣劳动者收取费用。劳务派遣单位跨地区派遣劳动者的,被派遣劳动者享有的劳动报酬和劳动条件,按照用工单位所在地的标准执行。

用工单位应当履行下列义务:

①执行国家劳动标准,提供相应的劳动条件和劳动保护;

②告知被派遣劳动者的工作要求和劳动报酬;

③支付加班费、绩效奖金,提供与工作岗位相关的福利待遇;

④对在岗被派遣劳动者进行工作岗位所必需的培训;

⑤连续用工的,实行正常的工资调整机制。

用工单位不得将被派遣劳动者再派遣到其他用人单位。

被派遣劳动者享有与用工单位的劳动者同工同酬的权利。用工单位应当按照同工同酬原则,对被派遣劳动者与本单位同类岗位的劳动者实行相同的劳动报酬分配办法。用工单位无同类岗位劳动者的,参照用工单位所在地相同或者相近岗位劳动者的劳动报酬确定。劳务派遣单位与被派遣劳动者订立的劳动合同和与用工单位订立的劳务派遣协议,载明或者约定的向被派遣劳动者支付的劳动报酬应当符合上述规定。被派遣劳动者有权在劳务派遣单位或者用工单位依法参加或者组织工会,维护自身的合法权益。被派遣劳动者可以依照《劳动合同法》第三十六条、第三十八条的规定与劳务派遣单位解除劳动合同。被派遣劳动者有《劳动合同法》第三十九条和第四十条第一项、第二项规定情形的,用工单位可以将劳动者退回劳务派遣单位,劳务派遣单位依照《劳动合同法》有关规定,可以与劳动者解除劳动合同。

(5)劳务派遣的限制。为了规范劳务派遣用工,避免其对劳动合同用工的冲击,保护被派遣劳动者的合法权益,《劳动合同法》对其进行了规范和限制。

经营劳务派遣业务应当具备下列条件:

①注册资本不得少于人民币二百万元；

②有与开展业务相适应的固定的经营场所和设施；

③有符合法律、行政法规规定的劳务派遣管理制度；

④法律、行政法规规定的其他条件。

经营劳务派遣业务，应当向劳动行政部门依法申请行政许可；经许可的，依法办理相应的公司登记。未经许可，任何单位和个人不得经营劳务派遣业务。

用人单位或者其所属单位出资或者合伙设立的劳务派遣单位，不得向本单位或所属单位派遣劳动者。

劳动合同用工是我国的企业基本用工形式。劳务派遣用工是补充形式，只能在临时性、辅助性或者替代性的工作岗位上实施。这里规定的临时性工作岗位是指存续时间不超过六个月的岗位；辅助性工作岗位是指为主营业务岗位提供服务的非主营业务岗位；替代性工作岗位是指用工单位的劳动者因脱产学习、休假等原因无法工作的一定期间内，可以由其他劳动者替代工作的岗位。用工单位应当严格控制劳务派遣用工数量，不得超过其用工总量的一定比例，具体比例由国务院劳动行政部门规定。

3）非全日制用工

非全日制用工，是指以小时计酬为主，劳动者在同一用人单位一般平均每日工作时间不超过 4 小时，每周工作时间累计不超过 24 小时的用工形式。

非全日制用工有以下几个特点：

（1）非全日制用工双方当事人可以订立口头协议。

（2）从事非全日制用工的劳动者可以与一个或者一个以上用人单位订立劳动合同。但是，后订立的劳动合同不得影响先订立的劳动合同的履行。

（3）非全日制用工双方当事人不得约定试用期。

（4）非全日制用工双方当事人任何一方都可以随时通知对方终止用工。终止用工，用人单位不向劳动者支付经济补偿。

（5）非全日制用工小时计酬标准不得低于用人单位所在地人民政府规定的最低小时工资标准。

（6）非全日制用工劳动报酬结算支付周期最长不得超过 15 日。

《劳动合同法实施条例》规定，劳务派遗单位不得以非全日制用工形式招用被派遣劳动者。

5.2.2 违反《劳动合同法》的法律风险及防范

5.2.2.1 员工不签劳动合同的法律风险及防范

在工程实际中，因员工原因不愿意签订书面劳动合同的情形也时有发生，所以用人单位应当采取相应措施，真正做到防范于未然。否则，很有可能导致员工和实际用工单位之间建立的事实劳动关系，使实际用工企业遭受巨大的用工法律风险，并带来大量的员工补偿金等赔付损失。预防和控制事实劳动关系的策略，主要有以下几个方面：

（1）调整招聘程序。用工单位应当调整当前“先录用后签合同”的做法。转变为“录用同时签合同”的方式。其实，劳动合同的内容在双方招录过程中已经基本确定，将这些约定转化为书面的劳动合同,对双方并无实际的影响,也无手续上的繁杂。

(2)确定录用条件。对于各种客观原因无法签订劳动合同的员工,可以在劳动合同中明确约定,一个月以内不签订书面劳动合同视为不符合录用条件,并作为试用期考核的重要依据。如果确实属于员工本人原因不愿意签订书面劳动合同的,用人单位可以解除劳动关系,而且不承担任何法律责任。

(3)及时予以通知。《劳动合同法实施条例》规定,允许用人单位书面通知员工订立劳动合同,而员工仍不订立的前提下,可以书面通知该劳动者终止劳动关系。这里需要提醒用人单位的是,应当同时做到两个"及时通知":一是,在一个月内,及时通知员工在指定的时间订立书面劳动合同;二是,在员工未在指定的时间订立书面劳动合同时,应及时通知其终止劳动关系。如果仅仅有前一个通知,则并不能免除用人单位的两倍工资支付赔偿。

(4)规范劳务派遣。首先用人单位应当选择运转规范的劳务派遣单位;其次,要对派遣单位的服务质量及履约情况及时监督检查,督促被派遣人员严格遵守其签订的劳务派遣合同;再次,注意留存和审查与派遣单位合作过程中产生的各种合同、约定和文件等内容。通过上述行为,防止名义上的派遣用工关系转变成实际用工关系。

(5)合同到期预警。劳动合同到期或续签是劳动合同管理的又一重要环节。建议用人单位设立预警机制,确定在劳动者所签订的劳动合同到期前 30~40 天作为预警时间,由专人或办公系统自动提醒用人单位人事部门及时处理。

(6)合同到期顺延。用人单位也可以在劳动合同中约定本期劳动合同到期时,如无另外特别协商,劳动合同自动顺延,顺延时间为首次约定的合同期限。这样处理,可以防止由于用人单位的人事部门疏漏,而出现无合同约定的法律风险。

(7)及时补签劳动合同。事实劳动关系一旦形成,若发现劳动合同中还有尚未约定的内容,或已经约定的内容存在含糊不清等情况时,最合理的补救方式就是及时补签劳动合同。补签劳动合同时,应当注意以下两点:一是补签劳动合同的合同期限应从实际用工之日算起,这与《劳动合同法》的规定是一致的;二是补签劳动合同的内容应与事实劳动关系期间的待遇一致,切实保证员工愿意补签。

5.2.2.2　劳动合同条款无效的法律风险及防范

无效劳动合同不仅不被法律承认,同时订立无效劳动合同的用人单位还应当承担以下法律责任:

(1)劳动合同自始无效。尽管劳动关系自用工之日起建立,但是劳动合同约定的条款没有法律上的效力;

(2)用人单位应当支付劳动者相应的工资。劳动合同被确认为无效后,用人单位对劳动者付出的劳动,一般可参考本企业同期、同工种、同岗位的标准支付劳动报酬;

(3)用人单位应当赔偿劳动者的实际损失。由于用人单位的原因订立的劳动合同无效,给劳动者造成损害的,应当按照违反和解除劳动合同经济补偿的支付标准,赔偿劳动者因合同无效所造成的损失。

(4)在劳动合同中避免因可备条款增加用人单位义务。例如,关于福利待遇,用人单位有权自行确定和调整福利待遇种类,如果在劳动合同中具体约定了某项福利待遇,那么合同履行期间用人单位就必须提供该项待遇,用人单位的一项自主权利就变成了必须履行的义务,增加用人单位负担。

5.2.2.3　无固定期限劳动合同的法律风险及防范

在《劳动合同法》出台以前,用人单位与劳动者签订短期固定期限劳动合同的情形是一种常态。一个很重要的原因是用人单位希望能将建立长期劳动关系的主动权掌握在自己手上。比如一年一签,每年劳动合同到期的时候用人单位就可以根据自己的喜好,选择与表现好的员工续签,而通知自己认为表现不好的员工期满终止合同。但依据《劳动合同法》的规定,两次续签固定期限劳动合同的劳动者,可以与用人单位订立无固定期限劳动合同。而此时,在是否同意与劳动者续签的问题上,用人单位是没有选择权的。

鼓励和引导用人单位与员工签订长期或无固定期限劳动合同,是《劳动合同法》及今后劳动立法的一个基本趋势。劳动合同立法的指导思路是通过对企业短期劳动合同期限的多种法律责任制约,引导企业向劳动合同和劳动关系长期化的方向发展。在《劳动合同法》背景下,企业需要做的就是调整人力资源管理和劳动合同期限设置的思路,将员工管理的立足点和落脚点从劳动合同的期限管理转换到员工绩效的考核管理上来,实行有升有降、奖惩分明的考核管理制度。

1. 固定期限劳动合同期限的选择

作为考察员工的方式,试用期和固定期限合同都可以被选择,但试用期比较短,主要是考察员工是否符合录用条件,所以其意义仅在于甄别员工是否应该被录用。而固定期限劳动合同对于企业新进员工和工作年限较短的员工是可以适用的,通过短期和中期劳动合同的考察,可以发现员工是否适合企业的需求以及员工的潜能是否能在以后的工作中进一步发挥。所以,企业在以后的劳动人事管理过程中,固定期限劳动合同主要对阶段性或临时性工作的员工使用,通常为 1～3 年。从员工职业生涯设计角度考虑,很多员工的心理预期一般是在 1～3 年,所以企业的这种期限安排也正好符合了跳槽员工的心理。

2. 无固定期限劳动合同的管理

在《劳动合同法》背景下,对于长期工作的老员工的管理,还是应当调整到绩效考核方面。无固定期限劳动合同只是没有约定合同终止的期限,并不意味着又回到计划经济年代的铁饭碗,在法律法规、规章制度有规定,以及劳动合同有约定的特定情形下,企业也是可以变更、解除和终止劳动合同的。为了防止部分员工在签订无固定期限劳动合同的情形下丧失竞争意识,无固定期限劳动管理更应侧重于对员工的绩效考核。通过设置科学、有效的绩效考核制度,对于考核不合格的员工可以依据法律法规和规章制度的规定予以调岗调薪,对于屡次考核都不能达到公司要求的,经过法定程序后,企业可以解除劳动合同。

5.2.2.4　工资支付的法律风险及防范

企业在设计和执行薪资制度时,需要了解《劳动法》《劳动合同法》及与工资相关立法中的相关规定,对员工的薪资制度设计做到合法、合理、科学和效率四大原则。具体而言,企业需要注意如下几个方面:

(1)采取合法的工资支付形式。工资应当以货币形式向本人支付。本人因故不能领取工资的,可以由其委托亲属或他人代领。企业也可委托银行代发工资,并保留两年的员工签收工资记录表备查。

(2)在合法周期内支付工资。工资应当按月支付。按月支付可以有两种实施方式:一是选择固定的日期,二是选择相对灵活的期间。其中,后者对企业更为有利。即便是企业支付年薪的,也需要按月预付,而后到期结算。如果是实行周、日、小时等工时制的,可以按照周、日、小时等形式支付工资。如果双方依法解除或终止劳动合同的,应在劳动合同解除或终止时一次性付清工资。

(3)兼顾公平原则和效率原则,奖勤治懒。企业需要实行同工同酬,但这并不意味着大锅饭,不同劳动价值量和不同贡献度的劳动行为应当依据企业的实际特点予以区别对待。在等量价值、等量报酬的基础上实现按劳分配、按贡献大小分配并与同工同酬原则相结合,奖勤治懒,奖优治劣,多劳多得,少劳少得。

(4)发挥工会协调作用,化解欠薪危机。除非企业发生特别重大的客观情况或遭遇严重不可抗力,企业均应按时足额支付给员工劳动报酬。企业首先应合理调控资金流,及时向员工薪资账户拨付相应款项,而一旦遭遇特别情形时,应依法按照法律要求严格履行协商或告知程序,征求职工代表大会或工会意见,降低欠薪的法律风险。

(5)对员工试用期社保缴纳采取变通措施。尽管没有相应法律支持,但当前部分企业对试用期员工社保处理的方式可以供其他企业借鉴:在试用期间,将员工的养老保险转到个人流动窗口,以社会平均工资为缴费基数,来确定缴费金额,由员工个人缴纳社保,企业则给予相应补偿。这样既省却了试用期转移账户的麻烦,又保障了新进员工的合法权益。

5.2.2.5　解除工伤员工劳动合同的法律风险及防范

《劳动合同法》第四十条规定,劳动者患病或者非因工负伤,在规定的医疗期满后不能从事原工作,也不能从事由用人单位另行安排的工作的,企业可以提前 30 天以书面形式通知本人或额外支付 1 个月工资后,解除劳动合同。但是,《劳动合同法》第四十二条规定,员工在本单位患职业病或者因工负伤并被确认丧失或者部分丧失劳动能力的,企业不得依据第四十条的规定解除劳动合同。法律之所以这么规定,主要是考虑到职业病和工伤都是由劳动过程中的职业危害所致,而企业对由此而丧失或部分丧失劳动能力的劳动者,负有保障其基本生活和劳动权益的义务,不得解除劳动合同。

在实践中,员工工伤解除劳动合同又应如何进行操作?根据《工伤保险条例》的规定,患职业病或者因工负伤并被确认丧失或者部分丧失劳动能力的,是指伤残等级为 1~10 级的工伤职工。如果劳动者不幸遭遇工伤,达到 1~10 级的,企业不得与劳动者解除劳动合同。

5.2.2.6　员工违规解除劳动合同的法律风险及防范

在管理员工离职过程中,不少企业特别是劳动密集型企业都会遇到员工不辞而别的情形。而且在相关证据无法举出的情形下,企业追究违法解除劳动合同的员工的可能性和现实性都比较小。在实务处理中,企业可以从以下一些措施入手进行应对:

(1)在订立劳动合同时向员工明示相应条款。在与员工订立劳动合同或辅导员工学习规章制度的时候,应当特别告知员工离职的提前通知义务,或是通过文本语句画线等方式进行提醒,或是在订立劳动合同或学习规章制度的时候,由人事部直接口头强调劳动者行使法定解除权的离职规则并通过书面条款或书面考试的方式予以书面证据化。

(2)制定或约定岗位违法离职预期损失评估。尽管企业除服务期和竞业限制外，不能和员工就员工违规解除劳动合同约定相应的违约金，但是这并不影响企业和员工之间可以就某一具体岗位员工离职可能带来的损失共同进行合理必要的预估，并在此后发生争议的时候有一个可以遵循的赔偿计算方式的合意。

(3)完备离职手续进行充分警示与责任告知。员工离职往往会有一个常见的心态，也即“人之将走，其言也善”。但是，这也不排除有部分员工“人之将走，其行也恶”，故意不遵守法定提前通知期规定，不配合企业进行工作交接。对于这部分员工，一是要充分警示，并书面告知其法律义务；二是如果员工依然我行我素，则要积极收集证据，依法追究其责任。

5.2.2.7　劳务分包不当的法律风险与防范

《劳动合同法》第九十四条规定：个人承包经营违反本法规定招用劳动者，给劳动者造成损害的，发包的组织与个人承包经营者承担连带赔偿责任。在实践中，对于需要将有关项目或工程分包出去的企业，在《劳动合同法》新背景下，应特别要注意承包经营可能带来的连带责任风险。尤其需要注意以下事项：

(1)慎重考虑用工方式。企业应认真考虑是否必须采取承包经营的方式，是否可以通过服务外包的方式处理，也就是说找有资质的企业处理而非个人承包经营。

(2)选择优质的承包经营者。在相对成熟的行业里，个人承包会成为一种惯例，这种时候选择个人承包经营者，则需要通过各方面考虑选择优质的、可信任的承包对象。

相关案例

【背景资料】　周某同某企业签订了2年期限的劳动合同，合同中约定试用期为6个月，试用期的工资为劳动合同约定工资的50%，该劳动合同关于试用期限及工资的约定是否合法？

【案件分析】　《劳动法》规定，劳动合同可以约定试用期，但最长不得超过6个月，《劳动合同法》对试用期做出了有针对性的规定：劳动合同期限3个月以上不满1年的，试用期不得超过1个月；劳动合同期限1年以上不满3年的，试用期不得超过2个月；3年以上固定期限和无固定期限的劳动合同，试用期不得超过6个月。

《劳动合同法》规定了试用期间的劳动者工资待遇的法定最低标准，劳动者在试用期的工资不得低于本单位相同岗位最低档工资或者劳动合同约定工资的80%，并不得低于用人单位所在地的最低工资标准。

【案件评判】　本案6个月试用期及其工资的约定明显违反《劳动合同法》的上述强制性规定，属无效条款，周某的试用期不应超过2个月，试用期的工资不得低于劳动合同约定工资的80%。

应当注意的是，试用期是劳动合同的一个约定的条款，如果双方事先没有约定，用人单位就不能以试用期为由解除劳动合同。

可以肯定,《劳动合同法》的实施给施工企业用工管理带来了巨大的挑战和机遇,但是只要施工企业全面理解并有效运用《劳动合同法》,如严格依法订立、履行、变更、解除或者终止劳动合同,依法防范劳动用工法律风险,维护劳动者的合法权益,就一定能避免不必要的劳动争议的发生,就一定能构建新型的和谐稳定劳动关系。

复习思考题

一、单项选择题(下列选项中,只有一个是正确的,请将其代号填在括号里)

1.劳动合同约定采用(　　)订立。

A.书面形式　　B.口头形式

C.公正形式　　D.格式条款

2.2006年3月1日,小刘经面试合格后,与某建筑公司签订了为期5年的用工合同,并约定了试用期,则试用期最迟至(　　)。

A.2006年2月27日　　B.2006年6月30日

C.2006年9月1日　　D.2007年3月1日

3.根据《劳动法》,下列选项中,用人单位可以解除劳动合同的情形是(　　)。

A.职工患病,在规定医疗期内　　B.职工严重违反劳动纪律

C.女职工在孕期内　　D.女职工在哺乳期内

4.在试用期内被证明不符合录用条件的,用人单位(　　)。

A.可以随时解除合同

B.必须解除劳动合同

C.可以解除劳动合同,但应当提前30日通知劳动者

D.不得解除劳动合同

5.甲单位无故拖欠劳动者工资;乙单位拒不支付劳动者延长工作时间的工资报酬;丙单位低于当地最低工资标准支付劳动者工资;丁单位非法搜查和拘禁劳动者。以上行为中,可由公安机关对责任人处以拘留的是(　　)。

A.甲　　B.乙

C.丙　　D.丁

6.我国《劳动法》规定,未成年工是指(　　)的劳动者。

A.未满16周岁　　B.年满16周岁

C.未满18周岁　　D.年满18周岁

7.当事人向劳动争议仲裁委员会申请劳动仲裁的时效是,自劳动争议发生之日起(　　)日内。

A.15　　B.30

C.60　　D.90

8.甲公司设立劳动争议调解委员会,下列争议中,可以由劳动争议调解委员会负责调解的是(　　)。

A.甲公司与本公司员工张某　　B.甲公司与乙公司员工李某

C. 甲公司与乙公司　　D. 甲公司员工张某与王某

9. 无固定期限劳动合同，是指用人单位与劳动者约定无确定(　　)时间的劳动合同。

A. 工作　　B. 解除

C. 终止　　D. 续订

10. 某建筑公司与应届毕业的职业院校学生李某以书面形式签订了一份为期 3 年的劳动合同，李某在试用期，工资不得低于本单位相同岗位最低档工资或劳动合同约定工资的(　　)。

A. 50%　　B. 60%

C. 70%　　D. 80%

二、多项选择题(下列选项中，至少有两个是正确的，请将其代号填在括号里)

1. 无效劳动合同，从订立的时候起，就没有法律效力。下列属于无效劳动合同的有(　　)。

A. 报酬较低的劳动合同　　B. 违反法律法规的劳动合同

C. 采用欺诈、威胁等手段订立的劳动合同　　D. 未规定明确合同期限的劳动合同

E. 劳动内容约定不明的劳动合同

2. 下列(　　)情形下，用人单位不得解除劳动合同。

A. 劳动者被依法追究刑事责任　　B. 女职工在孕期和哺乳期的

C. 患病或负伤，在规定医疗期的　　D. 因工负伤并被认定丧失劳动能力的

E. 劳动者不能胜任工作，经过培训，仍不能胜任工作的

3. 下列选项中，可作为仲裁委员会组成成员的有(　　)。

A. 职工代表　　B. 劳动行政主管部门的代表

C. 工会代表　　D. 用人单位代表

E. 政府指定的经济综合管理部门的代表

4. 某建筑公司的一房屋建筑施工项目，地处东北，为了赶工期，在冬季户外零度以下期间连续施工 3 个月，期间采取了相应的防冻措施。对户外人员也提供棉衣等物资，尤其对在户外工作 3 个月无一天休息的塔吊操作人员女同志小张，增发了奖金 3000 元，并且建筑公司号召公司所有女工学习小张这种不怕吃苦的精神。对此下列表述正确的是(　　)。

A. 建筑公司的行为违反了《劳动法》中关于女职工特殊保护的规定

B. 建筑公司零度以下继续施工违反了《劳动法》

C. 劳动部门应当对建筑公司处以罚款

D. 劳动部门不应当对建筑公司处以罚款

E. 建筑公司的行为不存在任何违反《劳动法》的情形

5. 某建筑公司的技术员李某与公司发生劳动合同纠纷，并向劳动仲裁委员会提起仲裁，在此期间，李某对劳动仲裁制度有了如下列选择的理解，正确的是(　　)。

A. 所有的劳动争议仲裁都是遵循一裁终局的原则，当事人如果不服，另一方可申请人民法院强制执行

B. 对于发生法律效力的仲裁文书，可申请人民法院强制执行

C. 劳动仲裁实行一个裁决后，当事人不服裁决，只能依法向法院起诉

D. 仲裁庭作出裁决时，实行少数服从多数的原则，不同意见必须如实笔录

E. 劳动争议发生后，当事人可以选择仲裁，或者选择诉讼

6. 某施工企业的下列做法中，不符合《劳动法》规定的有(　　)。

A. 某女工因休产假时间过长，达5个月之久，单位因而将其除名

B. 工人刘某被怀疑参与一起恶性案件，单位随即解除了与他的劳动合同

C. 因试用期考核未通过，单位通知许某第二天就不要上班了

D. 孙某因患职业病而就医，不能继续工作，单位遂将其辞退

E. 某职工因交通事故受伤，不能胜任原岗位工作，将其调到传达室收发信件

7. 陈某在某建筑公司一直做质检工作，后来公司认为陈某表现不错，就将其调离劳动合同约定的质检岗位，提拔为管理人员，但没有就劳动合同的变更签订书面合同。后该公司与陈某解除劳动合同，陈某根据原劳动合同向企业主张补发其质检岗位津贴。依据《劳动合同法》，下列选项正确的有(　　)。

A. 变更后的劳动合同文本由建筑公司和陈某各执一份

B. 变更劳动合同，应当采用书面形式

C. 只要在公司内部正式任命陈某职务，建筑公司就应向陈某补发新岗位的津贴

D. 建筑公司可以单方变更劳动合同，变更后劳动合同有效

E. 建筑公司应向陈某补发质检岗位津贴

8. 下列关于劳动争议仲裁委员会的设置和职能的选项中，表述正确的有(　　)。

A. 县、市、市辖区应当设立劳动争议仲裁委员会

B. 仲裁委员会组成人员必须是单数，主任由劳动行政主管部门的负责人担任

C. 劳动争议仲裁委员会是依法成立的，通过仲裁方式处理劳动争议的专门机构

D. 劳动争议由劳动合同履行地或者用人单位所在地的劳动争议仲裁委员会管辖

E. 仲裁庭只能由一名首席仲裁员和两名仲裁员组成

9. 下列选项中，符合《劳动法》对未成年工特殊保护规定的是(　　)。

A. 不得安排未成年工从事矿山井下劳动

B. 不得安排未成年工从事有毒有害劳动

C. 不得安排未成年工从事国家规定的第四级体力劳动强度的劳动

D. 不得安排未成年工从事任何有劳动强度的劳动

E. 用人单位应当对未成年工定期进行健康检查

10. 用人单位与劳动者发生劳动争议，一般可以通过下列(　　)方式解决。

A. 申请调解　　B. 双方协商

C. 投诉上访　　D. 申请仲裁

E. 提起诉讼

第 6 章 建筑节能及环境保护法律制度

【学习目标】

1. 能够深刻理解国家关于建筑节能和环境保护立法的重要性和必要性。

2. 懂得国家建筑节能和环境保护的具体法律规定。

3. 会在工程实际中正确运用建筑节能和环境保护的法律规定,约束和规范自己的言行,做节能、环保的执行者和守卫者。

6.1 建筑节能法律制度

能源是指煤炭、石油、天然气、生物质能和电力、热力,以及其他直接或者通过加工、转换而取得有用能的各种资源。节约能源是指加强用能管理,采取技术上可行、经济上合理,以及环境和社会可以承受的措施,从能源生产到消费的各个环节,降低消耗、减少损失和污染物排放、制止浪费,有效、合理地利用能源。

节约资源是我国的基本国策。国家实施节约与开发并举、把节约放在首位的能源发展战略。

6.1.1 建筑节能概述

在房屋建筑工程领域,节约能源主要包括建筑节能和施工节能两个方面。

建筑节能是解决建设项目建成后使用过程中的节能问题,如《民用建筑节能条例》规定:民用建筑节能,是指在保证民用建筑使用功能和室内热环境质量的前提下,降低其使用过程中能源消耗的活动。施工节能则是要解决施工过程中的节约能源问题,如《绿色施工导则》规定:绿色施工是指工程建设中,在保证质量、安全等基本要求的前提下,通过科学管理和技术进步,最大限度地节约资源与减少对环境负面影响的施工活动,实现四节一环保(节能、节地、节水、节材和环境保护)。

6.1.1.1 施工合理使用与节约能源的规定

(1)合理使用与节约能源的一般规定。《节约能源法》规定:国家实行有利于节能和环境保护的产业政策,限制发展高耗能、高污染行业,发展节能环保型产业。

国家对落后的耗能过高的用能产品、设备和生产工艺实行淘汰制度。禁止使用国家明令淘汰的用能设备、生产工艺。国家鼓励企业制定严于国家标准、行业标准的企业节能标准。

(2)用能单位的法定义务。在《节约能源法》中,对用能单位确立了法定的义务:用能单位应当按照合理用能的原则,加强节能管理,制定并实施节能计划和节能技术措施,降低能源消耗。用能单位应当建立节能目标责任制,对节能工作取得成绩的集体、个人给予奖励。用能单位应当定期开展节能教育和岗位节能培训。

用能单位应当加强能源计量管理，按照规定配备和使用经依法检定合格的能源计量器具。用能单位应当建立能源消费统计和能源利用状况分析制度，对各类能源的消费实行分类计量和统计，并确保能源消费统计数据真实、完整。任何单位不得对能源消费实行包费制。

(3)循环经济的法律要求。循环经济是指在生产、流通和消费等过程中进行的减量化、再利用、资源化活动的总称。减量化，是指在生产、流通和消费等过程中减少资源消耗和废物产生。再利用，是指将废物直接作为产品，或者经修复、翻新、再制造后继续作为产品使用，或者将废物的全部或者部分作为其他产品的部件予以使用。资源化，是指将废物直接作为原料进行利用，或者对废物进行再生利用。

《循环经济促进法》规定，发展循环经济应当在技术可行、经济合理，且有利于节约资源、保护环境的前提下，按照减量化优先的原则实施。在废物再利用和资源化过程中，应当保障生产安全，保证产品质量符合国家规定的标准，并防止产生再次污染。

企业事业单位应当建立健全管理制度，采取措施，降低资源消耗，减少废物的产生量和排放量，提高废物的再利用和资源化水平。

国务院循环经济发展综合管理部门会同国务院环境保护等有关主管部门，定期发布鼓励、限制和淘汰的技术、工艺、设备、材料和产品名录。禁止生产、进口、销售列入淘汰名录的设备、材料和产品，禁止使用列入淘汰名录的技术、工艺、设备和材料。

6.1.1.2　建筑节能的规定

《节约能源法》规定，国家实行固定资产投资项目节能评估和审查制度。不符合强制性节能标准的项目，依法负责项目审批或者核准的机关不得批准或者核准建设；建设单位不得开工建设；已经建成的，不得投入生产、使用。

国家鼓励在新建建筑和既有建筑节能改造中使用新型墙体材料等节能建筑材料和节能设备，安装和使用太阳能等可再生能源利用系统。

建筑工程的建设、设计、施工和监理单位应当遵守建筑节能标准。

(1)采用太阳能、地热能等可再生能源。《民用建筑节能条例》规定，国家鼓励和扶持在新建建筑和既有建筑节能改造中采用太阳能、地热能等可再生能源。

在具备太阳能利用条件的地区，有关地方人民政府及其部门应当采取有效措施，鼓励和扶持单位、个人安装使用太阳能热水系统、照明系统、供热系统、采暖制冷系统等太阳能利用系统。

(2)新建建筑节能的规定。国家推广使用民用建筑节能的新技术、新工艺、新材料和新设备，限制使用或者禁止使用能源消耗高的技术、工艺、材料和设备。国家限制进口或者禁止进口能源消耗高的技术、材料和设备。

《节约能源法》中还对工程建设相关部门和单位的义务进行了明确的规定：建设单位、设计单位、施工单位不得在建筑活动中使用列入禁止使用目录的技术、工艺、材料和设备。

(1)施工图审查机构的节能义务。施工图设计文件审查机构应当按照民用建筑节能强制性标准对施工图设计文件进行审查；经审查不符合民用建筑节能强制性标准的，县级以上地方人民政府建设主管部门不得颁发施工许可证。

(2)建设单位的节能义务。建设单位不得明示或者暗示设计单位、施工单位违反民用建筑节能强制性标准进行设计、施工,不得明示或者暗示施工单位使用不符合施工图设计文件要求的墙体材料、保温材料、门窗、采暖制冷系统和照明设备。

按照合同约定由建设单位采购墙体材料、保温材料、门窗、采暖制冷系统和照明设备的,建设单位应当保证其符合施工图设计文件要求。

建设单位组织竣工验收,应当对民用建筑是否符合民用建筑节能强制性标准进行查验;对不符合民用建筑节能强制性标准的,不得出具竣工验收合格报告。

(3)设计单位、施工单位、工程监理单位的节能义务。设计单位、施工单位、工程监理单位及其注册执业人员,应当按照民用建筑节能强制性标准进行设计、施工、监理。

施工单位应当对进入施工现场的墙体材料、保温材料、门窗、采暖制冷系统和照明设备进行查验;不符合施工图设计文件要求的,不得使用。

工程监理单位发现施工单位不按照民用建筑节能强制性标准施工的,应当要求施工单位改正;施工单位拒不改正的,工程监理单位应当及时报告建设单位,并向有关主管部门报告。

墙体、屋面的保温工程施工时,监理工程师应当按照工程监理规范的要求,采取旁站、巡视和平行检验等形式实施监理。未经监理工程师签字,墙体材料、保温材料、门窗、采暖制冷系统和照明设备不得在建筑上使用或者安装,施工单位不得进行下一道工序的施工。

6.1.1.3 既有建筑节能的规定

既有建筑节能改造,是指对不符合民用建筑节能强制性标准的既有建筑的围护结构、供热系统、采暖制冷系统、照明设备和热水供应设施等实施节能改造的活动。

实施既有建筑节能改造,应当符合民用建筑节能强制性标准,优先采用遮阳、改善通风等低成本改造措施。既有建筑围护结构的改造和供热系统的改造应当同步进行。

6.1.1.4 施工节能的规定

《循环经济促进法》规定:建筑设计、建设、施工等单位应当按照国家有关规定和标准,对其设计、建设、施工的建筑物及构筑物采用节能、节水、节地、节材的技术工艺和小型、轻型、再生产品。有条件的地区,应当充分利用太阳能、地热能、风能等可再生能源。

1. 节材与材料资源利用

《循环经济促进法》规定,国家鼓励利用无毒无害的固体废物生产建筑材料,鼓励使用散装水泥,推广使用预拌混凝土和预拌砂浆,禁止损毁耕地烧砖。在国务院或者省、自治区、直辖市人民政府规定的期限和区域内,禁止生产、销售和使用黏土砖。

《绿色施工导则》进一步规定,图纸会审时,应审核节材与材料资源利用的相关内容,达到材料损耗率比定额损耗率降低30%;根据施工进度、库存情况等合理安排材料的采购、进场时间和批次,减少库存;现场材料堆放有序;储存环境适宜,措施得当;保管制度健全,责任落实;材料运输工具适宜,装卸方法得当,防止损坏和遗洒;根据现场平面布置情况就近卸载,避免和减少二次搬运;采取技术和管理措施,提高模板、脚手架等的周转次数;优化安装工程的预留、预埋、管线路径等方案;应就地取材,施工现场500公里以内生产的建筑材料用量占建筑材料总重量的70%以上。

此外,还分别就结构材料、围护材料、装饰装修材料、周转材料提出了明确要求。例如,结构材料节材与材料资源利用的技术要点是:①推广使用预拌混凝土和商品砂浆。准确计算采购数量、供应频率、施工速度等,在施工过程中动态控制,结构工程使用散装水泥。②推广使用高强钢筋和高性能混凝土,减少资源消耗。③推广钢筋专业化加工和配送。④优化钢筋配料和钢构件下料方案。钢筋及钢结构制作前应对下料单及样品进行复核,无误后方可批量下料。⑤优化钢结构制作和安装方法。大型钢结构宜采用工厂制作,现场拼装;宜采用分段吊装、整体提升、滑移、顶升等安装方法,减少方案的措施用材量。⑥采取数字化技术,对大体积混凝土、大跨度结构等专项施工方案进行优化。

2. 节水与水资源利用

《循环经济促进法》规定,国家鼓励和支持使用再生水。企业应当发展串联用水系统和循环用水系统,提高水的重复利用率。企业应当采用先进技术、工艺和设备,对生产过程中产生的废水进行再生利用。《绿色施工导则》进一步对提高用水效率、非传统水源利用和安全用水作出规定。

提高用水效率:施工中采用先进的节水施工工艺;施工现场喷洒路面、绿化浇灌不宜使用市政自来水;现场搅拌用水、养护用水应采取有效的节水措施,严禁无措施浇水养护混凝土;施工现场供水管网应根据用水量设计布置,管径合理、管路简捷,采取有效措施减少管网和用水器具的漏损;现场机具、设备、车辆冲洗用水必须设立循环用水装置;施工现场办公区、生活区的生活用水采用节水系统和节水器具,提高节水器具配置比率。项目临时用水应使用节水型产品,安装计量装置,采取针对性的节水措施;施工现场建立可再利用水的收集处理系统,使水资源得到梯级循环利用;施工现场分别对生活用水与工程用水确定用水定额指标,并分别计量管理;大型工程的不同单项工程、不同标段、不同分包生活区,凡具备条件的应分别计量用水量。在签订不同标段分包或劳务合同时,将节水定额指标纳入合同条款,进行计量考核;对混凝土搅拌站点等用水集中的区域和工艺点进行专项计量考核。施工现场建立雨水、中水或可再利用水的收集利用系统。

非传统水源利用:优先采用中水搅拌、中水养护,有条件的地区和工程应收集雨水养护;处于基坑降水阶段的工地,宜优先采用地下水作为混凝土搅拌用水、养护用水、冲洗用水和部分生活用水;现场机具、设备、车辆冲洗、喷洒路面、绿化浇灌等用水,优先采用非传统水源,尽量不使用市政自来水;大型施工现场,尤其是雨量充沛地区的大型施工现场建立雨水收集利用系统,充分收集自然降水,用于施工和生活中适宜的部位;力争施工中非传统水源和循环水的再利用量大于 30%。

安全用水:在非传统水源和现场循环再利用水的使用过程中,应制定有效的水质检测与卫生保障措施,确保避免对人体健康、工程质量及周围环境产生不良影响。

3. 节能与能源利用

《绿色施工导则》对节能措施,机械设备与机具,生产、生活及办公临时设施,施工用电及照明分别作出规定。

(1)节能措施:制订合理的施工能耗指标,提高施工能源利用率;优先使用国家、行业推荐的节能、高效、环保的施工设备和机具,如选用变频技术的节能施工设备等;施工现场分别设定生产、生活、办公和施工设备的用电控制指标,定期进行计量、核算、对比分析,并有预防与纠正措施;在施工组织设计中,合理安排施工顺序、工作面,以减少作业区域的机具数量，相邻作业区充分利用共有的机具资源。安排施工工艺时，应优先考虑耗用电能的或其他能耗较少的施工工艺。避免设备额定功率远大于使用功率或超负荷使用设备的现象；根据当地气候和自然资源条件，充分利用太阳能、地热等可再生能源。

（2）机械设备与机具：建立施工机械设备管理制度，开展用电、用油计量，完善设备档案，及时做好维修保养工作，使机械设备保持低耗、高效的状态；选择功率与负载相匹配的施工机械设备，避免大功率施工机械设备低负载、长时间运行。机电安装可采用节电型机械设备，如逆变式电焊机和能耗低、效率高的手持电动工具等，以利节电。机械设备宜使用节能型油料添加剂，在可能的情况下，考虑回收利用，节约油量；合理安排工序，提高各种机械的使用率和满载率，降低各种设备的单位耗能。

（3）生产、生活及办公临时设施：利用场地自然条件，合理设计生产、生活及办公临时设施的体形、朝向、间距和窗墙面积比，使其获得良好的日照、通风和采光。南方地区可根据需要在其外墙窗设遮阳设施；临时设施宜采用节能材料，墙体、屋面使用隔热性能好的材料，减少夏天空调、冬天取暖设备的使用时间及耗能量；合理配置采暖、空调、风扇数量，规定使用时间，实行分段分时使用，节约用电。

（4）施工用电及照明：临时用电优先选用节能电线和节能灯具，临电线路合理设计、布置，临电设备宜采用自动控制装置。采用声控、光控等节能照明灯具；照明设计以满足最低照度为原则，照度不应超过最低照度的20%。

4. 节地与施工用地保护

《绿色施工导则》对临时用地指标、临时用地保护、施工总平面布置分别做出了规定。

（1）临时用地指标：根据施工规模及现场条件等因素合理确定临时设施，如临时加工厂、现场作业棚及材料堆场、办公生活设施等的占地指标。临时设施的占地面积应按用地指标所需的最低面积设计；要求平面布置合理、紧凑，在满足环境、职业健康与安全及文明施工要求的前提下尽可能减少废弃地和死角，临时设施占地面积有效利用率大于90%。

（2）临时用地保护：应对深基坑施工方案进行优化，减少土方开挖和回填量，最大限度地减少对土地的扰动，保护周边自然生态环境；红线外临时占地应尽量使用荒地、废地，少占用农田和耕地。工程完工后，及时对红线外占地恢复原地形、地貌，使施工活动对周边环境的影响降至最低；利用和保护施工用地范围内原有绿色植被。对于施工周期较长的现场，可按建筑永久绿化的要求，安排场地新建绿化。

（3）施工总平面布置：施工总平面布置应做到科学、合理，充分利用原有建筑物、构筑物、道路、管线为施工服务；施工现场搅拌站、仓库、加工厂、作业棚、材料堆场等布置应尽量靠近已有交通线路或即将修建的正式或临时交通线路，缩短运输距离；临时办公和生活用房应采用经济、美观、占地面积小、对周边地貌环境影响较小，且适合于施工平面布置动态调整的多层轻钢活动板房、钢骨架水泥活动板房等标准化装配式结构。生活区与生产区应分开布置，并设置标准的分隔设施；施工现场围墙可采用连续封闭的轻钢结构预制装配式活动围挡，减少建筑垃圾，保护土地；施工现场道路按照永久道路和临时道路相结合的原则布置。施工现场内形成环形通路，减少道路占用土地；临时设施布置应注意远近结合（本期工程与下期工程），努力减少和避免大量临时建筑拆迁和场地搬迁。

6.1.1.5 施工节能技术进步和激励措施的规定

1. 节能技术进步

《节约能源法》规定,国家鼓励、支持节能科学技术的研究、开发、示范和推广,促进节能技术创新与进步。

(1)政府政策引导。国务院管理节能工作的部门会同国务院科技主管部门发布节能技术政策大纲,指导节能技术研究、开发和推广应用。县级以上各级人民政府应当把节能技术研究开发作为政府科技投入的重点领域。支持科研单位和企业开展节能技术应用研究,制定节能标准,开发节能共性和关键技术,促进节能技术创新与成果转化。

国务院管理节能工作的部门会同国务院有关部门制定并公布节能技术、节能产品的推广目录,引导用能单位和个人使用先进的节能技术、节能产品。

国务院管理节能工作的部门会同国务院有关部门组织实施重大节能科研项目、节能示范项目、重点节能工程。

(2)政府资金扶持。《循环经济促进法》规定,国务院和省、自治区、直辖市人民政府设立发展循环经济的有关专项资金,支持循环经济的科技研究开发、循环经济技术和产品的示范与推广、重大循环经济项目的实施、发展循环经济的信息服务等。

国务院和省、自治区、直辖市人民政府及其有关部门应当将循环经济重大科技攻关项目的自主创新研究、应用示范和产业化发展列入国家或省级科技发展规划和高技术产业发展规划,并安排财政性资金予以支持。

利用财政性资金引进循环经济重大技术、装备的,应当制定消化、吸收和创新方案,报有关主管部门审批并由其监督实施;有关主管部门应当根据实际需要建立协调机制,对重大技术、装备的引进和消化、吸收、创新实行统筹协调,并给予资金支持。

2. 节能激励措施

按照《节约能源法》《循环经济促进法》的规定,主要有如下相关的节能激励措施:

(1)财政安排节能专项资金。中央财政和省级地方财政安排节能专项资金,支持节能技术研究开发、节能技术和产品的示范与推广、重点节能工程的实施、节能宣传培训、信息服务和表彰奖励等。国家通过财政补贴支持节能照明器具等节能产品的推广和使用。

(2)税收优惠。国家对生产、使用列入国务院管理节能工作的部门会同国务院有关部门制定并公布的节能技术、节能产品推广目录的需要支持的节能技术、节能产品,实行税收优惠等扶持政策。

国家运用税收等政策,鼓励先进节能技术、设备的进口,控制在生产过程中耗能高、污染重的产品的出口。

国家对促进循环经济发展的产业活动给予税收优惠,并运用税收等措施鼓励进口先进的节能、节水、节材等技术、设备和产品,限制在生产过程中耗能高、污染重的产品的出口。

企业使用或者生产列入国家清洁生产、资源综合利用等鼓励名录的技术、工艺、设备或产品的,按照国家有关规定享受税收优惠。

3. 信贷支持

国家引导金融机构增加对节能项目的信贷支持,为符合条件的节能技术研究开发、节能产品生产及节能技术改造等项目提供优惠贷款。国家推动和引导社会有关方面加大对节能的资金投入,加快节能技术改造。

对符合国家产业政策的节能、节水、节地、节材、资源综合利用等项目,金融机构应当给予优先贷款等信贷支持,并积极提供配套金融服务。

对生产、进口、销售、使用列入淘汰名录的技术、工艺、设备、材料或产品的企业,金融机构不得提供任何形式的授信支持。

4. 价格政策

国家实行有利于节能的价格政策,引导施工单位和个人节能。国家运用财税、价格等政策,支持推广电力需求侧管理、合同能源管理、节能自愿协议等节能办法。

国家实行有利于资源节约和合理利用的价格政策,引导单位和个人节约和合理使用水、电、气等资源性产品。

5. 表彰奖励

各级人民政府对在节能管理、节能科学技术研究和推广应用中有显著成绩,以及检举严重浪费能源行为的单位和个人,给予表彰和奖励。

企业事业单位应当对在循环经济发展中做出突出贡献的集体和个人给予表彰和奖励。

6.1.2 违反建筑节能制度的法律风险及防范

建筑节能和环境保护是我国经济健康、可持续发展的前提,也是人类生存和发展的先决条件。但是,我国在这些方面的现状还不容乐观,存在的问题和困难较多,面临的任务也相当艰巨。随着社会对环保意识的增强,正确识别建筑节能和环境保护中的法律风险,并能够及时加以防范,就越发显得重要。

建筑节能的实质并不是不用能或少用能,而是提高能源的利用效率,更加合理地使用能源,减少对能源的浪费。若违反了建筑节能的要求,不但增加了能耗,浪费了我们赖以生存的能源,不能实现经济的可持续发展,还会直接或间接地对自然环境造成危害,即所谓的害人害己,同时还可能面临承担相应的法律责任。

《节约能源法》规定,设计单位、施工单位、监理单位违反建筑节能标准的,由建设主管部门责令改正,处 10 万元以上 50 万元以下罚款;情节严重的,由颁发资质证书的部门降低资质等级或者吊销资质证书;造成损失的,依法承担赔偿责任。

《民用建筑节能条例》规定,施工单位未按照民用建筑节能强制性标准进行施工的,由县级以上地方人民政府建设主管部门责令改正,处民用建筑项目合同价款 2%以上 4%以下的罚款;情节严重的,由颁发资质证书的部门责令停业整顿,降低资质等级或者吊销资质证书;造成损失的,依法承担赔偿责任。

注册执业人员未执行民用建筑节能强制性标准的,由县级以上人民政府建设主管部门责令停止执业 3 个月以上 1 年以下;情节严重的,由颁发资格证书的部门吊销执业资格证书,5 年内不予注册。

《民用建筑节能条例》规定,施工单位有下列行为之一的,由县级以上地方人民政府建设主管部门责令改正,处 10 万元以上 20 万元以下的罚款;情节严重的,由颁发资质证

书的部门责令停业整顿,降低资质等级或者吊销资质证书;造成损失的,依法承担赔偿责任:

(1)未对进入施工现场的墙体材料、保温材料、门窗、采暖制冷系统和照明设备进行查验的;

(2)使用不符合施工图设计文件要求的墙体材料、保温材料、门窗、采暖制冷系统和照明设备的;

(3)使用列入禁止使用目录的技术、工艺、材料和设备的。

《节约能源法》规定,用能单位未按照规定配备、使用能源计量器具的,由产品质量监督部门责令限期改正;逾期不改正的,处1万元以上5万元以下的罚款。

瞒报、伪造、篡改能源统计资料或者编造虚假能源统计数据的,依照《中华人民共和国统计法》的规定处罚。

无偿向本单位职工提供能源或者对能源消费实行包费制的,由管理节能工作的部门责令限期改正;逾期不改正的,处5万元以上20万元以下的罚款。

进口列入淘汰名录的设备、材料或产品的,由海关责令退运,可以处10万元以上100万元以下的罚款。进口者不明的,由承运人承担退运责任,或者承担有关处置费用。

防范这类风险,首先,就是要在自己的思想意识上建立建筑节能的重要性和紧迫性,并把这种意识贯彻到具体的生活和工程实际中,深刻领会建筑节能就是造福子孙后代,就是利在当今,功在未来;其次,要认真学习相关的法律法规,并分析其内涵和要领,全面贯彻执行,从我做起,从现在做起;最后,要及时制止和检举违反建筑节能法律规定的行为,真正成为建筑节能的执行者和守护者。

6.2 环境保护法律制度

所谓"环境",是指影响人类生存和发展的各种天然的和经过人工改造的自然因素的总体,包括大气、水、海洋、土地、矿藏、森林、草原、野生生物、自然遗迹、人文遗迹、自然保护区、风景名胜区、城市和乡村等。环境保护法律有广义和狭义之分。广义的环境保护法律是指与环境保护相关的法律体系;狭义的环境保护法律是指1989年制定实施的《环境保护法》。由于房屋建筑与环境保护息息相关,所以本书在《环境保护法》的基础上,在广义的环境保护的法律体系内进行介绍,其中主要涉及《环境影响评价法》《建设项目环境保护管理条例》《建设项目环境保护管理办法》等。

6.2.1 环境保护的相关法律基本要求

《环境保护法》规定,国家制定的环境保护规划必须纳入国民经济和社会发展计划,国家采取有利于环境保护的经济、技术政策和措施,使环境保护工作同经济建设和社会发展相协调。

6.2.1.1 建设工程环境影响评价制度

《环境保护法》规定,国家实行建设项目环境影响评价制度。建设项目应当编制环境影响报告书,必须对建设项目产生的污染和对环境的影响做出评价,规定防治措施。

环境影响评价必须客观、公开、公正，综合考虑规划或者建设项目实施后对各种环境因素及其所构成的生态系统可能造成的影响，为决策提供科学依据。

(1)建设项目环境影响评价的分类管理。建设单位应当按照下列规定组织编制环境影响报告书、环境影响报告表，或者填报环境影响登记表(统称环境影响评价文件)：

①可能造成重大环境影响的，应当编制环境影响报告书，对产生的环境影响进行全面评价；

②可能造成轻度环境影响的，应当编制环境影响报告表，对产生的环境影响进行分析或者专项评价；

③对环境影响很小、不需要进行环境影响评价的，应当填报环境影响登记表。

(2)环境影响评价文件的审批管理。建设项目的环境影响评价文件，由建设单位按照国务院的规定报有审批权的环境保护行政主管部门审批；建设项目有行业主管部门的，其环境影响报告书或者环境影响报告表应当经行业主管部门预审后，报有审批权的环境保护行政主管部门审批。

审批部门应当自收到环境影响报告书之日起 60 日内，收到环境影响报告表之日起 30 日内，收到环境影响登记表之日起 15 日内，分别做出审批决定并书面通知建设单位。

建设项目的环境影响评价文件经批准后，建设项目的性质、规模、地点、采用的生产工艺，或者防治污染、防止生态破坏的措施发生重大变动的，建设单位应当重新报批建设项目的环境影响评价文件。

建设项目的环境影响评价文件自批准之日起超过 5 年，方决定该项目开工建设的，其环境影响评价文件应当报原审批部门重新审核；原审批部门应当自收到建设项目环境影响评价文件之日起 10 日内，将审核意见书面通知建设单位。

建设项目的环境影响评价文件未经法律规定的审批部门审查或者审查后未予批准的，该项目审批部门不得批准其建设，建设单位不得开工建设。

(3)环境影响的后评价和跟踪管理。在项目建设、运行过程中产生不符合经审批的环境影响评价文件的情形的，建设单位应当组织环境影响的后评价，采取改进措施，并报原环境影响评价文件审批部门和建设项目审批部门备案；原环境影响评价文件审批部门也可以责成建设单位进行环境影响的后评价，采取改进措施。

6.2.1.2　环境保护的“三同时”制度

环境保护的“三同时”制度，是指建设项目中需要配套的环境保护设施，必须与主体工程同时设计、同时施工、同时投产使用。《环境影响评价法》还规定，建设项目建设过程中，建设单位应当同时实施环境影响报告书、环境影响报告表，以及环境影响评价文件审批部门审批意见中提出的环境保护对策措施。防治污染的设施必须经原审批环境影响报告书的环境保护行政主管部门验收合格后，该建设项目方可投入生产或者使用。

环境保护“三同时”制度是建设工程环境保护法律制度的重要组成部分，《建设工程环境保护条例》对环境保护的“三同时”制度进行了详细的规定。

(1)建设项目的设计阶段。建设项目的初步设计，应当按照环境保护设计规范的要求，编制环境保护篇章，并依据经批准的建设项目环境影响报告书或者环境影响报告表，在环境保护篇章中落实防治环境污染和生态破坏的措施，以及环境保护设施投资概算。

(2)建设项目的试生产阶段。建设项目的主体工程完工后,需要进行试生产的,其配套建设的环境保护设施必须与主体工程同时投入试运行。

建设项目试生产期间,建设单位应当对环境保护设施运行情况和建设项目对环境的影响进行监测。

(3)竣工验收和投入使用阶段。建设项目竣工后,建设单位应当向审批该建设项目环境影响报告书、环境影响报告表或环境影响登记表的环境保护行政主管部门,申请该建设项目需要配套建设的环境保护设施竣工验收。

环境保护设施竣工验收,应当与主体工程竣工验收同时进行。需要进行试生产的建设项目,建设单位应当自建设项目投入试生产之日起3个月内,向审批该建设项目环境影响报告书、环境影响报告表或环境影响登记表的环境保护行政主管部门,申请该建设项目需要配套建设的环境保护设施竣工验收。分期建设、分期投入生产或使用的建设项目,其相应的环境保护设施应当分期验收。环境保护行政主管部门应当自收到环境保护设施竣工验收申请之日起30日内,完成验收。建设项目需要配套建设的环境保护设施经验收合格,该建设项目方可正式投入生产或使用。

6.2.1.3 施工现场噪声污染的法律规定

施工噪声,是指在建设工程施工过程中产生的干扰周围生活环境的声音。随着城市化进程的不断加快及工程建设的大规模开展,施工噪声污染问题日益突出,尤其是在城市人口稠密地区的建设工程施工中产生的噪声污染,不仅影响周围居民的正常生活,而且损害城市的环境形象。施工单位与周围居民因噪声而引发的纠纷也时有发生,群众投诉日渐增多。因此,应当依法加强施工现场噪声管理,采取有效措施防治施工噪声污染。

按照《环境噪声污染防治法》的规定,在城市市区范围内向周围生活环境排放建筑施工噪声的,应当符合国家规定的建筑施工场界环境噪声排放标准。按照《建筑施工场界噪声限值》(GB 12523—2011)的规定,城市建筑施工期间,施工场地不同施工阶段产生的作业噪声限制为:昼间70 dB,夜间55 dB。所谓昼间,是指6:00至22:00的时段;夜间,是指晚22:00至6:00之间的时段。

在城市市区范围内,建筑施工过程中使用机械设备,可能产生环境噪声污染的,施工单位必须在工程开工15日以前向工程所在地县级以上地方人民政府环境保护行政主管部门申报该工程的项目名称、施工场所和期限、可能产生的环境噪声值,以及所采取的环境噪声污染防治措施的情况。

在城市市区噪声敏感建筑物集中区域内,禁止夜间进行产生环境噪声污染的建筑施工作业,但抢修、抢险作业和因生产工艺上要求或者特殊需要必须连续作业的除外。因特殊需要必须连续作业的,必须有县级以上人民政府或其有关主管部门的证明。

符合要求的夜间作业,必须公告附近居民。

6.2.1.4 水污染防治的法律规定

水污染是指水体因某种物质的介入,而导致其化学、物理、生物或放射性等方面特性的改变,从而影响水的有效利用,危害人体健康或破坏生态环境,造成水质恶化的现象。在我国,《水污染防治法》是规范水污染防治的基本法律。

根据《水污染防治法》的规定,新建、改建、扩建直接或间接向水体排放污染物的建设项目和其他水上设施,应当依法进行环境影响评价。

国家实行排污许可制度。直接或间接向水体排放工业废水和医疗污水,以及其他按照规定应当取得排污许可证方可排放的废水、污水的企业事业单位,应当取得排污许可证;城镇污水集中处理设施的运营单位,也应当取得排污许可证。排污许可的具体办法和实施步骤由国务院规定。禁止企业事业单位无排污许可证或者违反排污许可证的规定向水体排放前款规定的废水、污水。

直接或者间接向水体排放污染物的企业事业单位和个体工商户,应当按照国务院环境保护主管部门的规定,向县级以上地方人民政府环境保护主管部门申报登记拥有的水污染物排放设施、处理设施和在正常作业条件下排放水污染物的种类、数量和浓度,并提供防治水污染方面的有关技术资料。

企业事业单位和个体工商户排放水污染物的种类、数量和浓度有重大改变的,应当及时申报登记;其水污染物处理设施应当保持正常使用;拆除或者闲置水污染物处理设施的,应当事先报县级以上地方人民政府环境保护主管部门批准。

向水体排放污染物的企业事业单位和个体工商户,应当按照法律、行政法规和国务院环境保护主管部门的规定设置排污口;在江河、湖泊设置排污口的,还应当遵守国务院水行政主管部门的规定。

禁止私设暗管或者采取其他规避监管的方式排放水污染物。

兴建地下工程设施或者进行地下勘探、采矿等活动,应当采取防护性措施,防止地下水污染。

禁止在饮用水水源一级保护区内新建、改建、扩建与供水设施和保护水源无关的建设项目;已建成的与供水设施和保护水源无关的建设项目,由县级以上人民政府责令拆除或者关闭。

禁止在饮用水水源二级保护区内新建、改建、扩建排放污染物的建设项目;已建成的排放污染物的建设项目,由县级以上人民政府责令拆除或者关闭。

建设项目的水污染防治设施,应当与主体工程同时设计、同时施工、同时投入使用。水污染防治设施应当经过环境保护主管部门验收,验收不合格的,该建设项目不得投入生产或者使用。

6.2.1.5　大气污染防治的法律规定

所谓“大气污染”,是指有害物质进入大气,对人类和生物造成危害的现象。我国《大气污染防治法》是规范大气污染的基本法律制度。

任何单位和个人都有保护大气环境的义务,并有权对污染大气环境的单位和个人进行检举和控告。

《大气污染防治法》规定,新建、扩建、改建向大气排放污染物的项目,必须遵守国家有关建设项目环境保护管理的规定。建设项目的环境影响报告书,必须对建设项目可能产生的大气污染和对生态环境的影响做出评价,规定防治措施,并按照规定的程序报环境保护行政主管部门审查批准。

建设项目投入生产或者使用之前,其大气污染防治设施必须经过环境保护行政主管部门验收,达不到国家有关建设项目环境保护管理规定要求的建设项目,不得投入生产或者使用。向大气排放污染物的单位,必须按照国务院环境保护行政主管部门的规定向所在地的环境保护行政主管部门申报拥有的污染物排放设施、处理设施和在正常作业条件下排放污染物的种类、数量、浓度,并提供防治大气污染方面的有关技术资料。向大气排放污染物的,其污染物排放浓度不得超过国家和地方规定的排放标准。

国家实行按照向大气排放污染物的种类和数量征收排污费的制度,根据加强大气污染防治的要求和国家的经济、技术条件合理制定排污费的征收标准。

单位因发生事故或者其他突然性事件,排放或泄漏有毒有害气体和放射性物质,造成或者可能造成大气污染事故、危害人体健康的,必须立即采取防治大气污染危害的应急措施,通报可能受到大气污染危害的单位和居民,并报告当地环境保护行政主管部门,接受调查处理。在大气受到严重污染、危害人体健康和安全的紧急情况下,当地人民政府应当及时向当地居民公告,采取强制性应急措施,包括责令有关排污单位停止排放污染物。

在人口集中地区存放煤炭、煤矸石、煤渣、煤灰、砂石、灰土等物料,必须采取防燃、防尘措施,防止污染大气。

在用机动车不符合制造当时的在用机动车污染物排放标准的,不得上路行驶。向大气排放粉尘的排污单位,必须采取除尘措施。

严格限制向大气排放含有毒物质的废气和粉尘;确需排放的,必须经过净化处理,不超过规定的排放标准。

6.2.1.6　固体废物污染环境的法律规定

固体废物,也叫固体垃圾,是人类一切活动过程中产生的且对所有者已不再具有使用价值而被废弃的固态或半固态物质。固体废物实际只是针对原所有者而言。对原所有者不再具有使用价值的大多数固体废物中仍含有其他生产行业中需要的成分。但是,我国《固体废物防治法》中所谓的“固体废物”,是指列入国家危险废物名录或者根据国家规定的危险废物鉴别标准和鉴别方法认定的具有危险特性的废物。依据《固体废物污染环境防治法》,与工程建设相关的法律规定如下:

(1)任何单位和个人都有保护环境的义务,并有权对造成固体废物污染环境的单位和个人进行检举和控告。

(2)建设项目的环境影响评价文件确定需要配套建设的固体废物污染环境防治设施,必须与主体工程同时设计、同时施工、同时投入使用。固体废物污染环境防治设施必须经原审批环境影响评价文件的环境保护行政主管部门验收合格后,该建设项目方可投入生产或者使用。对固体废物污染环境防治设施的验收应当与对主体工程的验收同时进行。

(3)产生工业固体废物的单位应当建立、健全污染环境防治责任制度,采取防治工业固体废物污染环境的措施。

(4)产生固体废物的单位和个人,应当采取措施,防止或者减少固体废物对环境的污染。收集、贮存、运输、利用、处置固体废物的单位和个人,必须采取防扬散、防流失、防渗漏或者其他防止污染环境的措施;不得擅自倾倒、堆放、丢弃、遗撒固体废物。

禁止任何单位或者个人向江河、湖泊、运河、渠道、水库及其最高水位线以下的滩地和岸坡等法律、法规规定禁止倾倒、堆放废弃物的地点倾倒、堆放固体废物。

(5)对城市生活垃圾应当按照环境卫生行政主管部门的规定,在指定的地点放置,不得随意倾倒、抛撒或堆放。

(6)工程施工单位应当及时清运工程施工过程中产生的固体废物,并按照环境卫生行政主管部门的规定进行利用或者处置。

(7)从事城市新区开发、旧区改建和住宅小区开发建设的单位,以及机场、码头、车站、公园、商店等公共设施、场所的经营管理单位,应当按照国家有关环境卫生的规定,配套建设生活垃圾收集设施。

6.2.2　违反环境保护法律的相关法律风险及防范

环境保护就是要切实保护我们赖以生存的自然环境,每个公民在保护环境方面都有不可推卸的责任和义务。

6.2.2.1　违反《环境保护法》的相关法律风险

违反了《环境保护法》的要求,实际上就是对我们赖以生存的环境造成了严重的危害,不仅危害了别人,也同时危害了自己,甚至危害了自己家人和后代,这些风险编者不必过多地论述。需要注意的是,对环境造成危害后,还可能承担相应的法律责任。

《环境保护法》规定,有下列行为之一的,环境保护行政主管部门或者其他依照法律规定行使环境监督管理权的部门可以根据不同情节,给予警告或者处以罚款。

(1)拒绝环境保护行政主管部门或者其他依照法律规定行使环境监督管理权的部门现场检查或者在被检查时弄虚作假的;

(2)拒报或者谎报国务院环境保护行政主管部门规定的有关污染物排放申报事项的;

(3)不按国家规定缴纳超标准排污费的;

(4)引进不符合我国环境保护规定要求的技术和设备的;

(5)将产生严重污染的生产设备转移给没有污染防治能力的单位使用的。

建设项目的防止污染设施没有建成或者没有达到国家规定的要求,投入生产或者使用的,由批准该建设项目的环境影响报告书的环境保护行政主管部门责令停止生产或使用,可以并处罚款。

未经环境保护行政主管部门同意,擅自拆除或者闲置防治污染的设施,污染物排放超过规定的排放标准的,由环境保护行政主管部门责令重新安装使用,并处罚款。

对违反《环境保护法》规定,造成环境污染事故的企业事业单位,有环境保护行政主管部门或者其他依照法律规定行使环境监督管理权的部门根据所造成的危害后果处以罚款;情节严重的,对有关责任人员由其所在单位或者政府主观机关给予行政处分。

对经限期治理逾期未完成治理任务的企业事业单位,除依照国家规定加收超标准排污费外,环境保护行政主管部门可以根据所造成的危害后果处以罚款,或者责令停业、关闭。

造成环境污染危害的,有责任排除危害,并对直接受到损害的单位或个人承担赔偿责任。

赔偿责任和赔偿金额的纠纷,可以根据当事人的请求,有环境保护行政主管部门或者其他依照法律规定行使环境监督管理权的部门处理，当事人对处理决定不服的，可以向人民法院起诉。当事人也可以直接向人民法院起诉。

完全由于不可抗拒的自然灾害，并经及时采取合理措施，仍然不能避免造成环境污染损害的，免于承担责任。

因环境污染损害赔偿提起诉讼的时效期间为 3 年，从当事人知道或者应当知道受到污染损害起时计算。

违反《环境保护法》的规定，而造成重大环境污染事故，导致公私财产重大损失或者人身伤亡的严重后果的，对直接责任人员依法追究刑事责任。

违反《环境保护法》的规定，造成土地、森林、草原、水、矿产、渔业、野生动物等资源的破坏的，依照有关法律的规定承担法律责任。

环境保护监督管理人员滥用职权、玩忽职守、徇私舞弊的，由其所在单位或者上级主管机关给予行政处分；构成犯罪的，依法追究刑事责任。

防范这类风险，首先，要从思想上建立环境保护的紧迫意识，深刻理解保护环境就是保护自己，就是保护家人；其次，应该按照《环境保护法》的要求，明确自己在保护环境中的义务和责任，从自我做起，从身边做起，事事从保护环境的角度出发，以实际行动贯彻《环境保护法》的要求；最后，要勇于与破坏环境的行为做斗争，及时制止和举报破坏环境的行为，真正成为环境保护的执行者和守护者。

6.2.2.2　违反《水污染防治法》的相关法律风险

违反《水污染防治法》与违反《环境保护法》相似，除了对人对己产生危害外，根据《水污染防治法》的规定，还可能承担的法律责任如下：

(1)拒绝环境保护主管部门或者其他依照本法规定行使监督管理权的部门的监督检查，或者在接受监督检查时弄虚作假的，由县级以上人民政府环境保护主管部门或者其他依照本法规定行使监督管理权的部门责令改正，处 1 万元以上 10 万元以下的罚款。

(2)建设项目的水污染防治设施未建成、未经验收或者验收不合格，主体工程即投入生产或者使用的，由县级以上人民政府环境保护主管部门责令停止生产或者使用，直至验收合格，处 5 万元以上 50 万元以下的罚款。

(3)排放水污染物超过国家或者地方规定的水污染物排放标准，或者超过重点水污染物排放总量控制指标的，由县级以上人民政府环境保护主管部门按照权限责令限期治理，处应缴纳排污费数额 2 倍以上 5 倍以下的罚款。

(4)限期治理期间，由环境保护主管部门责令限制生产、限制排放或者停产整治。限期治理的期限最长不超过一年；逾期未完成治理任务的，报经有批准权的人民政府批准，责令关闭。

(5)在饮用水水源保护区内设置排污口的，由县级以上地方人民政府责令限期拆除，处 10 万元以上 50 万元以下的罚款；逾期不拆除的，强制拆除，所需费用由违法者承担，处 50 万元以上 100 万元以下的罚款，并可以责令停产整顿。

(6)除前款规定外，违反法律、行政法规和国务院环境保护主管部门的规定设置排污口或者私设暗管的，由县级以上地方人民政府环境保护主管部门责令限期拆除，处 2 万元以上 10 万元以下的罚款；逾期不拆除的，强制拆除，所需费用由违法者承担，处 10 万元以上 50 万元以下的罚款；私设暗管或者有其他严重情节的，县级以上地方人民政府环境保护主管部门可以提请县级以上地方人民政府责令停产整顿。

未经水行政主管部门或者流域管理机构同意，在江河、湖泊新建、改建、扩建排污口的，由县级以上人民政府水行政主管部门或者流域管理机构依据职权，依照前款规定采取措施、给予处罚。

(7)有下列行为之一的，由县级以上地方人民政府环境保护主管部门责令停止违法行为，限期采取治理措施，消除污染，处以罚款；逾期不采取治理措施的，环境保护主管部门可以指定有治理能力的单位代为治理，所需费用由违法者承担：向水体排放油类、酸液、碱液的；向水体排放剧毒废液，或者将含有汞、镉、砷、铬、铅、氰化物、黄磷等的可溶性剧毒废渣向水体排放、倾倒或直接埋入地下的；在水体清洗装贮过油类、有毒污染物的车辆或者容器的；向水体排放、倾倒工业废渣、城镇垃圾或其他废弃物，或者在江河、湖泊、运河、渠道、水库最高水位线以下的滩地、岸坡堆放、存贮固体废弃物或者其他污染物的；向水体排放、倾倒放射性固体废物或者含有高放射性、中放射性物质的废水的；违反国家有关规定或者标准，向水体排放含低放射性物质的废水、热废水、含病原体的污水的；利用渗井、渗坑、裂隙、溶洞排放、倾倒含有毒污染物的废水、含病原体的污水、其他废弃物的；利用无防渗漏措施的沟渠、坑塘等输送或存贮含有毒污染物的废水、含病原体的污水或其他废弃物的。

有前款第三项、第六项行为之一的，处 1 万元以上 10 万元以下的罚款；有前款第一项、第四项、第八项行为之一的，处 2 万元以上 20 万元以下的罚款；有前款第二项、第五项、第七项行为之一的，处 5 万元以上 50 万元以下的罚款。

(8)有下列行为之一的，由县级以上地方人民政府环境保护主管部门责令停止违法行为，处 10 万元以上 50 万元以下的罚款，并报经有批准权的人民政府批准，责令拆除或者关闭：在饮用水水源一级保护区内新建、改建、扩建与供水设施和保护水源无关的建设项目的；在饮用水水源二级保护区内新建、改建、扩建排放污染物的建设项目的；在饮用水水源准保护区内新建、扩建对水体污染严重的建设项目，或者改建建设项目增加排污量的。

(9)企业事业单位有下列行为之一的，由县级以上人民政府环境保护主管部门责令改正；情节严重的，处 2 万元以上 10 万元以下的罚款：不按照规定制定水污染事故的应急方案的；水污染事故发生后，未及时启动水污染事故的应急方案，采取有关应急措施的。

(10)企业事业单位违反本法规定，造成水污染事故的，由县级以上人民政府环境保护主管部门依照本条第二款的规定处以罚款，责令限期采取治理措施，消除污染；不按要求采取治理措施或不具备治理能力的，由环境保护主管部门指定有治理能力的单位代为治理，所需费用由违法者承担；对造成重大或特大水污染事故的，可以报经有批准权的人民政府批准，责令关闭；对直接负责的主管人员和其他直接责任人员可以处上一年度从本单位取得的收入 50%以下的罚款。对造成一般或者较大水污染事故的，按照水污染事故造成的直接损失的 20%计算罚款；对造成重大或者特大水污染事故的，按照水污染事故造成的直接损失的 30%计算罚款。

因水污染受到损害的当事人，有权要求排污方排除危害和赔偿损失。由于不可抗力造成水污染损害的,排污方不承担赔偿责任;法律另有规定的除外。水污染损害是由受害人故意造成的,排污方不承担赔偿责任。水污染损害是由受害人重大过失造成的,可以减轻排污方的赔偿责任。水污染损害是由第三人造成的,排污方承担赔偿责任后,有权向第三人追偿。因水污染引起的损害赔偿诉讼,由排污方就法律规定的免责事由及其行为与损害结果之间不存在因果关系承担举证责任。

违反本法规定,构成违反治安管理行为的,依法给予治安管理处罚;构成犯罪的,依法追究刑事责任。

6.2.2.3 违反《环境噪声污染防治法》的相关法律风险

违反《环境噪声污染防治法》与违反《环境保护法》相似,根据《环境噪声污染防治法》的规定,法律风险如下:

(1)建设项目中需要配套建设的环境噪声污染防治设施没有建成或者没有达到国家规定的要求,擅自投入生产或者使用的,由批准该建设项目的环境影响报告书的环境保护行政主管部门责令停止生产或者使用,可以并处罚款。

(2)违反本法规定,拒报或者谎报规定的环境噪声排放申报事项的,县级以上地方人民政府环境保护行政主管部门可以根据不同情节,给予警告或者处以罚款。

(3)未经环境保护行政主管部门批准,擅自拆除或者闲置环境噪声污染防治设施,致使环境噪声排放超过规定标准的,由县级以上地方人民政府环境保护行政主管部门责令改正,并处罚款。

(4)对经限期治理逾期未完成治理任务的企业事业单位,除依照国家规定加收超标准排污费外,可以根据所造成的危害后果处以罚款,或者责令停业、搬迁、关闭。

前款规定的罚款由环境保护行政主管部门决定。责令停业、搬迁、关闭由县级以上人民政府按照国务院规定的权限决定。

(5)未经当地公安机关批准,进行产生偶发性强烈噪声活动的,由公安机关根据不同情节给予警告或者处以罚款。

(6)拒绝环境保护行政主管部门或者其他依照本法规定行使环境噪声监督管理权的部门、机构,现场检查或者在被检查时弄虚作假的,环境保护行政主管部门或者其他依照本法规定行使环境噪声监督管理权的监督管理部门、机构可以根据不同情节,给予警告或者处以罚款。

(7)建筑施工单位违反规定,在城市市区噪声敏感建筑的集中区域内,夜间禁止进行的产生环境噪声污染的建筑施工作业的,由工程所在地县级以上地方人民政府环境保护行政主管部门责令改正,可以并处罚款。

(8)机动车辆不按照规定使用声响装置的,由当地公安机关根据不同情节给予警告或者处以罚款。

(9)违反本法规定,有下列行为之一的,由公安机关给予警告,可以并处罚款:在城市市区噪声敏感建筑物集中区域内使用高音广播喇叭;违反当地公安机关的规定,在城市市区街道、广场、公园等公共场所组织娱乐、集会等活动,使用音响器材,产生干扰周围生活环境的过大音量的;未按规定采取措施,从家庭室内发出严重干扰周围居民生活的环境噪声的。

6.2.2.4 违反《大气污染防治法》的相关法律风险

违反《大气污染防治法》的规定,可能承担的法律责任包括:

(1)有下列行为之一的,环境保护行政主管部门或者规定的监督管理部门可以根据不同情节,责令停止违法行为,限期改正,给予警告或者处以5万元以下罚款:拒报或者谎报国务院环境保护行政主管部门规定的有关污染物排放申报事项的;拒绝环境保护行政主管部门或者其他监督管理部门现场检查或者在被检查时弄虚作假的;排污单位不正常使用大气污染物处理设施,或者未经环境保护行政主管部门批准,擅自拆除、闲置大气污染物处理设施的;未采取防燃、防尘措施,在人口集中地区存放煤炭、煤矸石、煤渣、煤灰、砂石、灰土等物料的。

(2)违反规定,建设项目的大气污染防治设施没有建成或者没有达到国家有关建设项目环境保护管理的规定的要求,投入生产或者使用的,由审批该建设项目的环境影响报告书的环境保护行政主管部门责令停止生产或者使用,可以并处1万元以上10万元以下的罚款。

(3)违反规定,向大气排放污染物超过国家和地方规定排放标准的,应当限期治理,并由所在地县级以上地方人民政府环境保护行政主管部门处1万元以上10万元以下的罚款。限期治理的决定权限和违反限期治理要求的行政处罚由国务院规定。

(4)将淘汰的设备转让给他人使用的,由转让者所在地县级以上地方人民政府环境保护行政主管部门或者其他依法行使监督管理权的部门没收转让者的违法所得,并处违法所得两倍以下罚款。

(5)违反规定,有下列行为之一的,由县级以上地方人民政府环境保护行政主管部门或者其他依法行使监督管理权的部门责令停止违法行为,限期改正,可以处5万元以下罚款:未采取有效污染防治措施,向大气排放粉尘、恶臭气体或其他含有有毒物质气体的;未经当地环境保护行政主管部门批准,向大气排放转炉气、电石气、电炉法黄磷尾气、有机烃类尾气的;未采取密闭措施或者其他防护措施,运输、装卸、贮存能够散发有毒有害气体或者粉尘物质的。

(6)违反规定,在人口集中地区、机场周围、交通干线附近以及当地人民政府划定的区域内露天焚烧秸秆、落叶等产生烟尘污染的物质的,由所在地县级以上地方人民政府环境保护行政主管部门责令停止违法行为;情节严重的,可以处200元以下罚款。

(7)违反本规定,在城市市区进行建设施工或者从事其他产生扬尘污染的活动,未采取有效扬尘防治措施,致使大气环境受到污染的,限期改正,处2万元以下罚款;对逾期仍未达到当地环境保护规定要求的,可以责令其停工整顿。

上述规定的对因建设施工造成扬尘污染的处罚,由县级以上地方人民政府建设行政主管部门决定;对其他造成扬尘污染的处罚,由县级以上地方人民政府指定的有关主管部门决定。

(8)对违反本法规定,造成大气污染事故的企业事业单位,由所在地县级以上地方人民政府环境保护行政主管部门根据所造成的危害后果处直接经济损失50%以下罚款,但最高不超过50万元;情节较重的,对直接负责的主管人员和其他直接责任人员,由所在单位或上级主管机关依法给予行政处分或纪律处分;造成重大大气污染事故,导致公私财产重大损失或者人身伤亡的严重后果,构成犯罪的,依法追究刑事责任。

(9)造成大气污染危害的单位,有责任排除危害,并对直接遭受损失的单位或者个人赔偿损失。

6.2.2.5 违反《固体废物污染环境防治法》的相关法律风险

违反《固体废物污染环境防治法》的规定,可能承担的法律责任包括:

(1)违反规定,有下列行为之一的,由县级以上人民政府环境保护行政主管部门责令停止违法行为,限期改正,处以罚款:①不按照国家规定申报登记工业固体废物,或者在申报登记时弄虚作假的;②对暂时不利用或者不能利用的工业固体废物未建设贮存的设施、场所安全分类存放,或者未采取无害化处置措施的;③将列入限期淘汰名录被淘汰的设备转让给他人使用的;④擅自关闭、闲置、拆除工业固体废物污染环境防治设施、场所的;⑤在自然保护区、风景名胜区、饮用水水源保护区、基本农田保护区和其他需要特别保护的区域内,建设工业固体废物集中贮存、处置的设施、场所和生活垃圾填埋场的;⑥擅自转移固体废物出省、自治区、直辖市行政区域贮存、处置的;⑦未采取相应防范措施,造成工业固体废物扬散、流失、渗漏或者造成其他环境污染的;⑧在运输过程中沿途丢弃、遗撒工业固体废物的。

有上述第一项、第八项行为之一的,处5千元以上5万元以下的罚款;有前款第二项、第三项、第四项、第五项、第六项、第七项行为之一的,处1万元以上10万元以下的罚款。

(2)建设项目需要配套建设的固体废物污染环境防治设施未建成、未经验收或验收不合格,主体工程即投入生产或者使用的,由审批该建设项目环境影响评价文件的环境保护行政主管部门责令停止生产或者使用,可以并处10万元以下的罚款。

(3)拒绝县级以上人民政府环境保护行政主管部门或者其他固体废物污染环境防治工作的监督管理部门现场检查的,由执行现场检查的部门责令限期改正;拒不改正或者在检查时弄虚作假的,处2千元以上2万元以下的罚款。

(4)违反有关城市生活垃圾污染环境防治的规定,有下列行为之一的,由县级以上地方人民政府环境卫生行政主管部门责令停止违法行为,限期改正,处以罚款:①随意倾倒、抛撒或者堆放生活垃圾的;②擅自关闭、闲置或拆除生活垃圾处置设施、场所的;③工程施工单位不及时清运施工过程中产生的固体废物,造成环境污染的;④工程施工单位不按照环境卫生行政主管部门的规定对施工过程中产生的固体废物进行利用或者处置的;⑤在运输过程中沿途丢弃、遗撒生活垃圾的。

单位有上述第一项、第三项、第五项行为之一的,处5千元以上5万元以下的罚款;有前款第二项、第四项行为之一的,处1万元以上10万元以下的罚款。个人有前款第一项、第五项行为之一的,处200元以下的罚款。

(5)违反规定,造成固体废物污染环境事故的,由县级以上人民政府环境保护行政主管部门处2万元以上20万元以下的罚款;造成重大损失的,按照直接损失的30%计算罚款,但是最高不超过100万元,对负有责任的主管人员和其他直接责任人员,依法给予行政处分;造成固体废物污染环境重大事故的,并由县级以上人民政府按照国务院规定的权限决定停业或者关闭。

6.2.2.6 违反环境保护法律风险的防范

防范上述这些危害环境的法律风险,首先,就是要在自己的思想意识上建立对环境保护的重要性和紧迫性,深刻认识到保护环境就是保护我们自己,保护我们的未来和后代;其次,要认真学习相关的法律法规,并分析其内涵和要领,全面贯彻执行,从我做起,从现在做起;最后,要及时制止和检举违反环境保护法律规定的行为,真正成为环境保护的执行者和守护者。

相关案例

【背景资料】 2005年4月19日夜23时,某市环境保护行政主管部门接到居民投诉,称某项目工地有夜间施工噪声扰民情况。执法人员立刻赶赴施工现场,并在施工场界进行了噪声测量。经现场勘查:施工噪声源主要是商品混凝土运输车、混凝土输送泵和施工电梯等设备的施工作业噪声,施工场界噪声经测试为72.4分贝。通过调查,执法人员核实了此次夜间施工作业既不属于抢修、抢险作业,也不属于因生产工艺要求必须进行的连续作业,并无有关主管部门出具的因特殊需要必须连续作业的证明。

【案件分析】 (1)本案中,施工单位的夜间施工作业行为构成了环境噪声污染违法行为。《环境噪声污染防治法》第三十条规定:在城市市区噪声敏感建筑物集中区域内,禁止夜间进行产生环境噪声污染的建筑施工作业,但抢修、抢险作业和因生产工艺上要求或者特殊需要必须连续作业的除外。因特殊需要必须连续作业的,必须有县级以上人民政府或者其有关主管部门的证明。以上规定的夜间作业,必须公告附近居民。经执法人员核实,该施工单位夜间作业既不属于抢修、抢险作业,也不属于因生产工艺上要求必须进行的连续作业,并没有有关主管部门出具的因特殊需要必须连续作业的证明。

另外,《环境噪声污染防治法》第二十八条规定:在城市市区范围内向周围生活环境排放建筑施工噪声的,应当符合国家规定的《建筑施工场界环境噪声排放标准》。经执法人员检测,施工场界噪声为72.4分贝,超过了《建筑施工场界环境噪声排放标准》(GB 12523—2011)关于夜间噪声限值55分贝的标准。

(2)依据《环境噪声污染防治法》第五十六条规定:在城市市区噪声敏感建筑物集中区域内,夜间进行禁止进行的产生环境噪声污染的建筑施工作业的,由工程所在地县级以上地方人民政府环境保护行政主管部门责令改正,可以并处罚款。据此,该市环境保护行政主管部门依法责令该施工单位立即停止夜间施工,并处2000元的罚款。

【案件评析】 本案是一起典型的建筑施工噪声扰民案件。按照《建筑施工场界环境噪声排放标准》(GB 12523—2011)的规定,城市建筑施工期间施工场地不同施工阶段产生的作业噪声限制为:昼间70分贝,夜间55分贝。而该施工单位是在23:00施工,属于夜间施工,而且施工噪声已经高达72.4分贝,超出规定噪声55分贝的31.6%。

按照相关规定:在城市市区范围内,建筑施工过程中使用机械设备,可能产生环境噪声污染的,施工单位必须在工程开工15日以前向工程所在地县级以上地方人民政府环境保护行政主管部门申报该工程的项目名称、施工场所和期限、可能产生的环境噪声值,以及所采取的环境噪声污染防治措施的情况。

在城市市区噪声敏感建筑物集中区域内,禁止夜间进行产生环境噪声污染的建筑施工作业,但抢修、抢险作业和因生产工艺上要求或者特殊需要必须连续作业的除外。因特殊需要必须连续作业的,必须有县级以上人民政府或者其有关主管部门的证明。符合要求的夜间作业,必须公告附近居民。

复习思考题

一、单项选择题(下列选项中,只有一个是正确的,请将其代号填在括号里)

1. 由于某建设单位项目建成后可能产生环境噪声污染,建设单位编制了环境影响报告书,制定相应环境噪声污染防治措施,按照规定该报告书须报(　　)的批准。

A. 城市规划行政部门　　B. 环境保护行政部门

C. 工商行政部门　　D. 住房和城乡建设行政部门

2. 某建筑工程在城市住宅区内,主体结构施工阶段建筑公司拟进行混凝土浇筑,使用的机械设备可能产生噪声污染,建筑公司必须在浇筑施工(　　)日以前向工程所在地县级以上地方人民政府环境保护行政主管部门申报该工程的相关情况。

A. 3　　B. 5

C. 10　　D. 15

3.《环境噪声污染防治法》规定,在城市市区噪声敏感建筑物集中区域内,禁止夜间进行产生环境噪声污染的建筑施工作业,因特殊需要必须连续作业的,必须有县级以上人民政府或者其有关主管部门的证明。但以下夜间施工无须取得证明的是(　　)。

A. 配合建设单位24小时联动试车　　B. 为避免冬期施工进行抢工

C. 自来水管道爆裂进行抢修　　D. 全运会项目开幕时间临近必须抢工

4. 根据《环境噪声污染防治法》规定,产生环境噪声污染的企业事业单位在拆除或(　　)环境噪声污染防治设施时,必须事先经所在地的县级以上地方政府环境保护行政主管部门批准。

A. 维修　　B. 检测

C. 闲置　　D. 使用

5. 根据《水污染防治法》规定,排放水污染物超过国家或者地方规定的水污染物排放标准的,由县级以上人民政府环境保护主管部门按照权限责令限期治理,限期治理的期限最长不超过(　　)。

A. 3个月　　B. 6个月

C. 1年　　D. 2年

6. 某建筑施工企业拟将抽取的地下水直接排入工地附近一河道内,则其必须取得(　　)同意。

A. 建设单位　　B. 环境保护行政部门

C. 水行政主管部门　　D. 市容行政主管部门

7. 根据《节约能源法》规定,以下不属于用能单位能源消费方式的是(　　)。

A. 分类计量　　B. 包费制

C. 分类统计　　D. 利用状况分析

8. 根据《循环经济促进法》规定，以下不属于国家规定鼓励推广使用的工程建筑材料是(　　)。

A. 预拌混凝土　　B. 袋装水泥

C. 预拌砂浆　　D. 散装水泥

9. 某建筑设计注册执业人员在施工图纸设计过程中，严重违反民用建筑节能强制性标准的规定，造成严重后果，按照《民用建筑节能条例》的规定，可由颁发资格证书的部门吊销执业资格证书，(　　)内不予注册。

A. 1 年　　B. 2 年

C. 3 年　　D. 5 年

10.《民用建筑节能条例》规定，(　　)应当按照民用建筑节能性强制性标准对施工图设计文件进行审查；经审查不符合民用建筑节能强制性标准的，县级以上地方政府建设行政主管部门不得颁发施工许可证。

A. 城市规划行政主管部门　　B. 施工图设计文件审查机构

C. 住房和建设行政主管部门　　D. 节能主管部门

二、多项选择题(下列选项中，至少有两个是正确的，请将其代号填在括号里)

1. 某钢厂拟在市城区地轧制分厂扩建一条冲压生产线，考虑到可能产生噪声环境污染，该钢厂编制了建设项目环境影响报告书，其中报告书应有(　　)的意见。

A. 建设项目所在地规划部门　　B. 建设项目所在地工商部门

C. 建设项目所在地单位　　D. 建设项目所在地居民

E. 建设项目所在地建设行政管理部门

2. 所谓环境保护“三同时”制度，就是指建设项目需要配套建设的环境污染保护设施，必须与主体工程(　　)。

A. 同时设计　　B. 同时规划

C. 同时施工　　D. 同时投产使用

E. 同时维修

3. 某施工单位在某学院教学楼扩建项目施工中，为保证工程进度，拟在夜间进行连续施工作业，根据《环境噪声污染防治法》规定，必须满足以下(　　)条件，方可进行。

A. 取得建设单位同意

B. 取得县级以上人民政府或有关主管部门的证明

C. 征得附近居民的同意

D. 公告附近居民

E. 征得城管部门同意

4. 某施工单位在土方施工作业过程中，为有效防治扬尘大气污染，施工现场采取比较得当的措施包括(　　)。

A. 运送土方车辆封闭严密　　B. 施工现场出口设置洗车槽

C. 堆放的土方洒水、覆盖　　D. 建筑垃圾分类堆放

E. 地面硬化处理

5. 根据《大气污染防治法》规定，排污单位排放大气污染物的(　　)有重大改变的，

应当及时申报。

A. 种类　　B. 数量
C. 温度　　D. 湿度
E. 浓度

6. 根据施工现场固体废物减量化和回收再利用的要求，施工单位应采取的有效措施包括(　　)。

A. 生活垃圾袋装化　　B. 建筑垃圾分类化
C. 建筑垃圾及时清运　　D. 设置封闭式垃圾容器
E. 建筑垃圾集中化

7. 某施工单位在建筑垃圾清运过程中沿途发生道路遗撒，则其可能面临的行政处罚是(　　)。

A. 限期改正　　B. 5000元以上5万元以下的罚款
C. 扣押车辆　　D. 1万元以上10万元以下的罚款
E. 暂扣驾驶及运输证件

8. 根据《节约能源法》规定，国家对固定资产投资项目实行(　　)制度，不符合强制性节能标准的项目，依法负责审批或者批准的机关不得批准或者核准建设。

A. 节能评估　　B. 节能复查
C. 节能审查　　D. 节能审核
E. 节能测试

9. 建筑墙体、屋面的保温工程施工时，监理工程师应当按照工程监理规范要求，采取(　　)形式实施工程监理。

A. 巡查　　B. 抽检
C. 平行检验　　D. 旁站
E. 巡视

10. 按照《节约能源法》《循环经济促进法》的规定，我国目前主要采取的节能激励措施包括(　　)。

A. 安排专项节能财政资金　　B. 给予节能产业税收优惠
C. 对节能项目信贷支持　　D. 节能价格策略
E. 限制高能耗进口

第 7 章　合同法律制度

【学习目标】

1. 在工程实际中,能正确订立建设工程合同,并能准确判断合同的效力和违约责任承担的方式,具有依法进行索赔的能力。

2. 懂得合同订立的基本原则和程序,以及无效合同的处理方法,同时懂得合同履行的原则。

3. 会正确行使建设工程合同履行中的抗辩权、合同的变更、转让和终止,以及建设工程合同索赔的程序。

合同也称契约,是指平等主体的自然人、法人、其他组织之间设立、变更、终止民事权利义务关系的协议。建设工程合同,也叫建设工程承包合同,是指勘察单位、设计单位、施工单位为建设单位完成某项工程项目的勘察、设计、施工工作,建设单位接受工作成果并支付相应价款的协议。我国一般将委托他人进行上述工作并支付价款的一方称为发包人,而将承担上述工作的一方称为承包人。

7.1　合同的订立

订立建设工程合同是一项涉及面广、内容复杂的行为。合同内容是否合法、条款是否完备、逻辑是否严密、词句表达是否准确等,都可能对合同的效力及履行产生重大影响。

7.1.1　合同订立的基本要求

7.1.1.1　建设工程合同订立的原则

(1)平等原则。《民法典》第四条规定:民事主体在民事活动中的法律地位一律平等。

平等原则是指地位平等的合同当事人,在权利义务对等的基础上,经充分协商达成一致,以实现互惠互利的经济利益目的的原则。这一原则包括以下三个方面内容:

①合同当事人的法律地位一律平等。在法律上,合同当事人是平等主体,没有高低、从属之分,不存在命令者与被命令者、管理者与被管理者。这意味着不论所有制性质,也不问单位大小和经济实力的强弱,其地位都是平等的。

②合同中的权利义务对等。所谓"对等",是指享有权利,同时就应承担义务,而且彼此的权利、义务是相应的。这要求当事人所取得财产、劳务或工作成果与其履行的义务大体相当;要求一方不得无偿占有另一方的财产,侵犯他人权益。

③合同当事人必须就合同条款充分协商,取得一致,合同才能成立。合同是双方当事人意思表示一致的结果,是在互利互惠基础上充分表达各自意见,并就合同条款取得一致后达成的协议。因此,任何一方都不得凌驾于另一方之上,不得把自己的意志强加给另一

方,更不得以强迫命令、胁迫等手段签订合同。同时,还意味着凡协商一致的过程、结果,任何单位和个人不得非法干涉。

(2)自愿原则。《民法典》第五条规定:民事主体从事民事活动,应当遵循自愿原则,按照自己的意思设立、变更、终止民事法律关系。

自愿原则是合同法的重要基本原则,合同当事人通过协商,自愿决定和调整相互权利义务关系。自愿原则体现了民事活动的基本特征,使民事关系区别于行政法律关系。

自愿原则是贯彻合同活动全过程的,具体包括:第一,订不订立合同自愿,当事人依自己意愿自主决定是否签订合同;第二,与谁订合同自愿,在签订合同时,有权选择对方当事人;第三,合同内容由当事人在不违法的情况下自愿约定;第四,在合同履行过程中,当事人可以协议补充、协议变更有关内容;第五,双方也可以协议解除合同;第六,可以约定违约责任,在发生争议时,当事人可以自愿选择解决争议的方式。总之,只要不违背法律、行政法规强制性的规定,合同当事人有权自愿决定。

(3)公平原则。《民法典》第六条规定:民事主体从事民事活动,应当遵循公平原则,合理确定各方的权利和义务。

公平原则,是指合同当事人应依据社会公认的公平观念,确定各方的权利和义务,使一方享有的权利与其所承担的义务大体相当。

公平原则以利益均衡作为价值判断标准,以此来确定合同当事人的民事权利、民事义务及其承担的民事责任。

(4)守法与公序良俗原则。《民法典》第八条规定:民事主体从事民事活动,不得违反法律,不得违背公序良俗。

这是订立任何合同都必须遵守的首要原则。根据该项原则,订立合同的主体、内容、形式、程序等都要符合法律规定。订立建设工程合同唯有遵守法律和行政法规,合同才受国家法律的保护,当事人预期的经济利益目的才有保障。凡是内容不合法的合同,即使是基于合同当事人的真实意思表示,也是无效的。

(5)诚信原则。《民法典》第七条规定:民事主体从事民事活动,应当遵循诚信原则,秉持诚实,恪守承诺。

诚实信用原则要求当事人在订立、履行合同,以及合同终止后的全过程中,都要诚实,讲信用,相互协作。诚实信用原则具体包括:第一,在订立合同时,不得有欺诈或其他违背诚实信用的行为;第二,在履行合同义务时,当事人应当遵循诚实信用的原则,根据合同的性质、目的和交易习惯履行及时通知、协助、提供必要的条件、防止损失扩大、保密等义务;第三,合同终止后,当事人也应当遵循诚实信用的原则,根据交易习惯履行通知、协助、保密等义务,称为后契约义务。

7.1.1.2 建设工程合同订立的程序

《民法典》规定:当事人订立合同,采取要约和承诺方式。即合同的订立包括要约与承诺两个步骤,而建设工程合同的签订有其特殊性,需要经过要约邀请、要约、承诺三个步骤。

1. 要约邀请

要约邀请是希望他人向自己发出要约的意思表示。例如,寄送的价目表、拍卖公告、招标公告、商业广告等为要约邀请。在《民法典》中,要约邀请行为不属于订立合同的行为,一般没有法律约束力。

2. 要约

(1)要约的概念。

所谓要约,是指希望和他人订立合同的意思表示。发出要约的当事人称为要约人,要约所指向的相对方称为受要约人。要约是要约人以签订合同为目的而向特定的相对人发出的一种意思表示。因此,要约应具备以下条件:

①要约人是特定当事人以缔结合同为目的,向相对人所做的意思表示。特定当事人是指做出要约的人是可以确定的主体。要约的相对人一般是特定的人,但也可以是不特定的人,例如商业广告的内容如果符合要约其他条件的,可以视为要约。

②要约内容应当具体确定。所谓"具体"是指要约的内容必须包括合同成立的主要条款,但不要求要约包括合同的所有内容。"确定"是指要约内容必须明确,不能含糊不清。

③要约应表明经受要约人承诺,要约人即受该意思表示约束。要约应包含要约人愿意按照要约所提出的条件同对方订立合同的意思表示,要约一经受要约人同意,合同即告成立,要约人就要受到约束。

我国《民法典》规定,要约到达受要约人时生效。要约具有法律约束力,要约生效后,要约人不得擅自撤回或更改要约内容。

(2)要约的撤回、撤销与失效。

要约的撤回,是指要约人在要约发出以后、生效之前,使要约不发生法律效力而取消要约的意思表示。我国《民法典》规定,要约可以撤回,撤回要约的通知应当在要约到达受要约人之前或者与要约同时到达受要约人。

要约的撤销,是指要约在发生法律效力之后,要约人欲使其丧失法律效力而取消该项要约的意思表示。撤销要约的通知应当在受要约人发出承诺之前到达受要约人。但有下列情形之一的,要约不得撤销:①要约中规定了承诺期限或者以其他形式明示要约是不可撤销的;②受要约人有理由认为要约是不可撤销的,并已经为履行合同做了准备工作。

要约的失效,是指要约丧失了法律约束力。要约失去效力后,要约人不再受要约的约束,受要约人也终止了承诺的权利。我国《民法典》规定,要约失效主要有以下几种情况:①拒绝要约的通知到达要约人;②要约人依法撤销要约;③承诺期限届满,受要约人未做出承诺;④受要约人对要约的内容做出实质性变更。

3. 承诺

(1)承诺的概念。

承诺也称接受,是指受要约人同意要约的意思表示,承诺生效时合同成立。

《民法典》规定:承诺的内容应当与要约的内容一致。受要约人对要约的内容做出实质性变更的,为新要约。有关合同的标的、数量、质量、价款或者报酬、履行期限、履行地点和方式、违约责任和解决争议方法等的变更,是对要约内容的实质性变更。

(2)承诺的方式、生效。

承诺应当以通知的方式做出,但根据交易习惯或者要约表明可以通过行为做出承诺的除外。承诺应当以明示的方式做出,缄默或者不作为不能视为承诺。

承诺必须在要约规定的有效期内向要约人提出,而承诺生效的时间就是要约人收到承诺的时刻。在建设工程合同订立的过程中,发包方向承包方发出的中标通知书即是一种承诺。以专人送达中标通知书的,承诺自要约人(投标人)签收之日时生效;以信件或者电报发出中标通知书的,承诺期限自信件载明的日期或者电报交发之日开始计算。信件未载明日期的,自投寄该信件的邮戳日期开始计算。我国《民法典》规定:承诺生效时合同成立。

7.1.1.3　建设工程合同的主要条款

建设工程合同应当具备一般合同的条款,如发包人、承包人的名称、住所,标的,数量,质量,价款或酬金,履行期限、地点、方式、违约责任,解决争议的方法等。《民法典》规定了合同的一般条款:

(1)当事人的名称或姓名和住所。该条款主要反映合同当事人的基本情况。合同是严肃的法律文件,对当事人的名称或姓名和住所等诸事项,务必载明清楚。企业的名称要写全称,住所为企业的注册成立地或其主要经营机构所在地。

(2)标的。所谓标的是合同当事人权利义务指向的对象。法律禁止的行为或禁止流通物不得作为合同标的。不同类型的合同标的是不同的。建设工程合同中的勘察设计合同的标的是勘察设计成果,建设安装工程合同的标的是建设安装工程。关于合同标的的表述,应当准确、具体、完整,不能含糊不清。

(3)数量。数量是以数字和计量单位来衡量合同标的的尺度。以物为标的的合同,其数量主要表现为一定的长度、体积或者重量;以行为为标的的合同,其数量主要表现为一定的工作量;以智力成果为标的的合同,其数量主要表现为智力成果的多少、价值。

(4)质量。质量是合同标的的品质及外观形态的要求,如产品的品种、型号、规格、质量等级等。质量条款必须符合国家规定和有关标准化的要求。例如在建设工程施工合同中,质量条款是通过适用的标准或者规范要求、图纸标示或者描述、合同条款来界定。

(5)价款或酬金。价款或酬金是指取得标的物或接受劳务的当事人所支付的代价。在以财产为标的的合同中,这一代价称为价款,如买卖合同中的价格、租赁合同中的租金、借款合同中的利息等;在以劳务和工作成果为标的的合同中,这一代价称为酬金,如建设工程合同中的工程费、保管合同中的保管费、运输合同中的运费等。

(6)履行期限、地点和方式。合同的履行期限,是指享有权利的一方要求义务相对方履行义务的时间范围。它是权利方要求义务方履行合同的依据,也是检验义务方是否按期履行或延迟履行的标准。

合同履行地点是合同当事人履行和接受履行合同义务的地点。例如,建设工程施工合同的履行地点为项目土地所在地。

履行方式是指当事人采取什么办法来履行合同规定的义务。

(7)违约责任。违约责任是指违反合同义务应当承担的责任。违约责任条款是合同十分重要的条款,它对于维护合同的严肃性、促使当事人严格履行合同义务具有重要的现实意义。但是,违约责任的承担不一定通过合同约定。即使合同未约定违约条款,只要一方违约并造成他方损失且无合法免责事由,就应依法承担违约责任。

(8)解决争议的方式。解决争议的方式是指一旦发生纠纷,将以何种方式解决纠纷。合同当事人可以在合同中约定争议解决方式。一般认为,解决合同纠纷的方式有和解、调解、仲裁、诉讼四种方式。

约定争议解决方式,主要是在仲裁与诉讼之间做选择。和解与调解并非争议解决的必经阶段。

7.1.1.4 缔约过失责任

缔约过失责任,是指一方因违背诚实信用原则所要求的义务而致使合同不成立,或者虽已成立但被确认无效或被撤销时,造成确信该合同有效成立的当事人信赖利益损失,而依法应承担的民事责任。这种责任主要表现为赔偿责任,其一般发生在订立合同阶段,这是违约责任与缔约过失责任的显著区别。

(1)缔约过失责任构成要件。构成缔约过失责任应具备如下条件:

①当事人违反了诚实信用原则所要求的义务。由于合同未成立,因此当事人并不承担合同义务。但是,在订约阶段,依据诚实信用原则,当事人仍负有保密、诚实信用等法定义务,这种义务也称先合同义务。若当事人因过错违反此义务,则可能产生缔约过失责任。

②受害方的信赖利益遭受损失。所谓信赖利益损失,指一方实施某种行为后,另一方对此产生信赖,并为此发生了费用,后因前者违反诚实信用原则导致合同未成立或者无效,该费用未得到补偿而受到的损失。

③该责任发生在订立合同的过程中。这是违约责任与缔约过失责任的根本区别。只有合同尚未生效,或者虽已生效但被确认无效或被撤销时,才可能发生缔约过失责任。合同是否有效存在,是判定是否存在缔约过失责任的关键。

(2)缔约过失责任适用情形。违反先合同义务是认定缔约过失责任的重要依据,有以下几种情况:

①假借订立合同,恶意进行磋商。恶意磋商是在缺乏订立合同真实意愿的情况下,以订立合同为名目与他人磋商。其真实目的可能是破坏对方与第三方订立合同,也可能是贻误竞争对手商机。

②故意隐瞒与订立合同有关的重要事实或者提供虚假情况。依诚实信用原则,缔约当事人负有如实告知义务,如告知自身财务状况和履约能力、告知标的物的真实状况等。

③其他违背诚实信用原则的行为。违反有效要约或要约邀请,违反初步协议,未尽保护、照顾、通知、保密等附随义务,违反强制缔约义务。

泄露或不正当使用商业秘密。当事人在订立合同过程中知悉的商业秘密,无论合同是否成立,不得泄露或者不正当地使用。泄露或不正当使用该商业秘密给对方造成损失的,应当承担损害赔偿责任。

7.1.2 建设工程施工合同订立的法律风险及防范

7.1.2.1 中标通知书发出后承包方拒绝签订合同的法律风险及防范

建设工程招标投标,是在市场经济条件下进行工程建设项目的发包与承包时,所采用的一种交易方式。它是招标人选择承包商进行工程建设的必经阶段,招标人需要大量的人力、物力及财力投入到招标投标的过程中来，一旦中标通知书发出之后承包方拒绝签订合同，对于招标人来说，将承担巨大的损失。

我国《招标投标法》第四十五条规定：中标通知书对招标人和中标人具有法律效力。中标通知书发出后，招标人改变中标结果的，或者中标人放弃中标项目的，应当依法承担法律责任。第四十六条又规定：招标人和中标人应当自中标通知书发出之日起 30 日内，按照招标文件和中标人的投标文件订立书面合同。招标人和中标人不得再行订立背离合同实质性内容的其他协议。

根据我国法律规定，中标通知书发出后，招标方与投标方就具备了合同关系，建设工程施工合同是对招标投标文件中未明确事项的进一步明确。因此，要在中标通知书发出后 30 日内，按照招标文件和中标人的投标文件订立书面合同。

7.1.2.2　中标通知书发出后发包方拒绝签订合同的法律风险及防范

在现实中，经常会出现发包人（招标人）进行工程招标，承包人投标后顺利中标，发包人向投标人下发了中标通知书，但是发包人随后反悔，一直拖延与承包人签订施工合同，从而导致双方发生纠纷。

《工程建设项目施工招标投标办法》规定：招标人不按规定期限确定中标人的，或者中标通知书发出后，改变中标结果的，无正当理由不与中标人签订合同的，或者在签订合同时向中标人提出附加条件或者更改合同实质性内容的，有关行政监督部门给予警告，责令改正，根据情节可处 3 万元以下的罚款；造成中标人损失的，并应当赔偿损失。

《招标投标法》第六十条规定：中标人不履行与招标人订立的合同的，履约保证金不予退还，给招标人造成的损失超过履约保证金数额的，还应当对超过部分予以赔偿；没有提交履约保证金的，应当对招标人的损失承担赔偿责任。

7.2　合同的效力

7.2.1　建设工程合同效力的基本要求

合同只有具备一定的条件才能成为有效的合同，这些条件我们称为合同生效的要件。如果不具备这些要件，则合同不能直接被认定为有效的合同。

合同不具备生效的要件的根源是多方面的。例如，基于重大误解，基于显失公平等都会使得合同欠缺生效的要件。这些不直接具有法律效力的合同就是根据这些具体的根源的不同而分为无效的合同、可变更可撤销的合同、效力待定的合同。《民法典》对于这些合同都有具体的、特殊的规定。

7.2.1.1　合同的生效

（1）合同的生效与成立。合同生效是指已经成立的合同具有法律约束力，合同是否生效，取决于是否符合法律规定的有效条件。《民法典》第五百零二条规定：依法成立的合同，自成立时生效，但是法律另有规定或者当事人另有约定的除外。

在订立合同的过程中，当事人应正确理解合同成立和合同生效的关系。合同成立和合同生效是有效合同的有机结合的两个方面。

合同成立是指当事人完成了签订合同过程,并就合同内容协商一致。合同成立不同于合同生效。合同生效是法律认可合同效力,强调合同内容的合法性。因此,合同成立体现了当事人的意志,而合同生效体现国家意志。合同成立是合同生效的前提条件,如果合同不成立,是不可能生效的。但是,合同成立也并不意味着合同就生效了。

(2)建设工程合同生效的要件。《民法典》第五百零二条规定:依法成立的合同,自成立时生效,但是法律另有规定或者当事人另有约定的除外。法律、行政法规规定应当办理批准、登记等手续生效的,依照其规定。这条规定实质上包含了合同生效的要求,即合同必须依法成立才能发生法律效力。根据有关法律的基本原理和建设行业的有关规定,建设工程合同生效的条件应当包括:

①订立合同的当事人必须具有相应的民事权利能力和民事行为能力。建设工程合同的发包人,可以是法人、其他经济组织和进行住宅建造的公民个人。但作为承包人的资格,除持证上岗的个体工匠依法可以承揽二层以下简易建筑的施工任务之外,任何公民不得成为建设工程合同的承包方;承揽建设工程任务的企业法人和其他经济组织必须具有从事勘察、设计、建筑和安装活动相适应的资格。这里所称的资格,是指经建设行政主管部门核定的具有从事相应建筑活动的资质等级。

②意思表示真实。所谓意思表示真实,是指行为人所做出的关于产生、变更和终止民事法律关系的意思与其内心意愿相一致。

意思表示真实是合同生效的重要构成要件。在意思表示不真实的情况下,合同可能无效,如在被欺诈、胁迫致使行为人表示于外的意思与内心真意不符,且涉及国家利益受损的情况;合同也可能被撤销或者变更,如在被欺诈、胁迫致使行为人表示于外的意思与其内心真意不符,但未违反法律和行政法规强制性规定及社会公共利益的情况。

③不违反法律和社会公共利益。如果合同一旦被认定为违反法律和行政法规的强制性规定,则完全无效。不违反社会公共利益实际上是不违反法律的延伸和补充。

④具备法律所要求的形式。这里的形式包含两层意思:一是订立合同的程序不违反建设工程的基本建设程序,即工程项目实施建设的法定程序。这是判断建设工程合同效力的重要标准。例如,设计任务书被批准是签订勘察合同、设计合同的基本依据,而对建设、安装承包合同,还必须经过报建、施工招标投标程序才能签订。二是合同的表现形式合法。按照《建筑法》的要求,从事工程建设,必须签订书面合同。

7.2.1.2 无效的建设工程施工合同认定与处理

(1)无效的建设工程施工合同的含义。所谓无效合同,是指虽然已经成立但不具备法律规定的生效条件,不发生法律效力的合同。这里所说的不发生法律效力,是指不发生合同当事人缔约时所期望的法律效果,而不是指不发生任何法律后果。在合同无效的情况下,也会发生一定的民事法律后果,如返还财产、损害赔偿等。

无效合同在性质上是自始无效和绝对无效的合同,这是无效合同违法性质所决定的。对这类合同,当事人无须向法院或仲裁机构主张其无效,也不得履行,已经开始履行的,应立即停止履行。

合同违反社会、国家或第三人利益而造成损害,则合同当事人就已经超出了司法自治的界限,当事人不能对合同效力做出有效的决定,法律必须采取坚决否定的态度。根据我国《民法典》的规定:"有下列情形之一的,合同无效:①一方以欺诈、胁迫的手段订立合同,损害国家利益;②恶意串通,损害国家、集体或者第三人利益;③以合法形式掩盖非法目的;④损害社会公共利益;⑤违反法律、行政法规的强制性规定。"

(2)确认建设工程施工合同无效的机构和失效问题。

依引起建设工程施工合同无效的原因,可把无效建设工程合同分为违反社会公共利益和国家利益的无效建设工程合同和危害特定第三人利益的无效建设工程合同。当无效建设工程合同涉及第三人利益,对第三人构成侵权时,第三人有权请求主张建设工程合同无效,并且应受失效限制。对于违反社会公共利益和国家利益的建设工程施工合同,主张无效的主体则不应受到限制,也不受民法时效制度的原则。

但是,在实际生活中,也只有利害关系人才可能主张合同无效,再具体地说,只有合同的存在会使其他受到不利的人才有主张合同无效的动力。如果合同只对国家和社会公共利益造成危害,并不对当事人和第三人造成不利时,由于无人主张合同的无效,从而使无效的合同得到完全履行,与有效合同无二。因此,应赋予有关行政管理机构依职权向法院主张此类合同无效,以维护国家利益。

确定合同的效力是一个判断过程,只有拥有裁判权,法院和仲裁机构才有权确认合同的效力,其他任何机构和个人均无权宣布建设工程施工合同无效。

(3)建设工程施工合同无效的法律后果。由于无效合同具有不得履行性,因此不发生当事人所期望的法律效果。但是,并非不产生任何法律效果,而是产生包括返还财产、损害赔偿及其他法定效果。

返还财产。合同被确认无效后,因该合同取得的财产,应当予以返还。

折价补偿。不能返还的或者没有必要返还的,应当折价补偿。例如,建设工程施工合同无效,但是工程已经竣工验收合格,如果采用返还财产、回复原状处理规则,就要将工程拆除,使之回复到缔约之前。这样既不利于当事人,对社会利益也是损失。

赔偿损失。赔偿损失以过错为要件,有过错的一方应当赔偿对方因此所受到的损失,双方都有过错的,应当各自承担相应的责任。

收归国库所有。当事人恶意串通,损害国家、集体或者第三人利益的,因此取得的财产收归国家所有或者返还集体、第三人。收归国有又称为追缴。追缴的财产包括已经取得的财产和约定取得的财产。对于施工合同而言,违法分包或转包就属于恶意串通,损害国家、集体或者第三人利益的,人民法院可以根据相关法律法规收缴当事人已经取得的非法所得。

7.2.2 建设工程施工合同无效的法律风险及防范

7.2.2.1 承包人没有资质或者超越资质导致施工合同无效的法律风险及防范

建设工程质量直接关系到人身和财产安全,而从事工程施工的承包商的施工技术、设备、经验等条件是保证工程质量的关键,是否取得相应的资质是证明承包商具备条件的法定凭证。没有取得相应资质证书而签订的施工合同统一认定为合同主体不具备民事权利能力,因而签订的施工合同无效。

《建筑法》第十三条规定,从事建筑活动的建筑施工企业,经资质审查合格,取得相应等级的资质证书后,方可在其资质等级许可的范围内从事建筑活动;第二十六条第二款规定,禁止建筑施工企业超越本企业资质等级许可的业务范围或者以任何形式用其他建筑施工企业的名义承揽工程。

对于建筑施工企业,应当明确国家关于建筑企业资质管理的法律、法规,以及自身的资质状况和能够承揽的工程范围,无论什么情况下,承包企业对因资质问题而被认定无效的施工合同都有过错,并要承担相应的法律责任。

防范这类法律风险,应当采取以下措施:

(1)发包人、施工承包企业要充分了解资质管理的等级标准,特别是企业的注册资金与承接总造价的关系,企业的资质和建造厂房的跨度之间的关系,注意工程承包范围的要求,以防止因企业资质问题而签订无效施工合同的风险。对于重大的施工合同,双方都应当聘请专业律师或者法律顾问。

(2)发包人或者承包人内部不具备法人条件的职能部门或下属机构签订的建设工程施工合同,因为不具备主体资格,故所签订的施工合同无效。产生纠纷后,应以该发包人或者承包人作为当事人。

(3)总(母)公司与子公司相互借用资质的风险。根据《中华人民共和国公司法》第十四条第二款的规定:"公司可以设立子公司,子公司具有企业法人资格,依法独立承担民事责任。"因此,子公司相对于总(母)公司而言具有独立的法人资格。子公司以总(母)公司名义承包工程并实际履行的,具体可以分为两种情形:一是子公司借用总公司的资质承揽工程的,属于借用资质;二是总公司签订施工合同后全部交由子公司完成的,则属于转包。

根据我国法律法规的规定,这两类情形均为法律所禁止。第一种情形下,子公司借用总公司的资质承揽工程的,则施工合同无效;第二种情形下,总公司签订施工合同后全部转包给子公司做的,总公司与建设单位的施工合同还是有效的,但总公司与子公司的转包合同无效,且总公司的转包行为违反了法律的禁止性规定,建设单位可以以此为由解除与总公司的施工合同。

7.2.2.2 建设工程必须招标而未招标或者中标无效导致施工合同无效的法律风险及防范

工程项目的招标投标程序,是建设工程合同订立的特殊程序。通过招标投标程序,可以提高项目投资效益,保证工程质量,增加合同订立过程的透明度,防止腐败等行为。规定强制招标,目的是基于这些项目的重要性,往往涉及国家利益、社会公众利益,有必要引入公平竞争的招标交易程序。法律不容许有关的项目采购单位规避法定采购形式即招标交易形式,并设置了相应的法律责任。通过立法,把关系到国计民生的建设项目纳入强制招标的范围,是切实保护国有资产的重要措施。建设工程必须进行招标而未招标或者中标无效而签订的施工合同实质上是违反了法律规定的订立合同的特别程序,因而是无效的合同。

中标无效是指由于在招标投标过程中存在重大的违法行为,招标人基于存在瑕疵的招标投标程序而做出的中标决定没有法律约束力,因此基于无效中标签订的施工合同,必然导致无效的后果。

防范这类法律风险应当采取以下措施：

(1)中标通知书发出后,招标人不得改变中标结果,中标人不得放弃中标项目。根据合同订立原理,投标人提交的投标属于一种要约,招标人的中标通知书则为对投标人要约的承诺,招标人将中标通知书发出后,视为承诺生效,合同实质上已经成立。《招标投标法》第四十五条规定:"中标人确定后,招标人应当向中标人发出中标通知书,并同时将中标结果通知所有未中标的投标人。中标通知书对招标人和中标人具有法律效力。中标通知书发出后,招标人改变中标结果的,或者中标人放弃中标项目的,应当依法承担法律责任。"

招标人改变中标结果,变更中标人,新的中标是无效的。承包人可以要求发包人根据中标通知书、投标文件、招标文件签订施工合同;发包人拒绝签订合同的,可以要求发包人赔偿其损失,包括直接损失和可得利益的损失。承包人千万要注意不能超过 2 年的诉讼时效。

(2)投标人不得弄虚作假,骗取中标。《招标投标法》第五十四条第一款规定:"投标人以他人名义投标或者以其他方式弄虚作假,骗取中标的,中标无效,给招标人造成损失的,依法承担赔偿责任。"

(3)不得违法进行实质性内容谈判。《招标投标法》第五十五条规定:"依法必须进行招标的项目,招标人违反本法规定,与投标人就投标价格、投标方案等实质性内容进行谈判,其行为影响中标结果的,中标无效。"

这种情况在实践中主要表现为两种形式:一是在招标人收到所有投标人的标书后,在招标人发出中标通知书之前,招标人把最优秀的投标书的投标人找过来进行面对面的压价;二是就工程款的支付方式、工期、质量、安全、工程的技术措施进行谈判,并改变原来的工程款的支付方式,该投标人在不明真相的情况下,为了承接这个项目,只有接受招标人提出的条件。

(4)不得在中标候选人之外确定中标人,依法必须招标的项目不得在所有投标被评标委员会否决后确定中标人。《招标投标法》第五十七条规定:"招标人在评标委员会依法推荐的中标候选人以外确定中标人的,依法必须进行招标的项目在所有投标被评标委员会否决后自行确定中标人的,中标无效。"《招标投标法》第四十二条规定:"评标委员会经评审,认为所有投标都不符合招标文件要求的,可以否决所有投标。"所有投标被否决意味着没有符合条件的投标人,说明招标失败。为了选择最佳的合同相对方,实现法律规定强制招标的目的,招标人应当依照本法的规定重新招标,而不能处于简便、节约成本等考虑,在所有投标被评标委员会否决后自行确定中标人。否则的话,招标将流于形式。

7.3　建设工程合同的履行

合同的履行是合同法律制度中最具实质性的一步。所有的合同当事人都要重视合同的履行。由于每一个合同都是不同的合同,在履行的过程中也就自然会不尽相同。因此,《民法典》给出了合同履行的原则,违背这些原则的履行都将为此承担相应的法律责任。

7.3.1 建设工程合同履行的基本要求

7.3.1.1 合同履行的概念

合同履行,是指债务人全面地、适当地完成其合同义务,债权人的合同债权得以完成实现。建设工程合同的履行,是指工程建设项目的发包方和承包方根据合同规定的时间、地点、方式、内容及标准等要求,各自完成合同义务的行为。根据当事人履行合同义务的程度,可进行以下分类:按照合同的规定全部履行合同义务的,称为全部履行;部分未履行的,称为部分履行;合同规定的义务均未履行的,称为没有履行合同。合同的履行是当事人订立合同的根本目的,是《民法典》合同编的核心内容,也是合同具有法律约束力的首要表现。

7.3.1.2 合同履行的原则

合同经一方提出要求,另一方承诺,即告成立。但合同成立只是合同生效的前提,并非必然结果。合同义务是否应当履行,取决于合同是否合法有效。无效的建设工程合同从订立时起就没有法律约束力,不存在履行问题。

总的来说,发包方履行建设工程合同最主要的义务是按约定支付合同价款,承包方最主要的义务是按约定交付建筑产品,但双方的义务都不是单一的最后的交付行为,而是一系列义务的总和。例如,发包方不仅要求按时支付工程备料款、工程进度款,还要按约定提供由其自行采购的建材、设备,还要及时参加隐蔽工程的验收等,而承包方的义务多样性则表现为工程质量必须符合合同约定的等级、工期不能超过合同约定等。总之,建设工程合同的履行,其内容之丰富,经历时间之长,都是其他合同所无法比拟的。因此,对建设工程合同的履行,更应强调贯彻履行合同的基本原则。履行建设工程合同应当遵循的基本原则有:

(1)实际履行原则。订立合同的目的是满足一定的经济利益目的,满足特定的生产经营活动的需要。根据实际履行原则,当事人应当按照合同规定的标的完成义务,不能用违约金或赔偿金来代替合同的标的;任何一方违约时也不能以支付违约金或赔偿损失的方式来代替合同的履行,守约一方要求继续履行的,应当继续履行。

(2)全面适当履行原则。全面适当履行是指合同当事人按照合同约定全面履行自己的义务,包括履行义务的主体、标的、数量、质量、价款、报酬,以及履行的方式、地点、期限等,都应当按照合同的约定全面履行。

按照全面适当履行原则,当事人应对合同内容做出明确具体的约定。但是,如果合同生效后,双方当事人就质量、价款或者报酬、履行地点等内容没有约定或约定不明确的,可以协议补充,不能达成补充协议的,按照合同有关条款或者交易习惯确定。如果按此方法仍不能确定的,适用下列规定进行履行:

①质量要求不明确的,按照国家标准、行业标准履行;没有国家标准、行业标准的,按照通常标准或者符合合同目的的特定标准履行。

②价款或者报酬不明确的,按照订立合同时履行地的市场价格履行;依法应当执行政府定价或者政府指导价的,按照规定履行。

③履行地点不明确,给付货币的,在接受货币一方所在地履行;交付不动产的,在不动

产所在地履行;其他标的,在履行义务一方所在地履行。

④履行期限不明确的,债务人可以随时履行,债权人也可以随时要求履行,但应当给对方必要的准备时间。

⑤履行方式不明确的,按照有利于实现合同目的的方式履行。

⑥履行费用的负担不明确的,由履行义务一方负担。

合同在履行中,既可能按市场行情约定价格,也可能执行政府定价或者政府指导价。如果是按市场行情约定价格履行,则市场行情的波动不应影响合同价。如果执行政府定价或者政府指导价的,在合同约定的交付期限内、政府价格调整时,按照交付时的价格计价;逾期提取标的物或者逾期付款的,遇价格上涨时,按照新价格执行;价格下降时,按照原价格执行。

(3)协作履行原则。协作履行原则是指合同各方在履行合同过程中,应当互谅、互助,尽可能为对方履行合同义务提供相应的便利条件。

贯彻协作履行原则对履行建设工程承包合同具有特别重要的意义。这是因为,履行建设工程承包合同是一个经历时间较长、涉及面较广,质量、技术要求高的复杂过程,一方履行合同义务的行为往往是另一方履行合同义务的必要条件,只有贯彻协作履行的原则,才能达到双方预期的经济利益目的。

(4)诚实信用原则是我国《民法典》的基本原则,它贯穿于合同的订立、履行、变更、终止等全过程。因此,当事人在订立合同时,要讲诚实,守信用,当事人双方要相互协作,合同才能圆满地履行。

7.3.1.3　合同履行的主体

合同履行的主体包括完成履行的一方和接受履行的一方。完成履行的一方首先是债务人,也包括债务人的代理人。但是法律规定、当事人约定或者性质上必须由债务人本人亲自履行者除外。另外,当事人约定的债务人之外第三人也可为履行人。但是,约定代为履行债务的第三人的不履行责任却要由原债务人承担。《民法典》第五百二十三条规定:当事人约定由第三人向债权人履行债务,第三人不履行债务或者履行债务不符合约定的,债务人应当向债权人承担违约责任。

接受履行的一方首先是债权人,由债权人享有给付请求权及受领权。但是,在某些情况下,接受履行者也可以是债权人之外的第三人,如当事人约定由债务人向第三人履行债务。但是,债务人如果没有向约定受偿的第三人履行债务,却要向原合同的债权人承担违约责任。《民法典》第五百二十二条规定:当事人约定由债务人向第三人履行债务,债务人未向第三人履行债务或者履行债务不符合约定的,应当向债权人承担违约责任。

7.3.1.4　合同履行抗辩权

合同一旦有效成立,当事人应当按照合同约定履行自己的义务。一方不履行合同或不适当履行合同,损害了对方利益,受损害方可寻求公力救济。但在双务合同履行中,如果一方或双方具有法律规定的事由的话,法律授权当事人可以私力救济,即可以拒绝履行自己的义务来保护自己的合法权益,而不承担违约责任。这就是双务合同履行中的抗辩权。依其具体情形可分为同时履行抗辩权、先履行抗辩权和不安抗辩权三种。

(1)同时履行抗辩权。是指当事人履行合同义务没有先后顺序,应当同时履行,当对方当事人未履行合同义务时，一方当事人有拒绝履行合同义务的权利。同时履行抗辩权包括两种情形：①一方在对方履行之前有权拒绝其履行要求；②一方在对方履行义务不符合约定时，有权拒绝其相应的履行要求。

同时履行抗辩权只能由当事人行使，法院不能依职权主动适用。

同时履行抗辩权有阻却对方请求权的效力，没有消灭对方请求权的效力。即在对方没有履行或提出履行前，可以拒绝履行；当对方履行或提出履行时，应当恢复履行。

（2）先履行抗辩权。是指当事人双方在合同中约定了债务履行的先后顺序，当先履行的一方未按约定履行债务时；后履行的一方可以拒绝履行其合同债务的权利。先履行抗辩权也包括两种情形：①当事人互负债务，有先后履行顺序，先履行一方未履行的，后履行一方有权拒绝其履行要求；②先履行一方履行债务不符合约定的，后履行一方有权拒绝其相应的履行要求。

先履行抗辩权在当事人行使时，可采用明示或采取默示。

行使先履行抗辩权，在他方未先履行义务前，可拒绝自己履行义务，并不承担违约责任。行使先履行抗辩权没有消除合同的效力，在先履行方适当履行后，先履行抗辩权消灭。

（3）不安抗辩权。不安抗辩权也称中止履行，是指当事人双方在合同中约定了履行的先后顺序，合同成立后，先履行债务的当事人掌握了后履行债务的当事人丧失或者可能丧失履行债务能力的确切证据时，暂时停止履行其到期债务的权利。设立不安抗辩权的目的在于，预防合同成立后情况发生变化而损害合同另一方的利益。

行使不安抗辩权，应当先履行合同的一方有确切证据证明对方当事人有下列情形之一的，可以中止履行：①经营状况严重恶化；②转移财产，抽逃资金，以逃避债务；③丧失商业信誉；④有丧失或者可能丧失履行能力的其他情形。

中止履行的一方，即行使不安抗辩权的一方负有对相对人欠缺信用、欠缺履行能力的举证责任。

当事人行使不安抗辩权，并不意味着合同终止。只是当事人暂时停止履行其到期债务。当事人中止履行合同的，应当及时通知对方。

对方提供适当的担保时应当恢复履行，对方在合理的期限内未恢复履行能力并且未提供适当的担保，中止履行一方可以解除合同。当事人如果没有确切证据就中止履行合同的，应承担违约责任。

7.3.2　建设工程合同履行过程中预付款的法律风险及防范

7.3.2.1　垫资的主要风险

（1）为垫资而融资的风险。承包商用于垫资的资金中，一部分可能是自由资金，另一部分通常是通过贷款而来。贷款就得承担贷款利息，如果逾期不能还贷，还要承担逾期罚息；如果垫资实际利息或者合同价款中的融资收益低于贷款利息及其逾期罚息，将面临承揽工程收益减损风险。

（2）无力继续施工所带来的违约风险。垫资工程施工合同签订后，如果遇到国家宏观金融政策发生变化，拟向银行贷款计划落空，承包商很可能面临因筹集不到合同约定的垫资款而被迫停工,由此造成拖延工期、工程质量问题等严重违约行为,甚至会面临被发包人解除合同,赔偿巨额损失的极大风险。

(3)因垫资施工造成资金困难而采取违规行为所带来的风险。承包商有时因施工过程中垫资过多,面临来自材料商、设备商、施工工人、贷款银行的压力越来越大,又不敢擅自停工,于是有的承包商可能会采取偷工减料、降低施工标准或干脆将工程进行整体转包的方式来转嫁风险。殊不知,如此做法更有可能将自己置入更大风险的境地。

7.3.2.2　建设工程施工合同履行过程中预付款的法律风险及防范

(1)要充分研究招标文件。招标文件中具有将来施工合同中的主要合同条款,涉及承包人与发包人的权利、义务。因此对招标文件中的工程范围、有关付款条件等直接与承包人经济利益密切相关的条款要仔细推敲,投标单位必须会同相关部门在报价、工程质量、项目成本、资金回收等相关方面做可行性分析。如果招标文件中没有工程预付款规定,就要根据付款方式、付款时间和付款条件综合分析需要垫付工程款的数量、垫付款占用的时间。根据分析结果、自有资金情况、银行贷款的可能性,决定是否参加投标、投怎样的标价,将垫付工程款的风险控制在承包商能承受的范围内。

(2)深入考察发包人要求垫资的目的。要对发包单位资信特别是首度合作的发包单位进行严格的资信调查,包括发包单位的注册情况、项目资金的来源及到位情况、既往经营业绩、履约能力以及社会信誉等各方面情况。如果工程项目可靠、发包人建设资金已经落实,只是为了防范承包人的履约能力而要求的垫资,风险相对较小;相反,对无实力支付、无实力垫资,单项开发,工业厂房,不诚信甲方等,应谨慎垫资。

(3)争取得到建设单位工程款支付担保。目前,建筑市场是发包人市场,一般情况下,发包人不会提供工程款支付担保。在垫资条件较严格的情况下,发包人是否愿意提供支付担保,一方面体现出发包人的法律意识、公平意识,另一方面也能体现发包人要求垫资的真实意图。而一旦争取到该条款对施工企业垫资款的回收是极其有力的。如建设单位以土地使用权提供担保或以其他的房产作为担保等,有了担保,施工企业的垫资款回收就有了一道保险。所以,施工企业更应积极努力,争取在合同条款中将这一内容固定下来。

7.3.2.3　工程价款支付主体的法律风险及防范

施工企业被拖欠巨额工程款已成为整个建设领域中屡见不鲜的"正常事"。往往出现工程的发包人并非工程真正的建设单位,并非工程的权利人。在该种情况下,发包人通常不具备工程价款的支付能力,这时施工单位该向谁主张权利以维护其合法权益,已成为争议的焦点。在此情况下,施工企业应理顺关系,寻找突破口,向真正的发包方主张权利,以保证其合法权益不受侵害。

7.3.2.4　工程进度款支付、竣工结算及审价的法律风险及防范

尽管合同中已列出了工程量,约定了合同价款,但实际施工中会有很多变化,包括设计变更、现场工程师签发的变更指令、现场条件变化,以及计量方法等引起的工程数量的增减。这种工程量的变化几乎每天或每月都会发生,而且承包商通常在其每月申请工程进度付款报表中列出,希望得到(额外)付款,但常因与现场监理工程师有不同意见而遭拒绝或拖延不决。这些实际已完的工程而未获得付款的金额由于日积月累,在后期可能

增大到一个很大的数字，业主更加不愿意支付了，因而造成更大的分歧和争议。

在整个施工过程中，业主在按进度支付工程款时往往会根据监理工程师的意见，扣除那些他们未予确认的工程量或存在质量问题的已完工程的应付款项，这种未付款项累积起来往往可能形成一笔很大的金额，使承包商感到无法忍受而引起争议，而且这类争议在工程施工的中后期会越来越严重。承包商会认为由于未得到足够的应付工程款而不得不将工程进度放慢下来，而业主则会认为在工程进度拖延的情况下更不能多支付给承包商任何款项，这就会形成恶性循环而使争端愈演愈烈。

更主要的是，大量的业主在资金尚未落实的情况下就开始工程的建设，致使业主千方百计要求承包商垫资施工、不支付预付款、尽量拖延支付进度款、拖延工程结算及工程审价进程，致使承包商的权益得不到保障，最终引起纠纷。

7.4　建设工程合同的变更、撤销及转让

在工程实际中，由于影响合同履行的外部或内部因素很多，而这些因素会随时发生一些难以预料的变化，这种变化就可能变现为合同的变更、转让和终止。合同的变更、转让和终止将直接影响到当事人的利益，因此我们必须对有关合同的变更、转让和终止的相关规定认真掌握，不仅要清楚合同变更、转让和终止的类型和条件，也要掌握合同在变更、转让和终止后所可能产生的法律后果。

7.4.1　建设工程合同变更、撤销及转让的基本要求

7.4.1.1　建设工程合同的变更

建设工程合同依法订立后即具有法律约束力，当事人必须严格履行合同义务，任何一方不得随意变更或解除合同。但是，工程项目建设的情况往往不是固定不变的，承包合同签订后或者在履行过程中会发生与原合同的约定不相适应的变化，如果在这种情况下仍然按照原合同的要求履行，会导致合同无法履行或不能全面履行，在这种情况下，当事人可以依据法律规定或合同约定变更合同。引起建设工程合同变更的事由如下：

(1)当事人协商一致变更合同。即发包方和承包方就变更合同的内容达成一致意见。如双方将原定的合同工期300天缩短为260天。当事人协商一致是合同变更的最主要原因，但对合同所做变更必须符合法律的规定，并不得违反社会公共利益。

(2)不可抗力情况的发生。因不可抗力情况的发生致使合同不能按原约定履行的，允许变更，并使债务人免于承担违约责任。例如，由于建设工程施工现场遭洪水围困长达一个月，造成施工中断，施工单位有权要求变更合同工期，即施工工期顺延一个月，发包方对承包方变更合同工期的要求不得拒绝。

(3)显失公平。由于建设市场是买方市场，发包人往往利用其优势地位而对承包方提出各种不平等条件(如压级压价)，造成双方在合同利益上的明显失衡。

(4)重大误解。建设工程合同易发生重大误解的环节一般是在工程价款的结算问题上。承包方往往由于缺乏经验而以过低的价格包死工程造价，或者因为错误套用工程预算定额而漏算较大数额的工程价款。

(5)国家修改基本建设计划。履行建设工程承包合同的基础随之发生变化,当事人已丧失了依原合同约定履行合同的基础,如合同不做相应的调整,就与国家计划不相符,故应对合同进行相应的变更。

(6)情势变更。情势变更也是合同当事人变更合同的事由之一。只要有情势变更的情况出现,受该变化影响处于不利地位的一方当事人可以要求变更合同,以维护双方的权益。如在工程造价包死的情况下,由于严重的通货膨胀而造成承包方如仍按原定总承包价连续合同,承包方势必因此而遭受重大损失,因此承包方可以依照情势变更的法律规定,要求增加相应的工程价款。

工程合同变更的概念有广义和狭义之分。从狭义上的理解,工程合同变更指工程合同生效后,在合同主体不变的情况下,合同内容的改变。从广义上理解,工程合同的变更不仅包括内容的改变,而且还包括工程合同主体的改变。由于工程合同主体的变更实际上是合同权利义务的转让,并且我国《民法典》将合同变更与合同转让做了区分。因此,此处所称工程合同变更是指狭义上的概念,即工程合同内容的改变。

7.4.1.2　建设工程合同的撤销

(1)可撤销合同的概念。所谓可撤销合同,是指因意思表示不真实,通过有撤销权的机构行使撤销权,使已经生效的意思表示归于无效的合同。

(2)可撤销合同的种类。《民法典》规定,下列合同中,当事人一方有权请求人民法院或者仲裁机构变更或者撤销:①因重大误解订立的;②在订立合同时显失公平的。一方以欺诈、胁迫的手段或者乘人之危,使对方在违背真实意思的情况下订立的合同,受损害方有权请求人民法院或者仲裁机构变更或撤销。当事人请求变更的,人民法院或仲裁机构不得撤销。

(3)合同撤销权的行使。《民法典》规定,有下列情形之一的,撤销权消灭:①具有撤销权的当事人自知道或者应当知道撤销事由之日起一年内没有行使撤销权;②具有撤销权的当事人知道撤销事由后明确表示或者以自己的行为放弃撤销权。

需要注意的是,行使撤销权应当在知道或者应当知道撤销事由之日起一年内行使,并应当向人民法院或者仲裁机构申请。

(4)被撤销合同的法律后果。《民法典》规定,无效的合同或者被撤销的合同自始没有法律约束力。合同无效、被撤销或者终止的,不影响合同中独立存在的有关解决争议方法的条款的效力。

7.4.1.3　建设工程合同的转让

(1)合同转让的概念。

合同转让是指合同当事人一方依法将合同权利、义务全部或者部分转让给他人。

(2)合同转让的类型。合同的转让分为合同权利转让、合同义务转让和合同权利义务概括转让三种。

①合同权利转让:又称为债权转让、债权让与,它分为合同权利部分转让和合同全部转让;

②合同义务转让:又称为债务承担、债务转移,它分为合同义务部分转让和合同义务全部转让;

③合同权利义务概括转让：又称为概括承受、概括转移，它分为合同权利义务全部转移和合同权利义务部分转移。

(3)合同转让的特征。合同转让只是合同主体(合同当事人)发生变化，不涉及合同权利义务内容变化；合同转让的核心在于处理好原合同当事人之间，以及原合同当事人中的转让人与原合同当事人之外的受让人之间，因合同转让而产生的权利义务关系。

(4)导致合同权利义务转让的事由。引起合同权利义务概括转让的事由一般有两个：一是依法律规定而产生权利转让，诸如根据《继承法》第三条规定，遗产包括被继承人的合同权利，该权利可以依法转让给继承人；《民法典》第一千一百六十三条规定：既有法定继承又有遗嘱继承、遗赠的，由法定继承人清偿被继承人依法应当缴纳的税款和债务；超过法定继承遗产实际价值部分，由遗嘱继承人和受遗赠人按比例以所得遗产清偿。二是依法律行为而发生转让，很普通的情况是合同原债权人、债务人与第三人(受让人)就合同权利转让或者义务承担达成一致。

7.4.1.4　建设工程合同的终止

1. 合同的权利义务终止概述

合同的权利义务终止，是指合同权利和合同义务归于消灭，合同关系不复存在。合同终止使合同的担保等附属于合同的权利义务也归于消灭。

合同权利义务的终止，不影响合同中结算、清理条款和独立存在的解决争议方法的条款(如仲裁条款)的效力。

2. 合同权利义务因解除而终止

(1)合同解除的概念。合同解除是指当具备解除条件时，因合同当事人一方或双方意思表示，使有效成立的合同效力消灭的行为。

(2)合同解除的分类。合同解除分为协议解除与单方解除。协议解除，是当事人双方就消灭有效合同达成意思表示一致。单方解除又分为约定解除和法定解除。单方解除是当事人双方根据法律规定和合同事项约定，当出现特定情形时，以单方意思解除合同。单方约定解除是指当合同约定的解除情形出现时，享有解除权的一方以单方意思表示使合同解除。单方法定解除是以法律的直接规定行使解除权。

(3)协议解除的条件与程序。协议解除又称双方解除、合意解除，只要当事人双方协商一致即可。

以成立合同的方式解除原有合同的，即通过要约、承诺的方式产生新的合同，以新的合同来解除原合同的，依照合同订立程序进行。法律、行政法规规定解除合同应当办理批准、登记等手续的，依照其规定。

(4)单方解除的条件与程序。

①解除的条件。单方解除的条件是当事人在订立合同时可以预先设定，解除合同的条件成立时，解除权人可以通知对方解除合同。

法定解除的条件，依据《民法典》规定包括：因不可抗力致使不能实现合同目的；在履行期限届满之前，当事人一方明确表示或者以自己的行为表明不履行主要债务，这种行为称为预期违约；当事人一方延迟履行主要债务，经催告后在合理期限内仍未履行；当事人一方延迟履行债务,或者有其他违约行为致使不能实现合同目的。

②解除的程序。法律规定或者当事人约定解除权行使期限,期限届满当事人不行使的,该权利消灭。法律没有规定或者当事人没有约定解除权行使期限,经对方催告后在合理期限内不行使的,该权利消灭。

当事人一方依照规定主张解除合同的,应当通知对方。合同自通知到达对方时解除。对方有异议的,可以请求人民法院或者仲裁机构确认解除合同的效力。解除人和相对人均有权请求法院或者仲裁机构确认解除合同的效力。法律、行政法规规定解除合同应当办理批准、登记等手续的,依照其规定。

(5)合同解除的法律后果。按照《民法典》的规定:合同解除后,尚未履行的债务,终止履行合同解除后,发生合同效力消灭的效果,因此,尚未履行的义务也随合同效力消灭而丧失履行的基础。

已经履行的,根据履行情况和合同性质,当事人可以要求恢复原状、采取其他补救措施,并有权要求赔偿损失。

3. 合同权利义务因其他原因而终止

合同权利义务终止是指由于一定的法律事实发生,使合同设定的权利义务归于消灭的法律现象。

合同终止与债的消灭很近似。合同终止后,当事人就不需要再履行义务了。但是,合同终止与债的消灭并不等价,例如合同终止后,负有违约责任的一方仍有可能承担赔偿损失或者支付违约金的义务。

其他合同终止的原因主要有:①合同因履行而终止;②合同因抵消而终止;③合同因提存而终止;④合同因免除债务而终止;⑤合同因混同而终止。

7.4.2　合同变更、解除的法律风险及防范

7.4.2.1　工程变更手续不全的法律风险及防范

工程变更是发包人的权利,发包人做出的工程变更应有监理工程师签发的工程变更令,承包人的工程变更建议也必须有发包人和监理工程师的批准书。否则,一律认定为承包人擅自变更工程行为,追究违约责任。工程实务中,发包人往往口头要求承包人实施工程变更,由承包人递交工程变更申请,发包人进行批复。一旦承包人工程变更申请书提交不及时、措辞不准、发包人拒绝或者批复不当、手续不全,承包人往往很被动。

对此承包人应采取如下措施规避风险:

(1)尽量在工程变更实施之前提交工程变更申请,发包人批复后实施。变更申请应体现应发包人的要求进行的工程变更。如果发包人拒绝或者拖延确认,承包人有权拒绝实施该工程变更。

(2)如果时间紧迫,工程变更之前来不及确认工程变更,承包人应在实施工程变更的同时申请工程变更确认,最迟也应在工程变更实施完毕的第一时间内请求发包人确认。

7.4.2.2　工程变更价款调整的法律风险与防范

工程变更是发包人的权利,作为对等条件,承包人有权要求发包人根据合同约定对工

程变更造成损失的赔偿。而工程合同和有关法律、法规对工程变更后合同价款的调整做了严格的程序和时间要求。没有按照规定的程序和时间提出工程变更价款调整的申请，即便是根据合同应该调整价款，也会被发包人拒绝，因这种拒绝由于合同或法律上的依据会被法院或仲裁机构采信，从而使承包人面临较大的工程变更风险，对此承包人应做好以下对策：

(1)接到发包人发出的工程变更令或工程变更申请得到批复后，应按照合同约定的期限和程序向发包人提出变更价款和顺延工期的申请。申请超出合同约定的期限没有得到发包人答复的，承包人应按合同约定的期限和程序向发包人发出申请调整合同价款和顺延工期的报告已经生效的通知，要求发包人按照合同约定支付相应款项。所发出的所有通知和申请应有签收证据和签收的内容。

(2)作为证据使用的施工文件、资料，应注重质量而非数量，要确保上述资料满足作为证据应当具备的客观性、真实性、合法性。一项完整的工程变更价款调整报告应具备下列条件，才能被发包人或有关审价人员在结算时认可：工程变更单(印章、签字完整)、工程变更计价的合同依据、工程量和价款的计算过程、工程变更施工质量验收证明等。

7.4.2.3　合同解除及终止的法律风险及防范

合同解除，是合同有效成立后，因当事人一方或双方的意思表示，使合同关系归于消灭的行为。合同解除是合同之债终止的事由之一。合同解除是指在合同有效成立以后，当解除的条件具备时，因当事人一方或双方的意思表示，使合同自始或仅向将来消灭的行为，它也是一种法律制度。

合同终止指合同当事人双方在合同关系建立以后，因一定的法律事实的出现，使合同确立的权利义务关系消灭。

合同解除与合同终止二者都发生债权债务关系归于消灭的效力，但二者在本质上有很大区别，其主要体现在以下两点：

一是，二者的效力不同。合同解除既能向过去发生效力，使合同关系溯及既往地消灭，发生恢复原状的效力，也能向将来发生效力，即不发生溯及既往的效力。而合同终止只是使合同关系消灭，向将来发生效力，不产生恢复原状的效力。

二是，二者适用的范围不同。合同解除通常被视为对违约的一种补救措施，是对违约方的制裁。因此，合同解除一般仅适用于违约场合。合同终止虽然也适用于一方违约的情形，但主要是适用于非违约的情形，如合同因履行、双方协商一致、抵销、混同等终止。由此可见，合同终止的适用范围要比合同解除的适用范围广。

1. 合同解除的风险及防范

中止合同造成的风险有：承包商因这种合同中止造成损失严重而得不到足够的赔偿，业主对承包商提出的就中止合同的补偿费用计算持有异议；承包商因设计错误或业主拖欠应支付的工程款而造成困难提出中止合同，业主不承认承包商提出的中止合同的理由，也不同意承包商的责难及其补偿要求等。

2. 终止合同的风险及防范

终止合同一般都会给某一方或者双方造成严重的损害。终止合同可能有以下几种情况：

（1）属于承包商责任引起的终止合同。例如，业主认为并证明承包商不履约，承包商严重拖延工期并证明无能力改变局面，承包商破产或严重负债而无力偿还致使工程停滞等。在这种情况下，业主可能宣布终止与该承包商的合同，将承包商驱逐出工地，并要求承包商赔偿工程终止造成的损失，甚至业主可能立即通知开具履约保函和预付款保函的银行全额支付保函金额。承包商则否定自己的责任，并要求取得其已完工程付款，要求业主补偿其已运到现场的材料、设备和各种设施的费用，还要求业主赔偿其各项经济损失，并退还被扣留的银行保函。

（2）属于业主责任引起的终止合同。例如，业主不履约、严重拖延应付工程款并被证明已无力支付欠款，业主破产或无力清偿债务，业主严重干扰或阻碍承包商的工作等。在这些情况下，承包商可能宣布终止与该业主的合同，并要求业主赔偿其因合同终止而遭受的严重损失。

（3）不属于任何一方责任引起的终止合同。例如，由于不可抗力使任何一方不能履行合同规定的义务而终止合同，大部分政治因素引起的履行合同障碍都属于此类。尽管一方可以引用不可抗力宣布终止合同，但是如果另一方对此有不同看法，或者合同中没有明确规定对这类终止合同的后果的处理办法，双方应通过协商处理，若达不成一致意见，则按纠纷处理方式申请仲裁或诉讼。

（4）任何一方由于自身需要而终止合同。例如，业主因改变整个设计方案、改变工程建设地点或其他任何原因而通知承包商终止合同，承包商因其总部的某种安排而主动要求终止合同等，这类属于由于一方的需要而非对方的过失而要求终止合同，大都发生在工程开始的初期，而且要求终止合同的一方通常会认识到并且会同意给予对方适当补偿，但是仍然可能在补偿范围和金额方面发生争议。例如，在业主因自身的原因要求终止合同时，可能会承诺给承包商补偿的范围只限于其实际损失，而承包商还可能要求应补偿其失去承包其他工程机会而遭受的损失和预期利润。

7.5　建设工程合同的违约责任

7.5.1　建设工程合同违约责任的基本要求

所谓违约责任，亦即违反合同的民事责任，是指合同当事人不履行或不适当履行合同义务而根据法律规定或者合同的约定应当承受的制裁。

违约责任制度是合同法律制度的重要组成部分，是保障债权实现的重要措施。法律规定违反合同应承担违约责任的目的在于用法律的强制约束力促使当事人严格履行合同义务，维护当事人的合法权益。如果没有该项制度，就无法从根本上保证合同的履行，当事人合法权益得到保障就无从谈起。

7.5.1.1　违约责任的构成要件

违约责任的构成要件包括主观要件和客观要件。

(1)主观要件。主观要件是指作为合同当事人,在履行合同中不论其主观上是否有过错,即主观上有无故意或过失,只要造成违约的事实,均应承担违约法律责任。

不论主观上是否有过错,即主观上的故意或过失,只要造成违约的事实均应承担违约的法律责任。

(2)客观要件。客观要件是指合同依法成立、生效后,合同当事人一方或者双方未按照法定或约定全面地履行应尽的义务,也即出现了客观地违约事实,即应承担违约的法律责任。

违约责任实行严格责任原则。严格责任原则是指有违约行为即构成违约责任,只有存在免责事由的时候才可以免除违约责任。

(3)违约行为。违约责任源于违约行为。根据不同标准,可以将违约行为根据不同标准,可将违约行为做以下分类:①单方违约与双方违约;②预期违约与实际违约。

违约责任是财产责任。这种财产责任表现为支付违约金、定金、赔偿损失、继续履行、采取补救措施等。尽管违约责任含有制裁性,但是违约责任的本质不完全在于对违约方的制裁,也在于对被违约方的补偿,即表现为补偿性。

(4)违约行为的存在。违约行为,是指合同当事人不履行或不完全履行合同义务的行为。

(5)有损害后果。损害必须是实际已经发生的,尚未发生的损害不能赔偿。损害又必须是可以计算的,只有可以计算的才能赔偿。

(6)违约方若想免于承担违约责任,必须举证证明其存在法定的或约定的免责事由,而法定免责事由主要限于不可抗力,约定的免责事由主要是合同中的免责条款。

7.5.1.2　建设工程合同承担违约责任的方式

合同当事人违反合同义务,承担违约责任的种类主要有:继续履行、采取补救措施、赔偿损失、支付违约金、执行定金罚款等。

守约方可以要求违约方停止违约行为,采取补救措施,继续履行合同约定;可以按照合同约定,要求违约方支付违约金或没收定金。如果守约方发生的经济损失大于违约金或定金的,守约方可以主张违约方按照实际损失予以赔偿。

(1)继续履行。也称实际履行、强制实际履行,是指在某合同当事人违反合同后,非违约方有权要求其依照合同约定继续履行合同。《民法典》第五百七十九条规定:当事人一方未支付价款、报酬、租金、利息,或者不履行其他金钱债务的,对方可以请求其支付。

继续履行必须建立在能够并应实际履行的基础上。实际履行的基本内容仍然是履行合同的义务,但是在性质上则不同于一般的履行合同义务。作为违约责任承担方式之一的实际履行是第二性的义务,这种义务具有国家强制性。同时,继续履行可与赔偿损失、支付违约金、定金罚则并用。

(2)采取补救措施。违约方采取补救措施可以减少非违约方所受的损失。根据《民法典》规定:质量不符合约定的,应当按照当事人的约定承担违约责任。对违约责任没有约定或者约定不明确,或不能确定的,受损害方根据标的的性质、已经损失的大小,可以合理选择要求对方承担修理、更换、重做、退货、减少价款或者报酬等违约责任。

(3)赔偿损失。在履行建设工程合同过程中,引起损失赔偿责任的情况比比皆是,实践中最常见的有如下几种主要类型：一是勘察、设计成果的质量低劣，或者未按期限提交勘察、设计文件；二是工程的质量等级不符合合同约定或者未能按时竣工；三是发包人未能及时提供原料、设备、技术资料，或者未能按约定的期限、数额支付工程价款等。

(4)支付违约金。违约金，是指当事人在合同中或合同订立后约定因一方违约而应向另一方支付一定数额的金钱。违约金可分为约定违约金和法定违约金。

当事人可以约定一方违约时应当根据违约情况向对方支付一定数额的违约金，也可以约定因违约产生的损失赔偿额的计算方法。

约定的违约金低于造成的损失的，当事人可以请求人民法院或者仲裁机构予以增加；约定的违约金过分高于造成的损失的，当事人可以请求人民法院或者仲裁机构予以适当减少。

当事人就延迟履行约定违约金的，违约方支付违约金后，还应当履行债务。

(5)执行定金罚则。根据《民法典》的规定：当事人可以约定一方向对方给付定金作为履行合同的担保。给付定金的一方不能履行约定的债务的，无权要求返还定金；收受定金的一方不履行约定的债务的，应当双倍返还定金。

当事人既约定违约金，又约定定金的，一方违约时，对方可以选择适用违约金或者定金条款，而不能同时并用。

因当事人一方的违约行为，侵害对方人身、财产权益的，受害方有权依照《民法典》要求其承担违约责任或者依照其他法律要求其承担侵权责任。

7.5.1.3　不可抗力及违约责任的免除

(1)不可抗力。是指不能预见、不能避免并不能克服的客观情况。不可抗力包括如下情况：

①自然事件，如地震、洪水、火山爆发、海啸等；

②社会事件，如战争、暴乱、骚乱、特定的政府行为等。

根据《民法典》，当事人一方因不可抗力不能履行合同的，应当及时通知对方，以减轻可能给对方造成的损失，并应当在合理期限内提供证明。

当事人一方违约后，对方应当采取适当措施防止损失的扩大；没有采取适当措施致使损失扩大的，不得就扩大的损失要求赔偿。

当事人因防止损失扩大而支出的合理费用，由违约方承担。

(2)违约责任的免除。合同生效后，当事人一方不履行合同义务或者履行合同义务不符合约定的，都应承担违约责任。但是，作为例外，《民法典》规定：只有发生不可抗力才能部分或全部免除当事人的违约责任。一个不可抗力事件发生后，可能引起三种法律后果，即合同全部不能履行，当事人可以解除合同，并免除全部责任；合同部分不能履行，当事人可部分履行合同，并免除其不能履行部分的责任；合同不能按期履行，当事人可以延迟履行合同，并免除其延迟履行的责任。不可抗力事件发生后，当事人一方不能履行合同义务时，应当及时通知对方，并采取一切可能采取的有效措施避免或者减少损失。

由于不可抗力涉及违约责任的免除问题，双方当事人应在合同中协商拟定不可抗力条款，以便于当事人在发生不可抗力时及时处理有关问题。一般来说，不可抗力条款应包括以下内容：

①不可抗力的范围；

②不可抗力发生后，当事人一方通知对方的期限；

③出具不可抗力证明的机构及证明的内容；

④不可抗力发生后对合同的处置。

违约责任制度，是合同制度的重要组成部分，是保障债权实现及债务履行的重要措施。设立违约责任制度，目的在于用法律的强制力督促合同当事人全面履行合同义务，促进合同的履行和弥补违约造成的损失，保护当事人的合法权益，维护社会经济秩序。

7.5.2　建设工程合同违约的法律风险及防范

7.5.2.1　建设工程合同中常见的不平等违约责任风险

(1)因承包人原因不能按合同约定的工期竣工，每逾期一天按5万元向发包人支付违约金。因乙方(承包人)原因，延误工程控制节点的工期或经签证确定顺延的工期，乙方须赔偿甲方(发包人)10000元/天，以此类推。没有提前竣工的奖励或奖励金额较少。

(2)发包人委托承包人办理施工许可证，应由发包人提供的资料和按规定由发包人支付的费用由发包人负责提供和支付。承包人应积极配合发包人的各项工作。承包人必须在施工图纸齐备，且发包人完成其所需办理的手续后7天内办理好该工程的施工许可证。每延期一天，罚款人民币3000元整。办理施工许可是发包人的义务，委托承包人办理不但没有报酬，还要承担自己无法控制的风险，极不公平。

(3)承包人自合同规定的竣工日期前30日(日历天)内，未向工程所在地建设工程质量安全监督站提供竣工资料或合同规定的竣工日期前30日(日历天)内，未取得其对竣工资料完整性的书面认可的，每逾期一日，承包人须支付给发包人合同结算总价的1%作为违约金。

(4)承包人自合同规定的竣工日期前30日内，向发包人提交由承包人签署的《工程质量保修书》及本工程的施工安全评价书，每逾期一日，承包人须支付给发包人合同结算总价的1%作为违约金。

(5)重复约定承包人的逾期违约责任。承包人自收到发包人的修改意见起14天内，未按发包人要求修改并通过竣工验收的，每逾期一日，承包人须支付给发包人合同结算总价的1%作为违约金。若承包人自收到发包人的修改意见起30天内，仍未按发包人要求修改并通过竣工验收的，发包人有权另请单位修改，其费用将从承包人应得的工程款中扣除，承包人应按此部分不合格工程造价10%向发包人支付违约金。

7.5.2.2　建设工程合同违约风险的防范措施

(1)合同约定对等的违约责任是最有效的防范风险对策。目前我国建设工程交易市场是买方市场，发包人在合同签订阶段居于主动地位，往往通过合同条款的控制，把不可预测或难以预测的风险通过合同约定推给施工企业。施工企业为了承接工程，往往委曲求全接受不平衡条款。随着市场的成熟和法制的完善，以合同约定界定是非，以证据证明相关事实是大势所趋和社会发展的必然，承包人加强合同风险控制显得尤为重要，注重合同成为施工企业风险控制的着眼点。

在签订合同时，注重谈判技巧，约定对等的违约责任是防范合同风险的最有效对策。

违约责任是建设工程合同的重要条款。违约责任设定的完善与否直接影响着合同双方在合同履行过程中的主被动地位。大量的案例表明,因为在设定违约金条款时缺乏预见、违约后果规定得过于笼统并未做量化、未设定上限等,导致建筑企业在出现工期逾期付款时被对方索赔高额违约金,或者在对方违约时,己方的大量损失无法援引违约责任条款向对方索赔。

(2)规范管理、注意证据的收集是防范违约风险的重要手段。工程合同生效后,对合同当事人具有法律约束力。发包、承包双方应当按照合同的约定履行自己的义务,任何一方违约都要承担违约责任。工程合同的义务体现在合同的具体条款中,既有明示的合同义务,又有隐含在合同条款中的默示义务。因此,合同双方都要对合同进行分析,明确己方的义务以便尽量不违约,清楚对方的义务以便监督。

(3)迅速及时行使救济权是降低损失、防范违约风险的有效途径。当合同当事人就合同的签订、履行发生争议或纠纷时,为了保护自身的权益,需要寻求合理途径来解决,而这种途径的选择必须及时迅速,否则不仅无法及时保护受损权益,还会损失更多的精力与成本,导致即使最后解决了纠纷,也可能得不偿失。

相关案例

【背景资料】 2010年7月4日,被告中电公司向深圳市建设局申请对中电照明研发中心工程进行对外招标后获得批准。同年8月11日,原告大成公司向被告支付了保证金,共计人民币100万元,并于8月18日递交了《中电照明研发中心标书》。8月29日,被告召开开标会,会上由深圳市建设工程造价管理站(简称造价站)公开宣布标底为人民币59010550.12元,然后公开了6个投标单位的投标价,其中原告的投标价为人民币57004308.68元。9月20日,被告向造价站发函,要求修改招标文件并重新定标。造价站回函称仅同意部分变更。9月30日,被告以修改后的标底再次召开定标会,重新确定投标价为人民币5991.7393万元,并宣布深圳市第三建筑工程总公司(简称三建)得分最高为中标单位。

【案件分析】 一审人民法院经审理后认为,原告的投标书经公开后达到被告公开承诺的中标要求,原告应是中标单位。被告拒绝向原告发出中标通知书和签订施工合同属于违约,应承担违约责任。被告在公开标底前没有书面形式向造价站和投标单位说明招标要求有变更,被告须承担对其在标底公开后对工程量改动的责任。因此,判决如下:被告应在本判决发生法律效力之日起10日内双倍返还原告保证金人民币100万元;逾期则应当加倍支付延迟履行期间的债务利息。案件受理费人民币30010元由被告负担。

被告不服一审判决,上诉至深圳市中级人民法院。本案经二审法院主持进行调解,双方达成了如下调解协议:被告补偿原告人民币60万元了结本案纠纷,在本案招标投标过程中产生的其他纠纷,双方不再追究。上述款项被告于本调解书送达之日起10日内支付给原告。一、二审案件受理费双方各自负担。

【案件评析】

(1)被告在开标后修改招标文件是无效的。

《中华人民共和国招标投标法》第二十三条规定：招标人对已发出的招标文件进行必要澄清或者修改的，应当在招标文件要求提交投标文件截止时间至少 15 日前，以书面形式通知所有招标文件接收人。该澄清或者修改的内容为招标文件的组成部分。本条规定招标文件进行修改或者澄清的法定程序。这是法律强制性规定，没有遵守此规定的，其修改及其澄清是无效的。本案中，原告对此并无过错。因此，被告在公布标底之后，又以标底错误为由中止招标投标程序，并修改招标文件和标底，显然是不符合法律强制性规定的，应承担一定的法律责任。

(2)被告应承担缔约过失责任。

招标投标是以订立合同为目的的民事活动。招标人发出的招标公告或投标邀请书、投标人提交的投标文件、招标人向中标的投标人发出的中标通知书，按其法律性质分别属于《民法典》中的要约邀请、要约和承诺。但建设工程合同又是一种要约式合同，其成立的标志是签订书面合同。在合同成立之前，招标人未履行向投标人发出中标通知的法定义务，致使合同不能成立，应承担缔约过失责任，而非违约责任。故一审法院认定招标人违约并承担违约责任值得商榷。

复习思考题

一、单项选择题(下列选项中，只有一个是正确的，请将其代号填在括号里)

1. 下列哪一项不是建设工程合同订立的原则(　　)。

A. 平等原则　　B. 互惠互利原则

C. 自愿原则　　D. 公平原则

2. 某施工企业于 2006 年承建单位办公楼，2007 年 4 月竣工验收合格并交付使用。2012 年 5 月，施工企业致函该单位，说明屋面防水保修期满及以后使用维护的注意事项。此事体现了《民法典》的(　　)原则。

A. 公平　　B. 自愿

C. 诚实信用　　D. 维护公共利益

3. 根据《民法典》，合同的成立需要顺序经过(　　)。

A. 要约和承诺两个阶段　　B. 要约邀请、要约和承诺三个阶段

C. 承诺和要约两个阶段　　D. 承诺、要约邀请和要约三个阶段

4. 关于无效合同法律后果的叙述中，不正确的是(　　)。

A. 无效的合同或者被撤销的合同自始没有法律约束力

B. 合同部分无效，不影响其他部分效力的，其他部分仍然有效

C. 合同无效或者被撤销后，因该合同取得的财产，不予返还

D. 对于无效合同，当事人无须向法院或仲裁机构主张其无效，也不得履行，已经开始履行的，应立即停止履行

5. 建设工程施工合同无效，将不会产生(　　)的法律后果。

A. 返还财产　　B. 折价补偿

C. 赔偿损失　　D. 支付违约金

6. 关于合同变更的叙述中,不正确的是(　　)。

A. 当事人协商一致,可以变更合同

B. 当事人对合同变更的内容约定不明确的,推定已变更

C. 合同变更须遵循法定的程序

D. 如果双方当事人就变更事项达成一致意见,则变更后的内容取代原合同的内容,当事人应当按照变更后的内容履行合同

7. 违约责任是指行为人(　　)所产生的民事责任。

A. 不完全履行合同义务

B. 履行合同义务但履行合同义务与合同约定不符

C. 履行合同义务但履行合同义务不符合合同约定

D. 不履行合同义务或者履行合同义务不符合合同约定

8.《民法典》规定:"当事人互负债务,没有先后履行顺序的应当同时履行。一方在对方未履行之前有权拒绝其履行要求。一方在对方履行债务不符合约定时,有权拒绝其相应的履行要求。"这是对(　　)的规定。

A. 同时履行抗辩权　　B. 先履行抗辩权

C. 不安抗辩权　　D. 缔约过失抗辩权

9. 可撤销合同被撤销后,其法律后果是(　　)。

A. 自撤销后无效　　B. 申请撤销时无效

C. 自始无法律约束力　　D. 合同无效

10. 根据我国《民法典》的规定,对于无效合同或者被撤销的合同,其中仍具有法律效力的是独立存在的有关(　　)的条款。

A. 违约责任　　B. 履行期限和地点

C. 解决争议的方式　　D. 质量保修范围

二、多项选择题(下列选项中,至少有两个是正确的,请将其代号填在括号里)

1. 建设工程合同生效的条件应当包括(　　)。

A. 订立合同的当事人必须具有相应的民事权利能力和民事行为能力

B. 意思表示真实

C. 不违反法律和社会公共利益

D. 订立合同当事人地位平等

E. 不违反建设工程的基本建设程序

2. 根据《民法典》,有(　　)情形之一的,合同无效。

A. 一方以欺诈、胁迫的手段订立合同,损害国家利益

B. 恶意串通,损害国家、集体或第三人利益

C. 以合法形式掩盖非法目的

D. 损害社会公共利益

E. 违反法律、行政法规的强制性规定

3. 建设工程施工合同无效的法律后果包括(　　)。

A. 返还财产　　B. 折价补偿　　C. 赔偿损失

D. 赔偿违约金　　E. 收归国库所有

4. 根据我国《民法典》的规定,以下属于可撤销合同的有(　　)。

A. 违反法律的强制性规定的合同

B. 以合法行为掩盖非法目的的合同

C. 因重大误解订立的合同

D. 一方以欺诈、胁迫手段订立的合同

E. 订立合同时显失公平的合同

5.《民法典》规定,要约邀请包括(　　)等。

A. 拍卖公告　　B. 招标公告　　C. 递交投标文件

D. 招股说明书　　E. 寄送价目表

6. 根据《民法典》,下列关于承诺的说法,正确的是(　　)。

A. 承诺期限自要约发出时开始计算

B. 承诺通知一经发出不得撤回

C. 承诺可对要约的内容做出实质性变更

D. 承诺的内容应当与要约的内容一致

E. 受要约人对要约的内容做出实质性变更的,为新要约

7. 建设工程合同中,承担违约责任的方式有(　　)。

A. 继续履行　　B. 采取补救措施　　C. 赔偿损失

D. 支付违约金　　E. 执行定金罚则

8. 合同生效时,当事人对合同的某些内容没有约定,不能达成补充协议,但不能按照合同有关条款或者交易习惯确定,关于处理该事件应履行原则的说法,正确的有(　　)。

A. 质量要求不明确的,按国家标准、行业标准履行

B. 价款不明确的,按订立合同时履行地的市场价格履行

C. 报酬不明确的,按订立合同时订立地的市场价格履行

D. 政府定价的,应执行政府定价

E. 履行地点不明确的,交付不动产,在不动产所在地履行

9. 关于违约赔偿损失的说法,正确的有(　　)。

A. 当事人可以在违约金之外约定赔偿金额

B. 损失赔偿额应相当于违约所造成的损失

C. 损失赔偿额不包括合同履行后可以获得的利益

D. 损失赔偿额不得超过违约一方订立合同时预见的违约可能造成的损失

E. 损失赔偿额不包括未违约一方为防止损失扩大而支出的费用

10. 不可抗力条款应包括的内容(　　)。

A. 不可抗力的范围

B. 不可抗力发生后,当事人一方通知对方的期限

C. 出具不可抗力证明的机构及证明的内容

D. 不可抗力发生后对合同的处置

E. 不可抗力事件的认定范围

第 8 章　建筑工程中纠纷的处理

【学习目标】

1. 在各种建筑工程纠纷中，能够正确选择相应的处理方式，并且能正确解读和领会其内涵。

2. 懂得建筑工程纠纷处理中和解、调解、仲裁和诉讼的基本要求，并能正确识别其风险及防范。

3. 会在工程实际中，正确运用相应的处理方式，切实保护自己和企业的合法权益。

8.1　建筑工程纠纷处理的基本要求

8.1.1　建筑工程民事纠纷

8.1.1.1　民事纠纷的概念

民事纠纷又称民事争议，是法律纠纷和社会纠纷的一种。所谓民事纠纷，是指平等主体之间发生的，以民事权利义务为内容的社会纠纷(可处分性的)。民事纠纷作为法律纠纷的一种，一般来说，是因为违反了民事法律规范而引起的。民事主体违反了民事法律义务规范而侵害了他人的民事权利，由此而产生以民事权利义务为内容的民事争议。总的来讲，民事纠纷就是处理平等主体间人身关系和财产关系的法律规范的总和，所以所有违反这一概念的行为就会引起民事纠纷。

在建设工程领域，较为普遍和重要的民事纠纷主要是合同纠纷、侵权纠纷。发包人和承包人就有关工期、质量、工程款等产生的建设工程合同争议，是建设工程领域最常见的民事纠纷。

8.1.1.2　民事纠纷的特点

民事纠纷有三个特点：一是，民事纠纷主体之间法律地位平等；二是，民事纠纷的内容是对民事权利义务的争议；三是，民事纠纷的可处分性。

8.1.1.3　民事纠纷的解决途径

当事人可以通过和解或者调解解决民事纠纷。当事人不愿和解、调解，或者和解、调解不成的，可以根据仲裁协议向仲裁机构申请仲裁。当事人没有订立仲裁协议或者仲裁协议无效的，可以向人民法院起诉。当事人应当履行发生法律效力的判决、仲裁裁决、调解书；拒不履行的，对方可以请求人民法院执行。总之，民事纠纷的解决途径有和解、调解、仲裁、诉讼四种。

8.1.2 建筑工程行政纠纷

8.1.2.1 行政纠纷的概念

行政纠纷是指国家行政机关之间,或国家行政机关同企事业单位、社会团体及公民之间由于行政管理而引起的纠纷。

8.1.2.2 建设工程领域行政机关的行政行为

(1)行政许可。行政许可是指行政机关根据公民、法人或者其他组织的申请,经依法审查,准予其从事特定活动的行政管理行为。如施工许可、专业人员执业资格注册、企业资质等级核准、安全生产许可等。行政许可易引发的行政纠纷通常是行政机关的行政不作为、违反法定程序等。

(2)行政处罚。行政处罚是指行政机关或其他行政主体依照法定职权、程序,对违法但尚未构成犯罪的相对人给予行政制裁的具体行政行为。常见的行政处罚有警告、罚款、没收违法所得、取消投标资格、责令停止施工、责令停业整顿、降低资质等级、暂扣或吊销资质证书、行政拘留等。行政处罚易导致的行政纠纷,通常是行政处罚超越职权、滥用职权、违反法定程序、事实认定错误、适用法律错误等。

(3)行政奖励。行政奖励是指行政机关依照条件和程序,对为国家、社会和建设事业做出重大贡献的单位和个人,给予物质或精神鼓励的具体行政行为。如表彰建设系统先进集体、劳动模范和先进工作者等。行政奖励易引发的行政纠纷,通常是违反程序、滥用职权、行政不作为等。

(4)行政裁决。行政裁决是指行政机关或法定授权的组织,依照法律授权,对平等主体之间发生的与行政管理活动密切相关的、特定的民事纠纷(争议)进行审查,并做出裁决的具体行政行为。如对特定的侵权纠纷、损害赔偿纠纷、权属纠纷、国有资产产权纠纷,以及劳动工资、经济补偿纠纷等的裁决。行政裁决易引发的行政纠纷,通常是行政裁决违反法定程序、事实认定错误、适用法律错误等。

(5)行政处分。行政处分是指行政机关依照行政隶属关系对失职的公务员给予的惩罚行为。国家《公务员法》所列违纪行为,尚未构成犯罪的,或者虽然构成犯罪,但是依法不追究刑事责任的公务员,应当给予行政处分;违纪行为情节轻微,经过批评教育后改正的,也可以免于行政处分。依据《公务员法》,行政处分包括:警告、记过、记大过、降级、撤职、开除。公务员在受处分期间不得晋升职务和级别,其中受记过、记大过、降级、撤职处分的,不得晋升工资档次。

受处分的期间为:警告,6 个月;记过,12 个月;记大过,18 个月;降级、撤职,24 个月。受撤职处分的,按照规定降低级别。

公务员受开除以外的处分,在受处分期间有悔改表现,并且没有再发生违纪行为的,处分期满后,由处分决定机关解除处分并以书面形式通知本人。解除处分后,晋升工资档次、级别和职务不再受原处分的影响。但是,解除降级、撤职处分的,不视为恢复原级别、原职务。

8.1.2.3 行政纠纷的解决途径

行政纠纷的解决途径主要有行政复议和行政诉讼。

行政复议，是指公民、法人或者其他组织认为行政主体的具体行政行为违法或不当侵犯其合法权益，依法向主管行政机关提出复查该具体行政行为的申请，行政复议机关依照法定程序对被申请的具体行政行为进行合法性、适当性审查，并做出行政复议决定的一种法律制度。

行政诉讼是一种诉讼程序法，是资产阶级革命取得胜利并建立资产阶级国家以后的产物。主要是确定诉讼参加人的法律地位和相互关系的法律规范。从学理上说，行政诉讼法有狭义和广义两种理解，狭义上的行政诉讼法也称形式意义上的行政诉讼法，特指由国家立法机关依据立法程序所制定的，通常被称为"民告官"。

8.1.3 建筑工程纠纷处理的法律风险及防范

8.1.3.1 民事纠纷处理的法律风险及防范

在房屋建筑工程中，民事纠纷时常发生，这些纠纷主要发生在：发包人和承包人就有关工期、质量、工程款等产生的建设工程合同争议；总承包或分包单位员工因为安全事故赔偿等发生的争议；建设单位与监理单位或勘察、设计单位的纠纷发生的争议等。

在处理这些纠纷时，首先要选择合适的解决方式。有些可以选择和解、调节，甚至仲裁或诉讼，但是有些纠纷就只能选择诉讼或仲裁的形式加以解决。例如，农民工因为工资引发的纠纷，可以选择和解、调解，甚至仲裁或诉讼，而由于安全事故导致的死亡事故，特别是重大安全事故，就只能选择诉讼的方式进行处理了，因为这时可能会涉及《刑法》中关于犯罪的规定，也就只能走司法程序了。其次，建筑工程中的民事纠纷在处理时，切忌采用过激或违法的解决方式。例如，工人因为企业拖欠工资而选择跳楼等行为，如果影响正常的社会秩序，可能会面临治安处罚的法律责任。再次，当纠纷初次发生时，就应当及时正确地加以处理，切忌息事宁人，避免因纠纷积累而引发矛盾的不利解决，甚至矛盾的扩大而导致更大的纠纷和损失。最后，当纠纷发生后，当事人都应当站在对方的立场上想想，把纠纷看成是工程建设当中的一件正常事件，尽可能地化干戈为玉帛。当然，涉及违法乱纪的行为除外。

8.1.3.2 行政纠纷处理的法律风险及防范

建筑工程中的行政纠纷，主要是发生在建设行政主管部门对其他相关企业的行政处罚上。这里的法律风险主要形式包括：一是相关单位为了免遭行政处罚，而极力贿赂行政管理人员而导致的法律风险；二是相关单位为了逃避行政处罚，而隐瞒真相，甚至引发更大的安全或质量事故的法律风险；三是相关单位人员拒绝执行行政处罚，而引发处罚增大的法律风险；四是行政管理人员假公济私、收受贿赂的法律风险等。

防范上述风险，首先，要求每个参与工程建设的人员，都应认真学习建设工程的相关法律法规，熟知相关的规定。其次，要求行政管理人员更要把握好行政处罚的尺度，在行政执法过程中，坚持以人为本，动之以情，晓之以理，做好相关单位的思想工作，并要洁身自好、廉洁奉公，不徇私枉法。再次，相关企业，特别是企业的负责人，应当理解法律法规的相关要求，处处事事以法律法规的要求规范自己和企业的行为，这也是从根本上避免行政处罚的最简捷的方法。最后，当相关单位被行政管理人员行政处罚后，如果认为自己没有过错，或者处罚过重时，应当充分利用自己的合法权利，进行行政复议或行政诉讼，切实合法地保护自己和企业的合法权益。

8.2　和解与调解

8.2.1　和解与调解概述

8.2.1.1　和解

1. 和解的概念和意义

(1) 和解的概念。和解是指在合同发生纠纷后,合同当事人在自愿互谅的基础上,依照法律、法规的规定和合同的约定,自行协商解决合同争议。

建设工程合同争议的和解,是由建设工程合同当事人双方自己或由当事人双方委托的律师出面进行的。在协商解决合同争议的过程中,当事人双方依照平等自愿原则,可以自由、充分地进行意思表示,弄清争议的内容、要求和焦点所在,分清责任是非,在互谅互让的基础上,使合同争议得到及时、圆满的解决。

(2) 和解的意义。首先,有利于双方当事人团结和协作,便于协议的执行。合同双方当事人在平等自愿、互谅互让的基础上就建设工程合同争议的事项进行协商,气氛比较融洽,有利于缓解双方的矛盾,消除双方的隔阂和对立,加强团结和协作。同时,由于协议是在双方当事人统一认识的基础上自愿达成的,所以可以使纠纷得到比较彻底的解决,协议的内容也比较容易顺利执行。

其次,和解针对性强,便于抓住主要矛盾。由于建设工程合同双方当事人对事态的发展经过有亲身的经历,了解合同纠纷的起因、发展及结果的全过程,便于双方当事人抓住纠纷产生的关键原因,有针对性地加以解决。合同双方当事人一旦关系恶化,常常会在一些枝节上纠缠不休,使问题扩大化、复杂化,而合同争议的和解就可以避免走这些不必要的弯路。

最后,和解简便易行,便于及时解决纠纷。建设工程合同争议的和解解决不受法律程序的约束,往往合同当事人各方都认为自己有理,特别在诉讼中败诉的一方,会一直把官司打到底,花费巨大的精力,而且可能由此结下怨恨。如果通过和解解决,就可以避免这些问题,对双方当事人都有好处,而且也有利于减轻仲裁、审判机关的压力。

2. 和解的原则

建设工程合同双方当事人之间自行协商,和解解决合同纠纷,应遵守如下原则:

(1) 合法原则。合法原则要求建设工程合同双方当事人在和解解决合同纠纷时,必须遵守国家法律、法规的要求,所达成的协议内容不得违反法律、法规的规定,也不得损害国家利益、社会公共利益和他人的利益。这是和解解决建设工程合同纠纷的当事人应当遵守的首要原则。如果违背了合法原则,双方当事人即使达成了和解协议也是无效的。因此,建设工程合同双方当事人都应是执行法律、法规的模范,任何违反法律、法规的行为都是不允许的。

(2) 自愿原则。自愿原则是指建设工程合同当事人采取自行和解解决合同纠纷的方式,是自己选择或愿意接受的,并非受到对方当事人的强迫、威胁或其他的外界压力。同时,双方当事人协议的内容也必须是出于当事人的自愿,决不允许任何一方给对方施加压力,以终止协议等手段相威胁,迫使对方达成只有对方尽义务、没有自己责任的"霸王协议"。

(3)平等原则。平等原则既表现为建设工程合同双方当事人在订立合同时其法律地位平等,在合同发生争议时,双方当事人在自行和解解决合同争议过程中的法律地位也是平等的。双方当事人要互相尊重,平等对待,都有权提出自己的理由和建议,都有权对对方的观点进行辩论。不允许以强欺弱、以大欺小,达成不公平的和解协议。

(4)互谅互让原则。互谅互让原则就是建设工程合同双方当事人在如实陈述客观事实和理由的基础上,也要多从自身找原因,认识在引起合同纠纷问题上自己应当承担的责任,而不能片面强调对自己有利的事实和理由而不顾及全部的事实,或片面指责对方当事人,要求对方承担责任。即使自身没有过错,也不能得理不让人。这也正是合同的"协作履行原则"在处理建设工程合同争议中的具体运用。

3. 和解解决纠纷的程序

从实践中看,用自行和解的方法解决建设工程合同纠纷所适用的程序与建设工程合同的订立、变更或解除所适用的程序大致相同,采用要约、承诺的方式。即一般是在建设工程合同纠纷发生后,由一方当事人以书面的方式向对方当事人提出解决纠纷的方案,方案应当是比较具体、完整的。另一方当事人对提出的方案可以根据自己的意愿,做一些必要的修改,也可以再提出一个新的解决方案。然后对方当事人又可以对新的解决方案提出新的修改意见。这样,双方当事人经过反复协商,直至达成一致意见,从而产生"承诺"的法律后果,达成双方都愿意的和解协议。对于建设工程合同所发生的纠纷用自行和解的方式来解决,应订立书面形式的协议作为对原合同的变更和补充。

4. 和解应当注意的问题

(1)分清责任。和解解决建设工程合同纠纷的基础是分清责任。尤其是在市场竞争中,当事人都应保持良好的形象和信誉,明确各方的权利和责任。在自行和解解决合同纠纷的过程中,当事人双方要实事求是地分析纠纷产生的原因,不能一味地推卸责任,否则不利于纠纷的解决。因为如果双方当事人都认为自己有理,责任在对方,则难以做到互谅互让,达成和解协议。

(2)坚持原则。在建设工程合同纠纷的协商过程中,双方当事人既要互相谅解,以诚相待,勇于承担各自的责任,又不能进行无原则的和解,要杜绝在解决纠纷中损害国家利益和社会公共利益的行为,尤其是对解决合同纠纷中的行贿受贿行为要进行揭发、检举。对于违约责任的处理,只要建设工程合同中约定的违约责任是合法的,就应当追究违约方的违约责任。违约方应当主动承担违约责任,受害方也应当积极追究对方的违约责任,决不能以协作为名,假公济私,慷国家之慨,中饱私囊。

(3)及时解决。建设工程合同发生纠纷,双方当事人自愿采取和解方式解决纠纷,应当注意合同纠纷要及时解决。由于和解不具有强制执行的效力,容易出现当事人反悔的情况。如果双方当事人在协商过程中出现僵局,争议迟迟得不到解决,就不应该继续坚持和解的办法,否则会使合同纠纷进一步扩大,特别是一方当事人有故意不法侵害行为时,更应当及时采取其他方法解决。如果双方当事人在订立合同时约定了仲裁协议,可以申请仲裁机构对合同纠纷进行仲裁解决；如果双方当事人没有约定仲裁条款或仲裁协议无效，则可以向有管辖权的人民法院起诉，采取诉讼方式解决合同纠纷。

(4)注意把握和解的技巧，首先，要求当事人双方坚持和解的原则，诚实信用，以礼相待，处处表现出宽容和善意。其次，要求当事人在意思表达准确的同时，要恰当使用协商语言，不使用过激的或模棱两可的语言。再次，在协商过程中要摆事实、讲道理。讲道理时，一定要围绕中心，抓住主要问题，以使合同纠纷的主要问题及时得到解决。在某些场合下还要注意“得理让人”，对非原则问题，可以做一些必要的让步，以使对方当事人感到诚意，从而使问题及早得到彻底的解决。此外，自行和解有时也可以请第三人从中斡旋，但以双方当事人的意思一致作为达成协议的根据，第三人只在当事人之间起“牵线搭桥”的作用，实质上并不参与当事人之间的协商。

8.2.1.2　调解

1. 调解的概念和意义

(1)调解的概念。调解是指在合同发生纠纷后，在第三人的参加和主持下，对双方当事人进行说服、协调和疏导工作，使双方当事人互相谅解并按照法律的规定及合同的有关约定达成解决合同纠纷的协议。

建设工程合同争议的调解，是解决合同争议的一种重要方式，也是我国解决建设工程合同争议的一种传统方法。它是在第三人的参加与主持下，通过查明事实、分清是非、说服教育，向当事人双方提出解决争议的方案，促使双方在互谅互让的基础上自愿达成调解协议，消除纷争。第三人进行调解必须实事求是、公正合理，不能压制双方当事人，而应促使他们自愿达成协议。

《民法典》规定了当事人之间首先可以通过自行和解来解决合同的纠纷，同时也规定了当事人还可以通过调解的方式来解决合同纠纷，对这两种方式，当事人可以自愿选择其中一种或两种。调解与和解的主要区别在于：前者有第三人参加，并主要是通过第三人的说服教育和协调来达成解决纠纷的协议；而后者则完全是通过当事人自行协商来达成解决合同纠纷的协议。两者的相同之处在于：它们都是在诉讼程序之外进行的解决合同纠纷的活动，达成的协议都是靠当事人自觉履行来实现的。

(2)调解的意义。首先，调解有利于化解合同双方当事人的对立情绪，迅速解决合同纠纷。当合同出现纠纷时，合同双方当事人会采取自行协商的方式解决，但当事人意见不一致时，如果不及时采取措施，就极有可能使矛盾激化。在我国，调解之所以成为解决建设工程合同争议的重要方式之一，就是因为调解有第三人从中做说服教育和劝导工作，化解矛盾，增进双方理解，有利于迅速解决合同纠纷。其次，调解有利于各方当事人依法办事。用调解的方式解决建设工程合同纠纷，并不是让第三人充当无原则的和事佬。事实上，调解合同纠纷的过程是一个宣传法律、加强法制观念的过程。在调解过程中，调节人的一个很重要的任务就是使双方当事人懂得依法办事和依合同办事的重要性。它可以起到既不使双方伤和气，又能使双方受到一定法制教育的作用，有利于维护社会的安定团结和社会的经济秩序。另外，调解有利于当事人集中精力干好本职工作。通过调解解决建设工程合同纠纷，能够使双方当事人在自愿、合法的基础上，排除隔阂，达成调解协议，同时可以简化解决纠纷的程序，减少仲裁、起诉和上诉所花费的时间和精力，以争取更多的时间迅速集中精力进行经营活动。这不仅有利于维护双方当事人的合法权益，而且有利于促进社会主义现代化建设的发展。

2. 调解的原则

建设工程合同纠纷的调解，一般应遵守下列 3 个基本原则：

(1) 自愿原则。建设工程合同纠纷的调解过程，是双方当事人弄清事实真相、分清是非、明确责任、互谅互让、提高法律观念、自愿取得一致意见并达成协议的过程。协议是双方当事人自愿达成一致意见的结果。因此，只有在双方当事人自愿接受调解的基础上，调解人才能进行调解，如果当事人双方或一方根本不愿意用调解的方式解决纠纷，那么就不能进行调解。另外，调解协议也必须由双方当事人自愿达成。调解人在调解过程中要耐心听取双方当事人和关系人的意见，并对这些意见进行分析研究，在查明事实、分清是非的基础上，对双方当事人进行说服教育，耐心劝导，促使双方当事人互相谅解，达成协议。调解人不能代替当事人达成协议，也不能把自己的意志强加给当事人。

(2) 合法原则。合法原则首先要求建设工程合同双方当事人达成协议的内容必须合法，不得同法律和政策相违背。凡是有法律、法规规定的，按法律、法规的规定办；法律、法规没有明文规定的，应根据国家的方针、政策，并参照合同规定的条款进行处理。达成的调解协议，不得损失国家利益和社会公共利益，也不得损害其他人的合法权益。只有这样才是真正意义上的正确的调解。此外，在任何情况下，都必须要求调解人在调解活动中坚持合法原则，否则难以保证调解协议内容的合法性。比如，调解活动不讲原则，一味强调让步，或违反法律而达成协议，其结果既损害了当事人的利益，所达成的调解协议也没有任何保障。

(3) 公平原则。公平原则要求调解建设工程合同纠纷的第三人秉公办事，不徇私情、平等待人、公平合理地解决问题，尤其是在承担相应责任方面，决不能采用"和稀泥""各打五十大板"等无原则性的方式，而是实事求是，采取权利与义务对等、权责相一致的公平原则，这样才能够取得双方当事人的信任，促使他们自愿地达成协议。否则，如果偏袒一方压服另一方，只能引起当事人的反感，不利于纠纷的解决。当然，在处理具体问题时，要鼓励各方互谅互让，使其承担相应的责任。

3. 调解的种类

调解有以下 4 种类型：

(1) 人民调解。人民调解亦称民间调解，是指合同发生纠纷后，当事人共同协商，请有威望、受信赖的第三人，包括人民调解委员会、企事业单位或其他经济组织、一般公民，以及律师、专业人士作为中间调解人，双方合理合法地达成解决纠纷的协议。

建设工程合同纠纷的民间调解不多，主要体现在律师和专业人士的依法调解。律师或专业人士的调解是指律师或专业人士接受合同纠纷双方当事人的委托，居中公平主持调解，力争使双方达成协议。用这种方式主持调解合同纠纷，对解决建设工程合同纠纷起了积极的作用。

律师或专业人士主持调解纠纷，可以在一定程度上弥补我国现有调解队伍力量不足的现象。对于一些法院难以受理的案件，当事人往往请一些中间人来调解解决纠纷。由于律师和专业人士本身具有良好的素质，具有一定的专业知识和法律水平，熟悉政策与规范，更有利于说服当事人，从而使当事人双方的纠纷在更加合乎法律和情理的情况下得以解决，这样有助于加强法律的宣传和教育作用，提高当事人的法制观念。另一方面，律师和专业人士主持调解有利于缓解当事人之间的矛盾，减轻人民法院的负担。实践证明，律师和专业人士主持调解处理非诉讼事件的方式方便当事人，既省时省力，又能使问题得到及时合理的解决，免除了诉讼之累，不失为一种好方式。

人民调解属于诉讼外的调解，双方达成的调解协议并不具有法律的强制力，它是依靠当事人自愿来履行的。如果当事人不愿调解或调解不成，或达成协议后又反悔的，可以向仲裁机构申请仲裁或向人民法院起诉。

(2)行政调解。行政调解是指建设工程合同发生纠纷后，在有关行政主管部门的参与下协商解决争端，达成协议的解决合同纠纷的方式。

行政调解主要是指主管部门的调解。建设工程合同纠纷的行政调解人一般是一方或双方当事人的业务主管部门。业务主管部门对下属企业单位的生产经营和技术业务等情况比较熟悉和了解，他们能在符合国家法律政策的要求下，教育说服当事人自愿达成调解协议。这样既能满足各方的合理要求，维护其合法权益，又能使合同纠纷得到及时而彻底的解决。

需要明确的是，业务主管部门调解纠纷不是法定的程序，因此必须在双方自愿的原则下进行，任何业务主管部门不得强制进行调解。参加业务主管部门行政调解的有关人员也必须实事求是、秉公办事、平等待人，不能以行政命令和压服的方法迫使当事人达成调解协议。同人民调解一样，行政调解达成的调解协议也不具有法律的强制力。当事人可以不接受调解，直接向仲裁机构申请仲裁或向人民法院起诉。

(3)仲裁调解。仲裁调解是指由仲裁机构主持和协调，对申请合同争议仲裁的当事人进行说服与调停，促使双方当事人互谅互让，自愿达成解决合同争议的调解协议。

我国《仲裁法》规定，仲裁庭在做出裁决前，可以先行调解，当事人自愿调解的，仲裁庭应当调解；调解不成的，仲裁庭应当进行裁决。所谓先行调解，就是仲裁机构先于裁决之前，根据争议的情况或双方当事人自愿而进行说服教育工作，以便双方当事人自愿达成调解协议，解决纠纷。仲裁调解是由仲裁庭中的仲裁员来主持调解。《仲裁法》还规定，调解达成协议的，仲裁庭应当制作调解书，调解书应当写明仲裁请求和当事人协议的结果。调解书由仲裁员签名，加盖仲裁委员会印章，送达双方当事人。调解书经双方当事人签收后，即发生法律效力，当事人不能反悔，必须自觉履行。在调解书签收前当事人一方或双方反悔的，仲裁庭应当及时做出裁决。调解书发生法律效力后，如果一方不履行，另一方当事人可以向有管辖权的人民法院申请强制执行。调解达成协议的，按照当事人的请求，仲裁庭也可以根据调解协议的结果制作裁决书，而调解书与裁决书具有同等的法律效力。

(4)诉讼调解。诉讼调解又称法院调解，是指在审判人员的主持和协调下，双方当事人就合同争议进行平等协商，自愿达成解决合同争议的调解协议。

当事人因合同争议起诉到法院之后，法院在审理案件过程中，应根据自愿、合法的原则进行调解；当事人不愿调解或调解不成的，法院应当及时裁决。当事人也可以在诉讼开始后至裁决做出之前，随时向法院申请调解，人民法院认为可以调解时也可以随时调解。

当事人自愿达成调解协议后，法院应当要求双方当事人在调解协议上签字，并根据情况决定是否制作调解书。对不需要制作调解书的协议，应当记入笔录，由争议双方当事人、审判人员、书记员签名或者盖章后，即具有法律效力。多数情况下，争议双方达成协议后，法院应当制作调解书。调解书应当写明诉讼请求、案件的事实和调解结果。调解书应由审判人员、书记员署名，加盖人民法院印章，送达双方当事人。调解书经双方当事人签收后，即具有法律效力。当事人必须履行调解书中确定的义务，否则另一方当事人可以申请人民法院强制执行。对于已经生效的调解书，当事人不得提起上诉。调解未达成协议或者调解书送达前一方反悔的，调解即告终结，法院应当及时裁决而不得久调不决。

4. 调解的程序

建设工程合同纠纷调解的方法是多样的，但调解过程都应有步骤地进行，通常可以按以下程序进行：

(1)提出调解意向。纠纷当事人一方选择好调解方式之后，把自己的想法和方案提出来，由调解人向纠纷另一方当事人提出，另一方亦可将有关想法或方案告诉调解人。

(2)调解准备。调解人初步审核合同的内容、发生争议的问题，确定主持调解的人员，选择调解的时间、地点，确定调解的方式、方法。

(3)协调和说服。调解人召集当事人说明纠纷的问题、原因和要求，并验明提供的证据材料，双方当事人进行核对，在弄清事实情况的基础上，以事实为依据，以法律和合同为准绳，分别做说服工作。

(4)达成协议。如果双方当事人的想法接近或经过说服工作后缩短了差距，调解人可以提出调解意见，促使双方当事人达成协议，并制作调解书。

5. 调解应当注意的问题

(1)实事求是，查清起因。查清事实、查清起因，是搞好调解工作的基础，调解必须以事实为根据。所谓以事实为根据，就是反映事物的本来面目。调解人要采取实事求是的态度，深入到有关方面，进行认真的调查研究，查清工程合同纠纷发生的时间、地点、原因、双方争执的经过和合同执行后产生的结果，以及证据和证据的来源。在处理合同争议时，要虚心听取各方面的意见，并加以深入的分析和研究。涉及专业技术问题的，还需委托有关部门做出技术鉴定，或邀请他们参加质量技术问题的座谈会，提出意见，判明是非和责任所在。不注意这些问题，就会做出错误的判断和错误的调解方案，调解也难以成功。

(2)分清责任，依法调解。法律、法规和政策及建设工程合同是区分纠纷是非、明确责任的尺度和准绳。调解必须以法律和合同为准绳，这就要求调解人要熟悉法律和合同的有关规定，依照法律和合同办事，分清责任。具体而言，包括两方面的含义：一方面是调解人在调解过程中必须严格按照法律规定的程序和原则进行调解；另一方面是协议的内容必须符合法律的规定，一定要依法调解。要做到有法必依、公正调解、排除干扰、不徇私情，这样才能分清是非、明确责任，才能使当事人信服，顺利达成协议。要正确地执行法律，为解决疑难纠纷创造良好的条件，否则不仅调解不成，往往还会使原纠纷加重。

(3)协调说服，互谅互让。建设工程合同纠纷一般涉及各方的经济利益，有些纠纷还涉及企业的声誉。因此，一旦有了合同纠纷，不少当事人在调解过程中过分强调对方的过错，甚至隐瞒实情，歪曲事实，谎报情况，这些都是对调解工作不利的因素。所以，调解人在调解工作中要摆事实,讲道理,必须耐心地做好深入细致的说服教育疏导工作,协调好双方的关系,促使双方当事人相互谅解,这样才能保证调解工作的顺利进行。

(4)及时调解,不得影响仲裁和诉讼。调解必须及时,这对于解决合同纠纷非常重要。如果纠纷得不到及时解决,就有可能使矛盾激化。同时,也要防止一方恶意利用调解使纠纷复杂化的问题。建设工程合同纠纷发生后,不论当事人申请调解还是不申请调解,也不论当事人在调解中没有达成协议还是达成协议后又反悔,均不影响当事人依照法律规定向仲裁委员会申请仲裁或向人民法院起诉。

8.2.2　和解、调解中的法律风险及防范

8.2.2.1　和解、调解中虚假谈判的法律风险及防范

虚假谈判是指一方根本无意或者明知无能力履行债务,但为了某种目的,仍多次与对方进行无实质内容的"积极"谈判,甚至达成和解、调解协议。和解、调解协议的达成是双方让步的结果,但更多的是债权人让步,或者是债权人做出了比债务人更大的让步。有的当事人假借和解、调解名义,拖延时间,毁灭证据,转移财产。在债权人做出重大让步的情况下,如果债务人根本无意或者无能力履行义务,即相当于债权人白白地放弃了较大的经济利益,而并未实现和解、调解的目的,甚至丧失仲裁、诉讼或执行的最佳时机。

防范这类风险应做到,一方识破对方虚假谈判后,不应当即揭穿,应当将计就计,在弄清对方虚假谈判的目的后,根据不同情况,有针对性地尽快采取相应的法律措施。如果对方有转移财产可能的,尚未提起诉讼的,可以先行申请诉前财产保全,在法院采取保全措施后 15 日内提起诉讼;已经提起诉讼的,及时申请财产保全;属于仲裁机构管辖的,应尽快由仲裁委员会将财产保全的申请提交给有管辖权的人民法院;如已进入执行程序,应请求法院尽快采取执行措施;如存在证据可能灭失或者以后难以取得的情形,应当尽快申请证据保全。

诉前财产保全,申请人必须提供担保。诉讼保全,法院通常也要求申请人提供担保。如争议属于仲裁机构管辖,申请人应当将财产保全、证据保全的申请提交给仲裁机构,由仲裁机构将申请提交有关人民法院裁定执行。人民法院进行证据保全的方法,根据被保全证据的情形而定,主要包括查封、扣押、录音、录像、复制、鉴定、勘验、制作笔录等方法。尚未进入仲裁、诉讼程序的,可向公证机关申请证据保全。

对于一方做出重大让步达成的协议,协议中除了确认一方应有利益数额、放弃利益数额及双方最终同意履行的利益数额外,关键是要明确约定一方放弃部分利益的前提条件是另一方完全按照协议中约定的时间和数额履行支付义务,如有违约行为(比如违约累计次数、数额、时间等),债权数额按照原应有利益数额履行,并约定利息、违约金的计算标准,开始计算日期等。如无上述约定,一旦一方不履行协议,另一方寻求法律保护的利益范围为双方在协议中最终同意履行的利益数额,等于白白地放弃了部分利益,违约方利用协议合法正当地获得了部分不当利益,而此时法律并无良策。

8.2.2.2　协议约定解决的争议事项模糊不清的法律风险及防范

和解、调解解决的争议事项或者范围不具体、不清楚,为以后争议的再次发生埋下了隐患,可能对相关争议是否解决再起争端。就数量而言,当事人之间的争议可能不是一

个，而是几个；就争议之间的关系而言，有些争议是各自独立存在的，相互之间不存在关系，有些争议之间可能相互关联；就争议产生的时间而言，解决争议时有的争议可能已经产生，有的可能尚未产生，但已经露出端倪。因争议的数量、相互关联度、产生的时间及当事人利益等因素的影响，为准确判断当事人之间的相关争议是否已经得到彻底解决增加了困难。比如，一方“理直气壮”提起诉讼，而对方认为“莫名其妙”，认为各方已经就相关争议达成协议并已经履行，这通常都是因为协议约定解决的争议事项不明确、不具体所致。

为防止和解、调解解决争议的范围不清楚，需要从两个方面进行预防：

(1)不可存在企图通过协议中模棱两可的语言安排为己方争取隐藏利益的侥幸心理。双方在协商过程中，应当充分开诚布公，坦诚相见，充分表达各自的利益、忧虑及解决方案，不可将任何利益隐藏在对方未察觉到的背后。因一时侥幸达成协议，如另一方事后“醒悟”，协议同样可能得不到履行。

(2)协议内容及表达应当尽可能清楚、明白、完整，双方理解一致、无误解。如果双方之间的争议事项或者赔偿项目不止一项，双方之间的争议并未得到全部解决，协议应当明确解决了哪些事项，哪些事项尚未解决。

8.2.2.3　协议内容违法的法律风险及防范

和解、调解协议内容违法，不具备法律上的效力，不受法律保护。协议内容合法，是协议受法律保护的最基本要求和前提。

对于和解、调解协议内容的违法，多是由于当事人法律知识欠缺，仲裁员、法官责任心不强造成的。如协议尚未达成，当事人可聘请法律专业人士提供帮助，防止达成内容违法的协议。如已达成内容违法的协议，应尽快通过法律途径申请予以撤销或确认无效。

8.2.2.4　久调不决和强行和解、调解的法律风险及防范

久调不决主要是指仲裁机构、法院为了片面追求调解结案率，或者其他原因，在双方当事人根本无法达成调解意向时，仍多次主持进行调解，拖延裁决，致使纠纷长期得不到和解的情况下，违背一方意愿，强行要求一方接受对方提出的和解、调解方案。导致久调不决或强行和解、调解的原因是多方面的，可能是仲裁员、法官片面追求调解结案率，办理“人情案”“利益案”等原因。办案人员通常利用当事人法律知识的不足，用压制、诱导的方法，促使一方做出重大让步，最终达成协议。

防范这类风险，关键是当事人要对整个案件有客观理智的分析，弄清如不接受调解的最终结果，从而决定让步的程度和底线。如己方已经做出充分让步，而对方不让步或仅做出较小让步，根本无望达成协议，可书面向仲裁机关、法院陈述己方对案件的看法，双方各自做出的让步，拖延给己方造成的损失，明确表达己方不再同意调解并请仲裁机关、法院尽快裁决的意见。

8.2.2.5　匆忙撤诉的法律风险及防范

在仲裁、诉讼中，达成和解、调解协议而债权尚未实现或者全部实现的情况下，权利人就匆忙撤回仲裁申请、起诉、强制执行申请，甚至在协议中明确约定达成协议后几日内权利人撤回仲裁申请、起诉、强制执行申请，而义务人在权利人撤诉后并未履行或者未全部履行达成的协议。对于数额较大的债务，或者债务数额虽不大但债务人履行能力较差的，

通常会协议约定分期履行，履行期限较长，而一旦撤回仲裁申请、起诉、强制执行申请后，对方可能因各种原因不完全履行协议，此时仲裁机关或法院已经将该案作结案处理，当事人欲通过法律途径实现权力，必须重新启动法律程序。

防范这类风险的措施是除非另一方已经一次性结清全部款项，否则不可撤诉。不可贪图撤诉后，仲裁机关、法院退回的部分费用。如案件由仲裁机关处理，达成和解协议或调解协议的，应当提请仲裁庭根据和解协议和调解协议制作仲裁调解书、裁决书。如诉讼中达成调解协议的，应当请求法院依据调解协议制作调解书。仲裁调解书、裁决书和法院的调解书，可以成为强制执行的法律依据。一方不履行调解书、裁决书的，另一方可申请法院强制执行。和解协议、调解协议本身并不能成为法院强制执行的法律依据。执行过程中达成的和解协议，也不能成为强制执行的法律依据，一方不履行和解协议的，法院可依据对方的申请恢复对原生效法律文书的执行。

8.3 仲　裁

8.3.1 仲裁的基本要求

8.3.1.1 仲裁的概念和特点

(1) 仲裁的概念。仲裁亦称“公断”，是指当事人之间的纠纷由仲裁机构居中审理并裁决的活动。在国际上，仲裁是解决争议的常见方式。

建设工程合同仲裁是指建设工程合同双方当事人发生争执，协商不成时，根据当事人之间的协议，由仲裁机构依照法律，对双方所发生的争议在事实上做出判断，在权利义务上做出裁决。它是处理建设工程合同纠纷的一种方式。在我国境内履行的建设工程合同，由双方当事人申请仲裁的，适用《中华人民共和国仲裁法》的规定。实践证明，实行仲裁制度可以及时、妥善地解决建设工程合同纠纷，从而减轻人民法院的办案压力，以保证和提高人民法院的办案质量。用仲裁的方式解决建设工程合同纠纷与用经济审判的方式解决合同争议相比较，手续方便，程序简易，方便灵活，处理及时，有利于迅速解决合同纠纷，减少经济损失，维护正常的民事、经济活动。同时，有利于巩固和发展双方当事人的协作关系，也有利于协议的执行。

(2) 仲裁的特点。仲裁具有以下特点：

①协议仲裁。仲裁机构对经济纠纷的仲裁，必须以双方当事人的自愿为前提。如果发生纠纷的双方没有选择仲裁的方式，仲裁机构就没有权利对纠纷进行仲裁。如果双方当事人同意选择仲裁的方式解决纠纷，必须用书面的形式将这一意愿表达出来，即应在纠纷发生之前或之后达成仲裁协议。没有书面的仲裁协议，仲裁机构就无权受理对该纠纷的解决。

②专门机构仲裁。仲裁委员会是由人民政府组织有关部门和商会统一组建，但仲裁机构不是行政机关，也不是司法机关，属于民间团体。根据《仲裁法》的规定，仲裁委员会独立于行政机关，与行政机关没有隶属关系，仲裁委员会之间也没有隶属关系。

③裁决具有强制执行力。仲裁裁决具有法律效力，对双方当事人都有约束力，当事人

应该自觉履行。一方当事人不履行的,另一方当事人可以依照有关法律的规定向人民法院申请强制执行。

8.3.1.2　仲裁的原则

(1)独立原则。仲裁机构在仲裁经济纠纷时,依法独立进行,不受行政机关、社会团体和个人的干涉。仲裁委员会之间无隶属关系,互不干涉。各个仲裁机构应该严格地依照法律和事实独立地对经济纠纷进行仲裁,做出公正的裁决,保护当事人的合法利益。

(2)自愿原则。在经济仲裁中,自愿原则体现在许多方面。例如,是否选择仲裁的方式解决纠纷,选择哪一个仲裁机构进行仲裁,仲裁是否公开进行,在仲裁的过程中是否要求调解、是否进行和解、是否撤回仲裁申请等,都是由当事人自行决定的,并且应该得到仲裁机构的尊重。

(3)一裁终局原则。一裁终局的含义是指裁决做出之后,当事人就同一纠纷再申请仲裁或者向人民法院起诉的,仲裁委员会或者人民法院不应受理。当然,仲裁裁决被法院依法裁定撤销或者不予执行的除外。

(4)先行调解原则。先行调解就是仲裁机构先于裁决之前,根据争议的情况或双方当事人自愿而进行说服教育和劝导工作,以便双方当事人自愿达成调解协议,解决纠纷。

8.3.1.3　仲裁协议

1. 仲裁协议的概念和作用

仲裁协议是指经济活动的各方当事人自愿选择仲裁的方式解决他们之间可能发生的或者已经发生的经济纠纷的书面约定。

仲裁协议是双方当事人自愿将纠纷提交仲裁机构予以解决的书面意思表示,是仲裁机构受理案件的唯一依据,是仲裁机构管辖案件的前提。没有仲裁协议,一方当事人申请仲裁的,仲裁机构不予受理。除非仲裁协议无效或者当事人放弃仲裁协议,否则只要有仲裁协议,法院对案件就没有管辖权。也就是说,仲裁协议有排除法院管辖权的效力。同时,仲裁协议也是仲裁裁决可以具有强制执行力的前提。仲裁协议应当采用书面形式,具体包括合同、信件、电报、电传、传真、电子数据交换和电子邮件等可以有效地表现所载内容的所有形式。

2. 仲裁协议的种类和内容

(1)仲裁协议的种类。根据《仲裁法》第十六条规定:仲裁协议包括合同中订立的仲裁条款和以其他方式在纠纷发生前或者发生后达成的请求仲裁的协议。由此可见,依据仲裁协议订立的时间和形式的不同,仲裁协议可分为三种类型:一是,仲裁条款,这种类型的仲裁协议常常在合同订立的同时订立;二是,纠纷发生之前,在合同之外单独订立协议,规定有关仲裁的事项;三是,纠纷发生之后,在合同之外单独订立协议,规定有关仲裁的事项。

(2)仲裁协议的内容。根据《仲裁法》的规定,仲裁协议应当具有以下主要内容:请求仲裁意思表示(即双方当事人应明确表示将合同争议提交仲裁机构解决);仲裁事项(双方当事人共同协商确定的提交仲裁的合同争议范围);选定的仲裁委员会(双方当事人应明确约定仲裁事项由哪一个仲裁机构进行仲裁)。

3. 仲裁协议的无效及其确定

在违背法律规定的情况下，双方当事人所订立的仲裁协议是无效的，没有法律效力。根据《仲裁法》的规定，导致仲裁协议无效的原因有：①约定的仲裁事项超出法律规定的范围的。②无民事行为能力的人或者限制民事行为能力的人订立的仲裁协议。③一方采取胁迫手段，迫使对方订立仲裁协议。

此外，仲裁协议对仲裁事项约定不明确的，当事人可以补充协议；达不成补充协议的，仲裁协议无效。

8.3.1.4　仲裁的程序

（1）仲裁的申请和受理。仲裁的申请是指当事人依照法律的规定和仲裁协议的约定，将纠纷提请约定的仲裁委员会予以仲裁。根据《仲裁法》的规定，当事人申请仲裁应当符合以下条件：第一，有仲裁协议；第二，有具体的仲裁请求和事实、理由；第三，属于仲裁委员会的受理范围。在申请仲裁时，应当向仲裁委员会提交仲裁协议、仲裁申请书及副本。

仲裁的受理是指仲裁委员会依法接受对纠纷的审理。仲裁委员会在收到仲裁申请书之日起 5 日内，认为符合受理条件的，应当受理，并通知当事人；认为不符合受理条件的，应当书面通知当事人不予受理，并说明理由。仲裁委员会在受理仲裁申请后，应当在仲裁规则规定的期限内将仲裁规则和仲裁员名册送达申请人，并将仲裁申请书的副本和仲裁规则、仲裁员名册送达被申请人。

（2）组成仲裁庭。仲裁委员会在受理仲裁申请后，应当组成仲裁庭进行仲裁活动。仲裁庭不是一种常设的机构，其组成的原则是一案一组庭。

仲裁庭有两种组成方式：一种是由三名仲裁员组成，即合议制的仲裁庭；一种则是由一名仲裁员组成，即独任制的仲裁。在具体的仲裁活动中，采取上述两种方法中的哪一种，由当事人在仲裁协议中协商决定。当事人约定合议制仲裁庭的，应当各自选定或者各自委托仲裁委员会主任指定一名仲裁员，第三名仲裁员即首席仲裁员，应当由当事人共同选定或者共同委托仲裁委员会主任指定。当事人约定独任制仲裁庭的，应当由当事人共同选定或者共同委托仲裁委员会主任指定。当事人没有在仲裁规则规定的期限内约定仲裁庭的组成方式或者选定仲裁员的，由仲裁委员会主任指定。仲裁庭组成后，仲裁委员会应当将仲裁庭的组成情况书面通知当事人。

（3）开庭和裁决。开庭即开庭审理，是指仲裁庭按照法定的程序，对案件进行有步骤、有计划的审理。开庭审理是仲裁庭对案件审理的中心环节，这是因为开庭审理前的一切准备工作是为了开好庭，而且与案件有关的一切事实和证据，都要通过开庭予以揭示和审查核实，并据此对案件做出裁决。因此，《仲裁法》第三十九条规定：仲裁应当开庭进行。也就是当事人共同到庭，经调查和辩论后进行裁决。同时，该条还规定：当事人协议不开庭的，仲裁庭可以根据仲裁申请书、答辩书及其他材料做出裁决。

仲裁不公开进行，即以不公开审理为原则。这是为了最大限度地保护当事人的商业形象，以及可能会涉及的商业秘密。因此，除特别许可外，仲裁活动是不允许旁听的。但是，除涉及国家秘密的以外，当事人协议仲裁公开进行的，则可以公开进行。

在开庭审理以前，仲裁委员会应当在仲裁规则规定的期限内将开庭日期通知双方当事人;经书面通知后,申请人无正当理由不到庭或者未经仲裁庭许可中途退庭的,可以视为撤回仲裁申请。经书面通知后,被申请人无正当理由不到庭或者未经仲裁庭许可中途退庭的,可以缺席裁决。

在仲裁过程中,原则上应由当事人承担对其主张的举证责任。证据应当在开庭时出示,当事人可以质证。在证据可能灭失或者以后难以取得的情况下,当事人可以申请证据保全。在仲裁过程中,当事人有权进行辩论。仲裁庭在做出裁决前,可以先行调解。如果当事人自愿调解,仲裁庭应当调解。当事人申请仲裁后,可以自行和解。

8.3.1.5　**法院对仲裁活动的协助和监督**

根据《民事诉讼法》和《仲裁法》的规定,我国在仲裁和诉讼的关系方面做了很大的改革,变过去的"既裁又审"为现在的"或裁或审"制度。在这种制度下,法院对仲裁活动不予干涉。但是,仲裁活动需要法院的协助和监督,以保证仲裁活动得以顺利地、合法地进行,从而保障当事人的合法权益。

1. 法院对仲裁活动的协助

法院对仲裁活动的协助,主要表现在财产保全、证据保全和强制执行仲裁裁决等方面。

(1)财产保全。财产保全是指为了保证仲裁裁决能够得到实际执行,以免利害关系人的合法利益受到难以弥补的损失,在法定条件下所采取的限制另一方当事人、利害关系人处分财物的保障措施。财产保全的措施包括查封、扣押、冻结及法律规定的其他方法。

(2)证据保全。证据保全是指在证据可能毁损、灭失或者以后难以取得的情况下,为保存其证明作用而采取一定的措施加以确定和保护的制度。证据保全是保证当事人承担举证责任的补救方法,在一定意义上也是当事人取得证据的一种手段。证据保全的目的就是保障仲裁的顺利进行,确保仲裁庭做出正确裁决。

(3)强制执行仲裁裁决。仲裁裁决是指仲裁机构经过当事人之间争议的审理,依据争议的事实和法律,对当事人双方的争议做出的具有法律约束力的判定。《仲裁法》第五十七条明确规定:裁定书自做出之日起发生法律效力。除非人民法院依照法定程序和条件裁定撤销或者不予执行仲裁裁决,当事人应当自觉履行裁决。由于仲裁机构没有强制执行仲裁裁决的权力,因此,为了保障仲裁裁决的实施,防止负有履行裁决义务的当事人逃避或者拒绝仲裁裁决确定的义务,我国《仲裁法》规定,一方当事人不履行仲裁裁决的,另一方当事人可以依照民事诉讼法的有关规定向人民法院申请执行,受申请的人民法院应当执行。

2. 法院对仲裁活动的监督

为了发挥经济仲裁可以快捷、有效地解决各种经济纠纷的特点,我国《仲裁法》不允许当事人在仲裁裁决做出后再向人民法院提起诉讼。但是,为了提高仲裁员的责任心,保证仲裁裁决的合法性、公正性,保护各方当事人的合法权益,我国《仲裁法》同时规定了人民法院对仲裁活动予以司法监督的制度。我国有关司法监督的规定表明,对仲裁进行司法监督的范围是有限的而且是事后的。如果当事人对仲裁裁决没有异议,不主动申请司法监督,法院对仲裁裁决采取不干预的做法。司法监督的实现方式主要是允许当事人向法院申请撤销仲裁裁决和不予执行仲裁裁决。

(1)撤销仲裁裁决。根据《仲裁法》第五十八条规定:当事人提出证据证明裁决有下列情形之一的,可以在自收到仲裁裁决书之日起 6 个月内向仲裁委员会所在地的中级人民法院申请撤销仲裁裁决:没有仲裁协议的;裁决的事项不属于仲裁协议的范围或者仲裁委员会无权仲裁的;仲裁庭的组成或者仲裁的程序违反法定程序的;裁决所根据的证据是伪造的;对方当事人隐瞒了足以影响公正裁决证据的;仲裁员在仲裁该案时有索贿受贿、徇私舞弊、枉法裁决行为的。以上规定表明,当事人申请撤销裁决应当在法律规定的期限内向人民法院提出,并应提供证明有以上情形的证据。同时,并非任何法院都有权受理撤销仲裁裁决的申请,只有仲裁委员会所在地的中级人民法院对此享有专属管辖权。

(2)不予执行仲裁裁决。根据《仲裁法》第六十三条的规定:在仲裁裁决执行过程中,如果被申请人提出证据证明裁决有下列规定的情形之一的,经人民法院组成合议庭审查核实,裁定不予执行该仲裁裁决。规定的情形有:当事人在合同中没有订有仲裁条款或者事后没有达成书面仲裁协议的;裁决的事项不属于仲裁协议的范围或者仲裁机构无权仲裁的;仲裁庭的组成或者仲裁的程序违反法定程序的;认定事实和主要证据不足的;适用法律有错误的;仲裁员在仲裁该案时有贪污受贿、徇私舞弊、枉法裁决行为的。

仲裁裁决被人民法院裁定不予执行时,当事人之间的纠纷并没有得到解决,因此当事人就该纠纷可以根据双方重新达成的仲裁协议申请仲裁,也可以向人民法院起诉。

8.3.2　仲裁中的法律风险及防范

8.3.2.1　仲裁申请不符合法律规定的法律风险及防范

当事人申请仲裁后,仲裁委员会应对当事人的申请进行审查,对于符合法律规定条件的仲裁申请,应当依法予以受理;对于不符合法定条件的仲裁申请,则不予受理。

防范这类风险,根据《仲裁法》第二十一条规定,当事人申请仲裁应当符合下列条件:①有仲裁协议;②有具体的仲裁请求、事实和理由;③属于仲裁委员会的受理范围。

《仲裁法》对仲裁委员会能够仲裁的事项进行了明确规定,当事人申请仲裁解决的争议事项必须属于《仲裁法》第二条规定的范围,即应当是平等民事主体之间发生的合同纠纷和其他财产权益纠纷。仲裁并不适用地域管辖的原则,比如 A 地仲裁委员会根据当事人仲裁协议的约定,可以受理当事人住所地或合同履行地均不在 A 地的合同或其他财产权益纠纷。

8.3.2.2　仲裁申请超过时效或期限的法律风险及防范

仲裁活动中重要的期限或时效,主要包括申请仲裁的时效,对仲裁协议或者案件管辖权异议的期限,变更、增加仲裁请求,提出反请求的期限等。无论是实体权利还是程序权利,均须依照法律规定的时间和方式行使,超过了法律规定的期限,当事人的权利将无法得到法律的保护。

(1)超过仲裁时效申请仲裁。《仲裁法》第七十四条规定:法律对仲裁时效有规定的,适用该规定。法律对仲裁时效没有规定的,适用诉讼时效的规定。按照《民法典》规定,建筑工程施工争议申请仲裁的时效应为 2 年,从权利人知道或应当知道权利被侵害时起计算。《民法典》有关诉讼时效中止及中断的规定,也适用于仲裁时效。在仲裁时效期间的最后 6 个月内,权利人因不可抗力或其他障碍不能行使请求权的,仲裁时效中止,从中止的原因消除之日起，仲裁时效期间继续计算；权利人提出要求或义务人同意履行义务的行为构成仲裁时效中断，从中断时起，仲裁时效期间得以重新计算。当事人超过仲裁时效期间申请仲裁的，仲裁委员会可以受理，但受理后仲裁庭查明无中止、中断事由的将裁决不支持申请人的仲裁请求。

(2)对仲裁协议或者案件管辖权异议的期限。《中国国际经济贸易仲裁委员会仲裁规则》(2005 年 1 月 11 日中国国际贸易促进委员会、中国国际商会修订并通过，2005 年 5 月 1 日起实施)第六条规定：当事人对仲裁协议或仲裁案件管辖权的异议，应当在仲裁庭首次开庭前书面提出；书面审理的案件，应当在第一次答辩前提出。《仲裁法》第二十条规定：一方当事人知道或理应知道本规则，或仲裁协议中规定的任何条款或事情未被遵守，但仍参加仲裁程序或继续进行仲裁程序而且不对此不遵守情况及时地、明确地提出书面异议的，视为放弃其提出异议的权利。不按照规定的方式和期限提出异议，视为仲裁协议有效、受案的仲裁委员会对案件有管辖权。

(3)变更、增加仲裁请求，提出反请求的期限。法律对变更、增加仲裁请求，提出反请求的期限无统一规定，各个仲裁机构的规定不尽相同，当事人对此应当充分注意。《中国国际经济贸易仲裁委员会仲裁规则》第十三条规定：被申请人如有反请求，应当自收到仲裁通知之日起 45 天内以书面形式提交仲裁委员会。仲裁庭认为有正当理由的，可以适当延长此期限。第十四条规定：申请人可以对其仲裁请求提出更改，被申请人也可以对其反请求提出更改，但是仲裁庭认为其提出更改的时间过迟而影响仲裁程序正常进行的，可以拒绝受理其更改请求。《郑州仲裁委员会仲裁规则》(2008 年 1 月 30 日郑州仲裁委员会第二届委员会第二次会议修订并通过)就反请求、变更仲裁请求做出了不同的规定，该规则第十五条规定：被申请人提出反请求的，应当在举证期间届满 5 日前以书面形式提交。逾期提交的，本委或仲裁庭不予受理，但对方当事人同意的除外。该规则第十六条规定：申请人可以变更仲裁请求，被申请人可以变更反请求。变更仲裁请求或反请求的，应当在举证期间届满 5 日前以书面形式提出。逾期提出的，本委或仲裁庭不予受理，但对方当事人同意的除外。逾期变更、增加仲裁请求、提出反请求的，可能面临仲裁委员会不予受理的风险。

防范这类风险的措施，除了仲裁时效法律有统一规定外，其他期限，比如对仲裁协议或案件管辖权异议的期限，变更、增加仲裁请求，提出反请求的期限等，不同的仲裁委员会可能就期限做出不同的规定，这是当事人在仲裁时应充分注意的，防止因经验主义而使利益受损。

8.3.2.3　未按规定提交证据的法律风险及防范

《仲裁法》第四十三条规定：当事人应当对自己的主张提供证据。申请人提出申请、被申请人反驳和提出反请求，应当对自己主张所依据的事实提供证据加以证明，不能提供相应的证据或提供的证据证明不了有关事实的，可能面临不利的裁决后果。未按照规定提交证据，主要包括以下情形：

(1)逾期提交证据。不同的仲裁机构对举证期间的规定不同，比如《中国国际经济贸易仲裁委员会仲裁规则》第三十六条规定：仲裁庭可以规定当事人提交证据的期限。当事人应当在规定的期限内提交。逾期提交的，仲裁庭不予接受。中国国际经济贸易仲裁委员会并未规定统一的提交证据的期限,而是赋予仲裁庭根据案件情况规定举证期限。《郑州仲裁委员会仲裁规则》第三十五条规定:举证期间为20日,自当事人各自收到仲裁通知之日起计算;仲裁请求或反请求变更的,举证期间增加10日。当事人协商一致的,可以变更举证期间。逾期提交证据,仲裁庭不予接受,当事人可能面临仲裁请求或答辩意见得不到支持的风险。

(2)逾期申请司法鉴定。鉴定结论作为证据的主要形式之一,对工程争议的解决,尤其是在仲裁或诉讼中更是起着极其重要的作用。在仲裁或诉讼中,对许多争议事项的认定,通常都需要借助于司法鉴定,比如工程质量的争议、对工程价款的争议等。《郑州仲裁委员会仲裁规则》第三十八条规定:当事人申请鉴定的,应当在首次开庭终结前以书面形式提出。逾期申请司法鉴定,可能被仲裁委员会拒绝,从而对自己的主张无法提供有力证据予以证明。

(3)未提供原件、原物。《广州仲裁委员会仲裁规则》第四十八条规定:书证应当提交原件。物证应当提交原物。提交原件或原物确有困难,可以提交复制品、照片、副本、节录本,但必须说明来源并与原件、原物核对或经鉴定无误。有的仲裁委员会仲裁规则可能未明确规定提交原件、原物,但在实践中通常都会要求提供原件、原物。

(4)证人未出庭作证。由于我国个人诚信的严重缺失和对做伪证的惩罚不力,致使伪证大量出现。如果证人不出庭作证,对方当事人无法对证言进行有效的质证,仲裁庭也无法判断证言的真假,为事实的认定带来困难。当事人提供证人证言的,证人应当出庭作证并接受质询。如果证人不出庭作证,很可能影响证人证言的证据效力,被采信的可能性较小。

防范这类风险的措施是,如因客观原因不能按时提交证据,应当及时向仲裁委员会书面申请延期提交证据。对于当事人因客观原因无法取得的证据,应当及时向仲裁委员会申请调查收集证据,弥补举证能力的不足。

8.3.2.4　仲裁裁决执行不能的法律风险及防范

仲裁裁决生效后,当事人应当履行裁决。一方当事人不履行的,另一方当事人可以按照民事诉讼的有关规定申请有管辖权的人民法院强制执行。导致仲裁裁决执行不能的原因较多,主要有以下几种:

(1)逾期申请强制执行。《民事诉讼法》第二百一十五条规定:"申请执行的期间为2年。申请执行时效的中止、中断,适用法律有关诉讼时效中止、中断的规定。前款规定的期间,从法律文书规定履行期间的最后一日起计算;法律文书规定分期履行的,从规定的每次履行期间的最后一日起计算;法律文书未规定履行期间的,从法律文书生效之日起计算。当事人逾期申请强制执行,导致法律文书丧失了强制执行的效力,除非对方自愿履行,法院无法强制对方履行。在案件受理阶段,如发现超过申请强制执行的期限,法院应当不予立案。

(2)仲裁裁决被撤销或被人民法院裁决不予执行。《仲裁法》第五十八、六十三条分别规定了仲裁裁决被撤销和裁决不予执行的几种情形,具体内容在8.3.1.5这一节中法院对仲裁活动的协助和监督中有所阐述。申请撤销仲裁裁决和申请法院裁定不予执行的理由基本相同,两者的不同之处在于发生的时间阶段和申请的主体不同,申请人和被申请人均有权申请撤销仲裁裁决，申请撤销的时间应该在对方申请强制执行前；而裁定不予执行只能发生在执行阶段，且只能由被执行人提出。

防范这类风险的措施是，有的申请人实际上并未逾期申请强制执行，只是被对方当事人钻了法律的空子，未取得相关证据证明时效的中止、中断，致使权利得不到法律的保护。因此，当事人除了要及时申请强制执行外，在与被执行人的协商过程中，应当尽可能留下自己主张权利或对方同意履行义务的书面证据。

8.3.2.5　被执行人无财产可供执行的法律风险及防范

"执行难"是中国特有的一种司法现象，导致"执行难"的原因是多方面的。比如，法院执行力量不足，案多人少；个别执行法官业务素质差，不能穷尽法律赋予的各种强制执行措施；执行法官受到法院领导、当地政府、党委等各方面的干预；执行法官责任心不强、拖延办案、消极执行；司法腐败，收受被执行人的好处等。就被执行人而言，因法律的惩戒和威慑力度不足，导致被执行人拒不履行生效的法律文书。就客观而言，被执行人无财产可供执行，或未发现被执行人的财产线索，也是导致不能执行的主要原因。

防范这类风险时，如果被执行人无财产可供执行，可能是确无财产可供执行，也可能是未发现可供执行的财产线索。财产的表现形式多种多样，比如现金、银行存款、房产、土地、车辆、机器设备、债券、股权、股票、专利、商标、著作权、到期债权等一切可以变现的权益。依照《民事诉讼法》的规定，申请人也有向法院提供被执行人财产线索的义务。申请人可以采取以下措施，预防被执行人无财产可供执行的风险：

(1)在双方发生交易的整个过程中，注意留心对方的财产线索。在合作期间，双方通常无戒备心理，有关财产线索的信息比较容易获得。

(2)督促法院要求被执行人限期向法院申报财产，对于拒绝申请或申报不实的，采取罚款、拘留措施。

(3)向社会公开悬赏征求被执行人的财产线索。

(4)及时采取诉前保全、诉讼保全和执行措施，防止被执行人转移财产。

(5)通过申请变更或追加被执行人，使"死案"变成"活案"。在被执行人确无财产可供执行的情况下，可考虑是否存在可追加、变更被执行人的情形。在法律规定的可追加、变更被执行人的情形主要有以下几种：

①被执行人为无法人资格的私营独资企业，无能力履行法律文书确定的义务的，人民法院可以裁定执行该独资企业业主的其他财产。

②被执行人为个人合伙组织或合伙型联营企业，无能力履行生效法律文书确定的义务的，人民法院可以裁定追加该合伙组织的合伙人或参加该联营企业的法人为被执行人。

③被执行人为企业法人的分支机构不能清偿债务时，可以裁定企业法人为被执行人。企业法人直接经营管理的财产仍不能清偿债务的，人民法院可以裁定执行该企业法人其他分支机构的财产。

④被执行人按法定程序分立为两个或多个具有法人资格的企业，分立后存续的企业按照分立协议确定的比例承担债务；不符合法定程序分立的，裁定由分立后存续的企业按照其从被执行企业分得的资产占原企业总资产的比例对申请执行人承担责任。

⑤被执行人无财产清偿债务，如果其开办单位对其开办时投入的注册资金不实或抽

逃注册资金,可以裁定变更或追加其开办单位为被执行人,在注册资金不实或抽逃注册资金的范围内,对申请执行人承担责任。

⑥被执行人被撤销、注销或歇业后,上级主管部门或开办单位无偿接受被执行人的财产,致使被执行人无遗留财产清偿债务或遗留财产不足清偿的,可以裁定由上级主管部门或开办单位在所接受的财产范围内承担责任。

⑦执行中作为被执行人的法人或其他组织合并的,可以裁定合并后的法人或其他组织为被执行人。

8.4 诉　讼

8.4.1 诉讼的基本要求

8.4.1.1 诉讼的概念和特点

(1)诉讼的概念。经济诉讼是指经济审判机关在当事人和其他诉讼参加人的参加下,对经济纠纷案件进行审理并做出裁决,以解决经济纠纷的活动。目前,经济诉讼已成为解决经济纠纷、维护当事人合法经济权益的一种重要手段。经济诉讼的主要法律依据是《中华人民共和国民事诉讼法》,以及最高人民法院根据经济纠纷案件的特点而发布的大量有关经济纠纷案件的司法解释。

建设工作合同纠纷的诉讼,是指合同纠纷的一方当事人诉至法院,由人民法院对建设工程合同纠纷案件行使国家审判权。人民法院按照法定的程序进行审理,查清事实,分清是非,明确责任,认定双方当事人的权利、义务关系,解决纠纷。诉讼是解决建设工程合同纠纷最有效的手段和方式,因为诉讼是由国家审判机关依法进行审理裁判,最具权威性;裁决发生法律效力后,以国家强制力保证裁决的实现。

通过诉讼解决建设工程合同纠纷,有利于增强合同当事人的法制观念;有利于及时、有效地打击利用建设工程合同进行违法犯罪活动;有利于维护社会经济秩序,保护当事人的合法权益,保证社会主义市场经济的健康发展。

(2)诉讼的特点。诉讼具有以下特点:

①人民法院受理经济纠纷案件,任何一方当事人都有权起诉,而无须征得对方当事人的同意。

②当事人向人民法院提起诉讼,应当遵循地域管辖、级别管辖和专属管辖的原则,在不违反级别管辖和专属管辖原则的前提下,可以选择管辖法院。

③人民法院审理经济纠纷案件,实行二审终审制度。当事人对人民法院做出的一审判决、裁定不服的,有权上诉;对生效的判决、裁定不服的,还可向人民法院申请再审。

8.4.1.2 人民法院对经济案件的管辖

管辖是指人民法院之间受理第一审案件的分工和权限。经济纠纷案件的管辖主要有地域管辖、级别管辖和专属管辖。

(1)地域管辖。地域管辖是指同级人民法院对第一审案件的分工和权限。根据《民事诉讼法》的规定,经济纠纷案件地域管辖的一般原则是"原告就被告",即由被告住所地人民法院管辖。被告为公民的，其住所地为户籍所在地，住所地与经常居住地不一致的，由经常居住地人民法院管辖。被告为法人或其他组织的，其住所地一般理解为主要办事机构所在地。

因建设工程合同纠纷提起的诉讼，第一审管辖法院是：①被告住所地的人民法院，即被告户籍所在地或被告经常居住地。②合同履行地的人民法院，即合同标的物的交接地，当事人履行义务和接受义务履行地的人民法院。

合同纠纷案件可以实行协议管辖，即合同双方当事人可以在书面合同中协议选择被告住所地、合同履行地、合同签订地、原告住所地、标的物所在地的人民法院管辖，但不得违反法律对级别管辖和专属管辖的规定。

(2)级别管辖。级别管辖是指人民法院受理第一审案件的分工和权限。

我国人民法院按其级别分为最高、高级、中级和基层人民法院四级。最高人民法院管辖在全国有重大影响的案件和它认为应该由其审理的案件。依照法律规定，最高人民法院管辖的案件实行一审终审，所做出判决、裁定一经送达即发生法律效力。高级人民法院管辖在本辖区内重大影响案件。中级人民法院管辖以下三类经济纠纷案件：重大的涉外案件；在本辖区有重大影响的案件；最高人民法院确定由其管辖的案件。除上述案件外的其他案件都由基层人民法院管辖。

建设工程合同纠纷发生后，当事人应根据合同标的的大小、影响等确定向哪一级人民法院起诉。

(3)专属管辖。专属管辖是指按照诉讼标的的特殊性与管辖的排他性而确定的管辖。《民事诉讼法》规定“因不动产纠纷提起的诉讼，由不动产所在地法院管辖”和“因港口作业中发生纠纷提出的诉讼，由港口所在地法院管辖”属于专属管辖。

8.4.1.3　第一审普通程序与简易程序

(1)起诉。起诉是指当事人请求人民法院通过审判保护自己合法权益的行为。提起诉讼的人为原告；被提起诉讼、经法院通知应诉的人为被告。起诉必须符合下列条件：原告是与案件有直接利害关系的公民、法人和其他组织；有明确的被告；有具体的诉讼请求和事实、理由；属于人民法院受理民事诉讼案件的范围和受诉人民法院管辖。起诉应在诉讼时效内进行。

(2)受理。人民法院接到起诉状后，经审查，认为符合起诉条件的，应当在7日内立案，并通知当事人；认为不符合起诉条件的，应当在7日内裁定不予受理；原先对裁定不服的，可以提起上诉。

(3)审理前的准备。人民法院应当在立案之日起5日内将起诉状副本送达被告；被告在收到诉状之日起15日内提出答辩状。人民法院在收到被告答辩状之日起5日内将答辩状副本送达原告；被告不提出答辩状的，不影响审判程序的进行。

人民法院受理案件后应当组成合议庭。合议庭至少由三名审判员或至少由一名审判员和两名陪审员组成。合议庭组成后，应当在3日内将合议庭组成人员告知当事人。

(4)开庭审理。审理经济纠纷案件，除涉及国家秘密或当事人的商业秘密外，均应公开开庭审理。开庭审理要经历以下几个阶段：宣布开庭、法庭调查、法庭辩论、法庭辩论后的调解、合议庭评议、判决。经过法庭调查和法庭辩论后，在查清案件事实的基础上，当事人愿意调解的,可以当庭进行调解。经过调解,双方当事人达成协议的,应当在调解协议上签字盖章;调解不成的,应当及时做出判决。

根据《民事诉讼法》的有关规定,第一审普通程序审理的案件应从立案之日起6个月内审结。有特殊情况需要延长的,由一审法院院长批准,可以延长6个月。还需要延长的,报请上级人民法院批准。

(5)简易程序。基层人民法院收到起诉状经审查立案后,认为事实清楚、权利义务关系明确、争议不大的简单经济纠纷案件,可以适用简易程序进行审理。在简易程序中可以口头起诉、口头答辩。原告、被告双方同时到庭的,可以当即进行审理,当即调解。可以用简便方式传唤另一当事人到庭。简易程序中由审判员一人独任审判,不用组成合议庭,在开庭通知、法庭调查、法庭辩论上不受普通程序有关规定的限制。适用简易程序审理的经济纠纷案件,应当在立案之日起3个月内审结。

8.4.1.4　第二审程序

(1)上诉和二审终审。当事人不服第一审法院判决、裁定的,有权提起上诉。上诉必须在法定期限内提出;对判决提起上诉的期限为15日,对裁定提起上诉的期限为10日。逾期不上诉的,原判决、裁定即发生法律效力。

当事人提起上诉后至第二审法院审结前,原审法院的判决或裁定不发生法律效力。第二审法院的判决、裁定是终审的判决、裁定,当事人不得再上诉。

(2)审理。第二审人民法院应当组成合议庭开庭审理,但合议庭认为不需要开庭审理的,也可以进行判决、裁定。

第二审人民法院对上诉案件,经过审理,按照下列情形分别处理:

①原判决认定事实清楚,适用法律正确的,判决驳回上诉,维持原判决。

②原判决适用法律错误的,依法改判。

③原判决认定事实错误,或者原判决认定事实不清、证据不足的,裁定撤销原判决,发回原审人民法院重审,或者查清事实后改判。

④原判决违反法定程序,可能影响案件正确判决的,裁定撤销原判决,发回原审人民法院重审。

当事人对重审案件的判决、裁定,可以上诉。二审法院对判决、裁定的上诉案件,应当分别在案件立案之日起3个月内和1个月内审结。

8.4.1.5　审判监督程序

审判监督程序又称再审程序,是指人民法院对已经发生法律效力的判决、裁定发现确有错误,依法再次进行审理的程序。它是保证审判的正确性,维护当事人合法权益,维护法律尊严的一项重要补救程序。所谓确有错误是指:

(1)原判决、裁定认定事实的主要证据不足。

(2)当事人有新的证据,足以推翻原判决、裁定的。

(3)原判决、裁定适用法律确有错误的。

(4)法院违反法定程序,可能影响案件正确判决、裁定的。

(5)审判人员在审理该案件时有贪污受贿、营私舞弊、枉法裁判行为的。

人民法院审理再审案件,应当另行组成合议庭。如果发生法律效力的判决、裁定是由第一审法院做出的,再审按第一审普通程序进行;如果发生法律效力的判决、裁定是由第二审法院做出的,或者上级人民法院按照审判监督程序提审的,按第二审程序进行。

8.4.1.6　督促程序

督促程序是指债权人请求人民法院不经审判,直接向债务人发出支付令,要求债务人给付金钱、有价证券,如果债务人在一定期间内没有提出异议,该支付令即发生法律效力的一种特别程序。督促程序以债权人申请为基础发出支付令,无须答辩和庭审;债务人不提出异议,支付令即生效,与判决书具有同等法律效力。

(1)申请支付令的条件。债权人向人民法院申请支付令,必须具备以下条件:

①债权人向债务人请求给付的标的只能是金钱、有价证券。

②请求给付的金钱或者有价证券已经到期且数额确定。

③债权人和债务人没有债务纠纷。

④支付令能够送达债务人。无法送达,不适用督促程序。

(2)支付令的申请与审查。债权人依督促程序请求人民法院发出支付令,必须以书面形式向人民法院提出申请,并附债权文书。申请的目的是请求发出支付令而不是起诉。支付令的申请应当向债务人所在的基层人民法院提出。债权人提出申请后,人民法院对申请进行审查。经审查,确认达到受理条件的,应当在 5 日内立案,并及时通知债权人;认为申请不符合条件的,应当在 5 日内通知申请人不予受理,并说明理由。

(3)发出支付令。人民法院受理申请后,必须对债权人提出的事实、证据进行审查,以便确认债权债务是否明确、合法。审查由审判员一人进行。经审查申请不成立的,应当在受理之日起 15 日内裁定驳回申请,该裁定不得上诉。驳回支付令申请的裁定应当送达申请人。申请人应负担督促程序的费用。经审查,债权债务关系明确、合法的,人民法院应当在受理之日起 15 日内向债务人发出支付令。

(4)支付令的异议。债务人对支付令不得上诉,只能向发出支付令的人民法院提出异议。所谓异议就是债务人对支付令的内容有不同看法,不同意按支付令的内容给付金钱或有价证券,从而使支付令失去效力。异议应当在收到支付令之日起 15 日内提出。支付令异议的提出,必须采取书面形式。

督促程序终结后,债权人可以向有管辖权的人民法院另行起诉。

(5)支付令的生效。支付令经合法送达后,债务人对支付令未于 15 日内提出异议的,支付令与生效的判决书具有同等的法律效力;债务人在 15 日内不提出异议又不履行支付令的,债权人便可以向人民法院申请执行。

8.4.1.7　公示催告程序

公示催告程序是指人民法院依票据持有人的申请,以公示的方法,催告不明的利害关系人于一定期间申报权利,如不申报便产生丧失权利的后果的程序。所谓"不明"是指利害关系人是否存在不得而知或利害关系人处于不确定状态。

(1)申请公示催告的条件。公示催告程序适用的范围是按照规定可以背书转让的票据。例如,《中华人民共和国票据法》规定的汇票、本票、支票三种票据,《中华人民共和国公司法》规定的记名股票等。

(2)审查与受理。人民法院经审查,认为申请符合受理条件的,通知予以受理,并同时通知支付人停止支付该票据。如果在收到人民法院通知前,支付人已经支付了该票据,则应当裁定终结公示催告程序。对于不符合受理条件的,可以要求申请人补正或者在7日内裁定驳回申请。

(3)公告。人民法院决定受理申请,应当同时通知支付人停止支付,并在3日内发布公告,催促利害关系人申报权利。公告应当写明:公示催告申请人的姓名或名称;票据的种类、票面金额、出票人、持票人、背书人等;申报权利的期间;在公示催告期间转让票据权利和利害关系人不申报的后果。公告的期间由人民法院根据票据的种类、流通范围和支付日期等具体情况确定,但最短不得少于60日。公告催告期间,票据持有人与第三人之间进行的票据转让或者票据质押等行为无效。

(4)权利申报。利害关系人在公示催告期间认为自己对该票据享有正当权利的,应当向人民法院申报权利并提交票据。人民法院收到利害关系人的申报后,应通知其出示票据,并通知公示催告申请人在指定的期间察看该票据。公示催告申请人申请公示催告的票据与利害关系人出示的票据不一致的,人民法院应当裁定驳回利害关系人的申报。

利害关系人在公示催告期间向人民法院申报权利的,人民法院应当裁定终结公示催告程序,利害关系人在申报期满后、判决做出之前申报权利的,也应当裁定终结公示催告程序。

利害关系人出示的票据与公示催告申请人申请公示催告的票据一致,但申请人与申报人对票据权利有争议,均主张自己是票据的最后持有人的,人民法院应当裁定终结公示催告程序,申请人或申报人可以向人民法院起诉。

(5)除权判决。人民法院根据当事人的申请,用判决宣告票据无效,使票据权利与原票据相分离,此种判决即为除权判决。票据经除权判决无效后,票据权利人即可不凭票据而行使权力。

在没有人申报或申报被驳回的情况下,人民法院应当根据申请人申请做出判决,宣告票据无效。除权判决应当发给申请人作为其行使权力的依据。判决还应当在法院所在地和支付人所在地进行公告,以免该票据进入正常流通,影响流通秩序,侵害他人的合法权益,同时应将公告情况通知支付人。除权判决自公告之日起生效,申请人有权凭除权判决向支付人请求支付,支付人有义务按照除权判决向申请人兑现票据上的权利。利害关系人因正当理由不能在除权判决前向人民法院申报权利的,可以知道或者应当知道在除权判决公告之日起1年内,可以向做出判决的人民法院起诉,人民法院立案后,按票据纠纷适用普通程序审理。

8.4.1.8　执行程序

对于已经发生法律效力的判决、裁定、调解书、支付令、仲裁裁决书、公证债权文书等,当事人应当自动履行。一方当事人拒绝履行的,另一方当事人有权向法院申请执行。执行是人民法院依照法律规定的程序,运用国家强制力,强制当事人履行已生效的判决和其他法律文书所规定的义务的行为,又称强制执行。执行所应遵守的规则,就是执行程序。

1. 执行申请

当事人向人民法院申请执行时,应提交申请书,说明要求执行的事实、理由、被执行人不履行的情况、执行根据、法律依据,并提交相应的法律文书。申请应在规定的期限内提出,从法律文书规定的履行期限的最后一日起计算,双方或一方当事人是公民的该期限为1年,双方是法人或其他组织的为6个月。申请执行判决、裁定的,应当向第一审人民法院提出;申请执行支付令的,向制作支付令的人民法院提出;执行其他法律文书,应向被执行人住所地或者被执行人的财产所在地的人民法院提出;执行工作由人民法院执行庭的执行员负责。

2. 执行措施

执行员接到申请执行书后,只要申请执行的标的物是财物或者行为,就应当向被执行人发出执行通知,责令其在指定的期间履行。在执行通知指定的期间被执行人仍不履行的,应当采取措施,强制执行。

强制执行的措施就是人民法院依法强制执行生效的法律文书时所采取的具体的方法和手段。强制执行措施有:查询、冻结和划拨被执行人的存款;扣留、提取被执行人的收入;查封、扣押、冻结、拍卖、变卖被执行人的财产;搜查被执行人的财产;强制交付法律文书指定的财物或者票证;强制迁出房屋或者强迫退出土地;强制办理财产权证照转移手续;强制执行法律文书指定的行为;强制支付迟延履行期间的债务利息或迟延履行金;强制执行被执行人的到期债权。

3. 执行中止和终结

(1)执行中止。在执行过程中,因某种特殊情况的发生而使执行程序暂时停止的为执行中止。《民事诉讼法》规定,有下列情形之一的,人民法院应当裁定中止执行:申请人表示可以延期的;案外人对执行标的提出确有理由的异议的;作为一方当事人的公民死亡,需要等待继承人继承权利或者承担义务的;作为一方当事人的法人或者其他组织终止,尚未确定权利义务承受人的;人民法院认为应当中止执行的其他情形,如执行中双方当事人自行达成和解协议的;被执行人提供担保并经申请执行人同意的,被执行人依法宣告破产的等。中止的情形消失后,应当恢复执行。

(2)执行终结。在执行过程中出现了某些特殊情况,使执行程序无法或无须继续进行而永久停止执行的为执行终结。《民事诉讼法》规定,有下列情形之一的,人民法院有权裁定终结执行:申请人撤销申请的;据以执行的法律文书被撤销的;作为被执行人的公民死亡,无遗产可供执行,又无义务承担人的;追索培养费、抚养费、抚育费案件的权利人死亡的;作为被执行人的公民因生活困难无力偿还借款,无收入来源,又丧失劳动能力的;人民法院认为应当终止的其他情形。

8.4.2　诉讼的法律风险及防范

8.4.2.1　起诉不符合法定条件的法律风险及防范

(1)风险表现。在民事诉讼中,因案件当事人民事权益的国有冲突。民事诉讼制度本身的对抗性,再加上建筑工程施工争议中层层转包、违法分包等情况的普遍存在,建筑施工争议诉讼中的法律关系、案件事实错综复杂,不可避免地导致诉讼中存在着诸多风险。

当事人起诉不符合《民事诉讼法》第一百零八条规定的条件,人民法院不予受理,受理后发现不符合受理条件的,驳回起诉。当事人起诉违背了有关地域管辖和级别管辖的法律规定，将导致案件被移送到有管辖权人民法院审理，人为地导致诉讼时间拉长，增加了诉讼成本。

(2)风险防范措施。综合建设工程纠纷的主要特征，针对以下常见情况，确定合适的诉讼主体：

①单位内部的职能部门签订的建筑施工承包合同产生纠纷的，应以该单位为诉讼主体。

②建筑施工企业的分支机构签订的建筑施工承包合同产生纠纷的，可作为诉讼原告提起诉讼，也可将建筑施工企业作为原告提起诉讼；如为被告，通常将该分支机构与所在的施工企业作为共同被告一并提起诉讼。

③借用营业执照、资质证书签订建筑承包合同发生纠纷的，通常以借用人和出借人为共同诉讼人。

④因工程质量引起的纠纷，发包人可以承包人、分包人及实施工人为共同被告提起诉讼。

⑤实际施工人追讨工程款的，可以发包人、转包人、违法分包人为被告提起诉讼，发包人在欠付的工程款范围内对实际施工人承担责任。

8.4.2.2　诉讼请求不适当的法律风险及防范

(1)风险表现。诉讼请求应当明确、具体、适当和完整。民事诉讼实行"不告不理"的原则，当事人的诉讼请求决定了人民法院的案件审理范围。对未提出的诉讼请求，人民法院不会主动审理，更不会支持。诉讼请求要适当，不要随意扩大，否则扩大的诉讼请求不但得不到支持，还会增加原告的诉讼成本。另外，诉讼请求的增加、变更或提出反诉，应当在举证期限届满前提出，逾期提出且无正当理由，将导致法院对该请求不予审理的后果。

《合同法》第二百八十六条规定：发包人未按照约定支付价款的，承包人可以催告发包人在合理期限内支付价款。发包人逾期不支付的，除按照建设工程的性质不宜折价、拍卖的以外，承包人可以与发包人协议将该工程折价，也可以申请人民法院将该工程依法拍卖。建设工程的价款就该工程折价或拍卖的价款优先受偿。承包人享有的前项权利，在法律上被称为建设工程价款优先受偿权，该权利优先于抵押权和其他债券。因此，承包人在提起诉讼时，应当明确提出建设工程价款优先受偿的诉讼请求，否则法院无法保护该权利。

(2)风险防范措施。诉讼请求应全面涵盖原告的合法权益，以规范的法律语言将当事人的诉讼请求准确全面地表达出来。比如，承包人因工程款发生争议提起诉讼的，如起诉时尚未超出工程竣工或合同约定竣工之日起6个月，除了请求判决支付拖欠的工程款外，还应将请求判决建设工程价款(列明具体数额)优先受偿；如有利息、滞纳金、违约金或损失的，也应一并提出，同时注明计算的截止日期及此后的计算标准，最后还应写明请求判决诉讼费由被告承担。

如当事人主张的法律关系的性质或民事行为的效力与法院的认定不一致，法院应当告知当事人变更诉讼请求，并重新指定举证期间。

8.4.2.3　不按时交纳诉讼费的法律风险及防范

(1)风险表现。当事人起诉或上诉，不按时交纳诉讼费用，或提出缓交、减交、免交诉讼费用申请未获批准仍不交纳诉讼费用的，人民法院将会裁定按自动撤回起诉、上诉处理。当事人增加诉讼请求、提出反诉，不按规定预交相应的案件受理费的，人民法院将不会审理诉讼请求增加部分和反诉请求。

(2)风险防范措施。如果当事人确有经济困难的，可根据自身的实际情况及时向法院提出缓交、减交及免交的书面申请，详细说明理由，最好提交经济困难的相关证据。

8.4.2.4　超过诉讼时效、除斥期间行使权利的法律风险及防范

(1)风险表现。诉讼时效是指权利不行使达一定期间而失去诉讼保护的制度，向人民法院请求保护民事诉讼权利的诉讼时效一般为 2 年。如果提起诉讼时效后对方当事人以超过诉讼时效提出抗辩，而原告无法提供诉讼时效中止、中断的证据，原告将丧失胜诉权，人民法院将判别驳回诉讼请求。除斥期间不存在中止、中断、延长的情形。《民法典》规定的撤销权属于除斥期间，权利存续期间为 1 年，自当事人知道或应当知道撤销事由之日起计算。《民法典》规定了建设工程价款优先受偿权，为承包人建设工程价款的保护提供了新的法律途径。《最高人民法院关于建设工程价款优先受偿权问题的批复》第四条规定：建设工程承包人行使优先受偿权的期限为 6 个月，自建设工程竣工之日或建设工程合同约定的竣工之日起计算。《司法解释》规定的 6 个月属于除斥期间，超过 6 个月的期限，丧失建设工程价款优先受偿权。

(2)风险防范措施。为预防诉讼时效和逾期申请强制执行的风险，当事人除了要及时向对方主张权利外，还应将双方来往的书面信函、协议、还款计划、还款凭证等作为档案由专人负责保管。向对方主张权利，也可采取较为经济的办法留下相应证据，比如电报催款、特快专递催款等方法。采用特快专递催款时，最好在封面写明函件的名称，也可以申请公证机关对催款过程进行公证。

8.4.2.5　违背证据规则的法律风险及防范

1. 风险表现

违背证据规则的法律风险主要包括：

(1)不能提供充分有效证据的风险。诉讼中争议的事实为过去发生的，当事人参与了纠纷的全过程，而法官并没有目睹事实的发生，因而法官只能依靠当事人提交的证据和证据规则来认定事实。除法律另有规定外，原告起诉或被告反诉，对自己提出的诉讼请求所依据的事实或反驳对方的诉讼请求所依据的事实，有责任向法院提供证据予以证明，没有证据或证据不足的，将承担不利甚至败诉的法律后果。

(2)不能提供原件、原物、中文译本、公证、认证手续的风险。当事人向法院提供证据，应当提供原件或原物；提交外文证书，必须附有具有翻译资质的机构或人员制作的中文译本；若证据系在港澳台地区或国外形成的，还应履行相应的公证、认证手续，否则证据无效。出示原件或原物确有困难并经人民法院准许出示复制件或复制品，或原件、原物已经不存在，但有证据证明复制件、复制品与原件或原物一致的，可不出示原件、原物。

(3)证人不能出庭作证的风险。当事人申请证人出庭作证，应当在举证期限届满 10 日前提出，并经人民法院许可。除法律规定的证人"确有困难不能出庭"的五种情形并经法庭许可外，证人应当出庭作证，并接受当事人的质询，否则证人证言不会被人民法院采信。

(4)超过举证期限提供证据的风险。在诉讼阶段,当事人向人民法院提交证据,应当在当事人协商一致并经法院认可或人民法院指定的期限内完成。超过举证期限提供证据的,除属于《最高人民法院关于民事诉讼的若干规定》第四十一条规定的"新证据"外,法院不组织质证(对方同意质证的除外)。当事人在举证期限内不提交证据材料的,视为放弃举证权利。未经质证的证据材料不能作为定案依据,举证方应承担所主张事实不被法院认定的风险,甚至承担败诉的后果。

(5)不按规定申请审计、评估、鉴定的风险。当事人申请审计、评估、鉴定,应当在举证期限内书面提出。对需要鉴定事项负有举证责任的当事人,在人民法院指定的期限内无正当理由不提出鉴定申请或不预交鉴定费用或拒不提供相关材料,导致对案件争议的事实无法通过鉴定结论予以认定的,将承担举证不能的法律后果。

(6)不依法申请法院调查收集证据的风险。申请法院调查收集证据的当事人,应当在举证期限届满前7日书面向人民法院申请,逾期申请的,即便属于人民法院调查收集证据的范围,人民法院也可能不予调查收集。人民法院未收集到相关证据的,不利后果仍由对待证事实负有举证责任的当事人承担。

2. 风险防范措施

防范这类风险,应当采取以下措施:

(1)注意保留、补正证据。建设工程工期较长,在施工过程中,因多种原因都会导致不能完全按照原合同履行,需要进行索赔,比如工程量的增减、恶劣天气无法施工、工程范围的变更、业主要求加速施工、物价的上涨等,发包人、承包方应及时对索赔项目、数额进行确认并保存相关证据。如工程竣工时发现有些资料不全,应当及时重新确认,补办相关手续。一旦双发关系恶化,缺失的证据很难补正。

(2)充分重视证据在诉讼中的重要作用,遵守证据规则,彻底摒弃靠"关系""权力""人情"打赢官司的错误想法。按照法院规定的日期按时提交证据,如有困难应在举证期限内向人民法院书面申请延期举证。按照法律规定的日期及时申请证人出庭作证、申请鉴定。

(3)对于难于取得的证据,可在举证期限届满前申请人民法院调查取证,弥补举证能力的不足。

(4)对于证据可能灭失或以后难于取得的,可向人民法院申请证据保全。

8.4.2.6　被执行人无财产可供执行的法律风险及防范

(1)风险表现。一些案件之所以无法得以执行,往往缘于债权人在民事行为实施阶段就没有充分预见交易风险。有些案件起诉时被告就已下落不明,或被执行人根本无财产可供执行。生效法律文书确定的金钱给付义务能否得到全面履行,主要取决于债务人有无财产可供执行。

(2)风险防范措施。诉讼中无财产可供执行的风险,与"仲裁中的风险与防范"中的"无财产可供执行"内容并无特别之处,不再论述。

相关案例

【背景资料】 1998年5月20日，伊利公司（甲方）与广茂公司（乙方）签订《建设工程施工合同》，约定：由广茂公司承建伊利公司位于金川开发区的专家别墅，工程预算造价暂定为231.6万元。其中第十二条约定："属于以下原因造成的工期延误，甲方可从价款上予以考虑：①工程量变化和设计变更；②一周内非乙方原因停水、停电造成连续停工2天；③其他非乙方原因停工。非上述原因不能按合同工期竣工，延误天数每天处以工程总造价的5‰罚款。"第三十一条约定："按合同条款约定，甲乙双方谁违约谁负责并赔偿经济损失"；"违约金的数额按照违约罚款规定计算的金额"；"损失的计算方法按照违约条款罚款规定计算"。第三十九条约定："由于甲方原因工程中途停建缓建，甲方应当赔偿由此造成的停工、窝工、材料倒运、人员和机器调运，以及材料、设备积压造成的实际损失。"在"其他说明及附件目录"中约定："工程达不到优良的，罚工程总价的5%，工期延误一天罚工程总造价的5‰。"合同签订后，广茂公司开始施工。同年9月3日，伊利公司向广茂公司下达停工通知，要求停止专家别墅及附属工程的施工，何时开工待定。2001年4月1日，伊利公司通知复工，同年8月8日竣工。2002年6月，广茂公司起诉到蒙古自治区高级人民法院，称由于伊利公司故意违约，给广茂公司造成了940天的停工损失，故请求按照合同第三十一条的约定，工期违约金每日以工程总造价的5‰计算，加上其他损失，共计赔偿2096万元；诉讼费全部由伊利公司承担。

【案件分析】 一审法院认为：双发签订的《建设工程施工合同》合法有效，伊利公司单方面通知广茂公司停止施工，行为构成违约。该违约行为客观上给广茂公司造成了经济损失，但广茂公司在本次诉讼中未能依照合同第三十九条关于停工或缓建应赔偿损失的约定，而是依据合同附件罚则中的第2款及对应合同的第十二条提出的。合同第十二条，属于只对伊利公司有约束力的条款。在一审期间，法院已经告知广茂公司其诉讼请求的依据不当，应予变更，但广茂公司仍坚持原诉讼请求及事实依据不变的意见。故判决驳回广茂公司的诉讼请求，一审案件受理费114810元由广茂公司承担。广茂公司不服一审判决，上诉于最高人民法院。最高人民法院经过二审，判决驳回上诉，维持原判。二审案件受理费114810元，由广茂公司承担。

【案例评析】 广茂公司败诉的原因有以下几点：

(1)对合同条款进行想当然的理解和解释，并以自己的理解作为主张损失的依据；

(2)在法院行使释明权告知其变更诉讼请求的情况下，仍然一意孤行，拒绝变更；

(3)未向法院提供证明其损失的证据；

(4)在未提交证据证明损失的情况下，提出巨额赔偿，一、二审共交纳诉讼费229620元。不仅败诉，而且承担了229620元的诉讼费，真是"巨额赔偿梦未成，赔了夫人又折兵"。

复习思考题

一、单项选择题(下列选项中,只有一个是正确的,请将其代号填在括号里)

1. 某开发商与施工企业签订合同,约定双方如在合同履行过程中发生争议,则提交北京市仲裁委员会进行裁决,并自行履行其裁决。后双方工程款支付发生纠纷,现问双方解决争议可行的法律途径是(　　)。

A. 只能向有管辖权的人民法院起诉

B. 只能申请北京市仲裁委员会仲裁

C. 即可向有管辖权的法院起诉,也可以申请仲裁

D. 只能申请双方或一方住所地仲裁委员会仲裁

2. 甲公司长期拖欠乙公司材料款10万元,如果乙公司通过诉讼解决,此纠纷应当由(　　)法院审理。

A. 基层人民法院　　B. 中级人民法院

C. 高级人民法院　　D. 最高人民法院

3. 商贸公司为建筑公司供应建材,建筑公司认为建材质量不合格,未按合同的约定支付材料款。商贸公司向法院起诉,下列证据中,证明力要大于其他证据的是(　　)。

A. 送货单　　B. 合格证

C. 合同书　　D. 专业机构出具的质量鉴定报告

4. 下面关于诉讼代理人的表述中,不正确的是(　　)。

A. 当事人可以委托1~2人作为诉讼代理人

B. 委托他人代为诉讼,必须向法院提交授权委托书

C. 诉讼代理人代为承认、放弃、变更诉讼请求,不需要委托人的特别授权

D. 诉讼代理人代为进行和解,提起反诉和上诉,必须有委托人的特别授权

5. 下列关于二审法院处理不服第一审判决、裁定的上诉案件的表述中,不正确的是(　　)。

A. 对不服一审裁定的上诉案件,一律使用裁定

B. 二审法院审理上诉案件,不能进行调解

C. 二审法院判决宣告前,上诉上申请撤诉的,是否准许,由二审法院裁定

D. 二审法院的判决、裁定,是终审的判决裁定

6. 法律规定的人民法院有权采取的强制执行措施,不含下列选项中的(　　)。

A. 与被执行人订立执行和解协议

B. 扣留、提取被执行人的收入

C. 查封、扣押、拍卖、变卖被执行人的财产

D. 查封、冻结、划拨被执行人的存款

7. 关于有效的仲裁协议的效力,以下表述错误的是(　　)。

A. 对双方当事人均有约束力　　B. 可以排除法院的司法管辖权

C. 对法院不具有约束力　　D. 对仲裁机构具有约束力

8. 甲方地产公司根据与乙建筑公司建设工程合同中的仲裁条款,向仲裁委员会申请

仲裁。在仲裁过程中,甲公司发现某仲裁员私自会见对方当事人的代理人,则甲公司最晚应于(　　)提出回避申请。

A. 在首次开庭前　　B. 裁决书送达之前

C. 辩论终结前　　D. 最后一次开庭结束前

9. 人民法院对仲裁进行司法监督时,对于涉外仲裁裁决仅审查其(　　)。

A. 主体问题　　B. 程序问题　　C. 实体问题　　D. 法律适应问题

10. 商事仲裁是目前解决建设工程纠纷的重要途径,关于仲裁的审理表述正确的是(　　)。

A. 审理方式分为开庭审理和不公开审理

B. 仲裁庭做出的裁决送达双方当事人后即生效

C. 当事人对裁决有异议,应当在裁决做出之日起 6 个月内提出撤销

D. 仲裁庭的组合不合法的,将被裁定不予执行仲裁裁决

二、多项选择题(下列选项中,至少有两个是正确的,请将其代号填在括号里)

1. 在建设工程领域,行政机关所做的下列行为属于行政许可的是(　　)。

A. 对责令停止施工的项目允许其开工建设

B. 吊销资质证书

C. 对先进单位予以表彰

D. 颁发施工许可证

E. 核准企业资质等级

2. 在下列调解书中,(　　)生效后具有强制执行力。

A. 行业调解　　B. 司法调解

C. 行政调解　　D. 经法院确认的人民调解

E. 仲裁调解

3. 下列关于民事诉讼简易程序的表述中,正确的是(　　)。

A. 基层法院和它派出的法庭可以适用简易程序审理第一审民事案件

B. 中级人民法院可以适用简易程序审理第一审民事案件

C. 当事人各方自愿选择适用简易程序的,人民法院可以适用简易程序

D. 基层法院和它的派出法庭审理简单的民事案件,可以用简便方式随时传唤当事人、证人

E. 简单的民事案件由审判员一人独任审理

4. A 市中级人民法院做出的一审民事判决生效后,债权人甲公司查明债务人乙公司在 A 市有一栋办公楼,在 B 市有一座厂房,在 C 市有一所房屋。根据法律规定,甲公司可以向(　　)法院申请执行。

A. A 市中级人民法院　　B. B 市中级人民法院

C. C 市中级人民法院　　D. A 市高级人民法院

E. B 市高级人民法院

5. 张师傅在拆卸模板时受伤,为工伤赔偿问题将劳务分包单位起诉到法院,想请唯一目击事故过程的王师傅出庭为其作证,王师傅对此有顾虑。以下关于王师傅出庭作证的

说法中,正确的是(　　)。

A. 王师傅有义务出庭作证

B. 王师傅作证有利于查明事实,分包单位负责人应当支持其出庭

C. 王师傅作证对单位不利,分包单位负责人应当劝阻其出庭作证

D. 到法院开庭时,王师傅已经离开工地所在城市,出庭确实有困难,经法院许可,可以提交书面证言

E. 王师傅在书面证言中,应当客观陈述其亲身感知的事实,不得使用猜测、推断或评论性的语言

6. 以下属于书证的是(　　)。

A. 电子邮件　B. 传真　C. 证人出具的书面证言

D. 电报　E. 信函

7. 下列选项中不属于商事仲裁基本制度的是(　　)。

A. 协议仲裁制度　B. 两审终审制　C. 一裁终局制度

D. 公开审理制度　E. 或裁或审制度

8. 工程建设双方发生争议,申请仲裁应具备的条件是(　　)。

A. 有仲裁协议　B. 仲裁请求具体　C. 属于仲裁委员会的受理范围

D. 选定的仲裁委员会　E. 有准确的被申请人

9. 某工程建设纠纷,仲裁委员会组成的仲裁庭中,以下符合法律规定的是(　　)。

A. 由1人组成仲裁庭　B. 由3人组成仲裁庭

C. 由4人组成仲裁庭　D. 由5人组成仲裁庭

E. 由7人组成仲裁庭

10. 仲裁庭对当事人申请仲裁的争议案件经过审理并做出仲裁裁决后,对于国内仲裁裁决,当事人可以在出现下列(　　)情形时申请撤销仲裁裁决。

A. 裁决的事项不属于仲裁协议的范围或者仲裁委员会无权仲裁的

B. 裁决所根据的证据是伪造的

C. 对方当事人隐瞒了足以影响公正裁决的证据的

D. 可以申请做出撤销或裁定的法院继续审理

E. 可以协商和解